三木武夫秘書回顧録

三角大福中時代を語る

岩野美代治
竹内桂 編

吉田書店

はしがき

岩野　美代治

半世紀に及ぶ永田町生活を卒業し、古稀を過ぎて余生を過ごし始めた頃のことです。三木睦子夫人よりお電話をいただきました。「明治大学で政治家三木武夫を研究してくださっている方々がいます。あなたへのインタビューを希望されているので、お会いするように」とのお話でした。

明治大学三木武夫研究会が三木を研究しており、竹内桂さんも参加されていました。研究会の皆さんにお会いしてからしばらくして、竹内さんから改めて私の話を聞きたいという旨のご連絡がありました。以後五年半余りにわたり、私のところに足をお運びいただきました。

明治大学に入学するために徳島から上京したのは昭和二八年で、新宿ではまだ馬車が通っており、戦後の激動期でした。保守合同前から五〇年以上にわたった政治家の裏方としての見聞を、竹内さんの熱意に負け、問われるまま記憶をたどりお答え致しました。その話を回顧録として出版することとなり、できあがったものが本書です。

三木武夫は、飛行機が乱気流に巻き込まれると「なんまいだ、なんまいだ」と唱える小心な政治家でした。しかし、常に「夢の園」とつぶやき、日本のため、世界のため、青年のような情熱を持っていました。外務大臣として、沖縄返還交渉では核抜き本土並みによる返還をいち早く主張し、非核三原則にも尽力しました。三木内閣では防衛予算をＧＮＰ一パーセント以下に抑制することを決定しました。晩年は国際軍縮促進議員連盟会長として西ドイツのブラント首相、スウェーデンのパルメ首相とともにこうした精神を国際社会に実現すべく活動を始めましたが、道半ばとなってしまったことは残念に思います。

念願の総理の座に就きながら、政権を降りざるをえなかった三木武夫の精神を継ぐ政治家が生まれることを切望しています。

自らの歩みを振り返るきっかけを与えてくださった竹内桂さん、出版に向けてご助言、ご尽力くださった吉田書店の吉田真也さんに御礼申し上げます。

私の回顧録が、三角大福中時代を研究される方の参考になれば幸甚です。

目　次

付　録

第1章　秘書になるまで

幼少期

――ご経歴から確認させていただきます。一九三四年、徳島県板野《いたの》郡御所《ごしょ》村のお生まれですね。

岩野　そうです。御所は土御門《つちみかど》上皇が島流しになって辿り着いて余生を送った地で、そこから御所という地名になったと言い伝えられています。周辺には一条から十条までの地名もあります。また上皇が火葬にされた跡と言われている場所が、池谷《いけのたに》の阿波神社に比定されています。

昭和の町村合併の際に、御所村は合併して土成《どなり》町になりました。御所という歴史的村名を捨てて自分の町長の地位を確保した当時の御所村長に対して、三木も激怒しました。土成は城という漢字を分解したものだとの説明には言葉をなくしました。

――岩野という名字は、土成のあたりに多いのですか。

岩野　私のあたりに集中しています。御所の高尾林というところです。私の周辺で一〇軒ぐらいありますかね。ですから、我が家の屋号がヤマト（下）で、「ヤマト」さんと呼ばれていました。あとは、徳島でも三好郡三加茂《みかも》町（現在は三好郡東みよし町）に固まって少しあるようですね。ほかにも全国に点々とあります。伊豆や三浦半島、岩手県にも多いと聞いています。岩野姓にはいくつかの出があるよ

幼少期の著者（左端）と家族

うです。私が知る限りでは、三河の大族伴氏から分かれた岩野姓、近江の佐々木太郎定綱の子孫の岩野姓、紀伊の熊野の別当の出で阿波藩士の岩野姓、肥後国の山本郡岩野壮に起こった岩野姓があります。

私のところは刀などがありましたから、どこからか流れ着いたのではないかと思います。戦争中には鉄製品が供出させられたでしょう。納屋の藁のなかに、大小の日本刀や火縄銃を隠してありました。家には曾祖父の写真が床の間に飾ってありました。

――お父様は農業をなさっていたのですか。

岩野　親父は農協に勤めていました。祖父の代まで阿波三盆をつくっていました。祖父が中心でやっていました。サトウキビを絞る阿波三盆づくりは冬だけの仕事で、だいたい三月頃までの仕事です。冬になるとモンゴルのゲルのような藁葺きの大きな小屋が建ち、内では牛二頭で大きな石臼を引き、サトウキビを絞る作業を行います。その作業をする人をシメ子といいまして、美馬《みま》郡の半田町（現在は美馬市半田町）から牛を連れて、牛の首には鈴が付けられていて、チリン、チリンと鈴の音と共にやって来ます。これは我が家の風物詩です。シメ子が来ると半年間の阿波三盆づくりが始まります。

あとは土地がありましたから、多少小作にも出していました。親父は全然農業をしていません。

戦後になると、キューバ糖が輸入されるようになってダメになり、商売気がなかったものですから、波に乗れなかった。なかにはキューバ糖の輸入の権利を取得して生き残った人もいます。今、徳島では岡田製糖さんが阿波三盆をつくられています。私のところは廃業しました。

――小学校は三木さんと同じ御所小学校です。

岩野　戦争の時代で戦況も厳しく、中年の男性にまで赤紙が来て兵隊に取られて出征し、農家に残ったのは、女、子ども、老人だけです。食糧増産と働き手の不足のために、農地は小作に貸し出しました。残った女、子どもが食糧増産に励みました。私たちも小学校の四、五年頃から校庭の開墾や神社の境内でのイモ、小麦づくりに動員されました。農業や開墾は、子どもには重労働でした。体育の時間では竹槍を使う訓練と「勝つまでは」の合言葉に踊らされる毎日です。

昭和二〇年になると、日本は資源不足で各家庭に鉄物の供出が強制されだしました。飛行機を飛ばす油も不足すると、松根油をつくるといって松が伐採されて山は裸山にされました。新制中学になって、裸山に杉や檜を植林する奉仕活動がありましたが、ようやく学生の生活が始まりました。

――岩野さんが小学生の頃、三木さんは代議士でした。

岩野　終戦後によくお爺さんと演説会を聞きに行っていました。昔は演説会場がなくて学校の講堂で行われて、そこに三木が来たときに連れて行かれました。それが病みつきになって、選挙になると宣伝カーの後を追いかけたりしていました。昔は選挙カーが屋根のないトラックでしたから。

――お爺様やお父様は三木さんを支援していましたか。

岩野　お爺さんは村会議員でしたが、選挙には熱心ではなかったようです。

私が三木と縁ができたのは、隣町の上板《かみいた》町七条で生菓子の製造販売をしていた風月堂という菓子店に、私の妹が嫁いでからです。御所村の宮川内《みやごうち》にある三木の本家の分家です。この三木家は和一《わいち》、熊一《くまいち》、恵一《けいいち》、利一《りいち》の四人兄弟で、利一さんが香川県さぬき市の志度《しど》でやはり風月堂と名乗って生菓子の製造販売を、熊一さんが鳴門市で生活し、熊一さんの息子が東京で歯科医院を開いています。

三木の本家は四人兄弟で、その奥さんも姉妹です。三木のお母さんのタカノさんが分家のような形で、御所村の吉田に三木家を興しました。田舎では長女は後に男が生まれると分家する家もありました。和一、恵一、利一の男兄弟の奥さんが三姉妹という珍しい一家です。しかも三木姓を名乗っています。

——中学校は御所中ですね。

岩野　御所中。新制中学になりました。旧制中学への受験勉強のときに終戦になりました。新制中学一回生です。教科書も何もない時代です。一番我々が基礎教育では恵まれていなかった時代でしょう。小学校の高学年だった戦争の末期には食糧増産に駆り出された。終戦後は教育制度が変わって、田舎では中学教師の免許を持った先生がいないから、小学校の先生が中学校の先生です。旧制中学と新制中学に格段の差があった時代です。我々の時代が、特に田舎の場合は教育の内容的には一番遅れました。

——御所中を卒業されて、阿波高校に進学されました。

岩野　我々のときは、学区制が設けられており、受験できる学校が決められていました。学区外の高校を受験できなかったわけです。徳島市内の高校には、市内に住まない限り受験の資格がなかった。阿波高に入って、転出して市内に移ったというのはいます。今と違って学区制が厳しい時代でした。今の阿波市でも、市場町とその隣の阿波町の一部も来ていました。阿波町の一部は脇高校へ行く。ひとつの町の中でも分かれて学区制が決まっていました。

明治大学時代

――阿波高校のご卒業が一九五三年で、明治大学に進まれます。なぜ明治大学を選ばれたのでしょうか。

岩野　三木が明治大学出身で、憧れたということです。私のところは、安楽寺という四国八八カ所霊場の六番札所の檀家です。そこの息子が川原栄峰《えいほう》さんといって、早稲田大学で法哲学を教えていました。夏休みを利用してお盆に帰って檀家回りをされて、我が家に来るたびに「受験するなら早稲田へ来ないか」とさかんに誘われました。その気は全くなく、明治一本に絞っていました。三木の関係です。

――三木さんの演説会に参加されていたとのことですが、三木さんと直接話す機会はありましたか。

岩野　全然ありません。ただ演説を聞きに行くということでした。

――岩野さんより上の世代でも明治大学に進む方は多かったのですか。

岩野　私が上京しますと、同じ村から吉兼正昭さん、前坂時男さん、浅野和行さん、河野晴美さんたちが来ていました。東京へ来てから知りました。田舎は交通が不便で情報がない時代で、交流がない。私のところは小学校との間に、宮川内という谷川が流れております。その川の反対側ですから、普段の交流がない。全然わかりませんでした。

――学部は法学部ですね。

岩野　徳島新聞を小さいときから読んでいました。それと親父が農協に勤めていた関係で『家の光』を購読しており、常に読んでいました。そういうところから、ある程度政治に対する関心が沸いたのでしょう。中学の作文で「農産物は将来工場で生産できる時代が来る」と書いた記憶があります。これも

『家の光』を愛読していたからの発想でしょう。

それと私のところは地主で、人を雇って土地を耕していて、戦争中にそういう人が出征していなくなり、食糧の増産ということで強制的に農地を小作に出させられました。戦後になってそれを農地解放で取り上げられたでしょう。その矛盾を子ども心に感じました。それも政治に関心を持った原因でしょうね。強制的に小作にしておいて、戦争が終わった途端に農地解放しろとなった。その矛盾を今でも覚えています。

だから、新憲法ができたときに小六法を徳島市に行って買って、憲法を暗記しました。憲法だけは毎日読んでいるうちに覚えてしまって、一条から一〇三条まで暗唱できました。

――政治家を志してではなく、法律を学びたくて法学部に進まれたのでしょうか。

岩野　政治よりも法律の方面へ進もうと思っていました。

――入学試験は東京で受けられたわけですね。

岩野　無論、東京へ出ました。上京するだけでも時間がかかりました。米を持っていないと旅館も泊めてくれないと聞いたので、米を持って上京しました。駿河台の中央大学の門前の旅館でした。田舎者で何も知らないから、旅館に米を預けて全部取られた記憶がありますよ。

昔は入学試験の後に面接がありました。面接官は、ドイツ語の園山勇先生だったと思います。学生服を着て行っているでしょう。その辺で買った学生服を着ていたわけ。そうしたら、どこかの大学のボタンでした。「お前、どこの学生服を着ているんだ」と聞かれた（笑）。いまだに印象に残っています。

――面接は教授が並んでいたのですか。

岩野　一人でした。おそらく、受験生全員が面接をしていると思います。そういう記憶があります。

入学して、園山先生からドイツ語を教わりました。非常に印象に残っています。

――合格発表は郵送ですか。

岩野　そうですね。そのときに、私のいとこの同級生で浅野というのが明治に来ていまして、発表を見に行って知らせてくれました。

――合格して上京されるわけですが、お住まいもご自身で探されたのでしょうか。

岩野　私のいとこの嫁の兄弟が、東京で菓子屋を営んでいました。最初はそこに泊めてもらうつもりで訪ねたら、一九五三年ですからいわゆる掘っ立て小屋のようなところで、気の毒になって辞退しました。それで二年先輩の河野さんのところに行きました。河野家は、私の村でりんご園を営んで青リンゴを作っていました。その頃は、例えば風邪を引いたとか病気になると、親がそこにリンゴを買いに行ってジュースを作ります。そういう関係でしたから、私の上京が話題になって息子さんの下宿にお世話になったわけです。河野先輩とは全く面識がありませんでしたが、「それなら見つかるまで自分の下宿で一緒にいないか」ということで。京王線の明大前駅のところでした。そこで彼の部屋にしばらく泊めてもらい、その後自分で探して豪徳寺《ごうとくじ》で初めて下宿しました。そこから駿河台に通いました。

――無事に入学されて、すぐに三木さんのところにご挨拶に行かれたのですか。

岩野　上京してきて一週間ぐらいして、吉祥寺まで井の頭線で行きました。郷里の先輩だし、憧れの人だから行こうかということで、同じ阿波高の出身の仲間三人で訪問しました。帰るときに電車賃が不足して（笑）。しょうがないから、駅員に学生証を預けて、不足金を借りたのを覚えています（笑）。田舎者だから、とんちんかんなことをやりました。

そのときに夫人がおられて、「学生三木会というのがあるから、遊びにいらっしゃいよ」ということで。土曜日は三木が暇で、学生が集まって三木の話を聞いたりしました。

——最初に三木さんにお会いしたのは、学生三木会ということですね。

岩野 そうです、それが最初です。夏休みで徳島に帰るときに夫人のところへ挨拶に行くと、「帰るのならこれをここへ届けてくれない」と品物を預かって、後援者の幹部のところへ届けに行ったりとか、最初は夫人からいろいろと仰せつかっておりました。

——最初に三木さんにお会いしたとき、どのような印象を持たれましたか。

岩野 新聞で見るとすごい怖い顔をしていたでしょう。それが会ったときには非常に穏やかな顔をしていました。新聞と実物との違いを感じました。新聞にはすごい顔が常に載っていましたから。

——三木さんの話の内容をご記憶ですか。

岩野 中曾根康弘さんを誉めていたことを非常に強烈に覚えています。中曾根さんは若くて弁が立ち、行動力があると誉めていました。桜内義雄さんや山中貞則《さだのり》さんのことも誉めていましたね。園田直《すなお》さんの名前も出ました。改進党の若い政治家の評価を聞きましたね。そうした話が非常に印象に残っています。

——三木さんに質問するのですか。

岩野 質問するというより、話を聞いていました。その当時の学生は、今の学生と違ってそういう時事問題に対する関心がなかった。マスメディアも今ほどは普及してなかったでしょう。テレビもそれほど普及していませんでした。一番大きな情報源は、新聞とラジオのニュースぐらいですから。

砂川問題が激しかった頃で、明大で暴れた土屋源太郎なんて我々と同じクラスでした。ほとんど教室で見かけたことがありませんでしたが、同じクラスでした。

――学生三木会に参加されていた方をご記憶ですか。

岩野　日本航空へ行った林隆章さん。親父さんが林幸一さんで、三木の秘書をしていました。それから三木というとこの子どもの歯医者。他に稲木、大久保、日野、島田、工藤、柏原、吉兼、浅野、志度の三木など一〇人ぐらいでした。あとは大島さんという徳島出身の女性。この方は学生ではなかったですね。

――普段はどういった学生生活を送られていたのでしょうか。

岩野　東京の生活に慣れてくるとアルバイトもしました。我々の時代は裕福な学生生活を送っていませんから。月の生活費は大体七〇〇〇円から八〇〇〇円ぐらいでしょう。そのぐらいだったと思います。家庭教師のほか、いろいろなことをやりました。学校の掲示板の募集で、ずいぶん長い間NHKの食堂に皿洗いに行きましたよ。売れっ子の宮田輝《てる》さん、とんち教室の青木一雄さんともよく口を利きました。まだNHKが内幸町にあった頃です。今でも覚えているのは、氷柱です。夏でも冷房がないでしょう。氷のなかに花がある氷柱。それを運ぶアルバイトがありました。一〇〇〇円の日当をもらって、食事付きでした。

新日本放送のアルバイトにも行きました。堀内敬三さんの息子がディレクターで、彼について方々へ行ったことがあります。録音取りのための器材を運搬するアルバイトです。葵スタジオや番町スタジオといった録音スタジオでの、服部良一アワー、宮城まり子さんや笠置シズ子さんの歌番組の録音取り、さらには、日比谷公会堂でのNHK交響楽団の定期演奏会、千駄ヶ谷の能楽堂での観世流の公演、神田の寄席など、いろいろなところに行きました。

普通の社会と違いますから、学生では経験できないようなところに連れて行ってもらいました。神田の「やぶそば」などでごちそうになっています。学生時代の楽しい思い出です。
それから、上京してからＢＢＳ運動（Big Brothers and Sisters Movement）に関心を持ちました。非行少年、非行少女を指導する運動です。ＢＢＳ運動に関する活動に少し関係しているうちに、青少年の非行関係で仕事を見つけられるといいなという思いも抱いていました。その当時、森田宗一《そういち》さんという青少年問題がご専門の東京家庭裁判所の裁判長がおられて、よくお邪魔しました。そういう時代もありましたね。そうしているうちに、三木の事務所へ毎日のように行くようになって時間がとれなくなり、だんだんとＢＢＳ運動からは離れました。アルバイトもやらなくなりました。

――ＢＢＳ運動をなさっていたのは一、二年のときですか。

岩野　そうですね。三木事務所にあまり出入りしていない時代ですね。熊本出身の中大生で和気さんという女性と私が組んで、非行少女を担当しました。少女のスポンサーは日本のパルプ業界の幹部でした。そこに乗り込んで行ってやりあったことがあります。それで嫌気がさして、だんだんと遠のいていきました。後で知ったのですが、ＢＢＳ運動の山口会長は徳島の出身でした。

――三木事務所ではどういったことをなさりましたか。

岩野　宛名書きとか使い走りです。盆暮れに、三木も選挙区の有権者宛てにだいたい五万通くらい年賀状や暑中見舞いを出していました。その宛名書きの手伝いに呼び出されました。筆での宛名書きですね。
それから、昔はデパートの宅配が今ほど普及していません。盆暮れに頂きものをするでしょう。お酒やウィスキーをストックしておく。それを国会の職員の部長級の、普段世話になるところへ盆暮れに持って行くわけです。日本酒を何本とか束にして提げていく。赤坂あたりも都電が通っていましたから、山王下から都電を乗り継いで行きます。車もありませんから、学生や書生が動員されました。ウィスキーは当時貴重品で、ジョニクロ、オールドパーなどは吉田茂さんのところに持って行きました。大磯へずいぶん伺いました。

我々は、吉田さんご本人に会うわけではありません。留守番の人です。池田勇人《はやと》さんですと、必ず満《みつ》枝《え》夫人が出てこられました。そこが官僚でも吉田さんと池田さんの違いだと思います。池田さんだと必ず満枝夫人が出てこられるから、私のような若造の使いにまでと非常に感激しました。

明治大学卒業（1957 年 3 月）

――大学生活の後半は、毎日事務所通いですか。

岩野　そうです。最初、吉祥寺の三木の家に挨拶に行った折に、「暇なときに事務所へ遊びに来ないか」ということでしたが、だんだんと高じて授業がないときは事務所へ遊びに行って、ふらふらしているうちにいろいろ仕事を仰せつかった。暇なときは毎日出勤するようになりました。

一九五六年頃から石橋内閣を作ろうと総裁選挙で忙しくなったでしょう。あの総裁選挙の前の夏に、初めて軽井沢の林野庁の寮で国会議員の研修会を開き、総裁選挙に臨む勉強会が始まりました。いわゆる三木派の軽井沢学校です。政界第一号の研修会です。その頃から毎日のように三木事務所に通勤するようになりました。我々は学生です研修会には行かないけど、準備を手伝いました。

から、連れて行ってもらえませんでした。

――明治大学の卒業が一九五七年三月です。

岩野　ちょうど就職のとき、三木が自民党の幹事長で「忙しいから手伝ってくれないか」ということで、手伝うようになりました。就職活動はしませんでした。活動をしたい気持ちはありましたけどね。少年鑑別所の採用試験を受けたいという気持ちがまだありましたし。

――四年生のときは、ほとんど事務所のほうですか。

岩野　もう事務所の職員のような感じです。国会にも走り使いしていました。国会まで歩いて行きました。国会は山王神社を抜ければすぐですから。三木は議員会館を使っていませんでした。

――議員会館の部屋は確保していたわけですよね。

岩野　現在は国会記者会館が建っている土地に、木造二階建ての議員会館があって、そこの一階に三木の部屋がありました。毛利松平《しょうへい》さんが選挙に出る準備中で、連絡所としてご自分の秘書の岸本さんを置いていました。岸本さんは、三木の事務所の留守番を兼ねていました。

三木事務所のスタッフ

――三木事務所に入られたときは、私設秘書ですか。

岩野　そうです。私が公式に秘書になったのは、第二秘書制度ができてからです。それまで林幸一さんが公設秘書でした。その当時、公設は一人でした。一九六三年に第二秘書制度ができて、私が第二秘書になりましたが、それまでは私設秘書です。当時は他の職員とのバランスで秘書手当は三木に渡し、そのなかから給料をもらっていました。

――当時の赤坂の事務所で、秘書のトップは林幸一さんになるのですか。

岩野　林幸一さんです。

秘書制度自体が、一九四七年からですね。その段階の三木さんの秘書は、村田桂子さんですか。

岩野　村田桂子さんは、私が事務所に出入りしだした頃にはまだおられました。のちにＮＨＫの専務理事になる野村忠夫さんと結婚して辞めました。村田さんのほかに、橋本文男さんという方がいました。橋本さんは何かで辞めました。私も会ったことがあります。

この当時の三木の経歴を見ると、会社社長とありました。富士造機という会社で、当時の三木事務所の職員は富士造機からの出向だと思います。村田さんも富士造機からの出向だと思います。だから、衆議院に登録されていた公設秘書は橋本さんだったのかもしれません。

逓信大臣のときには篠原與四郎さんが、毎日新聞の記者から三木の秘書官になりました。三木が逓信大臣になったときに毎日新聞を辞めて三木のところにきて、三木が大臣を辞任すると退職しました。

――林幸一さんが秘書になったのは、村田さんが辞めた後ですか。

岩野　林さんは鳴門の出身で、農協に勤めていて、三木が運輸大臣になったときに、東京へ出てきました。運輸大臣の秘書官になって、その後秘書になりました。

――林さんが秘書官になったのは、運輸大臣のときだけでしょうか。

岩野　運輸大臣のときだけです。その後公設第一秘書になりました。林さんが辞めたのは、三木が総理になる前の一九七二年です。三木の長女の紀世子《きせこ》さんと結婚した高橋亘《わたる》さんと、うまくいかなくなりました。林さんが辞めて、私が公設第一秘書になりました。

――竹内潔《きよし》さんも秘書でしたね。

三木事務所前で。林幸一（前列左）、井上義夫（前列左から二人目、現姓八木）、著者（後列左）、竹内潔（後列右）、樫福富美子（前列右から二人目、現姓佐々木）、三木睦子（前列右）〔八木義夫氏所蔵〕

岩野　竹内さんは私と同じ頃から一緒でした。三木が幹事長になる一九五六年の暮れでしたか、竹内さんは大日本機械に勤めていました。お母さんの君枝《きみえ》さんから頼まれて、大日本機械を辞めて来るということで、見習いのような形で来ました。大日本機械は、参議院議員の林屋亀次郎《はやしやかめじろう》さんの関係の会社と聞きました。

三木は学生時代に君枝さんの家に下宿していました。明治神宮駅の代々木口から五分ぐらいのところです。私も千駄ヶ谷に住んでいた時代によく伺いました。君枝さんは未亡人で世話好きな方でした。君枝さんのところに、もう一人、同姓同名の三木武夫さんがいて、三木と一緒に下宿していました。この方は技術屋さんで政治の世界には関係がありません。君枝さんから「もう一人の武夫さんがね」という話を聞かされています。

竹内さんは公設になったことはなく、ずっと私設です。その後三木内閣のときに首相秘書官になり、軍恩連盟全国連合会に推されて参議院議員になりました。

――岩野さんが大学生時代に三木事務所を手伝われた頃、何人ぐらいの秘書がいましたか。

岩野　公設秘書は一人しかいません。あと運転手兼で、大野能道さん。大野さんの父親は小学校の先生をしていて、村田さんは彼の父親に教わっていました。その関係で、大野能道さんは三木事務所に来ておりました。明大の二部に通っていて、昼間は運転手兼任でした。林さんと大野さんだけです。他には、就職待ちの方が二、三人、事務所にいました。それから、しばらく高野千代喜さんが来ていましたが、彼は三木が政調会長になったときに、自民党の政調会へ就職しました。

竹内さんの知人として、議員会館に岡本恵美子さんがいました。岡本さんは、西岡武夫さんのお母さんのハルさんの秘書でした。その関係で頼まれて、議員会館が洋館の新しい建物になり、会館の留守番にということで来だしました。

石橋内閣の後の一九五七年頃からは、元代議士の平川篤雄《とくお》さんが派閥関係を担当するようになりました。落選してずっと浪人生活を送られていました。元国会議員ですから、秘書という肩書きは使用していません。確か、事務局長と言っていたと思います。派閥の事務所を平河町の細川ビルに置き、新政策研究会という名称で三木事務所から独立させました。そのときに平川さんが来ました。

――細川ビルに派閥の事務所を作ったのは、いつぐらいですか。

岩野　一九六〇年頃でしょう。三木が党の組織調査会長として派閥解消などを主張した三木答申を出す前だと思います。議長公邸の前の角にある細川ビルの二階に派閥の事務所を構えました。三木答申で派閥解消ということで、事務所を解散して、平川さんは議員会館に移りました。

――派閥の事務所は、何年ぐらいあったのですか。

岩野　細川ビルには何年ぐらいいましたかね……。五番町の事務所が完成した頃には派閥が復活して、五番町で派閥の会合も再開していました。だから、二年ほどしかいなかったでしょう。五番町の事務所ができて細川ビルの事務所はまもなく解約して、平川さんは議員会館で派閥の世話と留守番をするようになりました。

――細川ビルの事務所にいたのは、平川さんだけだったのですか。

岩野　平澤和重《ひらさわかずしげ》さんの紹介で稲村利幸《いなむらとしゆき》さんもいました。平澤さんは戦前は外交官として活躍し、戦後はジャパン・タイムズの役員やNHKの解説委員としても有名で、三木のブレーンの一人です。稲村さんは、選挙に出たいので勉強させてくれということで来ました。その後田中派から立候補して当選し、大臣にもなりましたが、問題を起こして政界からは消えてしまいました。

それと、本名武《ほんなたけし》代議士の紹介でもう一人いましたが、半年足らずで辞めました。

――小規模に、三人ぐらいですか。

岩野　それほど仕事があるわけではないですから。

――事務所のなかで、派閥関係は平川さんが担当していたということですか。

岩野　国会議員の仲間ということで。平川さんが来る前に、平川さんと同僚の元議員の川越博さんが出入りしていました。川越さんは落選して、再起を期して準備中でした。

――川越さんも、派閥関連の仕事をしていたのですか。

岩野　派閥関係の仕事をしたのは平川さんで、川越さんは関係していません。川越さんは落選中に赤坂の事務所に出入りしていました。再起を断念した後、文化放送にお世話をしました。それから、平川さんが来るようになりました。二人が一緒に出入りしたことはありません。

――川越さんも赤坂の事務所にいたのですか。

岩野　いたわけでなく、出入りしていただけです。川越さんの場合、いつも秘書を連れていました。川越さんはご尊父が都城市長で再起を願い努力されており、地元の宮崎と東京を行き来していました。

――徳島にも事務所がありましたね。徳島のほうはどうでしたか。

岩野　徳島市内に事務所がありました。鳴門市の後援会が土地を寄付してくれて、そこに日本家屋を建てて、藤川忠義《ただよし》さんが住み込みで勤務していました。地元の責任者で、のちに県会議長になりました。藤川さんが県会議員になって、三木の親戚の娘と結婚した樋口政市《まさいち》さんが一時事務長になりました。樋口さんは三木に頼んでキューバ糖の輸入の権利を取りまして、今でも阿波三盆を作っている岡田製糖と組んで、大阪に四国製糖という会社を作って経営していました。

私設秘書時代の著者（1959年7月）

――学生のときに帰省した際、徳島事務所に寄られることはありましたか。

岩野　藤川さんがいた当時は寄ることがありました。

――通常の業務には、どういったことがありましたか。

岩野　赤坂の時代は人がいませんから、掃除、お茶くみ、料理までしました。国会議員の朝飯会では卵焼きを作って出しました。朝飯を食べるのは議員だけです。当時の国会議員には、公設秘書と女性事務員がいるだけ。そういう会合に秘書は来なかったですね。当時は自家用車を持っている人は稀でした。その代わりに皆さん国会の車を使っていましたよ。国会の車の確保が大変でした。

――朝食会は週に一回くらいですか。

岩野　そうですね。朝食会と昼食会。昼食会は仕出しを取ります。朝飯会はロールパンと目玉焼きに、トマトジュースとコーヒーだけです。前の晩から用意しておきました。高野千代喜さんもやっていて、二人で料理を作り、それで配って、お給仕までしました。

——選挙のお手伝いは、事務所に入られてからですか。

岩野　入ってからですね。だけど私が三木の事務所に勤務しだした当初は、ほとんど徳島の選挙運動には帰りませんでした。三木について歩くほうが多かった。一番若かったものですから、選挙がないときに徳島に帰って、田舎を回ることはありました。選挙のときは三木の鞄持ちで一緒に歩いていました。

†第2章　駆け出しの秘書

石橋内閣

——石橋内閣について、三木さんが総裁選で石橋湛山《たんざん》さんを推していた理由をどのように見ていらっしゃいますか。

岩野　政党人としての石橋さんの政策や政治姿勢に惹かれたのだと思います。先ほど言ったように、誰を推そうかということで林野庁の軽井沢の寮で話し合ったわけです。東洋経済新報社の宮川三郎社長がいたでしょう。豪快な人で、宮川さんも出入りしていました。石橋さんが出てきた経緯は知りません。覚えているのは、三木は選挙戦に石橋さんを担いでから、池田勇人さんと連絡をとったことです。二・三位連合ができたのは、池田さんの力もあったと思います。紀尾井町の「福田家《ふくだや》」でよく池田さんと会いました。最後はあそこで二・三位連合ができたはずです。

ちなみに、四国電力にも宮川竹馬《たけま》社長がおられて、宮川という名前で電話が来ますと神経を使いました。二人とも個性的な経営者でしたからね。

——石田博英《ひろひで》さんも当然動いたわけですね。

岩野　そう。三木が最初に立候補したときからの関係です。石田さんと石橋さんとの関係は深いです

外遊にあたり羽田空港で松村謙三、井出一太郎などの派閥の議員から見送りを受ける三木（1959年7月8日）。右から二人目が著者

から。石橋さんは吉田内閣で入閣していましたが、どういう絡みで名前が出て候補者になったのかは私にはわかりません。松村謙三《けんぞう》さんもいたでしょう。

――この頃は松村・三木派ですね。

岩野　そうですね、まだそういう名前でしたかね。しかし私たちは三木・松村派と言っていました。松村さんの系統には、竹山祐太郎さんや古井喜実《よしみ》さん、笹山茂太郎《しげたろう》さんがいました。竹山さんは秘書のように松村さんのお世話をしていました。

――松村さんは、戦後は進歩党で、公職追放になりました。三木さんは改進党で革新派を率いて活躍していました。接点はどこにあったのでしょうか。

岩野　その経緯は私もよく知りません。考え方が合っていたのではないですか。

――石橋内閣ができて幹事長に就任します。閣僚ではなくて幹事長を望んだのでしょうか。

岩野　自分で選んだと思います。自民党で成長するためには党務を、ということでしょう。党内で発言権を強めるということでした。

――三木さんの幹事長就任に対しては、強い反発がありました。

岩野　ありました。主流派ではなく小派閥ですから。岸信介《のぶすけ》さんが強く反発したのではないですか。

――松村・三木派からは三人が入閣していますね。主流派とはいえ多いですね。

岩野　石橋内閣を誕生させた功績でしょう。石橋内閣で岸さんが外務大臣になりました。のちに三木が、「岸さんのことを言われた」と話していたことを覚えています。石橋さんが宮中に参内したときに、岸さんを外務大臣にしたことについて「岸は大丈夫か」と天皇陛下から言われたという話を、何年か経って三木から聞いたことがあります。

その他に印象に残っているのは、石井光次郎《みつじろう》さんが副総理の入閣を断ったことですね。石井さんが入閣していれば岸内閣はなかった。なぜ石井さんが入閣を断ったのか、その経緯はわかりませんが、日本の政治の大きな転機のひとつですね。

――石橋さんは病気のため二カ月で辞任します。

岩野　石橋さんの辞任を三木は残念がっていました。また、石橋内閣で選挙をやっていれば、その後の三木の立場も違っていたでしょう。三木の党内における立場が強くなったでしょう。

――辞めるときに、岸さんと三木さんに宛てた石橋さんの書簡が発表されます。そのなかにある「私の良心に従って」というフレーズが有名です。この書簡は、三木さんが下書きをしたわけですね。

岩野　そうです。三木は平澤和重さんと相談しながら書きました。二人の合作ではないでしょうか。平澤さんが下書きを書いて、それを三木が自分の言葉に直しているのだと思います。

平澤和重・福島慎太郎・松本瀧蔵との関係

――平澤さんとの関係はどのようなものでしたか。

岩野　私は週に一回は平澤事務所へ使いで行っていました。東京會舘の別館がありまして、そこに松

石橋湛山首相と三木武夫幹事長

本瀧蔵《たきぞう》さんと平澤さんが同じ部屋で事務所を構えていました。そこへ使いで行きました。東京會舘が改築して別館がなくなって、銀座東急へ平澤さんが事務所を移しました。

——平澤さんとの出会いは、戦前ですが、その後も関係が続いていたのですね。

岩野　平澤さん、福島慎太郎さんとの関係は戦後もずっと続いています。戦後になって特に深くなったのではないでしょうか。ジャパン・タイムズを作って以後だと思います。おそらく松本瀧蔵さんも、その関係で三木事務所に出入りしていたのでしょう。派閥は違っていましたが、個人的には非常に親しく付き合いました。夫人のメリーさんは酒がお好きで、常に赤ら顔して事務所に来ていました。ちなみに、三木は瀧蔵さんの息子の満郎さんの仲人をしています。

——占領期に東京會舘で公職追放解除に関係することを行っていたのが福島さん、平澤さん、松本さんでした。

岩野　詳しくはわかりませんが、公職追放の問題は、松本瀧蔵さんだろうと推測しています。瀧蔵さんは岸内閣のときの外務政務次官でしょう。そういう関係があって、平澤さんは岸さんが訪米するときに地ならしをしています。松本さん、平澤さん、福島さんの関係です。特にGHQとの関係は、松本夫人が二世ということもあって、関係がより深いのではないですかね。松本さんは三木とは非常に親しくしていて、赤坂事務所時代にはしょっちゅう来ていました。松本さんは選挙区が広島で、谷川和穂《かずお》さんと同じ選挙区です。

――松本さんはＧＨＱとの折衝ですか。

岩野　そうだと私は思っています。

――戦争中に三木さんは軍需参与官になっていて、公職追放になってもおかしくない事態でした。追放を免れた理由をご存じですか。

岩野　岸信介さんが国務大臣で軍需次官ですね。軍需参与官の話は本人が言いたがらなかった。議員在職二五年のときに年表を作成しようと思って、衆議院から資料を取り寄せてみると、軍需参与官が経歴として記載されていました。戦前のことで三木が話していたのは、初当選のときの所信と翼賛選挙の話だけです。翼賛選挙のときに演説会場に警察官が来てストップをかけられたとか、そういう話はしていました。

夫人の出身の森コンツェルンとの関係にしても、軍事関連の仕事をしていたでしょう。夫人の本にも、紀尾井町の屋敷に二・二六事件のときの兵隊が駐屯していたなどと出ています。それほど軍との関係が深かったようです。

――森コンツェルンの中核企業でもあった日本冶金の大江山鉱山で連合国軍の捕虜を強制労働につかせていたという問題もあります。

岩野　そうですね。周囲の関係から推測して、おそらくそういうことはあったと思います。本人も軍需参与官を言いたがらなかった。戦後第一回の選挙に出馬するにあたって、ＧＨＱの許可がなかなか出なかったという話を樋口政市さんから聞いています。

――政策面で松本瀧蔵さんがブレーンの役割を果たしていましたか。

岩野　そこまでではないと思います。平澤さん、福島さんとは戦前から親しくなったと思います。それに、瀧蔵さんは岸さんとの関係があったかもしれません。

――改進党時代は。

岩野　改進党時代は、加瀬俊一《としかず》さんとも関係があったようです。加瀬大使の息子と私は親しかったものですから。何かの会合で加瀬俊一さんと一緒になったときに、改進党時代の回顧談を三木としていました。あの人も重光葵《まもる》さんを総裁にするのに一役買ったのではないですか。

――三木さんは重光総裁に乗り気ではなかったですね。

岩野　おそらく加瀬さんあたりがいろいろしたでしょう。そういう感じを受けましたね。話の内容から、当時は加瀬さんが人を掴んでいたのではないか、という感じを受けました。

――福島さんは、三木さんの政策的な助言などを平澤さんに任せていた感じですか。

岩野　そうですね。

――三木さんは電話で平澤さんからアドバイスを受けていたのでしょうか。

岩野　毎日のように連絡はしていますし、会うのもしょっちゅうでした。何かあると、赤坂事務所の前にあった「栄清《えいきよ》」という料亭で会っていました。なぜわかるかというと、平澤さんが来ると運転手が事務所で休むものだから。運転手は何も言いませんよ。だけど女将が、お客さんがお見えになりましたと伝えてくれと言いに来る。しばらくすると運転手が入ってくる。ああ、今日も、とわかるわけ。予約も全部自分でするから、事務所はノータッチです。そういう非常にこまめなところがありました。東京會舘で一緒に食事することもありましたね。

――会うときは二人だけですか。

岩野　そうそう。誰も入っていません。栄清で二人で会うのは、政策の突っ込んだ話をするときですね。

――国会の会期中も会っていましたか。

岩野　会っていますよ。会食のときは昼間に会っていましたが、だいたい夜ですよ。

――新聞記者はかぎつけないのですか。

岩野　それは知らないです。記者が書いた記事で、栄清の話は出てこないでしょう。

――料亭の方が話すわけがありませんし。

岩野　一切話しません。女将だけでやっている料亭で、派手ではありませんでしたから。建物は大きいのですが、決まった人しか使っていなかったと思います。平澤さんと会っていたのは、栄清か東京會舘で飯を食べながら話をする、その二カ所でした。あとは電話です。

――福島さんとはそういう関係ではなかったのですか。

岩野　そこまではありませんが、福島さんにも個人的に事務所に来てもらって話を聞いていました。

赤坂事務所

――赤坂の事務所にはどういう部屋があったのでしょうか。

岩野　事務所は二階建てでした。一階が応接間二部屋と事務室で、二階が大きな会合ができる広間、左側が三木の部屋、右側が日本間でした。

――朝食会は、二階の大広間で開かれたのでしょうか。

岩野　そうです。そこに調理施設がありました。

――三木さんの部屋には議員関係のファイルがありましたか。

岩野　いえ、その当時はそういう書類は一切置いてなかった。そういうのを並べたりしていません。例えば日本民主党時代なら、民主党関係の全国大会の資料などがきますね。

――事務所に一切なかった。事務所にあったのは、国会から配付される議事録と資料だけでした。

――資料に目を通して捨てていくという感じですか。

岩野　そうです。赤坂事務所は国民協同党時代の事務所です。私の記憶では、事務所のほうにきちんと保管されていたのは、名簿関係ですね。一番重要ですから。国会からの配付資料もあって、それを我々が整理しました。事務所の本棚に立ててありました。公報もありました。国会の日程が入っています。

三木は書類の入った風呂敷包みを常に車に積んで歩いていました。必要なものはそれに入れたり、あるいは鞄に入れます。見て不要だったら、全部破って捨てる。赤坂の事務所にもストーブがあって、そこで燃やしていました。一階の事務室は石炭ストーブで、二階の会議室はガスストーブでした。

応接セットは、一階の大部屋の事務室と小部屋の二部屋だけにありました。あとは押し入れのようなものがありました。これ以外には、物を収蔵しておくスペースはありませんでした。事務所には、広間に本立てを立てて、そこへ入れていく。倉庫のような部屋はありません。その当時は、政党の資料はありませんでした。

――三木さんの部屋には何があったのでしょうか。

岩野　大きなデスクだけです。書斎ですね。三木は二階の自分の部屋で原稿を書いていました。

――原稿は、無造作に机の上に置かれていたわけですか。

岩野　そうです。三木が書く原稿は二〇〇字詰めの原稿用紙です。その下書きは平澤さんが書いて、それに三木が自分の言葉で書いておりました。平澤さんが原稿そのものを書くこともあれば、骨子、項目だけを書くこともありました。三木は「政治家はもっと演説は原稿にしてから話すべきだ」とよく話していました。

赤坂事務所全景〔八木義夫氏所蔵〕

――三木さんの部屋からは国会が見えたのでしょうか。

岩野　「山王さん」が事務所の前にあって、その向こう側が国会です。ちょうど国会と事務所の間に日枝《ひえ》神社があります。事務所は低地で、日枝神社は高台でしょう。二階に上がっても直接は見えません。目と鼻の先が国会議事堂で歩いて行きました。事務所は一ツ木通りで、昔は四谷から虎ノ門への通りを都電が走っていました。日枝神社を抜けて国会です。

――二階建ての建物は、当時の赤坂あたりでは珍しかったのでしょうか。

岩野　二階建てで、一見洋館風でした。その裏側にＴＢＳがあって、それだけが大きな建物でした。当時、周りにはそれほど大きな建物はなかった。料亭政治がさかんな頃です。道路を挟んで料亭街です。一九六二年までしかいませんでした。一九六二年一月に、三木は赤坂事務所をＴＢＳに売って千代田区の五番町に移りました。
赤坂事務所は、もともとはインドネシア貿易の木下商店が所有していました。国民協同党が借りていて、木下商店へ家賃を払いに行っていました。そのときには、芙蓉製紙の新家さんという人が二階を借りて使っていました。のちに三木事務所に入ることになる村松茂太郎さんがそこで働いていました。芙蓉製紙は松本製紙に変わりました。毎日新聞に紙を入れておりました。国民協同党がなくなってからは、三木が引き継いで借りました。その後、三木が木下商店から買って、ＴＢＳに売ったという経緯です。車庫が木下商店名で残っていて、木下商店の名義で税金が来ていて、届けに行っていましたよ。内幸町にある木造の建物でした。

岸内閣

――石橋内閣の後、一九五七年二月に岸内閣が誕生します。主要ポストは皆留任ですので、三木さんはそのまま幹事長に留まります。三木さんは岸さんとはそりが合わなかったのですか。

岩野　岸さんの金権、権力主義とは合わなかったと思います。
三木は、岸さん、佐藤栄作《えいさく》さんとは個人的には関係は深くなかったですね。佐藤家との関係はありましたが、それも佐藤さんの次男の信二《しんじ》さんと安西浩《あんざいひろし》さんのお嬢さんが結婚されてからです。私は、岸邸には安保のときに手紙を持って、南平台のお宅へ使いに行ったことはあります。岸さんの御殿場のお宅には弔問で伺いました。それ以外はありません。

――一九五七年七月の内閣改造で、三木さんは政調会長になります。三木さんが望んだのですか。

岩野　よくわかりませんが、閣内よりも党をとったと思います。というのは、党内の基盤が弱かったですから。先ほども言ったように、幹事長で一回選挙やっていれば違ったでしょうけど。

――派閥として、松村・三木派はそれほど小さくはありませんでしたが。

岩野　他の派閥に比べれば、あの当時は連帯感が違ったと思います。ただ、新聞が三木・松村派と書くのを嫌がっていました。世間では三木・松村派と言っていましたけど、三木は三木派と思っていました。派閥の松村という名前をマスメディアから早く消したいという気持ちがあったのでしょう。先輩として立ててはいました。

――当初は松村・三木派で、派閥の運用資金を三木さんが多く出すようになって三木・松村派になったとよく言われます。

岩野　松村さんはそういうことを全然しなかったですから。三木は、松村さんは金がないと言いながら伊豆に別荘を持っているとよく話しておりました。三木には、淀川製鋼のオーナーでもあった宇田耕《うだこう》一《いち》さんが資金を担当してくれていました。

――閣僚は三木さんが推薦していたのでしょうか。

岩野　そうですね。竹山さんや古井さんは不満を抱いていました。入閣が遅かったでしょう。三木派の議員の入閣は全体に遅かった。石橋内閣のときに三木派で入閣したのは、宇田さん、松浦周太郎《しゅうたろう》さん、井出一太郎《いでいちたろう》さんです。それまでは中村三之丞《さんのじょう》さんもいましたけど、晩年になってからです。河野《こうの》金昇《きんしょう》さんにしても大臣になれなかった。あの当時五、六回で政務次官です。大臣適齢期という言葉はありません。

それと「村長さん」。松村さんと同じ選挙区に内藤友明《ともあき》さんがいて、「村長さん」という愛称で呼ばれて、派の取りまとめ役で、みんなから親しまれていました。正力松太郎《しょうりきまつたろう》さんも同じ選挙区で三人が争った、大変な激戦選挙区です。選挙になると内藤さんの応援に行って、松村さんのところへも顔を出してはいました。同じ選挙区の場合には、そうせざるをえない。内藤さんも古く、当選六、七回ではないですか。それでもとうとう政務次官止まり。最後は新湊市長になりました。農林省出身です。

――政調会長は、一年ほどです。

岩野 そうです。改造で経済企画庁・科学技術庁長官になりました。

――三木さん本人が入閣しました。派閥の誰かを入れる考えはなかったのでしょうか。

岩野 一人しか入閣できないですから、三木が入閣する以外に方法がないでしょう。そういう点で派内に不満はあったことは事実です。常にありました。党内に強固な足場ができないと、自分が休むわけにはいかないですね。二人をとってくれるときは別ですが。だから「常に自分だけ日の当たる地位にいる」という不満が派内にはありました。特に赤沢正道さんはブーブー言っており、私たちは「赤ブー」と呼んでいました。

――経済企画庁長官は三木さんが望んだのですか。

岩野 そうではないと思います。「伴食大臣」で、あの当時は嫌がるポストです。科学技術庁長官も伴食大臣です。岸さんは三木を要職につけたくなかった、かといって、閣外に出すわけにもいかないということでしょう。

――「三木さんは経済音痴だ」という人もいますが、それについてはどうお考えですか。

岩野 それはないと思います。高橋亀吉さん、福良《ふくら》俊之さん、脇村義太郎さん、有沢広巳《ひろみ》さん、稲葉秀三《ひでぞう》さん、土屋清さん、東京大学の川野重任《しげとう》さん、日本道路公団初代総裁の岸道三《みちぞう》さん。そういう経済専門家と定期的に総合政策研究会という勉強会を開いていました。経済企画庁の後藤誉之助《よのすけ》さん、大来《おおきた》佐武郎《さぶろう》さん、向坂逸郎《さきさかいつろう》さんの弟の正男さんといった経済官僚。大蔵省の谷村裕《ひろし》さん、日本銀行の吉野俊彦さんや三重野康さんも入っていました。また、東京銀行の堀江薫雄《しげお》さん、日本郵船の菊地庄次郎さん、伊藤忠の吉田卯三郎専務などの財界人もいました。財界、官界、学界から広く専門家を集めた勉強会です。

―― 総合政策研究会は、三木さんが作ったのでしょうか。

岩野　三木が作ったのか、その経緯は、私は知りません。知りませんけれども、事務局が赤坂事務所の中の別部屋にありました。

―― 部屋はとっていたのですか。

岩野　事務所の一部屋をとっていました。その会には三木も毎回出席していました。土屋さんや稲葉さんが講師を選定していたような気がします。三木からも、こういう話を聞きたい、という注文を出していました。メインになっているのは、稲葉、有沢、土屋、脇村、福良、という方々だったと思います。

―― こういった勉強会は、岩野さんが事務所に入られた段階で、すでに開催されていましたか。

岩野　そうです。定期的に開かれていました。学者、役人、財界人が参加して、勉強会をやっていましたから、経済音痴ということはなかったです。

―― 勉強会の場所は、赤坂事務所ですか。

岩野　事務所でした。その後赤坂事務所を引き払ったときに、土屋さんと稲葉さんが総合政策研究会を他に持って行って、自分たちで主宰するようになりました。

―― 一九五八年の暮れに、警察官職務執行法改正案の審議をめぐって、反発した三閣僚が辞任します。事前に三木さんは灘尾弘吉《なだおひろきち》さんや池田勇人さんと連絡を取り合っていましたか。

岩野　取り合っています。あのとき藤山愛一郎さんが中に入って、調整役を買っていました。官邸へ辞表を持って行く前に、「もう一回藤山と話がしたいから電話をかけろ」と三木に言われました。そのときの藤山さんの秘書は、参議院議員だった山本杉さんの息子さんです。サンケイ新聞の記者から藤山さんの秘書になっていました。

ホテルニュージャパンの藤山事務所に私が電話をかけると、秘書の山本さんが出た。山本さんが「ちょっと待ってくれ」と言えばよかったのですが、「今トイレへ行っています」という返事です。それを伝えると、三木は「そんなに待っていられない」、ガチャッと電話を切って、さっと官邸へ行きました。あのとき、山本さんが気を利かせて「すぐ呼んできます」と言って待たせてくれれば、また違う局面が出たかもしれない。藤山さんが非常に苦労していましたから。

――岸さんとしては三閣僚に辞めてほしくないわけですね。

岩野　そうだと思います。あのときは一二月ですから、予算を組んでから辞めるか、その前に辞めるか、時期が非常に問題になっていました。我々は「予算を組んでから辞めるのはおかしい、組む前に辞めろ」と、若造の分際でそういう発言をしていた記憶があります。

――三木さんは灘尾さんをどのようにみていましたか。

岩野　灘尾さんと非常に良い関係になっていったのは、この三閣僚辞任以降でしょう。灘尾さんは、もともとは内務官僚です。どちらかといえばお会いする機会が少なかったはずですが、これ以降考え方が合うことがわかったのではないですか。それから非常に親しくなっていったと思います。三木内閣のときにも三役に入ってもらいました。

――一九五九年一月に総裁選があります。三閣僚辞任からより関係が深まり、信頼し合える仲になりました。三木さんは、立候補した松村さんを応援したわけですね。

岩野　松村さんを派として推薦しました。

――三木さん本人が出るという意思はありませんでしたか。

岩野　岸さんとは政治姿勢、政治哲学が違いますから、その意思は当然持っていたと思います。

――岸さんが勝って、三木さんは、この後しばらく役職なしですね。

岩野　そうですね、池田内閣までなかった。完全に対決しました。

――岸さんは一九五九年六月に内閣を改造します。この改造で、池田さんは再入閣しました。三木さんにはもう一回入ってくれと声がかからなかったのでしょうか。

岩野　三閣僚辞任の後でしょう。岸さんとしては池田さんを取り込みたい。政局の安定を目指して、池田さんを取り込んで、池田・佐藤体制で国会を運営しようと考えたのでしょう。岸さんには、「三木、河野《こうの》一郎憎し」という気持ちがあったのではないですか。三木には入閣の打診はなかったと思いますよ。

――三木派からは菅野和太郎《かんのわたろう》さんが、経済企画庁長官で入閣します。

岩野　そうですね。岸内閣では入閣者は一人ですね。

――池田さんがまた入閣したことについて、三木さんは何か言っていなかったのでしょうか。

三閣僚辞任の記者会見（1958年12月）。左から、池田勇人国務大臣、三木武夫経済企画庁長官、灘尾弘吉文部大臣

岩野　それに対しては別に。吉田門下生で、池田さんはもともと佐藤さんとの関係が深かったですから。三木と池田さんの関係は、石橋内閣を作るときの二・三位連合をひとつの契機として接近しました。歴史的には新しいわけです。それまでは野党の幹事長などで党を代表して国会の場で吉田政治を批判してきたでしょう。特に池田さんの麦飯発言などがありましたから、それを強烈に批判していた時代がありました。

――吉田さんは首相を辞めて、一議員ですね。

岩野　そうですね、あのときはまだ議席を持っていました。池田さんと佐藤さんは、吉田さんには刃向うことはできません。官僚時代に吉田総理に抜てきされ、今日がありますからね。

――まだ影響力は強かったですか。

岩野　あの後ではないですか、七賢堂を大磯に作って、大磯に政治家を集めだしたでしょう。大磯に呼ばれなかったものは非主流派だとマスコミが書いた時代です。吉田邸、大磯通いができない人は自民党のなかで非主流派だと、マスコミもそういう書き方をしましたからね。

――三木さんは大磯には行ったことはないのでしょうか。

岩野　その頃に三木は真鶴に別荘を作って、その途中に立ち寄ったりしていました。「前を通ったから」ということで挨拶に行ったりしています。我々も大磯には盆暮れには使いに行きました。そういう努力はしていました。この頃かと思いますが、吉田さんは桂三木助の落語が大好きで、三木助師匠を呼んで吉田さんを新喜楽で接待したことがあります。その後、たまに招請に預かりたいという手紙が来るようになりました。

日米安保条約改定

――安保改定について、三木さんはどのように考えていましたか。

岩野　反対ではありませんでした。しかし、岸さんの強引な国会運営に対しては、徹底的に戦いました。事前協議の問題を強く打ち出したでしょう。最終的には「会期延長をやったから徹底的に審議すべきだ」と。強行裁決に対する反対ですから。時々「三木は安保に反対した」と書かれますが、それは間違いです。

――国民民主党のときは、「講和は賛成、安保は反対」というスタンスでした。

岩野　あのときは全面講和を支持していたはずです。詳しいことは知りませんが、全面講和だったと思う。それが、大麻唯男《おおあさただお》さんなどが崩れて、途中で単独講和に乗っていって割れていったでしょう。

――安保改定のときは、河野一郎さんと組んで岸さんと対決するわけですね。

岩野　岸さんの強引な国会運営に対して、河野さんも反対でしたからね。非常にあの方は深刻だったと思います。採決の翌日に赤坂事務所に「もう国会議員を辞める」と三木に会いに来ましたから。それで三木がなだめる場面がありました。それほど思い込んでいました。

――河野さんはもともと自由党系ですね。

岩野　三木の義弟の森清さんが河野派の番頭で、河野さんが亡くなると後を継ぎました。旧改進系の議員が河野派にいました。最終的に園田さんと意見が合わなくなりました。

――三木さんは岸さんに意見書を渡していますね。

岩野　私が使いで岸さんの南平台の自宅へ届けました。岸さんは箱根に行っていて会えませんでした。

それで、南平台の自宅へ届けたことを覚えています。

――採決のとき、岩野さんは事務所にいらしたのですか。

岩野　いました。赤坂の事務所に一晩籠《こ》もっていました。赤城宗徳《むねのり》さんが防衛庁長官で、自衛隊を出すか出さないかで、三木の事務所でも大騒ぎしたことがありますよ。

――三木さんは自衛隊出動を容認していたのですか。

岩野　反対です。官邸が取り囲まれて行き来ができない状況でしょう。

――本会議での採決のときに三木さんは退席しました。その後事務所に戻ってきたのでしょうか。採決後の行動をご記憶ですか。

岩野　夜遅かったから、事務所に帰った記憶がありません。夜中でしょう。帰ってこなかった気がしますよ。我々は事務所で徹夜した記憶があります。

――翌日何か言っていませんでしたか。

岩野　そのあたりの記憶はありません。議員が集まって、昼食会か何かを開いたかもしれませんが。

――丸山眞男《まさお》さんとは、この頃からの付き合いでしょうか。

岩野　丸山さんのご自宅は吉祥寺でしょう。よく三木がお訪ねしたということは聞いています。確か、安保に関する手紙が丸山さんから三木に来たのが最初ではなかったかな。意見書かもしれません。それがきっかけだと思います。

後年、内田健三《けんぞう》さんも、「丸山さんの弟子だ」と言っていました。三木派の担当ですが、内田さんから丸山さんとの話をあの当時は聞きませんでした。

読売新聞の多田実さんはその後安保の本を書いています。朝日新聞の田中豊蔵さんも駆け出しで、侃々諤々《かんかんがくがく》やっていた頃ですよ。

派閥記者との関係

――やはり新聞記者と話す機会は多かったのでしょうか。

岩野　昔は記者は個人的なつながりが深いですから。それも一人だけじゃないでしょう。例えば三木と非常に親しくして池田さんとも親しかった吉村克己《かつき》さん、岸信介さんや椎名悦三郎《えつさぶろう》さんとも親しい藤田義郎《よしろう》さんのように、二股を掛けた記者が結構多いですよ。

――三木さん一本という人は思い浮かばないですね。両方につくという人も多いわけですね。

岩野　あの当時の記者は、だいたいそういうタイプが多いのではないですか。情報を取りに、担当以外でも来ました。色がはっきりついているでしょう。それなりの情報を持って、それ以上のものを取ろうと来るわけです。政局の激動する戦国時代です。

テレビで活躍した三宅久之さんは、三浦甲子二《きねじ》さんと同じ河野派の担当でした。渡邊恒雄《わたなべつねお》さんは大野派。この三人がつるんだ。特に渡邊記者と三浦記者が、いつもコンビ組んで来ていました。三浦さんには我々はよく脅かされた。怖い記者でした。

渡邊さんは、赤坂にあった「リキアパート」の中曾根事務所をよく利用していました。渡邊さんは『派閥』という本を出版して有名でしたので、アメリカやカナダの大学で日本政治を専攻している先生方から渡邊さんへのインタビューを頼まれて、案内する場所が中曾根事務所でした。リキアパートの中曾根事務所には、防衛研修所出身の小林克己秘書がおられました。お陰で小林さんとは公私ともに親しくなりました。

――新聞記者が書いた本を見ると、政治家に自分の意見を伝えています。

岩野　意見を述べたり、情報提供したり。情報を一番持っていますからね。各派閥の担当から上がった情報を持ち込んでくれます。今の記者はサラリーマン化していますからそういうことは少なくなりました。その当時の記者は皆そうですよ。真剣な意見交換ができました。

――新聞記者の皆さんは、担当する派閥についてしまうのでしょうか。

岩野　「一七会《いちななかい》」は協同党時代に担当した記者の集まりですから、そういうときの結びつきは強いのでしょうね。昔は河野派が強かったでしょう。手足になって動いていました。

――一七会は三木番の記者の集まりですね。

岩野　一七会は、天野歓三、新井明、内田健三、緒方彰、小林幸三郎、近見《ちかみ》正男、中村建五、吉村克己、横田康夫という、協同党時代の担当記者がメンバーで集まって、三木の誕生日の三月一七日に、お祝いの会と称して、年一回集まっていました。西日本新聞の近見正男さんが中心です。近見さんが音頭を取って、一七会という名前をつけて、集まりました。南平台に移ってから、番記者が、もう少し番記者を接待しろというようなことを言い出しまして、南平台で忘年会をやりだして、旧一七会のメンバーも吸収して、三木家出入りの記者を呼び出しました。それで、一七会にしようということでした。

近見さんが音頭を取って、内田さんに「お前、一番若いから世話人になれ」ということで、内田さんを事務局にして、連絡役にしました。名前がついたのは、一九五八年ですよ。一七会という名前で、予定表に入れだしたのは……。赤坂に「阿比留」という小料理屋がありまして、最初はそこで開いていました。事務所が五番町に移ってからは四谷のほうで集まるようになりました。

――藤田義郎さんは熱心ではなかったのですか。

岩野　このときは入っていません。各社一人です。藤田さんが加わったのは、夫人が一七会を主宰するようになってからです。三木が亡くなって、夫人が全部一緒くたにして一七会という名前で会合を始めだした。

三木が亡くなってから、夫人は記者以外のいろいろな人にまで呼びかけました。夫人の友達を呼んだり、森繁久弥さん、東野英治郎夫人、香川京子さんを連れてくる人もいました。だから最初の一七会とは趣旨が変わりました。そういう経緯をたどって、一七会はあります。夫人がやりだしてからの初代の会長は日本経済新聞社の新井明さんで、藤田さんが世話役で、事務局のようなことをしていました。案内は新井さんの名前で出していました。新井さんが亡くなって、一時藤田さんの名前で出して、藤田さんが亡くなると、毎日新聞の小池唯夫さんに会長になってもらいました。一七会はそういう経緯です。

――記者からの要望はなかったのでしょうか。

岩野　今は違いますけど、当時は非常に派閥記者からいろいろと注文がつきました。例えば、三木事務所は独立ビルに事務所を構えているでしょう。来たらここで一杯飲めるように作れ、麻雀台を置け、碁将棋が打てるように用意しろ、専用電話を何台設置しろとか……。そういうのを五番町に事務所を移してから言われるとおりに全部用意しました。できるだけ記者と良い関係を作りたいですから、申し出には可能な限り応えました。記者クラブに近い努力をしました。一時は東京會舘から二名のコックを派遣してもらっていました。マスコミ用の電話も設置しました。

――その電話代は事務所が払うわけですか。

岩野　無論、そうです。そういう注文がつきます。それをしないと、何何事務所はサービスが良いが、三木事務所は悪いと言い出します。三角大福の時代が、そういう意味での要求が一番強かったです。その前の段階では、そういう注文はなかった。本来の一七会のメンバーからは、「岩野君、時間があるなら飯でも食いに行こうか」と逆に誘われてごちそうになりました。赤坂時代には記者からの要望などは全くなかった。五番町へ移ってから、三角大福になってから、そういう注文が出てきました。

池田内閣の成立

――岸さんが退陣して池田内閣になります。その総裁選で池田さんのほか大野伴睦《ばんぼく》さん、石井光次郎さん、松村謙三さんが名乗りを上げて、最終的に石井さんに一本化されます。三木さんは、最初は松村さんを推していたのでしょうか。

岩野　推していました。だけど、あのときは党内の事情からして、候補者が乱立すれば勝てるという見込みがない。松村さんの周辺には竹山祐太郎さんや古井喜実さんが側近でいましたね。いろいろと情勢を判断したのではないですか。二人は松村さんについて、その当時から行動を共にしていました。

――池田さんではなくて石井さんというのは、党人派でまとまっていこうということですね。

岩野　そうですね。それは石橋さんのときのこともありますから。成果もあります。やはり党人派対官僚派の一対一の戦いにしないと勝ち目がありません。それに反池田ではなく、反岸・佐藤でした。

――党人派ですから、他に大野伴睦さん、河野一郎さんも石井さんを推します。大野伴睦さんは、岸内閣のときに、岸さんと佐藤さんとの念書があったにもかかわらず、石井さんを推しました。念書のことを当時ご存じでしたか。

岩野　知りませんでした。途中で結局大野さんは総裁候補から降りたでしょう。この当時、大野さんは読売新聞の渡邊恒雄さんに頼り切っていましたから、渡邊さんの影響力が大きかったと思います。

――結局池田さんが勝って、反主流派に回ります。三木さんに近い人物で閣僚になったのは、石田博英さんですね。

岩野　石田博英さんぐらいでしょう。あとはいないでしょう。三役もいないでしょう。三木は、池田内閣については当初岸さんと佐藤さん中心の官僚内閣とみていて、官僚政治に対する反発を非常に強く抱いていました。

――一九六一年七月の第二次改造内閣のときに、三木さんは科学技術庁長官で入閣しています。これは、池田さんから声がかかったのでしょうか。

岩野　そうだと思います。石橋さんのときの三木・池田というのは、政治家としては通じるものがあったのではないですか。ただ、あの総裁選当時は、党人対官僚という空気があって、特に岸さんの強権的な政治手法が出ましたよね。そのあたりが総裁選に関係したと思います。それで党人対官僚という総裁選挙の戦い方になったと思います。その流れでの池田内閣ですから。

その後閣僚を辞めて、組織調査会会長として党の改革に取り組むようになります。二人で自民党を改革するということで意見が一致しました。

――ここからは主流派になっていくわけですね。

岩野　そうですね。石橋さんのときも主流派でしたが、石橋さんが途中で政権を投げ出さざるをえなくなりましたから。石橋政権で選挙ができていれば、がらっと政党政治家中心の流れになっていたのではないですか。石橋政権で選挙ができなかったことは、その後の自民党政権に大きな禍根を残しました。官僚政治に戻ったということで。池田さんは過去の大蔵大臣当時の発言への反省から、政治姿勢が変わりました。佐藤さんは徹底的な官僚政治でした。

衆議院議員在職二五年

――一九六二年に、衆議院議員在職二五年表彰がありました。三木さんは徳島に帰って県内を回りました。

岩野　回りましたね。町村単位で県下をぐるっと講演会を開いて回りました。戦後で二五年議員は初めてでしょう。

――「三木さん、来てくれ」という徳島のほうからの要望があったのでしょうか。

岩野　そういうのもありますし、後援会としてお祝いをしたいからということがありました。あの当時は、二五年表彰議員が珍しかったわけです。三木がのちに五〇年表彰を受けたとき以上に地元民は喜んだのではないですか。記念品にナスステンレスの盆をつくり、後援会員に贈りました。

――岩野さんも同行されましたか。

岩野　演説会について回りました。

三木與吉郎との勢力争い

――この年参議院選挙がありまして、紅露《こうろ》みつさんが現職でしたが、何人か名乗りを上げて公認を求める動きがありました。

岩野　紅露さんも七〇歳近かったのではなかったですか。そういうことで、もう代わってもいいだろうと。紅露さんは全然辞める気がなかった。結局山口一雄さんが立候補したでしょう。山口さんはあの当時の県会では無所属で、どちらかというと社会党系無所属議員でした。

山口さんが三木と親しくなったのは、武市恭信《やすのぶ》さんが三木と親しくなってからです。山口さんと武市さんが親しく、その関係で三木に紹介して、親しく出入りするようになりました。それまで山口さんは、いわゆる一匹狼的な存在でした。今の山口俊一《しゅんいち》代議士のお父さんです。

――他にも公認を求めて阿部邦一《くにいち》さん、川真田郁夫《かわまたいくお》さん、武市恭信さんが名乗りを上げています。

岩野　武市さんは衆議院ということに三木が決めたはずです。その後衆議院選挙に出馬し当選して、任期半ばで知事に代わりました。

――この段階で徳島県の政界ですと、三木さんが圧倒的に強かったのですか。

岩野　三木武夫対三木與吉郎《よきちろう》の勢力争いです。三木與吉郎さんは、いわゆる殿様、旦那的な方で、自分から飛び込んで人を引っ張るということをやらない。私も三木與吉郎さんと親しくして、親戚の結婚式に出席してくださって、女房が「かねがねお名前を伺っております」と挨拶したら、返ってきた言葉は「私の名前を知らないのは県人ではありません」。

そういう方ですから、推して知るべし。勢力は当然持っていたけれども、自分が育てて勢力を伸ばすのではなくて、三木家ということで擦り寄ってきた人を取りまとめる。その番頭格が、川真田郁夫さんです。あとは山野常雄さんが県会議員でいまして、この二人が三木與吉郎さんの両脇にいて支えていました。二人ともそれぞれの地域の名門で、旦那的な方です。叩き上げた政治家ではありません。

一方の三木は自分の選挙も考え、優秀な若手をどんどん県議選に立候補させていって、子飼いの県会議員を作りました。三木武夫派の県会議員の質は高い。最後の一矢を報いてきたのは、久次米《くじめ》・後藤田《ごとうだ》戦争のときに、與吉郎さんが自民党の県連会長としてさかんに後藤田正晴《まさはる》さんを推した。それまではどちらかというと、久次米健太郎さん自身も県会時代は、両三木でした。二人とも板野郡という同じ郡ですから。参議院で三木與吉郎さん、衆議院は三木武夫、そういう立場でした。

――三木武夫・三木與吉郎の関係というのは、完全な対立はできないけれども、べったりというわけでもない、というくらいになりますか。

岩野 そうです。衆議院と参議院の違いがありましたから。三木は無理して與吉郎さんの改選のときには対立候補者を立てませんでした。

自民党組織調査会長への就任

――一九六二年には、先ほどもお話しになった組織調査会の会長に就任します。三木さん自身が望んだポストでしょうか。

岩野 三木と池田さんの話し合いで、何とか自民党の改革をやろうとなりました。

――早川崇《たかし》さんなども参加しています。

岩野 副会長になりました。副会長で小委員長を兼ねたのではなかったですか。錚々《そうそう》たる議員が参画して、それぞれの委員長になりました。その下に専門の学者の先生が参加して運営した調査会です。委員会別の活動を活発にやりました。相当な議員さんがいろいろな委員会に顔を出していましたね。

――三木さんは全部出ていたのですか。

岩野 できるだけ時間の許す限り出席していました。

――このあたりで、派閥解消や政治資金の透明化を考えていたのですか。

岩野 派閥解消ですね。それと総裁公選のあり方というのがひとつの大きな問題となっていました。岸・石橋・石井の、ニッカ・サントリー・オールドパーといわれた総裁選挙のときの激しい金権選挙。

三木としては、「何とか総裁選挙を変えて党の近代化をしないといかん」という気持ちにかられたと思います。あの当時、各県連に一票の投票権があり、代議員が上京する際には、出迎えしたり、接待をしたりと大変でした。飛行機がそれほど普及していなかったから、熱海駅あたりで降ろして泊めて、それで朝になって代議員を党大会会場へ連れて行くとか、そんなことまでしていました。

中央政策研究所の設立

――一九六三年に中央政策研究所（中政研）を作りますね。この発想はどこからきているのでしょうか。

岩野　ケネディさんが大統領予備選に出馬するときに、三木はアメリカに行ってケネディさんに会っていろいろと話をしています。帰ってきて「日本にもシンクタンクを作って、独自で政策をつくる能力を持つべきだ」ということで中央政策研究所を作ることになりました。ケネディさんに刺激を受けたと思います。シンクタンクが必要だと思ったようです。あの当時は日本でもケネディブームが起こったでしょう。伊藤宗一郎さんも「東北のケネディだ」とかいって選挙運動をされましたね。

それで社団法人という形で設立しました。古河グループの大御所で、かつて国務大臣を務めた稲垣平太郎さんに理事長をお願いしました。

――朝日新聞の土屋清さんに「理事長にならないか」と声をかけたようです。

岩野　そうですか。先にも申し上げましたが、総合政策研究会という、赤坂時代から土屋さんと稲葉秀三さんが中心になった勉強会がありましたから。そういう関係で五番町に事務所を移すときに、こういうのをつくるから一緒に来ないかという話をしたけれども、赤坂プリンスに総合政策研究会の事務所

番町会館起工式（1962年1月29日）で完成予定の模型を眺める三木〔八木義夫氏所蔵〕

を移して独立されました。その後稲葉さんがサンケイの社長になって、土屋さんが専務になったりしています。だんだん評論家から経営者の立場に変わっていきます。

福島慎太郎さんも総合政策研究会に参加していましたけど、そのときはジャパン・タイムズの社長でした。その後共同通信の社長になられました。

——中政研は事務所の移転にあわせて作ったのでしょうか。

岩野　いえ。五番町に事務所が変わったのは一九六二年です。五番町に番町会館を建てて、三木の事務所としていました。中政研ができたのは事務所移転の翌年の一九六三年で、番町会館に中政研の事務所も置かれました。事務所の移転後に三木はアメリカに行ってケネディさんに会いました。帰国後にこういうものを作りたいとなりました。

——最初の役員のメンバーを見ますと、稲垣理事長、稲山嘉寛《いなやまよしひろ》さん、東畑精一《とうはたせいいち》さん、大原総一郎さんなど、錚々たるメンバーです。

岩野　東畑精一さんは総合政策研究会に常にメンバーとしていましたからね。総合政策研究会のつながりで関係ができて役員になっていただいた方もいます。

——頻繁に研究会を開いています。自分の政策にいかしたいと考えていたのでしょうか。

岩野　そういうことです。教育問題、環境問題、農業政策、福祉政策、外交政策、防衛政策など、そのときに必要な研究部会をいろいろと作って、専門の学者さんや役人を集めて開いていました。

——それぞれの問題について、どなたかが中心となって集まるメンバーを選定していたのですか。

岩野　そうです。例えば教育問題ですと、国立教育研究所に平塚益徳《ますのり》さんがいらした。平塚さんが中心になって、教育関係の人を集めました。永井道雄さんもその一人として講師か何かに呼んだ。それが親しくなるきっかけだと思います。あのとき、永井陽之助さんや、科学関係の評論家で朝日新聞の岸田純之助さんなどもいました。そういう人たちも来ていました。

——中政研の専属の職員も雇っていましたか。

岩野　専属スタッフとしては、川崎三蔵《さんぞう》さんが事務局長になりました。川崎さんは、戦前は読売新聞の欧州特派員で、戦後は自治省の局長になっています。河野派で茨城県から選挙に出て、落選していました。中政研を作るということで、事務局長として呼んできました。彼は新しい事務所ができて、すぐ来たのかな。その後に岩隈博さんが衆議院を定年になって、中政研へ来ました。岩隈さんは衆議院の農林委員部の専門員でした。衆議院を定年になって、三木派には農林議員が多かったですから、使ってくれということです。

——他にスタッフを雇いましたか。

岩野　速記として、宮崎弘子さんと橋本久子さんの二人をとりました。それと、司書資格を持つ塩入将代さんをとりました。三人の女性を採用しました。

それから、武部勤さん。武部さんは早稲田大学を出るときに、将来政治家を志しているので勉強させてくれないかと本名武さんが連れてきました。彼も中政研の最初からの職員です。最初の専属はそれだけです。あとは東京電力、日産、富士銀行からの出向です。

——この三社は、三木さんと関係が深かったのでしょうか。

岩野 関係が深くて、中政研に共鳴してくれたのでしょう。研究員ということで出向してもらっていました。あのとき富士銀行の頭取は岩佐凱実《よしざね》さんでした。岩佐さんのお嬢さんと大橋武夫さんの次男が結婚し、大橋さんは昭和電工の社長をされました。

——志賀節《せつ》さんもいらしたのですね。

岩野 志賀節さんは留学して帰ってきて、お父さんの志賀健次郎代議士が「勉強させてくれ」ということでした。

——開設のときに、ガルブレイスと都留重人《つるしげと》さんが講演しています。どなたが選ばれたのですか。

岩野 誰の推薦ですかね。ガルブレイスさんは、もしかしたらライシャワーさんの関係だったのかもしれない。というのは、当時我々はフィッシャーというハーバードを卒業したアメリカ人と親しくしていました。本業が何だったか。外交官ではなくて、どういう形で日本に来ていたのかはわかりません。日本から帰って旅行のガイドブックを出版しています。

そのフィッシャーがよく三木のところへ来ていまして、アメリカへ行くときにケネディさんとの面会のセッティングもしました。ハーバードの関係でライシャワーさんと親しいから、ライシャワーさんが日本に着任するときに羽田空港に出迎えに行ったりもしていました。

もしかしたら、ライシャワーさんの関係で白羽の矢が立ったのか、それとも都留重人さんか、その辺はちょっとはっきりしません。とにかく、そのとき一緒にライシャワー大使も来ました。

——フィッシャーという、よくわからない人を頼っていたわけですか。

岩野　そうです、結構親しくしていました。

――都留さんは三木さんのところに出入りしていたのですか。

岩野　事務所には来ません。三木が都留さんの自宅にお訪ねはしていました。

――都留さんのところに出入りしていたのは、かなり前からですか。

岩野　私が事務所に出入りしたときには、すでに都留さんとの関係がありました。アメリカ時代か戦後か、そのあたりは知りませんが、私が出入りしているときは都留さんのところへは盆暮れには使いに行っていました。赤坂に自宅がありました。いろいろな話を聞かれたりしたと思います。

――当時の三木さんのブレーンですと、平澤和重さんは別格として、他にどういった方がいましたか。矢部貞治《ていじ》さんはいかがですか。

岩野　矢部貞治さんはしょっちゅう来ていました。吉村正さん。大野信三さん。本当の三木のブレーンは、福島慎太郎さん。それと若くして亡くなった経済企画庁の後藤誉之助さん。国内調査課長時代に「もはや戦後でない」という言葉を経済白書に作った人です。大使館へ書記官で出て亡くなってしまいましたが、非常に優秀な方でした。その方をしょっちゅう呼んでいました。

後藤さんが亡くなってから、大来佐武郎さんや、宮崎勇《いさむ》さん。年代によっては稲葉秀三さんや土屋清さん。それから高橋亀吉さん、有沢広巳さんからもよく話を聞きました。

――具体的にブレーンに質問を出して、出てくるものを三木さんなりに消化してという形ですか。

岩野　そうです。平澤さん以外は、その時々の重要政策に対する意見を、会って話を聞くというやり方もしていました。

ライシャワー事件

――一九六四年三月に、ライシャワー大使が一九歳の少年に刺される事件が起きます。国家公安委員長が早川崇さんで、事件の翌日に辞任します。早川さんは辞任に難色を示したのですか。

岩野　示しましたね。とにかく、早川さんを五番町の事務所へ呼んで、さかんに三木が説得したのを覚えています。ライシャワー大使のけが自体は、大したことがなかった。ただ、大使ということで、そこにいわゆる政治的配慮が出てきました。特にライシャワーさんが親日派の大使でケネディ大統領に近いだけに、なおさら日本政府としてけじめをつけなければならなかったのでしょう。

――池田さんも辞任させる方向だったのでしょうか。

岩野　そうですね。確か赤沢正道さんが後任になったのではなかったですか。

――ここから三木派内に親佐藤・福田の勢力ができます。

岩野　そうですね、早川系議員です。早川さんを中心に、菅野和太郎さん、菅《かん》太郎さん、中村寅太《とらた》さん、藤田義光《よしみつ》さんといった議員たちです。

池田三選の投票のときに、行動を共にしようとしたのが十何人いたのですから。渋谷直蔵《しぶやなおぞう》さん、藤本孝雄《たかお》さん、本名武さん、谷川和穂さん。四谷の事務所の五階に宿泊施設があって、そこへ一晩缶詰にしました。そうしたら朝も早く渋谷さんが抜け出して、それを追いかけて連れ戻す、そういうこともありました。それは激しかったですね。総裁選の前に、そういう疑わしい人を全部缶詰にしました。

――この段階で派内に不満がくすぶっていたのですね。

岩野　そうです。それと、考え方が池田さんよりも佐藤さんに近かったのでしょうね。後ろに福田赳《たけ》夫《お》さんがいます。派閥としてまとめるのは、大変でしたよ。代議士を事務所に缶詰にしたくらいですから。あのとき、二〇人ぐらいが抜けるのではないかと言われていました。はっきりしているのはどうしようもないですから、怪しいという人を缶詰にしたわけです。錚々たる人もいますよ。野原正勝《まさかつ》さんも怪しいと言われていました。

アメリカ大統領選挙視察

――三木さんが幹事長になる頃に、岩野さんはアメリカに行かれています。

岩野　東京オリンピックの年の七月に行きました。

――一九六三年に公設秘書になられたばかりですね。

岩野　まだその当時は海外旅行はなかなかできませんから、このチャンスを逃したらと思ったことと、大統領選挙を見るという大きな目的があったものですから。

――長期出張届が必要だったのでしょうか。

岩野　それはいらない。われわれは特別職ですから、議員が許可さえすればいいわけです。問題ない。国会に対する手続きは一切ありません。

――ご著書には、「アジア財団から招待を受けました」とあります。

岩野　アジア財団は、アメリカ国務省の資本です。旅費は財団持ち、トラベルチェックで三〇〇〇ドル、最低三カ月、大統領選の視察のため滞在するということで、お金を節約しながら、半年間アメリカに滞在しました。

――募集が出ていて、それに応募されたのでしょうか。

岩野　日本の政治を専攻していて、後年に私の本の「推薦の言葉」を書いてくれたカリフォルニア大学のハンス・ベアワルド先生の推薦です。ベアワルド先生は日本の政治を研究されていて、国際基督教大学に来ておられました。しょっちゅう私のところへ来て、そのときの政治状況を解説したり、会いたいという人を紹介したりしていました。日本の政治を専攻しているアメリカの学者が、割に人の紹介で私のところに来ていました。ベアワルド先生もその一人で、彼と親しくなって「アメリカの選挙を見に行ったらどうだ、推薦してやる」ということで推薦してくれました。

――お一人で行かれたのですね。

岩野　一人で行きました。たまたま東京で付き合っていた、日本石油に勤めていた白石さんという方が「会社が面白くないから一緒に行きたい」と言うので、途中ハーバードで合流しました。しばらく一緒に歩いて、彼はそのまま残って留学すると言っていました。会社を辞めて、来ていました。田中内閣のときに西ドイツ政府の招待で西ドイツへ行ったら、その彼が働いていまして、ドイツで再会しました。

――最初はカリフォルニアに行かれたのですか。

岩野　いえ、まずハワイに行きました。そのときちょうどアメリカでは平和部隊が非常にさかんでした。だから平和部隊も見たいと思って、ハワイで平和部隊の訓練所なども見学しました。

それからロサンゼルスへ行きました。ベアワルド先生がロサンゼルスのカリフォルニア大学、ＵＣＬＡにいたので、一週間滞在しました。その後、順番に各地の選挙活動を見て歩きました。特にワシントンＤＣには一カ月間いまして、その頃に近藤鉄雄さんが大蔵省からＩＭＦに出向していました。彼は選挙に出馬するということで、いろいろ準備していました。地元の山形から来た人を接待していましたね。近藤さんと一緒に夜になると候補者の演説を聞いて歩こうと、彼の車に乗せてもらって、各演説会場を見て歩きました。

――レストン記者、ニューヨーク市長、ウォルター・リップマンなどに会われていますね。

岩野　「ニューヨークタイムスの支局長のレストンさんと親しいから、アメリカに行くのなら紹介してやるぞ。会ってこい」と紹介していただきました。アメリカの招待で行っていますから、割に人にお会いしようとするときに会いやすいですね。

――ホテルを転々とされたのですか。

岩野　最初はホテルへ入りましたが、ホテルは招待割引でも一泊で一一ドルはかかります。できればアメリカの後にヨーロッパへ回りたいという希望がありましたので、一泊七ドルぐらいで安く泊まれる大学の客員教授用の宿舎に泊めてもらいました。ハーバードへ行ったときはちょうど夏休みの間で、空いている学生用の下宿を一週間七ドルぐらいで貸し出していました。どうせ寝るだけですから、そういうところにも泊まりました。シカゴでもシカゴ大学のインターナショナルハウスに泊まりました。昼食は大学の食堂へ行って食べることが多かったですね。

テキサスでは、日本の司法試験に通った人たちがまず研修に行く有名な法科大学があり、学長がアイゼンハワー政権の教育長官だった方で、そこでもやはりゲストハウスに泊めてもらいました。

ニューヨークでは、たまたまニューヨークで知り合った人が

1964年のアメリカ大統領選挙を視察

ハーバードの出身で、「ハーバードクラブがあってホテルより安いからそこへ泊まれ」と言ってくれました。ニューヨークのど真ん中で一泊七ドルですよ。一カ月間泊まりました。ハーバードクラブの前に、ニューヨークの市長選に出馬しようとしていたリンゼイという下院議員の事務所がありまして、リンゼイ事務所に訪問して、各地区での選挙運動を見学させてもらいました。民主党の党大会に行ったときに、いろいろな方を紹介してもらっていましたから。たまたま宮澤喜一さんの弟の泰さんが外交官として党大会の会場に来ており、記者証をいただいて会場内を自由に歩くことができました。

ワシントンDCでは、私の友人が日本航空の所長をしていて、ちょうど夏休みで、「日本へ家族連れて帰る、アパートが留守になるから泊まれ」と言ってくれ、二、三泊ホテル住まいをした後、一カ月ほど泊めてもらいました。ホテルに泊まったのは少なかったですね。ずいぶん金を浮かすことができて、そのお金でヨーロッパを回って帰国しました。航空運賃は日本円でラウンドのチケットを買っていました。

――アメリカからヨーロッパに渡られたのですか。

岩野　アメリカにいたときに、三木が「金を出してやるから留学しろ、そのまま残れ」と言ってくれました。ただ、そのとき三木は体力が非常に弱っていましたので、留学しませんでした。

私が出発するときには、ソファに横に寝たままで、「元気に行ってこい」と言うぐらいの元気しかなく、それでアメリカに残るわけにはいかない、せめてヨーロッパへは足を伸ばそうと思って、ヨーロッパに行ったわけです。

――アメリカが五カ月で、ヨーロッパへ渡られて、何カ国か行かれたのですか。

岩野　イギリス、ベルギー、オランダ、フランス、ドイツ、スイス、イタリア、それからデンマークとスカンジナビア三国です。東側には行けませんでした。

――アメリカで費用を節約して、ヨーロッパで投入したわけですね。

岩野　そうです。そのときは、アメリカは大らかですよね。ポンとお金くれました。それで最低三カ月アメリカに滞在して研究してくれという条件だけでした。できるだけの便宜は供与しますから、自由に自分の行きたいところへ歩いて。

西ドイツの場合はその辺が違う。きちんとしています。現金を一切くれない。日程表を作るでしょう。飛行機は全部チケットでくれて、ホテルは全部手配して料金はなし、私が「ドイツ語できないから通訳を付けてくれ」と言ったら通訳を用意してくれました。現金は一切手に入らない、その代わり一切お金がかからない。アメリカと全く違う。最初はアメリカで味をしめたからドイツで金を節約して、東欧の共産圏に行く旅費を捻出しようと思いましたが、できませんでした。

――西ヨーロッパを回って、スカンジナビアから帰国されたのですか。

岩野　そうです。その当時は大らかで、北欧あたりを通過地点にしますとホテル代が航空会社持ちになりました。

――東京オリンピックを日本でご覧になれなかったわけですね。

岩野　オリンピックの開会式は、ワシントンＤＣでテレビで見ました。しかし、そのときちょうどニューヨークでニューヨーク博が開催されていて観ました。会場で毛利松平さん、藤田義光さん、志賀健次郎さんといった代議士にお会いしました。総領事主催の夕食会にも参加させていただきました。

――池田総理が病気のとき、三木さんも胃潰瘍になりますね。岩野さんは海外にいらしていましたが、訪米中に三木さんの病状をご存じでしたか。

岩野　「入院して手術した、だけど悪い病気でなかった」というのは夫人から手紙をもらって、安心はしていました。夫人から時々状況を教えてもらっていました。手術後に本四架橋の決起大会に帰ったという話も聞きました。だから、病気そのものに対しては心配していませんでした。ただ先ほども言ったように、出発前にソファに横たわったまま起き上がれずに私と話すほどの体力でしたから、そのときは、私は出発すること自体躊躇しました。事務所のソファに寝たままで、起き上がる元気がありませんでした。

佐藤栄作総裁の指名

——欧米に行かれている間に、三木幹事長と川島正次郎《しょうじろう》副総裁でポスト池田を決める話し合いをしています。帰られてから、このことについて話を聞かれましたか。

岩野　聞いていましたけど、推測するに佐藤さんを後継にするしか選択の余地がなかったのではないですか。石橋さんから岸さんに引き継いだときと一緒ですね。総裁選挙の直後でしょう。池田さんの場合もそうでしょう。薄氷の勝利で、その状況から言えば、あれだけの短期間で政権交代となれば、いかに党を割らずに円満に移譲させるかということに努力せざるをえないのではないですか。私はそう見ていました。

あのときは大平正芳《おおひらまさよし》さんが副幹事長で側近でした。池田さんの意向は伝わっていたのではないですか。いかに円満にするかという努力ではないかと私は想像しています。

三木には安西浩さんから相当アプローチがあったと思います。というのは、三木夫人の姉の満江さんは、昭和電工の安西正夫社長の夫人です。お二人の長男に正田英三郎さんの二女で美智子皇后の妹の恵美子さんが嫁いできており、正夫さんの兄の安西浩東京ガス社長の娘が、佐藤栄作さんの次男の信二さんに嫁いでいます。そういう縁戚関係がありますから、その線から三木にアプローチがあったのでしょう。ちなみに、美智子様は三木夫人のことを「おばさん」と呼んでおられました。美智子様が詩集を出されたときに、「この詩集を三木おばさんにお渡し下さい」と恵美子さんに言づてされていました。

――吉田茂さんが動いていると観察されています。

岩野　そうですね。あのとき吉田さんが五番町の事務所まで来られているはずですよ。訪ねてきた写真が残っています。無論、佐藤にしてくれということです。まあ、してくれと言わなくてもわかっているでしょうと（笑）。

――一方で、河野一郎さんもポスト池田を狙っていました。

岩野　だけど病気で、この後早くに亡くなります。体力的にもう厳しかったでしょう。藤山さんも意欲を見せたと思います。しかし党を分裂させず一本化してスムースな政局の運営ができました。

――このとき松村謙三さんが派閥から出ていきます。これは党人派を推さなかったということが理由でしょうか。

岩野　そういうことですね。松村さんは日中のほうへ相当動き出していたでしょう。それと田川誠一《たがわせいいち》さんが松村さんの秘書になっているでしょう。田川さんと河野さんの関係もあります。それと党人派というのもあったのではないですか。

あの環境では、三木にとっては官僚、党人というよりも、政権をいかにスムースに移行させるかというほうが重要な選択だったはずです。石橋さんから岸さんのときと同じ状況だと思いました。しかし、不思議ですね。三木幹事長で岸、佐藤兄弟に二回も政権を渡したのですから。三木政権も似たケースで誕生しました。

✝第3章　三木総理誕生を目指して

佐藤首相の訪米

――総理に就任した佐藤さんは、一九六五年一月に訪米します。三木さんは幹事長に留任していました。幹事長ですから通常は党務です。ただ、異例にも佐藤さんの最初の訪米に同行しています。

岩野　自民党の幹事長が総理の外遊に随行したのは、あのときが初めてでしょうね。あれ以降、総理の外遊に国会議員が同行するようになりました。おそらく三木が同行したのが最初ではないですか。三木自身は大臣を経験していましたけど、首脳外交に立ち会ったことはないでしょう。だから、佐藤さんとしては、将来の指導者を育てたい、首脳会談を経験することによって育ってもらいたいという希望もあったかもしれません。それは三木だけではなくて、将来自民党を担う政治家には経験を積んでもらいたいという考えがあったのではないですか。

――岩野さんは同行されましたか。

岩野　同行していません。私がアメリカに滞在していたときに、小林庄一さんという方がマスコミ担当でジャパン・タイムズからの推薦で来ていました。三木に同行するためにビザを申請すると、アメリカから元共産党員だったという理由で断られました。

――満鉄調査部ですね。

岩野 そう。それでビザが発行されなかった経緯があって、小林さんに辞めてもらいました。

――小林さんはどういう経緯で来たのでしょうか。

岩野 マスコミ担当の秘書をずっと探していました。三木が目をつけたのは、のちに毎日新聞の社長になった小池唯夫さん。彼はずっと三木派を担当していたからさかんに交渉したのですが、政治家の秘書になる気がない。最終的に、英語もできるということで、おそらく平澤さんが小林さんを推薦してきたと思います。

――満鉄調査部にいた経歴は、問題にならなかったのでしょうか。

岩野 三木はそこまで調べなかったと思います。推薦した人の立場が立場ですし、小林さんもジャパン・タイムズに籍を置いていた方ですから。

近代資本主義研究会という会がありました。横浜国立大学の教授で経済が専門の伊藤長生《ちょうせい》さんが所長で、赤坂の三木事務所内に設立しました。そのときに常勤で男女二人を連れてきました。この会に早坂茂三《しげぞう》さんも関わっています。早坂さんは東京タイムスの記者時代に、三木派担当として三木のところによく出入りしていました。早坂さんが近代資本主義研究会に女性を連れてきました。ところが、その女性が共産党員だと池田正之輔《まさのすけ》さんからやられて、それで辞めてもらった経緯もあります。早坂さんは学生時代に共産党員だったでしょう。そういうこともありました。のちに三木は、長男啓史《ひろふみ》さんの結婚で池田正之輔さんとは親戚関係になりました。

そのうちに、早坂さんは田中角栄《かくえい》さんの秘書になり、近代資本主義研究会も三木事務所が赤坂から五番町に移るときに、独立して三木事務所からは離れました。

三木は簡単に人を信用して細かく調べることをせず、紹介者を信頼してしまいます。人事が下手と言われる所以かもしれません。

通産大臣就任

――一九六五年六月の内閣改造で、三木さんは通産大臣に就任します。これは主要ポストのひとつで、三木さんが望んだのでしょうか。

岩野　そうですね。というのは、あの当時は党三役、大蔵か通産という経済閣僚、外務大臣を経験していないと総理候補の資格がないと言われた時代です。そういうことで、三木自身も通産大臣を望みました。

――三木派からは三木さんと中村寅太さんが入閣しました。ここで二人が入るようになっています。それまで三木派からの入閣者はだいたい一人でした。

岩野　中村寅太さんは、三木派というよりも早川系統として入閣したということでしょう。総理は、中村さんを入閣させて早川さんに総裁選挙の返礼をしたのでしょう。別枠ではないでしょうか。佐藤さんは、なかなか人使いはうまいし、そつがない。例えば、選挙のときに公認証書をもらいに行くでしょう。そのときは候補者本人が行きます。ところが三木の場合は本人が行かず、私が代理で受け取りに行きます。佐藤さんから直接受け取ります。佐藤さんは私にでも「三木君、よく活躍しているね」とか、そういう声をかけてきます。

――公認証書は、基本的には本人が行くのですか。

岩野　そう、本人が直接行きます。三木の場合は代理が認められる。基本的に本人が行って総裁から直接もらって、総理と写真を撮る。

佐藤さんから「三木君、よく活躍しているね」と言われたことが今でも印象に残っています。そのときに三木が同士の応援で全国を飛び回っていましたから、そういうことを言ったのだろうと思いました。

――通産大臣として取り組んだことは何でしょうか。

岩野 一番大変なのは日米繊維交渉の問題。確かあのとき化繊協会の会長は旭化成の宮崎輝《かがやき》社長だったと思います。しょっちゅう宮崎さんと連絡をとって、業界の意見を聞いたりして、苦労していました。通産大臣当時の一番大きな問題でした。

――繊維問題は、結局佐藤内閣の終わりまで解決しませんでした。

岩野 最後まで引きずっていったわけです。最後に田中角栄さんが通産大臣時代に妥結しました。宮澤さんも通産大臣のときに非常に苦労されました。

――事務次官は佐橋《さばし》滋《しげる》さんでした。

岩野 あのときに川原英之《かわはらひでゆき》官房長が急逝されました。その葬儀をいわゆる通産省葬でやろうとしたのですが、それを佐橋さんが独断でやった。そのあたりから「佐橋大臣、三木次官」という名前が出てきました。

――関係はよかったのでしょうか。

岩野 その後ずっと関係が続いていました。マスコミがそういう記事にしただけです。佐橋さんは親分肌で、亡くなった官房長は佐橋さんの直系で信頼も厚く、子分と言われていました。三木も川原さんを信頼していました。

――秘書官はどなたでしたか。

岩野　役所からの秘書官は、最初は後藤一正さんという課長です。その次がのちに大蔵大臣にもなった林義郎《よしろう》さんでした。三木の後、菅野和太郎さんが通産大臣になったときも、引き続いて彼は秘書官を務めました。後藤さんもおそらく前の大臣の秘書官だったのではないですか。途中途中で代わったからそういうことになったと思います。そうでないと、一人の大臣で途中で代わるということはないですから。別に問題があったわけでもないですし。

大臣の格に応じて、それに合う人をよこします。例えば、大物の大臣であると課長を持ってくる。小物だと課長補佐を持ってくる。秘書官の推薦でもそういうことがありました。

後藤さんは特にゴルフと酒が好きでした。彼と竹内潔さんと三人で週末になると彼がセットしてくれました。その当時の現業官庁の役人は民間業界との関係が密でした。「セットしてくるから、それでここへ行こう」とか言って、関東周辺のいろいろなゴルフ場へおこぼれに預かって行きました。そのとき、通産省に横山太藏という方がいました。通産省では審議官ですが、最後は三菱自動車の役員になった方です。横山さんが秘書官室にいまして、彼も加わって、時には四人でプレーしました。三木が大臣を辞めてからも、四人でよくゴルフに行きました。横山さんは三木が総理で訪米したときは、ワシントンの大使館に勤務していました。

林義郎さんもゴルフクラブのメンバーで、辞めてからそのクラブの理事長をされた。「富士カントリークラブへ行こう」と言って、一緒にゴルフに行ったこともあります。だけど、後藤さんほど親しくはなりませんでした。後藤さんは酒も好きだし、遊ぶのも好き。通産官僚らしいなと思ったものです。

――　岩野さんはこの頃は公設第二秘書で、三木さんが大臣のときは、省に行かれて働かれるのですか。それとも事務所のほうですか。

岩野　五番町の事務所のほうです。陳情の処理が中心。地元の陳情を三木に代わって受けていました。

――通産大臣ともなると、陳情も経済関係が多くなるわけですか。

岩野　そうですね。それまではどちらからいうと、中央で活躍していても、徳島の経済界の主流は、割に三木に冷たかったですね。というのは、三木に近い知事がそれまでいなかったでしょう。それ以降商工会関係も非常に良くなってきた。武市恭信さんが知事になったこともありますが、商工会議所の会頭あたりが三木の選挙に直接タッチしてくれるようになりました。やはり通産大臣をすることによって、地元での経済界にも影響力が出てきたと思います。

武市恭信知事の誕生

――一九五五年から知事になっていた原菊太郎《きくたろう》さんが一九六五年に病気で勇退することになります。三木さんは知事選では、一回目の公選から躓《つまず》いていますね。阿部五郎さん、阿部邦一さん、原菊太郎さんと非三木系が続きました。

岩野　阿部五郎さんは、社会党系でしたが、割に三木とは話が通じたのではないですか。阿部邦一さんは生田和平さんの娘婿です。生田和平、生田宏一、阿部邦一、三人揃っていました。娘婿が知事で、息子が県会議員でしょう。それで、和平さんが亡くなった後、宏一さんが国会へ出ました。国会へ出ても佐藤派でしたからね。その後が原菊太郎さんで、秋田大助さんの系統でした。

――原さんの後任に三木さんは武市恭信さんを擁立し、武市さんが当選しました。

岩野　そう、強引にです。武市さんご本人は、正直言って出たくなかった。まだ国会議員になってあまり経っていないでしょう。武市さん本人は衆議院に当選したばかりで、転身の意思がなく、国会議員をずっとやりたかったようです。武市さんが嫌がるのを、三木が無理矢理立てました。三木としては、地元で自分の直系の知事がいないことで何かと苦労してきていて、直系の知事をつくるチャンスだと捉えました。三木は、東京の九段に小松ストアーが経営している三番町ホテルに武市さんを呼んで説得しました。武市さん以外に、知事に担ぐような人はいませんでした。

――自民党ができる前は、武市さんは自由党系でした。

岩野　戦前からの代議士だった自由党の眞鍋勝《まなべかつ》さんの系統です。その系統で衆議院にも出たりしました。落選したときに三木が引き取った。そのとき三木は科学技術庁長官で、「東京へ来て少し中央で勉強したらどうだ」ということで呼んで、科学技術庁長官の秘書官という肩書きを与えて、一年ほどいました。役所には出勤せず、五番町の三木事務所にデスクを置いて、毎日地元へ手紙を書いていました。

――地盤は美馬郡の貞光《さだみつ》町ですね。

岩野　秋田大助さんがいますから、秋田さんと地盤が競合していました。武市さんは長い間町長を務め、県の町村会長にもなり、全県的な知名度もありました。それと眞鍋さんの後継者ということでした。貞光・池田という町は、三木に対してもそうですが、非常に選挙に熱狂的な人がいます。三木の後援会にも熱狂的な支持者がいました。支持される者にとっては非常に心強くて頼りになります。

――武市さんを非常に説得したわけですね。

岩野　そうです。武市さんの地元からも、永井光男という後継者の町長が「どうしても衆議院議員に当選したばかりだから、国会議員を続けさせてくれ」と三木のところに来ました。

――原知事のもとで副知事だった武市一夫さんも知事選出馬には意欲満々でした。

岩野　意欲満々でしたね。非常にクールな方でした。結局徳島市長のほうへ回ったでしょう。クールな方で、表面的に上手に立ち回るというのか、そういう方でした。吉兼三郎という建設省の都市局長を務めた人がいました。三木の隣の上板町出身。その人の同級生で、それを表に立ててよく武市一夫さんは三木事務所に来ていました。「吉兼の同級生だ」ということで。我々にはそういう印象は残っています。

武市一夫さんは原菊太郎さんの下で取り立てられた人です。ただ、原さんのような政治色は出さない。役人ですから。それほど表だった政治色は出さない。市長になってもそうですよ。原さんの場合は秋田さんに徹底的にやりますけど、武市一夫さんは全然そういうことはない。誰とも関係を良くしようという御身大切というか、そういう方でした。

――三木派の県議にも、一夫さんを擁立する動きがあったかと思います。

岩野　徳島の事務所長を務めていた藤川忠義さんが、一夫さんと仲が良くて非常に近かった。県会の選挙区が徳島市ということもあったのでしょう。一夫さん自身が上手に立ち回るから、うまく古手の県会議員を取り込んでいたと思います。

アメリカ訪問とロサンゼルス留学時代

――三木さんは一九六六年に、大臣としてアメリカを訪問しています。南カリフォルニア大学から名誉博士号を授与されたときです。三木さんは南カリフォルニア大に通っていたのですか。夫人はサウスウエスタン大学と言っています。

岩野　南カリフォルニア大には行っていません。本人に言わせれば、「俺が行っていた大学は合併でなくなった」ということです。どこかと合併になったと、三木は言っていました。いろいろな学校へ行って、講義を聴き歩いたという言い方はしていました。二階堂進さんは卒業されているでしょう。三木と同じ時期に、板野郡出身の伊藤良平《りょうへい》さんが南カリフォルニア大学に留学していました。戦後に日本航空の常務をなさった方で、ゴルフがお好きでご夫妻にお供して四方山話をしましたが、あまり留学時代のことは聞かなかったですね。

結局、それほど経済的に恵まれていたわけではないですから、おそらくアルバイトで生計を立てていたと思います。三木夫人はいろいろなことを言っていますが、正直言って体面を繕うためで、夫人が話すほど三木家は豊かではありません。実際はいろいろなアルバイトをしていたと思います。

―― 経歴詐称になるので、出馬したときのプロフィールでは、カリフォルニア州アメリカン大学と、ワシントンＤＣのほうではないことは強調しています。アメリカン大学を卒業しているのでしょうね。

岩野　そこは、私はよくわかりません。今だから話しますけど、当時三木と同じ御所村の人でアメリカに留学していた安丸という人がいました。一度その人が三木の対抗馬として徳島で選挙に出馬したことがあり、「三木さんはアメリカ時代のことで、嘘を言っている。けしからん」というようなことを演説会で話していました。徳島でもそういうことを言って立候補する人がいました。選挙では全然問題になりませんでした。そういう経緯、いろいろな話を聞いても、相当苦労して留学生活をしたようです。

―― 伊藤良平さんが書いたものを見ると、伊藤・二階堂・三木で向こうで会をつくっていたようです。

岩野　その当時日本人は少なくて、日本人の留学生が行くところは限られていたでしょうから、皆さん知り合いになると思う。三木のところへ日系二世の方が出入りするのも、そういう関係です。

留学時代の仲間で三木家に出入りしていたのは、橋田要さん、白井毅さん、アーデン山中豊子さん。

児玉何某という方で、アメリカの秘密資金のM資金の話を持ち歩いていた人もいました。

――ロス時代は二世に日本語を教えていたようですね。

岩野　それもよく知りません。三木もあまりアメリカ時代のことを話さなかったですね。

――三木さんのところに出入りしていた二世というのは、どなたですか。

岩野　二世で、岡田啓志さんという留学生が三木の家で下宿していました。シアトルで三木がお世話になった方の息子です。親が徳島の出身です。三木家で家事手伝いをしていた東祖谷《ひがしいや》出身の女性が奥さんです。宮西良一《りょういち》さんという県会議員の妹で三木の吉祥寺時代に知り合いまして、結婚してシアトルに住んでいます。岡田さんのお父さんはシアトルで洗濯屋を経営していて、宮西さんの妹も後を継いで、親が亡くなった後は洗濯屋をやっていました。

それから、麻野兄弟。三兄弟いまして、幹夫さんは日本へ留学して、昔の東京教育大学へ通っていたのかな。三木が外遊するときに一度通訳として同行してもらいました。三木の外遊時の資料整理もやっていました。赤坂時代です。アメリカに帰った後、日本へ再び帰ってきて翻訳の仕事に就きました。軍人だった弟の輔《たすく》さんが日本へしばしば来ていまして、来日すると私も一緒に米軍専用の山王ホテルに招待されてステーキをごちそうになりました。山王神社の鳥居の近くで、今は六本木のほうへ移っています。来日されたら必ずそこへ招待してくれました。山王ホテル内は完全なアメリカ社会ですから、ドルしか通用しません。「弟が来るから行こう」とごちそうになりました。麻野さん兄弟とは親しくしました。

二世関係の子孫で親しくしたのは、岡田さん、川北友彌《ともや》さん。三木が留学していた時代の人は、皆さん亡くなっておりましたから、直接日本へ来てお目にかかった方はいません。クリスマスカードで名前を知っているくらいです。フレスノにも一人いました。その方は三木の恩師の関係かな。日本の勲章が欲しいというので、よくお会いしました。牛の人工授精をやっている方でした。

――日系のロビイストでしょう。三木が訪米したとき、お世話になっていたはずです。アメリカの要人に会う場合の世話を。ロビイストとして有名だったマイク正岡さんがいますね。

岩野　ロビイストですから、川北友彌さんの件でもいろいろと力を貸してくれたと思います。名前はよく知っています。

――三木さんが学生時代に行っていたときに会っていたわけではないのですか。

岩野　そのときに知り合っていると思います。不思議と私が行ったときでも、行く先々で日系の大学の先生とかに出会いました。日系の人にお会いする機会は結構ありました。

外務大臣就任

――一九六六年一二月に、三木さんは外務大臣になります。将来の総裁になるための三条件のひとつということで、三木さんがこのポストを望んだということですね。岸さんが相当反対したといいます。

岩野　それはあるかもしれません。全然考え方が違いますから。三木が外務大臣になることで非核三原則、武器輸出三原則の問題が実現した、逆に佐藤さんの功績はそこから生まれてきたのではないですか。三木が外務大臣でなければ、おそらくあそこまで踏み込めなかったと私は思います。三木は軍縮、世界平和に対しては積極的でしたから。後年の佐藤さんのノーベル平和賞受賞に貢献したのかもしれません。

――このときは、赤沢正道さんと鍋島直紹《なおつぐ》さんが入閣します。

岩野 鍋島さんは参議院で科学技術庁長官ですね。赤沢さんは労働大臣でしたね。

――三人の入閣は、主流派だからこそということもあるわけですね。

岩野 そういうことですね。國弘正雄《くにひろまさお》さんが秘書官になりました。

――

岩野 外務大臣になったときに秘書官になりました。三木が國弘さんを秘書官にしました。総理のときは、國弘さんを参与にしています。外遊に同行してもらうために肩書きがないといけませんから。

――中政研に國弘さんもいて、そのからみで秘書官になったのですか。

岩野 まあ、いてというよりも、強引に居着いたといったほうがいい。職員ではなくて、給料も払っていません。三木を上手に活用した一人でしょう。

――中政研の嘱託になっています。

岩野 本人はそういう名前を使っているでしょう。最初は中政研の開館のときに、ガルブレイスさんの同時通訳として雇いました。中政研ができて、それ以来彼はしょっちゅう学生を連れてきた。それまでは麻野幹夫さん、麻野輔さん、山岡清二さん、勝利彦さん、前田幸春さんと、時々違う通訳も使っていました。これらの方々は、仕事が終わればそれほど深く出入りしない。國弘さんはもう強引に、ご自分の事務所のごとく出入りするようになりました。

――それでも、國弘さんを重用していますね。

岩野 通訳してもらうのに、自分の気持ちをわかっている人を使うのが、意志が通ずるということだと思います。通訳は、機械的にやられると意志が通じませんから、そのあたりを考えたと思います。時々、國弘さんに対しても「もっと違った表現方法がないか」と言っていました。言葉に対しては神経質というか、厳しかった。英語にも、日本語にも、非常に厳しかったですね。

――外務大臣ですと、その職責上外遊が増えますね。

岩野　そうですね、ずいぶん海外出張に行っていますね。

――行かないといけませんし、あるいは向こうから要人が来ます。岩野さんはそれには関わっておられないのですか。

岩野　全然関係ありません。

――三木さんの外交ブレーンは、やはり平澤さんになりますか。

岩野　ええ。あと福島慎太郎さん。

――外交に関しては他にどなたがいましたか。

岩野　問題があるときにいろいろな方を呼んでいます。例えば、防衛なら猪木正道《いのきまさみち》さんや佐伯喜一《さえききいち》さんをしょっちゅう呼んで話を聞いていました。問題によって各分野の専門家を呼んで話を聞くということでした。

――地域なら地域の専門家に話を聞くわけですか。

岩野　そう、呼んで話を聞く。何でも相談できるというのは平澤、福島、この二人ですね。外交ですと、学者では坂本義和《よしかず》さん、神谷不二《かみやふじ》さん、高坂正堯《こうさかまさたか》さん。役人で、法眼晋作《ほうげんしんさく》さん、岡田晃さん、牛場《うしば》信彦さん、大野勝巳《かつみ》さん、斎藤鎮男さん、吉野文六《ぶんろく》さん、中江要介さんなどです。経済問題は大来さんをよく使ったと思います。晩年になって宮崎勇さんや向坂正男さん。役人が多い（笑）。役人を使っています。一番わかりやすく説明できるでしょう。現実の問題になると学者よりもわかりやすい。理論的な問題になると学者。ご自身の哲学を話してもらいます。学者では中山伊知郎《いちろう》さん、長洲一二《ながすかずじ》さん、正村公宏《まさむらきみひろ》さん、力石定一《ちからいしさだかず》さん、川野重任さん、石弘光《いしひろみつ》さんなど、多士済々です。割に大来さんのからみが多い。その前に経企庁の後藤誉之助さん。この方を三木は非常に買っていました。その当時にしょっちゅう三木のところに来ていました。三木は非常に信頼し、高く評価していましたね。アタッシェでワシントンに出て亡くなられました。その後大来さんが来るようになりました。大来さんの場合は、経済もわかる、言葉もできるということで、中国へもアラブへも同行してもらいました。

三木が外遊するときに経済がわかって言葉ができる人をというので、大来さんから推薦を受けて来たのが近藤鉄雄さんです。近藤さんはそのとき体調を崩して経済研究所に勤務していました。三木について外遊をして、帰ってきて本人も政治家を志すようになりました。野原正勝さんの娘と結婚され、その後税務署長になって、その頃から選挙運動を始めたと思います。すでに申し上げたように、彼がＩＭＦへ出向しているときも、私はアメリカで一緒にワシントンＤＣの近郊でアメリカの大統領選挙を見て歩きました。今衆議院議員の洋介さんが生まれたばかりでした。そのときから「今日選挙区からお客さんが来る」とか言っていました。そういう話をしていました。税務署長以来、常に選挙を頭に置いて行動されていました。

――当時の外務省の官僚との関係はどうでしたか。

岩野　あのときは山崎敏夫さんとか、北原秀雄さん。晩年、国際軍縮促進議員連盟会長として、スウェーデンへパルメ首相との会談などのため訪問する途中に、デンマークに寄りました。デンマーク大使の賀陽治憲《かやはるのり》さんと食事をして、チボリ公園を大使夫妻が案内してくれた。そのときに「初めまして」と私が大使に挨拶しましたら、「いや、岩野さん、私はよく知っています、外務省でよく会っていましたよ」と言われた（笑）。全然記憶がありませんでした。そういうこともありました。

——三宅喜二郎《みやけきじろう》さんはいかがでしょうか。

岩野　のちにスウェーデン大使になった方ですね。五番町の事務所に来ていましたね。小柄な人ですよ。

——外交のブレーンでしたか。

岩野　ブレーンではありません。三宅さんから面会を申し込み、会っていました。

——岩野さんは、三木さんから外交政策に関して相談を受けることはありましたか。

岩野　いや、そういうことは全くありません。ただ、三木からはないけど、平澤さんから電話がかかってきて、日米航空交渉の問題で聞かれたことはあります。何だったか覚えていませんが、ただ、平澤さんがある人に、「岩野が即答した、すごいな」と言うのを聞いたことはあります。いきなり電話で即答したということで、そういう話は後で聞いたことがありますけど、内容は全然覚えていません。

——沖縄と小笠原の問題について伺います。睦子夫人の兄の茂さんが小笠原で戦死されています。三木さんは小笠原諸島の返還に強いこだわりを持っていたのでしょうか。

岩野　小笠原もそうですが、沖縄の「核抜き本土並み」の復帰を重視していました。佐藤さんがアメリカへ行ったとき、ニュースで沖縄返還が決まったと突然に流れたでしょう。あのとき我々も意外な感じがしました。それほど小笠原というよりも、三木としては沖縄のほうに重点を置いていました。

——「核抜き本土並み」は、早くからの持論でしたか。

岩野　早くから言っていました。その辺りはハンフリーさんやマンスフィールドさんなどの親しい議員さんから、いろいろとアメリカの感触が三木に入っていたと思います。

——三木さんが持っていたアメリカ政界の人脈には、どういった方がいましたか。

岩野　特に個人的に親しかったのは、ハンフリーさんとマンスフィールドさんです。議会の子と言われるくらい長く上院議員として活躍されていました。ハンフリーさんは最後に副大統領になりました。

――フォードさんとはいかがでしたか。

岩野　大統領になってからです。三木が首相になってからの首脳会談で親交を深めました。それまでに深い交際があったというのは記憶にありません。やはり、ハンフリーさんとの関係が深いですね。

――沖縄返還については、三木外務大臣のときから佐藤総理の密使で若泉敬《わかいずみけい》さんが動いていました。

岩野　三木が外務大臣になる前から、若泉敬さんは事務所に来ていました。京都産業大学にいた頃です。何回か来ているうちに、「家内が明大です」と言われたので、弁護士の夫人を連れて三木と一緒に食事をしたこともあります。若泉夫人が明治大学の校友というので、一度三木の選挙の弁士をお願いしました。若泉敬さん自身は表に立たないということで、選挙には一切関わろうとはされませんでした。代わりに奥さんに来てもらいました。

佐藤さんの密使をやっていたというのが表に出てから、三木夫人は敬遠し出しましたけど、それまでは夫人も一緒に会っていました。

若泉さんはあの頃に防衛問題で来ていたと思います。そのとき、そういう関係で、東京新聞の漆山成美さんという、若泉さんと似たような考えを持った方もしばしば事務所に来ていました。

三木はもともと防衛政策に関心が深く、猪木正道さんや佐伯喜一さんから話を聞いていました。沖縄返還に絡む問題について、核問題に関する話もしていたはずです。三木は、思想的に右だからということで頭から敬遠することはなくて、それなりの意見を聞く柔軟性を持っていました。

極端な左の人たちからも聞きましたよ。大内兵衛《おおうちひょうえ》さんや息子の力《つとむ》さんは、東大の農学部で農業経済を教えておられたでしょう。あの先生にも来ていただいてよく話を聞いていました。

――そういうときに、岩野さんも立ち会われるのですか。

岩野　いえ、三木は差しで話を聞いています。五番町の事務所の三木の部屋で、差しで話を聞きます。誰も入りません。私がそういうので入ったのは、司馬遼太郎さんに大阪の「吉兆」でお会いした折に、一緒に会食しながら話を聞きました。田中美知太郎さんも本人が差しで話を聞きます。国会議員を一緒に連れて話を聞いたのは晩年です。それまでは差しで、国会議員も入れずに話をしました。あとは議員の朝食会に学者の先生を呼ぶこともあります。

――メモも、自分一人のときに書いているのですね。

岩野　書いていますよ。だから、ポンポンと単語だけを並べているメモが多いでしょう。

第八回参議院議員選挙

――一九六八年に参議院選挙がありました。紅露みつさんの改選期ですが、伊東董《ただす》さんと久次米健太郎さんが出馬の意向で、誰が出馬するかという争いになります。

岩野　伊東董さんは若くして県会議員になり、県会のボスでした。明治大学出身で、県会議員としては三木直系です。三木の選挙事務長もしていました。久次米さんは県会議員で農協の役員でしたが、どちらかというと三木與吉郎さんに近かった。そういう絡みもありました。久次米さんは農協というバックがありましたから。

――番町会館（五番町の事務所）で二人が三木さんと面会して、最終的に久次米さんに決まります。

岩野　あのときは久次米さんのほうが有利ですよね。というのは、久次米さんには三木與吉郎さんというバックもあります。もし三木があのとき伊東さんについていれば、三木・三木戦争になっています。伊東さんは県会のボスで、福祉関係団体の県の会長でしたが、組織としては弱体で、知名度や組織力からすれば、全然久次米さんとは比較にならなかったでしょう。

――伊東董さんとの関係も長いですね。

岩野　長いですよ。結局死ぬまで続きました。四国運輸という会社も経営していました。

――明治大学の後輩ということで説得しやすかったのでしょうか。

岩野　そういうこともあるし、三木自身としてもどちらが選挙に勝てるかということと、勝てる人を立候補させることによって自分の勢力を伸ばせるわけですから、そういう点も考慮したと思います。どちらが勝てる候補者なのかが一番大きな天秤です。

――久次米さんは、県会時代は與吉郎系として活動したのですか。

岩野　衆議院は三木を手伝ってくれましたけど、どちらかというと三木與吉郎さんのほうです。板野郡ですし、同じ農協系。そのときは三木與吉郎さんが、農協に力を持っていました。だから、與吉郎さんに惹かれるのも無理もありません。県会も中選挙区で、その当時三木の直系の県会議員は同じ板野郡の選挙区にいます。三木の直系の県会議員が常に二人、三人と出ていましたからね。県会議員の選挙ということもあります。與吉郎さんはそう積極的に自分の直系を立てる人ではありませんでしたが、久次米、川真田郁夫、山野常雄というのが三木與吉郎さん系統の県会議員でした。

最初の自民党総裁選出馬

——一九六八年に三木さんがいよいよ総裁選に打って出ます。これは派閥の意向を無視できなかったのでしょうか。

岩野　無視できないというより、逆に引っ張っていきました。あのときに、このチャンスを逃せば自分の立つ機会はなくなると思ったのではないですか。立候補するための最後のチャンスだったかもしれません。あれを逃したら、派閥自体が大派閥の標的になっていたかもしれない。というのは、派内に親福田の議員が相当いましたし、他の派閥と比べれば、資金的に非常に弱かったですから。

——他の派閥からも三木派内に資金が回っていたということですか。

岩野　そういうことですね。あの当時から田中角栄さんが、相当のところへいろいろな方法で手を伸ばしてきました。佐藤派の内部での勢力争いの影響を受けます。

——福田さんは福田さんで手を回しているわけですね、ポスト佐藤で。

岩野　無論そうですね。福田さんは自分が当然佐藤さんの後継者だと思っていたでしょう。

——前尾繁三郎《しげさぶろう》さんも出馬します。

岩野　大平さんが前尾さんを潰すための策でしょう。石橋さんのときのような二位・三位連合はできない。大平さんと田中角栄さんの関係がありますから。

——岩野さんは総裁選のときはどうされるのですか。

岩野　我々は派閥の先生に発破をかけるだけです。総裁選の場合は議員が中心ですから、我々は情報を取って激励するしかありません。

――この総裁選での三木さんの獲得票は一〇七でした。この結果についてはどうご覧になっていましたか。

岩野　予想外の票でした。あのとき派閥の数からいえば、倍以上の票を取っています。

――三木さんが前尾さんを抑えて二位になった結果をどう見ましたか。

岩野　それは意外ですよね。三木があんなに取れるとは正直思わなかった。

――次の総裁選への手応えを感じたわけですか。

岩野　大成功ということで、あれで総裁への第一歩を踏み出したということではないですか。派閥もまとまりました。私は非常に感激したのを覚えています。

――総裁選に出た後、野に下ります。非主流派になるわけですが、いろいろと不都合や苦しい面が出てきますか。

岩野　それはやはりね。しかし、最初の総裁選挙であれだけの票が出たということで、本人も自信を持ったし、選挙区でも総理への期待度が上がり、期待されるようになりました。財界の中心にいらした永野重雄《ながのしげお》さんと稲山嘉寛さんが音頭を取って後援会を作ってくださるようになりました。庸山《ようざん》会や三睦《さんぼく》会という会です。経済界においても三木に対する力添えが増えていきました。

――それまでは、あまり財界とのつながりはなかったのでしょうか。

岩野　個々の付き合いはあります。しかし組織的にはなかなか大変でした。主流派とは違いますから。私が入った当時は、使った領収書や請求書を大映や日本冶金などに毎月持参する。そういう形の協力の仕方でしたから、額が限られていました。盆と暮は別です。

今だから言えますが、石橋さんが総裁選に立候補したときに、池田さんを通してポーンとでかい金が入ってきた。そのときはびっくりしました。こちらは領収書を持参で受け取る方法でしたから。池田さんは全然違っていました。政治資金でいろいろとマスコミに書かれますけど、財界も主流派中心でしょう。

――三木さんが辞めて内閣改造がありましたが、三木派からの閣僚が少なくなりますね。一人は河《こう》本敏夫《もととしお》さんが郵政大臣、もう一人は菅野和太郎さんが経済企画庁長官。菅野さんは、佐藤さんや福田さんとも近いですね。

岩野　そういうことです。河本さんは、あのときに初めて閣僚になりました。それまでは三光《さんこう》汽船の経営に重点を置いていましたが、大臣になってからだんだんと政治に重点を移してきました。三木派の集まりにも足を運ぶようになりましたね。

二度目の総裁選出馬

――一九七〇年に佐藤四選に反対して再び総裁選に出馬しました。佐藤さんの対抗馬は三木さんだけでしたが、勝算はあったのでしょうか。

岩野　いえ、なかなか勝算はあったとは言えませんけど、三木はフル回転しまして、本人が小坂善太《こさかぜんた》郎《ろう》さん、灘尾さんなど何人かの議員さんに夜討ち朝駆けをしました。というのは、三木が組織調査会長になって委員会を作ったでしょう。そのときの人脈が総裁選挙に活きてきました。そういうのを頼りに、夜討ち朝駆けをして訪ねて歩きました。三木とすれば党の近代化に協力してくれた同志だということで、政策を共有できますから。

我々にも内緒で訪ねていました。そういう意味では非常に秘密主義だった。人に相談しません。自分のなかで考えています。また、動きが漏れると潰される恐れもありますから。

――車で行くわけですよね。

岩野 運転手はわかります。私は運転手から訪問先を聞き出しました。ときには家族が運転する場合もありました。

――佐藤さんに飽きているというのもあって、国民の受けは良かったですね。

岩野 佐藤さん自体がもう限界に達していました。非常に反響が良かったですね。新聞では評価を受けましたし、正直言って我々は少し期待していました。佐藤さんの人気が地に落ちていましたから。

――田中角栄さんがだいぶ動き出している頃ですね。

岩野 田中さんと大平さんのタッグは、非常に締め付けになったでしょうね。

――前尾さんが再度出る構えでしたが、やめました。

岩野 事実上大平さんに握られてしまっているでしょう。最初の立候補自体が前尾外しのために大平さんが立てたと言われました。

――明治大学も応援しました。

岩野 あのときは印刷物に総長の春日井薫さんの名前で文章を出したりしました。

――石坂泰三さんも三木さんを応援しています。

岩野 石坂さんは大阪万博の関係です。三木が非常に苦労して石坂さんに会長就任をお願いしたでしょう。そういうことでつながりができていったということですね。

――三木さんは一一一票を獲得しました。この票数についてはどのように評価されていましたか。

岩野 あのときの佐藤さんの人気度からすれば、もっと批判票があってもよかったという気はしました。あれだけ佐藤さんの人気が悪かったですから。世間から見ればよく取ったという評価でした。ただ、内から見る我々からすれば、そういう感じがあったことは事実です。派閥の締め付けの厳しさを痛感しました。

――一回目のときは、予想以上に取ったということでした。

岩野　そうです。前回の票からいけば五分に近い戦いができると期待していました。悪くても四分六の戦いはできるだろうと思っていましたが、田中さんと福田さんが互いに功績競争をして佐藤票を固めたでしょう。派閥の力を思い知らされました。

――徳島ではどうでしたか。

岩野　徳島では、この総裁選までは後援者も元気づいていたと思いますよ。

――総裁選が終わると、岩野さんも徳島へ帰られていろいろな方と会われたのですか。

岩野　はい。だけど正直言って、その頃までは我々が頻繁に地元へ帰らなくても選挙が楽でした。それ以後が問題になりました。やはり第三者が見ても、総理に向かって階段を上っていっているという期待を与えていたでしょう。それが地元にも反映しますから、地元での政治活動も非常に楽でした。

――徳島初の総理大臣という期待があるわけですね。

岩野　そうです。そういう期待がありました。

第九回参議院議員選挙

――一九七一年に参院選があります。当初三木與吉郎さんは出馬する意向でした。事前に三木さんにも與吉郎さんから相談があったのでしょうか。

岩野　いえ、あの頃は三木と與吉郎さんとの関係は良くありません。もともと徳島の中心は自分だという、與吉郎さんの意識がありますから。三木はそうでもないけど、與吉郎さんのほうが。與吉郎さんは、自分は家柄だ、名門の出だという意識が強いですから。

――なぜ與吉郎さんは出馬をやめたのでしょうか。

岩野　ひとつは、もう戦っても勝ち目がないと見たのではないですか。徳島でほとんど殿様的な活動で、本人自身は地元のために動きません。徳島市長になった息子の俊治《としじ》さんが地元秘書として徳島で努力されて、一生懸命に動いていました。私の義弟も三木俊治という名前でしたから、三木市長は「君とは兄弟だ」などと冗談をいう人でした。それと、與吉郎さんはかつては農協にも力がありましたから、参議院選挙で公認さえ取れれば当選できるということで、一般の議員のような地元の手入れをしていない。だから県会議員でも與吉郎さんの直系は三、四人くらいしかいなかった。本当の直系議員は少ないです。それほど強力な支持者を選挙のために養成していません。

それから、のちに厚生大臣になられる森下元晴《もとはる》さんが衆院選に立候補するようになると、選挙民に対する対応が違ってきたこともあります。森下さんは非常にきめ細かい。例えば旅行会などをして、選挙民にあらゆるサービスを行う。他方で、與吉郎さんはそういうことをしない。そういうことでだんだんと力が落ちていって、ご本人自身も名を汚したくない。名門意識が強いですから、自ら退いたのだと思います。

――前回の参院選に出馬できなかった伊東董さんが自民党の公認候補になりますが、衆院選で落選していた小笠公韶《おがさこうしょう》さんが無所属で出馬します。小笠さんの出馬を想定していましたか。

岩野　私は想定していませんでした。あのとき小笠さんは衆議院議員を三期か四期、すでになさっていたのではないですか。そのくらいの当選回数を重ねていました。でも、小笠さんは選挙に弱かった。県南で森下さん、井上普方《ひろのり》さん、小笠さんで争っていましたからね。小笠公韶さんは非常に地味な人でした。それと役人出身（中小企業庁）ですから、森下さんのようなきめ細かな地元のサービスをしない。井上普方さんは社会党ですから組織一本で出られる。地元では厳しくても全県的に足がかりがありました。その差があった。

小笠さん自身は、衆議院では無理だということと、相手が伊東董さんなら勝てると判断して、参議院選挙に出馬することになったのだろうと思います。徳島は衆議院選挙も参議院選挙も同じ全県一区ですから、立候補されれば小笠さんは強いです。

――小笠さんは徳島新聞の森田茂さんと同じ東大の卒業で、事前に森田さんに相談して立候補を決めたようです。

岩野　そうですね。私も晩年は森田さんと非常に親しくして、しょっちゅう森田さんのところへ伺っていました。森田社長は個性的な方です。そういう面はあったと思います。行け、行け、応援してやるというぐらいは。森田さんはそういうタイプの人です。

――伊東さんは県議選でも無投票で当選していましたから、選挙を戦ったことがないですね。

岩野　ありませんでした。家柄ということで県議になっていました。そこに一番大きな弱点がありました。板野郡のような激しい選挙を戦っていたらまた違ったでしょう。選挙を戦っていないから、弁論が非常に下手でした。小笠さんも役人でうまいとはいえませんでしたが、それ以上に聞くに耐えられなかったですね。三木が手取り足取り伊東さんに教えました。

――この参院選の頃から、徳島県内で三木さんに対する反感が徐々に出ていたのでしょうか。

岩野　まだその頃はそれほどではなかった。中央でもずっと上り調子ですから。反三木勢力が表に出だしたのは久次米・後藤田選挙以後ですね。それまでは森下さんにしろ、皆さん上手ですから、「三木さん、三木さん」ということで先輩として尊敬して、そういう意味では立ててくださっていました。三木に対するライバル意識が強かったのは、秋田さんかもしれませんね。與吉郎さんだって、「三木さん」とは言わないで「武夫さん」という言い方をして、我々に会うと「武夫さんどうしている」、そういう聞き方をする人です。だから表にはそういう意識を全然出さない。

――この選挙のときは、岩野さんも徳島に入って伊東さんを手伝われたのでしょうか。

岩野　そうです。

――衆議院選挙と参議院選挙では、戦い方は違うのでしょうか。

岩野　やはり違います。参議院の場合は、一対一の選挙でしょう。衆議院は五分の一ですから、そういう意味では楽です。参議院はきついです。

――徳島では自民党の公認を取れれば基本的には当選できるということですね。

岩野　党の公認を取れれば、徳島では当選。だから公認争いが激しく、熾烈だったわけです。

――選挙では小笠さんが当選して、伊東さんが落選しました。六万票もの差がつきました。

岩野　全然問題になりませんでした。県会議長という肩書きは持っていても、全県では福祉団体の会長をしていたぐらいです。全県の選挙を何回も戦ってきた小笠さんには知名度からいっても勝てなかった。伊東さんはこれでガタッと評価を下げました。伊東さんは県会で力を発揮したほうがよかった。中央選挙に出ることによってかえって評価を下げた一人でしょうね。落選しても評価を上げる人がいますが、あの人は評価を下げてしまった。

河野謙三参議院議長の誕生

――参議院選挙の後、議長選があります。河野謙三《こうのけんぞう》さんが重宗雄三《しげむねゆうぞう》議長が推した木内四郎《きうちしろう》さんを破って議長になりました。三木さんは反重宗ですね。

岩野　そう。重宗さんは党では重宗天皇と呼ばれ、総裁選になると参議院議員を一本にまとめて力を発揮していました。長州閥はすごいですよ。重宗さん、佐藤さん、岸さん、みなさん同じ長州で、その連携は非常に強い。三木も一時は重宗さんに取り入ろうと努力はしました。しかし、何としても参議院での重宗体制を崩さないといけないと。議運委員長は三木派の鍋島直紹さんでしたが、重宗派は上手で、鍋島さんを非常に重用しました。重宗王国を参議院で崩せなかった。四選を目指したときに、このときとばかりに三木は勝負に出ました。この議長選では田中角栄さんも反重宗になったと思いますよ。田中さんも、ポスト佐藤の総裁選に勝つためには重宗議長を倒して、重宗さんの力を参議院で弱体化するしかありませんでした。

それと三木派では坂本三十次《みそじ》さんや鯨岡兵輔《くじらおかひょうすけ》さんが河野洋平さんと非常に親しく、三木の義弟の森美秀《よしひで》さんも同期生ですから親しかった。そういう関係から、河野さん自身が三木のところへ派閥を超えて個人的に出入りしていました。そういうこともあって、三木派では、衆議院のほうは若手が河野謙三さんに動きました。ところが参議院のほうは、特に重宗さんの身代わりに木内四郎さんを立てたためになかなか動かなかったですね。派内としても厳しく、河野議長でまとめるのに三木は苦労しました。

――党内で反主流派だったから、三木さんは反重宗に動けたのでしょうか。

岩野　参議院での重宗体制を壊さなければ、三木自身の総裁選挙で勝ち目がないという心配もあったと思います。参議院を一本にまとめられ、ポーンと福田さんに持って行かれるという心配。それほどあの当時の重宗さんの力は強い。これは田中角栄さんにしてもそうでしょう。次に自分が総理を狙うためには重宗王国を崩しておかないと参議院をまとめて福田さんに持って行かれる。そういう意味で共に考え方が合ったのでしょう。

――三木派は、参議院では完全に河野さんで一本化されていたわけではないのですね。

岩野 参議院ではね。鍋島さん自身が重宗さんに重用されていて、反重宗で動けない。議運の委員長になったり、次は副議長だとかいう甘い言葉をかけられていたものですから。

――河野謙三さんでまとめるために野党も取り込みます。

岩野 そうですね。野党も動きましたね。三木自身は表に立って野党とはやっていないと思います。あのときに一生懸命動いたのは、鯨岡さんや坂本さん、菅波茂《すがなみしげる》さん、塩谷一夫《しおのやかずお》さん、森美秀さんのクラスです。河野洋平さんと親しくつきあっている先生方が死にものぐるいでやりました。それだけに三木としては、河野洋平さんに新自由クラブを作られたときは非常にショックが大きかった。まさか河野さんが三木政権のときに新党を結成するとは夢にも思っていませんでした。

――参議院は衆議院とは違うという意識ですか。

岩野 それまで参議院は、それほど派閥色を出さなかった。あれ以降ですね、非常に派閥色が出てきたのは。参議院は参議院で一本に重宗さんがまとめていましたから。参議院は重宗さんがまとめて派閥色は薄かったと思います。

――三木派内でも衆議院と参議院では違うのでしょうか。

岩野 会合に出ていても衆議院の人とは違いましたよね。

議長選挙が終わると、重宗さんに従った人でも、「いや、河野議長を一生懸命やりました」と言い出していますから。我々の前で「こういう苦労があった」と、とうとう述べます。手のひらを返したように変わりました。

――あの議員は重宗さんに入れているなと、わかるものですか。

岩野　わかりますよ。普段の言動を聞いていると。

――河野さんが議長になったときの感想はどうでしたか。

岩野　良かったですよね。参議院議員が一本に固まると、どの派閥よりも数が多くなります。その当時の自民党の総裁選挙制度の下では、重宗さんの意向で総裁選挙の勝敗が決すると言っても過言ではない状況でした。参議院で一時的に派閥に割れたということは、総裁選挙の面から見ればよかったと思います。参議院自体のあり方があれでいいかというのは別問題です。総裁選を戦うためには、ずっと反主流派で来た三木にとっては良かったですね。

参議院のボスで重宗さんを支える林屋亀次郎さんがいたでしょう。そういうところにも三木はいろいろとアプローチをしました。林屋さんは晩年選挙で苦労されましたから応援に行きました。そして何とか重宗さんに取り入りたいという気持ちがあったわけです。やはり長州閥は強かったです。

ちなみに、金沢の林屋邸で昼食にいただいたウナギの白焼のごちそうは天下一品でした。数寄屋造りのお住まいで、先生ご自慢の庭を眺めながらの昼食は、選挙の最中とは思えませんでした。

中国訪問

――一九七一年八月に松村謙三さんが亡くなりました。

岩野　あのときは覚えています。王国権《おうこくけん》さんが弔問のために来日されました。三木は、田川誠一さんを通じて王国権さんに会いたいということで一生懸命やりました。最終的にホテルオークラで会いました。田川さんがセットしてくれました。そこから中国に行く準備が始まりました。

三木は日中関係の改善を唱えて努力していました。何としても早く訪中したいということで。王国権さんとの会談は、具体的に前進する第一歩になったと思います。王国権さんには周恩来総理に会いたいと申し出ています。

――川崎秀二《ひでじ》さんとも日中問題を話していたのでしょうか。

岩野　無論、三木派でしたから。最後には松村派として独立しています。三木派の関係で、井出さんや松浦周太郎さんも松村さんに同行して中国に行っています。鯨岡兵輔さんも坂本三十次さんもそうです。日中に関係の深い議員が多かった。皆さん、利権とは無縁の先生でした（笑）。

――台湾をどう見ていたのですか。

岩野　三木派にも台湾系統の先生がいました。毛利松平さん、それからどちらかというと、森美秀さんもそうです。三木が総理になったときに、台湾関係の人を連れてきていました。

それから台湾人で、原宿に住んでいた苗剣秋《びょうけんしゅう》さんという人がいました。日中国交正常化がなると直ちに台湾に帰りました。この方は日本の政界に顔が広く三木も非常に親しくしていました。そういう人からも、いろいろと話を聞いていました。

台湾バナナを輸入して台湾と関係の深かった砂田勝次郎《かつじろう》さんとも昵懇でした。私たちは「かっちゃん」と呼んでいました。勝次郎さんは、防衛庁長官を務めた砂田重政《しげまさ》さんの次男です。重政さんの長男は重民《しげたみ》さんで、文部大臣などを務めています。

――日中国交正常化となると、台湾とは断絶しないといけませんね。

岩野　国交を正常化するためには、一つの中国は認めざるをえません。

――三木さんは蔣介石と会ったことはありますか。

岩野　蔣介石とは会ったことはないでしょう。戦争中は一年生議員でしたからね。満洲には議員として慰問には行っていますよ。

――ニクソンショックについては、どのように受け止めたのでしょうか。

岩野　日本自体が遅きに失したと感じたと思います。本当はアメリカよりも日本のほうがルートがあったわけでしょう。例えば、LT貿易とか、松村謙三さんにしても早くから中国と深い関係があったのに先を越された。やはり佐藤さんの姿勢と、国連総会の採決でアメリカに追随したことが遅れをとった原因でしょう。おそらく池田政権であればもっと早く正常化できていたのではないですか。

――吉田さんの意向が強いですからね。

岩野　そういうことですよね。池田さんだったらもう少し柔軟だったでしょう。あれだけ国連の空気が中国になびいていたのですから。

――それまでに周恩来さんとは会っていたのでしょうか。

岩野　訪中して初めて会ったはずです。王国権さんが手配してくれたと思います。地ならしはおそらく王国権さんです。その前に廖承志《りょうしょうし》さんなどと関係がありました。機会を得ては日中国交正常化の意見を発表していましたが、人脈としては松村さんのような親密度はまだ持っていませんでした。

――一九七二年四月に中国に行ったのは、中国側の招きですね。

岩野　あの当時はソ連にしても、中国にしても招待がないと訪問できない時代です。そういう時代ですから、招待を受けての訪中です。後年、私が訪中した折も招待を受けてビザを申請しました。あのときは高橋亘さんと竹内潔さんが同行しました。会談には、高橋さんが同席してメモを取ったはずです。

――三木さんが外国に行くときの同行者は、どういう形で決められるのでしょうか。

岩野　行き先ごとに、こういう人が行ってもらえれば便利だということで決めます。訪中のときは経済問題がありましたから、大来さんと平澤さんに同行していただきました。アラブのときも大来さんが行っています。その筋の、専門家の親しい人に同行していただきます。

――亘さんは医者で、三木さんの健康管理という面があったかと思います。

岩野　そう。ひとつにはそういう面があります。

――夫人は三木・周会談のメモを三木さんが大切にしていたと書いています。

岩野　三木が書いたメモと夫人が述べているのは、高橋亘さんが会談をまとめたメモのことでしょう。文章に出ている、あれが基軸だと思います。周恩来さんが会談の項目を出すでしょう。それだと思います。会談の内容を箇条書きにまとめたもの。

私の経験からすれば、本人はまとめていない。パルメさんに会ったときも、後で私は会談内容をまとめろと三木に言われて、まとめました。それと同じケースだと思います。それでなければ周恩来さんとの会談に向けた平澤さんとの打ち合わせメモでしょう。

後で文章として書いています。あれが実際の会談内容で、メモの内容と変わらない。三木夫人のいうメモは存在しないでしょう。三木もメモの話はしませんでした。

三度目の総裁選出馬

――中国から帰国して二カ月ぐらい経って、佐藤さんが総理を辞めます（一九七二年六月）。その後三木さんは三度目の総裁選に出馬しました。四人の争いは想定内でしたか。

岩野　そうですね。佐藤さんが引退を表明していました。佐藤さんが角福を調整できなかったら、次を狙って皆さん出てくると考えたでしょうから。当然立候補されるという前提で考えていました。

――田中さんと大平さんと、三派連合について協議をしていますね。

岩野　九段のホテルで集まって、日中の問題を話し合いました。毛利松平さんや金丸信《かねまるしん》さんといったクラスが根回しをしていました。

――福田さんに対抗するということですね。

岩野　日中問題への姿勢が違いますからね。日中国交正常化の実現で、三派連合ができました。誰が総裁になっても日中国交正常化を実現すると、田中、三木、大平、中曾根の四者が合意しました。

――総裁選前の三派協定は、日中国交正常化を進めるということがメインですが、三木さんとしては、一回目の投票で自分は二位までに入って決戦投票には残ると判断していたのでしょうか。

岩野　そういう覚悟でやっていました。確実に残れるという確信はなかったでしょう。ただ脱佐藤・脱官僚ということを強く望んだでしょう。佐藤政治の転換にひとつの大きな重点がありました。そこがバラバラになってしまえば、おそらくあの段階では福田さんに有利に展開していたでしょう。ひとつの大義名分として日中国交正常化があって、それに加えて政局の転換ということでした。

――後々の政局を見ると、三木さんと福田さんは、歩調を合わせることが多かったと思います。ポスト佐藤の段階ではまだそこまでの関係ではなかったということですか。

岩野　そうですね。福田さんは佐藤さんべったりでした。外交面でも三木とは極端に違っていました。三木は日中問題では田中・大平のほうが近かった。福田さんは佐藤さんからの禅譲に期待しすぎていたのでしょう。

――一回目の投票で、田中さんが一位でした。

岩野　田中さんが自分の票を分けて大平さんに回したと言われたでしょう。その真実はわかりませんが、世間の予想よりも田中さんの票が少なかったことは事実ですね。あれだけの個性の強い政治活動をしていると、それは当然です。特に基盤である佐藤派が二つに割れたわけですから。

――この総裁選で、三木さんは六九票という大惨敗でした。どのように受け止めましたか。

岩野　あれは想定外です。過去の実績からいってもそうでしょう。いくら各派から立候補したとしても、中立的な人もいますから、もう少し票があるだろうと。

――大平さんに負けるとは思ってなかったのですか。

岩野　思っていませんね。一〇〇票を切ったのは非常に大きなショックでした。いくら何でも、立候補者が多くても一〇〇台には乗るだろう、三桁は行くのではないかとは思っていました。まだその頃、大平さんはきちっとした態度が固まっていなかったでしょう。それと宮澤・大平の問題があります。前尾さんとの関係という問題を抱えていました。それから三木との、いろいろな意味で関係のある人がいました。中曾根派にしても、関係の深い方がいます。

――海部俊樹《かいふとしき》さんが、負けて泣いているところがテレビに映し出されました。

岩野　そうでしたね。しかし、その彼でさえ、久次米・後藤田のときには徳島に入ってくれませんでしたからね。三木は、海部さんを自分の子飼いだと思っていました。三木が鯨岡さんの招待を受けて新国劇を見に新橋演芸場に向かう途中、三番町にさしかかると鯨岡さんが右手を指さして「あの高層マンションの最上階に海部が住んでいます。すごいです。山口敏夫もいます」と話すと、三木は「田中に、海部に注意するように、竹下と親しすぎるといわれたよ」と話しました。議運国対族で、金丸さんや竹下登さんとの関係が非常に強かったですからね。そのお蔭で、金丸さんが河本さんに「若い者に譲れ」と説得して海部政権が誕生することになります。

――決選投票では、三木派は早川連隊を除いて三派協定に基づいて田中さんに入れたのでしょうか。

岩野　そうですね、早川さんの一派を除いてね。割と早川さんと関係が良かった毛利松平さんも金丸さんと結びついて三派協定に努力しましたから。

これは余計な話ですが、毛利さんが初当選して、国会が終わり報告会をするので来てくれと頼まれて、三木が大洲に行き、私も同行したときのことを思い出しました。三木が演壇立つ前に毛利さんに呼ばれて、「岩野君、悪いけど三木さんに話してもらってくれ」と。「毛利を大臣に推薦したけど、一年生だから断ったと言ってくれ」と（笑）。当選したばかりですよ。それでそういうふうに三木に演壇で話すように伝えろと。そういう人でないと政治家は生き残れないのでしょう。

――この総裁選の後で三木派内の早川連隊が出ていきます。これはある程度織り込み済みだったのでしょうか。

岩野　そうですね。ああいう状態になると、仕方がないですね。

――三木さんは派内を不安定にしておくよりも、切ったほうが良いという考えですか。

岩野　あそこまでグループ活動をされると、表面を繕ってもしょうがないですからね。中村寅太さんなどは俵代議士と言われたくらい農民をバックにして出てきた国会議員でしょう。晩年には選挙が弱くなった。中村さんが初当選のときと比べると、福岡の選挙区がだんだんと都市化していきましたでしょう。農民バックだけでは選挙を戦えない。最後などは創価学会にまで頭を下げていって、そして票を分けてもらって当選された。当選するためには形振《なりふ》り構わずという初心を忘れた政治家に変わっていきました。出てきた当時の中村寅太さんとは変わっていました。

国会議員は落選したら何もないですから、当選のためには手段を選ばないというように、当選そのものが目的になってしまいました。結構政治家には、地位を求めて信条を変える人もいるし、当選するために信条を変える人もいます。生涯にわたって自分の所信を貫くというのは難しいですね。当選することが目的になり、選挙を戦いやすい環境づくりで大臣病にも罹ります。

副総理就任

――田中内閣になって、三木さんは最初無任所の国務大臣で、副総理格という形で入閣します。閣僚になるほうがこのときは主眼ですか。

岩野　そうです。最初は副総理格という、何か曖昧な地位にされました。それを内閣法に基づく副総理にするという問題もありました。

――八月に副総理になります。三木さんは副総理のポストを望んでいたのでしょうか。

岩野　あのときは副総理を望みましたね。副総理という話でそもそも入閣しましたから。

――副総理は、通常は官邸にいるのですか。

岩野　いいえ、副総理専用の部屋を官邸に作るよう要求して交渉していましたが、官邸は狭いからということで実現しませんでした。当時の首相官邸は、現在は公邸として使われていますが、部屋数が少ないのは事実です。代わりに総務庁の三階に副総理室が作られて、そこにいました。それを何とか官邸に移さないとおかしいということで、すったもんだ長い間やりました。

――岩野さんは事務所に行かれて、総務庁の三階にも、両方出入りされるということですね。

岩野　しょっちゅう呼ばれて行っていました。当時は久次米問題もありましたから。

――三木派からは本名武さんが入閣しています。

岩野　そうですね。本名さんが総務長官になりましたね。

――この年（一九七二年）の一二月に衆議院選挙があり、三木さんが三年ぶり役職について選挙を戦います。

岩野　総裁選に負けた後だけに厳しかった。反対派が、もう三木の時代は終わったと宣伝し出しましたからね。あのときは後藤田さんが選挙に出るという動きが出ていました。そのあたりから後藤田さんの立候補の話がずっと流れていました。

あの総裁選の後、私は徳島に帰って半年ぐらい選挙区を回りましたが、本当に厳しい反応でした。町村ごとに泊まり込んで歩きました。それまでは、帰っても市内に泊まって、各市町村を訪問すればよかった。しかし、このときは町や村に泊まり込んで、夜になると後援会の有力者に集まってもらい、座談会を開いて懇談しました。

支持者の反応はもうきつかったですよ。それまでは総理になるという期待感が強かったでしょう。それが、もうこれで総理は無理ではないかという空気が県内に漂ってきましたからね。

――衆議院議長という芽はあったのでしょうけど。

岩野　それは全く聞かなかったですね。本人は夢にも思っていなかったのではないですか。あれだけ「議会の子」と言いながらね。

――秋田清さんが議長になっていますから、三木さんが議長になっても徳島初にはなりませんね。

環境庁長官

――総選挙後も引き続き副総理でしたが、環境庁長官になります。

岩野　各派の複雑な政治的な動きがあったと思います。副総理だと三木が力を盛り返すということで、やはり役所を持たせるべきだという声が出てきたのでしょう。極端にいうと、無任所の副総理でいると各分野に発言できます。役所を持つとその役所中心になる。そのあたりの牽制がありました。

――環境庁長官になると環境庁に行くようになるわけですね。

岩野　そうです。実務があるから、そちらが中心になりました。

――三木環境庁長官のときは、排気ガスの規制、マスキー法などが大きな問題でした。

岩野　特に自動車の日本版マスキー法をつくろうとしていましたね。だから、トヨタを筆頭に自動車業界からの評判は非常に悪かったです。非常に厳しい陳情攻めを受けました。自動車業界の幹部が車を連ねて五番町の事務所へ陳情に来るということがありました。日本の自動車産業が壊滅する状態になるとか、すごい抵抗でした。

三木自身、池田内閣で科学技術庁長官を務めたときから環境問題に関心を持っていました。すでに四日市などの石油コンビナート地帯を中心に、排気ガスの問題で総量規制などで非常に大きな政治的問題になっていました。そういう時代から非常に環境問題に関心が強かった。マスキーさんの考え方に惹かれて、日本にもそういう厳しい法律を取り入れるべきだと考えるようになりました。光化学スモッグがすごい時代でした。私は当時高円寺に住んでいましたが、家に鉢植えにしてあった夾竹桃《きょうちくとう》が枯れたほどです。青梅街道と五日市街道が交差するところに住んでいました。

徳島市長選挙

――一九七三年三月に徳島市長選があり、県議の山本潤造《じゅんぞう》さんと藤川忠義さん、助役だった稲木高好さんが立候補します。非常な大接戦で山本さんが当選しました。この市長選で三木さんは誰を推していましたか。

岩野　表立っては何もしませんでした。三木は、藤川さんの出馬にあまり積極的ではありませんでした。県会議員でいてもらいたかったのではないですか。三木派の県会議員も藤川さんを積極的に推さなかった。あのときに藤川さん自身の姿勢が変わっていました。というのは、原知事の副知事だった武市一夫さんと非常に仲良くなり、少し路線が違って来ていました。そのあたりで三木系の県会議員とそりが合わなくなっていました。表面的には中立で、個々に県会議員に指示したりはしませんでした。

ちなみに、藤川さんとは徳島の三木事務所の所有権でトラブルになっていました。藤川さんは三木事務所への居住権を主張されました。

――その何年か前に、藤川さんと七条広文《しちじょうひろふみ》さんが県会議長のポストをめぐって揉めて、分かれたという経緯がありました。

岩野　その辺りからおかしくなっていました。後で藤川さんも議長になりましたけど。

――三人で大接戦になって、山本さんが当選します。

岩野　山本さんは角がなくて人柄の良い方です。藤川さんは元警察官ですから、見るからに冷たい印象を与える。山本さんは腹は別として、表面は非常に暖かい印象を与える人です。だから三木派の県会議員でも割に好意を持ったはずです。三木派の県会議員で藤川さんを応援したのは、二、三人くらいしかいませんでした。

——三木さんとすれば、直系の徳島市長がいたほうがいいわけですよね。

岩野　それはやはりそうです。というのは、中選挙区制の当時、徳島県は五人選挙区です。徳島市長がいることによって、市の選挙は戦いやすいわけです。

しかし、県会議員の絡みと、三木との信頼関係もあります。県会議員が全面的にバックアップすれば別でしょうけど。県会議員からすれば「三木先生は地方の選挙に口を出すな」ということになりかねません。選挙が小さくなればなるほど、個人の感情が非常に表に出てきますから、非常に難しいですね。

——山本さんは秋田系ですね。

岩野　秋田系です。秋田系でも原菊太郎さんの直系です。晩年は三木と非常に良くなって、市長になってから上京するたびに陳情を持って私のところに来ていました。

——同じ年の九月には知事選挙もあって武市対決になります。三木さんとしては、当然に恭信さんの三選を後押しします。

岩野　それはそうです。武市議員を説得して担ぎ出した経緯もありますから。

——この知事選に一夫さんが出馬することはわかっていましたか。

岩野　当然。原知事の後継者として副知事になった方ですからね。

「阿波戦争」のはじまり

――この年（一九七三年）から翌年の参院選の公認争いが始まっています。

岩野　その前にいろいろな動きがありました。一九七二年の総選挙の後の内閣で、明治大学出身の木村武雄さんが建設大臣兼国家公安委員長に就任されまして、国家公安委員長と建設大臣の兼務はおかしいという批判を受けました。明大の関係で、木村武雄さんは昔から三木家に出入りしていました。三木派と思われるほどで、事務所だけではなくて私邸にも見えていました。木村夫人も絨毯や敷物の販売会社を経営されており、三木夫人とも親しくしていました。そういう関係から、大臣に就任して間もない時期に徳島に来ていただき、県下で講演をして回っていただきました。そのときは一泊で、阿南から池田まで、四会場か五会場ぐらいでした。

その段階で、後藤田さんが衆議院に出馬するという噂が出ていました。最初から後藤田さんは衆議院だという噂で、警察庁長官の末期あたりからありました。三木は、その頃から参議院の全国区に出るように後藤田さんに勧めたらどうだと、さかんに木村武雄さんに話していました。

――早くから後藤田さんの動向を気にはかけていたのですか。

岩野　そうですね。後藤田さんが政界に転出したいということで動き始めていました。特に官房副長官になってからは活発に動き出しました。後藤田、平井学《まなぶ》、海原治《かいはらおさむ》の三人が徳島出身の内務官僚の三羽カラスです。この三人と三木は毎月武原はんさんの「はん居」で会食をしていたほどの関係ですから。

――三羽カラスと会っていたのは、昭和三〇年代ですか。

岩野　そうですね。確か、海原さんは課長ではなかったかな。

――後藤田さんとは付き合いが長いのですね。

岩野　長いですよ。後藤田さんが局長だった頃からではないですか。警察庁次長になった頃にもまだ付き合いがあり、長官になったときにお祝いに行ったのを覚えています。今の参議院会館の裏側に公舎があって、そこに行ったのを記憶しています。会食しなくなったのは、警察庁長官になってからでしょうね。それまでは、定期的に会っていました。そういうことから考えても、後藤田さんが将来は政界に転出したいという気持ちを知っていたと思います。

――三木さんにとって脅威だったのでしょうか。

岩野　脅威というより、森下さん、井上普方さんがいたでしょう。一応選挙区として、地盤的には候補者のバランスが取れていました。私は、後藤田さんの甥の井上普方さんが現職の議員ですので、衆院選に出るとは思っていませんでした。徳島で混乱をさせたくないという気持ちが強かったと思います。参院選でも、役人ですし、全国区で楽に立候補できますから、その道を選ぶと考えていました。あれほどまで選挙区にこだわりを持つとは思っていなかった。警察庁長官になったときも、後藤田さんの秘書から「大塚さんを紹介してほしい」と頼まれて、大塚製薬の大塚正士《まさひと》社主を紹介したぐらいです。それほど徳島と縁がなかった方です。

――早くから後藤田さんの意向を読んでいて、三木派に取り込む考えはなかったのでしょうか。

岩野　そういうのは全くありません。後藤田さんを取り込んでどうこうと考えたことはありません。もともと田中さんべったりの方ということは永田町に知れ渡っていましたから、それを強いて三木派に引っ張って推そうという気持ちはなかったです。

――事前に田中さんから三木さんに、後藤田さんで行きたいという打診はなかったのですか。

岩野　田中さんからも、後藤田さん本人からも挨拶はなかった。三木は私に、「同じ内閣にいて一言の挨拶もない。俺はそれを許さん」と話しました。同じ内閣にいながら自分を無視したということ、そこからおかしくなっていったわけです。最初に仁義を切られていれば、ちょっと三木も困ったでしょう。久次米さんと後藤田さんを比べて三木が言ったのは、「誰が見たって、どっちが国会向きかといえば、後藤田だよな」と言いましたからね。田中さんや後藤田さんが三木に仁義を切っていれば、三木は久次米さんを降ろして後藤田さんを公認にもっていったでしょうね。そうなれば、久次米・後藤田のいわゆる「阿波戦争」はなかった。あんな苦労をしなかったでしょう。

――その場合、久次米さんは猛反発しますね。

岩野　それは、こじれる前の段階。公認に問題が行く前の段階で降ろしてしまったでしょうね。

――降ろせるだけの力があったのですか。

岩野　ありました。ところがお二人から一切無視された。田中さんは飛ぶ鳥を落とす勢いでしたから、後藤田さんは、人気を過信して権力の脅威を与えました。田中内閣があんなにも短期で終わると思わなかったのでしょう。かつては親しくしていたのを袖にしたから、三木は激怒しました。

――三木陣営としては、内閣からの「三木はずし」と見たわけですか。

岩野　無論、そういうことです。完全にそういう風に受け取りました。

――それでも週二回は閣議で顔を合わせないといけません。

岩野　そうですね。後藤田さんは官房副長官でしたからね。ところが、あの当時は田中さんの絶頂期で、後藤田さんの奢りがあったのでしょうね。もう少し謙虚さがあれば……。一方で、参議院議員にもし当選しておられれば、その後の後藤田さんはなかったかもしれません。

――自民党の公認をめぐって県連の総務会で投票が行われます。公認で紛糾した場合には現職優先になるようですが。

岩野 ただ、県連会長の三木與吉郎さんが、どちらかというと後藤田さん寄りでした。久次米さん自身、かつては三木與吉郎派でしたが、参院選で当選してから完全に三木武夫派になりました。そういう意味で、與吉郎さんは内心面白くなかったと思います。それと後藤田さん自身が働きかけたのでしょう。このときに三木與吉郎さんは国会議員ではありませんでしたが、県連の会長でした。幹事長が三木系の県議だった阿川利量《としかず》さんです。

――三木さんは、県連の人事に関して注文することはなかったのでしょうか。

岩野 ありません。三木系の県議の原田武夫さんが県会のボスでした。原田さんと秋田系の内藤茂右《もえ》衛門《もん》さんが仕切っていましたから、県連の人事には一切口出ししませんでした。

――県連会長についてはいかがですか。

岩野 あの頃は円満にしたいということで、與吉郎さんがやりたいというので、希望通りにしたと思います。あまりゴタゴタさせたくないという気持ちがあったのでしょう。

――三木さんは、県連の総務の投票になっても久次米さんでいけると判断していたのでしょうか。

岩野 そうだと思います。ただ、あれだけ激しくなるとは思っていなかった。木村武雄さんを通じてさかんに全国区からの出馬を話していました。そんなに強い執念を燃やすとも思わなかったのではないですか。それがだんだんと両派の激しい総務の買収合戦になりました。あそこまで激しくなるとは予想しなかったと思いますよ。過去にああいう公認争いはなかったですから。

――投票は五月に行われましたが、すぐには開票せずに東京の本部に持って行きました。

岩野　本部に持ってきて本部で開ける。それほど激しかった。何が起こるがわからないというほど、両陣営が先鋭化しました。

――開票してみると後藤田さんのほうが多かったのですが、この結果についてはどうみましたか。

岩野　表面的には意外だと思ったと思いますよ。ただ、三木自身、「二人を国会議員として比べると、どちらが国会議員にふさわしいかは明らかだ。それは当然後藤田だ」と言っていました。能力の面においての評価については、県内でもそういう声はあったと思います。しかし、それ以上に総務への激しい買収の仕合になりました。「阿波戦争」といわれるほどの激しい汚い選挙にしてしまいましたね。

また、その上に国家権力で各団体に圧力をかけました。堂々と参議院議員候補者としてどちらがふさわしいかという選挙戦術をとっていれば、後藤田さんにすんなりと決まっていたでしょう。あれだけの汚い選挙に持ち込んだことは、ご本人の自信のなさを示しているのかもしれません。

あのときに久次米さんの息子の圭一郎さんが四国電力の秘書室に勤めていて、こまめに情勢報告に来ました。久次米さんは絶対の自信を持っていて、「すべて裏づけを打っているから間違いない」という言い方をしました。それほど激しかった。「一人一人を抑えて行っている」という言い方。「だから絶対負けることはない」と。久次米さん以上に後藤田さんが動いていたということだったのかもしれない。

――一〇月に党本部で後藤田さんを公認候補とすることが決まります。久次米さんはどういう結果になっても、無所属でも出るという意向だったのですか。

岩野　出るということと、あのようなやり方に農協連が反発しました。「負けてなるものか」と。あれだけ農協が選挙で燃えたことはないです。

どちらかというと、農協自体、選挙が重荷になりつつありましたからね。組織をあげて選挙運動を展開するわけでしょう。だから六年後に久次米さんが出馬したいと言ったときは、農協が逆に降ろしにかかりました。三木にも、「絶対に出さないでくれ」と言ってきたほどです。農協自体が阿波戦争と呼ばれたあの選挙で燃え尽きたと思います。参院選後に坂東三郎副会長にお会いした折に、「これで選挙はおしまいだ」と話しましたから。

西ドイツ訪問

――岩野さんが西ドイツに行かれたのは、この頃ですか。

岩野　一九七三年四月です。確か五月一日にドイツの旅行を終えて、メーデーはウィーンにいました。

――そもそもどのような経緯で行かれたのでしょうか。

岩野　西ドイツ政府から招待を受けました。その当時西ドイツの大使館の一等書記官と何かの関係で知り合いになって、時々大平さんの娘婿の森田一さんと一緒に大使館に招待されたりしていました。そういう縁がありまして、招待するからと言われて西ドイツに行きました。

この書記官とはその後も会っていまして、一九七四年に田中さんの金権問題が明らかになると、田中後の日本の政局について話をしていました。金権田中首相の後は清潔な三木武夫以外にいない、三木政権でないと国民は自民党を見放す、といった持論を述べていました。

私が西ドイツに行くことを聞いて、鳴門の谷光次《たにみつじ》市長から「何とか姉妹都市を作りたい」との話がありました。第一次世界大戦のとき、中国の青島《チンタオ》で捕虜になった一〇二八名のドイツ兵が鳴門の板東《ばんどう》俘虜《ふりょ》収容所に送られて収容されました。捕虜は松江豊寿《とよひさ》所長の配慮で地域住民と自由に交流ができ、住民は捕虜からパン菓子、ウィスキー、ソーセージ、靴などの作り方を教えられています。また、収容所ではベートーヴェンの第九が一九一八年六月にアジアで初めて演奏されました。

鳴門はドイツと縁があります。その関係を深めたいという谷市長からのお話を聞き、それならということで、第一次世界大戦のときに大麻町の捕虜収容所にいた人のうち、何人かが日本で健在でおられました。その人に会ったりしていろいろ準備をしました。一方ドイツでは、元収容所にいた人がハンブルクでご健在なので集めましょうということになり、大麻町で捕虜でいた人の家に集まってくれました。そこに伺って、鳴門市が西ドイツのどこかの市と姉妹都市を考えているので、ひとつ皆さん力を貸してくれませんかという話をして、それから西ドイツ政府の日程に入ろうと思ったわけです。

――第一次世界大戦ですから、集まられた方は高齢ですよね。

岩野　もう高齢で八〇代ですよ。

――日本に残っていたのは、どういう方ですか。

岩野　一番お元気だったのはバートさんという方です。日本に残って、日本人女性と結婚して鎌倉の佐助に住んでいました。ご自宅にも伺って、いろいろと資料をもらいました。

もう一人は、捕虜だった人の息子さんが東京八重洲の東京建物のビルで貿易商をやっていまして、実際にはその人が全部ハンブルクで会う手配をしてくれました。ご健在でも自分一人では動けない方々ですから。

――板東俘虜収容所があったことを鳴門市がまだアピールしてないときですね。

岩野　そう。だけど墓地などは清掃して、ドイツ橋をきちっと管理していました。谷さんとしては、何とかそれを姉妹都市として活かして国際交流を行い、今風の町おこしを考えておられたようです。

――ハンブルグに行かれて、実際に会われたのですね。

岩野　会いましたが、全然話にならなかった。こちらの八ミリ写真を持って行って映して見せたりしましたが、全然反応がなかった。ただ自分たちが住んでいたときとは変わったというだけでした。大いに困ってしまいましたが、ハンブルクの片山《かたやま》醇《じゅん》之助《のすけ》総領事が公邸へ一晩食事に呼んでくれたことで、話が進展することになります。片山総領事は香川県出身で、大平さんと同郷でした。食事のときに鳴門の話をして、何としても西ドイツにいる間に姉妹都市を見つけたいということを話しますと、「どこか自分なりに探してみます。今の旅行が終わったらもう一度西ドイツへ帰ってきてください」と言ってくれました。

西ドイツ政府からの招待が終われば東欧諸国を回る予定にしていたものですから、東欧圏を回って、もう一回ハンブルグへ帰って来ました。総領事に会うと、「リューネブルグはどうでしょうか。岩塩が出る街です。鳴門の塩で、塩と塩でいいでしょう」と言っていただきました。「ああ、それはいいですな」と。ハンブルグから車で三時間くらいのところで、すぐに行きました。

予約もなしで市役所を訪ねました。そのときにハンブルグの日商岩井支店に、平田清次という私の高校の同級生が勤めていまして、「俺が車で運転してやる」と言うので平田君の運転で、ドイツの通訳も平田君が斡旋してくれて、直接予約もせず訪問しました。すると、「今日は市長は来ていません」ということでした。よく聞くと市長は常勤ではなくて、仕事があるときにしか来ないらしい。アルフレッド・トレビッチンという市長で、弁護士をやっているということでした。それで副市長に会い、こういう話だと伝えました。最初は、観光案内でもさせられるのではないかと思われたようです。

巻紙に書かれた谷市長の日本語の手紙を見せて、大鳴門橋ができると世界一の吊り橋になる、鳴門市

塩の縁　鳴門と西独・リューネブルク

鳴門市と姉妹都市の話が持ち上がっているリューネブルク市

鳴門市と西ドイツのリューネブルク市の間に姉妹都市の"縁談"が進んでいる。この縁結びが成立すれば、大正三年の板東俘（ふ）虜収容所開設から始まったドイツ人と地元民の交流は、さらに深まりそうだ。

"姉妹都市"はいかが…

三木氏秘書が橋渡し　ト市長もろ手あげる

ト市長

姉妹都市の橋渡しをしたのは三木武夫副総理の秘書、岩野美代治氏(三七)＝板野郡土成町出身。さる四月十日西ドイツ政府の招きで同国を訪問、このほど帰国したが、出発の前、谷鳴門市長から「ドイツ記念館＝同市大麻町＝が完成したのを機会に、ドイツの都市と姉妹都市の縁結びをしたい」と依頼されたメッセージ、鳴門市の写真などを預かった。岩野氏は西ドイツ大使館、外務省などの関係者と相談、リューネブルク市が第一候補にあがった。

訪独した岩野氏はさっそく同市を訪れ、アルフレッド・トレビッチン市長と会い、第一次世界大戦時のドイツ人捕虜と地元民の"文明と親善"の交流や、この交流がいつまでも忘れられないように先ごろ西ドイツ領事館の協力でドイツ記念館が完成したことなどを話し、谷市長のメッセージを手渡した。これに対して同市長は「願ってもないよい縁組みだ。さっそく市議会にはかって正式に手続きをとりましょう」と快諾、近く駐日西ドイツ大使館を通して谷市長に返書を送る約束をしたという。

岩野氏は二十八日に鳴門市を訪れ、谷市長に正式に報告する。同市長は報告を検討したうえ、議会の同意が得られれば、姉妹都市の縁結びに乗り出すもよう。

同市はハンブルク市の東南約五十㌔にあり人口は約六万二千人で、鳴門市と同じくらい。中世のころから発展されるようになった岩塩によって栄えた"塩の町"であること、現市庁舎が十五世紀に建ったという"歴史のある町"で、観光都市であること―などの点が鳴門市と似通っている。

西ドイツ各地を回った岩野氏は、各地でドイツ記念館の話をし、同記念館に飾る記念品の寄贈を頼んだ。これに対して、ブラント首相がメッセージを贈る約束をしたほか、ケルン、フランクフルト、西ベルリン各市長やバイエルン、バーデンビュルテンベルク各州知事、ミュンヘン大学、東アジア協会、ベルリン国連協会、ドイツ国際交流基金などからも記念品(サラなど)やメッセージが贈られることになった。

さらに板東俘虜収容所で捕虜生活を送り、記念館の建設に協力したクルト・マイスナーさん(八一)はハンブルクで岩野氏に会い、姉妹都市の話に大喜びで、記念にマイスナーさんが収容所時代に同僚たちに教えていた日本語の教科書、収容者の名簿などを岩野氏にことづけた。

なお、日独の都市で縁結びをしているのは「京都―ケルン」「札幌―ミュンヘン」などがあり「鳴門―リューネブルク」が実現すれば八番目。

岩野氏の話　「トレビッチン市長の話では、先方の市議会では縁組みに問題はないようです。正式に縁組みできたら両市民の相互訪問や、高校生同士の文通による交流などをしたいとのことで、私が予期した以上に大乗り気でした。また、ドイツ記念館も各地で興味をもっており、日独交流に役立っています」

西ドイツ訪問時に鳴門市とリューネブルグ市との姉妹都市締結に向けて著者が橋渡し役となったことを伝える『徳島新聞』（1973年5月28日朝刊）

は塩田で塩がとれる、どうしても姉妹都市をどこかと結んで親善を図りたいなど、いろいろと鳴門のことを半日かけて話をして帰ってきました。私の仕事はそこまでです。

そのときに良い感触を得たものですから、あとは谷さんに引き継いだ。「では、私が一度行きます」と、市長が自ら行ってどんどん前に進み、鳴門市とリューネブルク市は一九七四年四月に姉妹都市となりました。私は責任を果たすことができました。谷市長の熱意が今や日独親善のために大いに貢献しています。

——谷さんは突っ走るタイプの方ですか。

岩野 そう。そういう意味では行動力のある人です。こちらもそれに応えたいということで、自分の生まれた町でもそこまでしないのに、鳴門市に対しては全力投球しました。

——西ドイツには四月から一カ月ぐらい滞在されたのでしょうか。

岩野 一カ月です。途中ボンに行きますと、一九六四年のアメリカの民主党大会でお世話になった宮澤喜一さんの弟の宮澤泰さんが公使として大使館におられて、再会できました。再びお世話になり、楽しいひとときを持つことができました。

西ドイツ訪問で忘れることができないのは、週末の音楽会です。西ドイツ政府が週末にセットしてくれていました。西ベルリンではカラヤン指揮のベルリンフィルの演奏を堪能しました。ミュンヘンでは古色蒼然とした豪華絢爛なオペラハウスで貴賓席から鑑賞でき、感激しました。

また、西ベルリンを訪問した折に、共産圏の空気を味わうべく、一日観光バスで東ベルリンに入りました。西ベルリンに帰ってバスを降りるときに、ガイドが「二度とお会いすることはありませんが、お元気で」と挨拶したことには驚きました。

出発のときに徳島新聞からもいろいろと資料をもらっていて、帰国してから徳新の東京支社の記者に姉妹都市の結果を報告しました。それを徳島新聞が記事にしました。それで四国放送から朝の番組の「おはよう徳島」に出てくれという話がありました。それならば、鳴門市長に報告に行くから、そのときでよければということで話が決まりました。

中東特使

――一九七三年に第四次中東戦争が勃発し、その後石油ショックとなります。この年の年末に三木さんは特使として中東八カ国を回ります。三木さんに声がかかったのはなぜだとお考えでしょうか。

岩野　中曾根さんが通産大臣ですから、中曾根さんが行くのが普通でしょうが、どうせこれはうまくいかないということで、中曾根さんは逃げたと思います。三木自身は外務大臣や通産大臣をすでにやっているし、全力投球することによって、再び総裁選に挑戦するチャンスをと心に秘めたのかもしれません。本当に全力投球をしました。アラブだけでは解決できない、アメリカとも話す必要があるということで、アラブから帰国してすぐにアメリカにも行きました。「自分は油乞いに行くのではない。中東の和平に日本がいかに貢献できるかを説明に行くのだ」と決意を話しました。

――三木さんは田中さんに、アラブに行ったときの決定権を自分に与えてくれと要望しています。

岩野　現地での交渉ですから、いちいち日本へ問い合わせをしているようでは交渉力が落ちます。それは当然のことです。

――同行者は平澤さん、大来さん、高橋亘さん、荻野明己《おぎのあけみ》さんです。岩野さんは同行されていません。

岩野　石油特使のときは、私は三木から「ついてこい」と言われました。高橋さんからも「一緒に行ってくれ」と言われました。だけども、選挙区を担当している私としては、ちょうど予算編成の最中で、一番重要なときですから留守にするわけにはいかず、随行できませんでした。帰ってから高橋さんに、「来てくれなかったから苦労した」とさかんに言われました。

――三木さんが中東に行っているときに、電話などで連絡はありましたか。

岩野　いいえ。あの当時電話は大変ですから、事務所などに連絡はありませんでした。マスコミ報道を通じて状況を知りました。

あのとき林《はやし》昂《たかし》さんがサウジ駐在のアラビア石油の常務で通訳をしました。サウジの国王に対する説得の効果が相当あったのではないですか。アラビア語の達人でしたし、サウジからの信頼が厚い人でした。日本が中東の平和と発展への貢献を説明し信頼を得ることに成功したのは、林常務の力が大きかったと思います。日本の中東政策が高く評価されサウジアラビアのファイサル国王の指導で日本は「友好国」に指定されました。またエジプトのサダト大統領一家、サウジのヤマニ石油大臣、イラクの経済大臣との親交が長く続きました。

――それまで関係はあったのですか。

岩野　アラビア石油の創立者である山下太郎さんとは、もともと三木も付き合いがありました。出発前には特に現地に駐在する関係のある方たちと緊密に連絡をとったり、万全の準備を致しました。

――外務省、通産省あたりですね。

岩野　そうですね。

――とりあえず友好国と認めてもらって、混乱はひとまず収まります。中東から帰ってきて、少し休んでまたすぐアメリカへ行きます。

岩野　アメリカにも話をして了解を取らないといけないということで、最初からそういう計画でした。中東から帰ってきて急遽アメリカへ行くと決めたわけではありません。アラブから帰ればアメリカへも行って話をしないといけないと、最初からそういう考えを持っていました。

「阿波戦争」

――一九七四年に参院選がありました。三木さんは後藤田さんが公認候補となった後も、後藤田さんは全国区から出るべきと主張したのでしょうか。

岩野　公認になった後はそういう話はしませんでしたが、結局久次米さんが降りない、やるというから。農協も全面的にバックアップするということになりました。それで週刊誌などが書き立てるように、だんだんと選挙自体がエスカレートしていきました。

――対立のなかで、久次米さんの決起集会に参加する予定だった山本潤造徳島市長が姿を現さず、「蒸発」したと新聞には書かれました。

岩野　あれは東北のほうで植樹祭があり、山本市長はそれに参加しました。植樹祭の帰りにニューオータニに泊まられた。その翌日に久次米さんの決起大会が徳島市の郷土文化会館で予定されていて、どうしても山本市長に出席してもらいたいということで、三木もいろいろと追いかけましたが、結局ダメ。ニューオータニに泊まっているというので、そのときニューオータニに三木も私も泊まり込みました。夫人も泊まり、一生懸命に市長の部屋に内線で電話をかけましたが、応答なし。山本市長はのちに新聞でその夜のことを「夜うるさくて寝られなかった」と話していますが、その電話をかけたのが三木です。といっても、部屋番号は私が回しましたけどね。出るまで一生懸命。とうとう山本市長と連絡がつきませんでした。真相は藪の中です。ただ、市長は方便を使いますから。

――山本さんはホテルにはいたのですか。

岩野 いましたが電話には出なかった。のちの新聞で、やはりホテルにいたことがわかりました。翌朝三木から「お前、すぐ空港へ行って待ち受けろ」と言われて、その頃徳島に行く飛行機便が少ないですから、私は羽田空港へ行って一番の飛行機から待ちましたが、市長は現れませんでした。市長は新幹線で大阪に出ました。そういう経緯があります。それで徳島の久次米さんの決起集会には急遽鯨岡さんを遣りました。

――部屋に直接行かれなかったのですか。

岩野 行かない。電話だけです。まず電話が通じないと始まりませんから。

――山本市長は決起集会と同じ時間に建設省から呼び出しを受けたと、新聞にはあります。

岩野 そうそう、いろいろと圧力がありました。高橋技監かな、電話をかけてきて、いろいろなところへ圧力がいったわけです。それは事実です。

――三木さんが建設省へ問い合わせたら「別の日でもいいです」と言われたようです。

岩野 そう。それはニューオータニと別な話だと思う。それは植樹祭ですよ。帰りにニューオータニに泊まったのは。

――山本さんは、久次米さんの決起集会には出たくなかったのでしょうか。

岩野 武市知事ですら、なかなか表に出ようとしなかったぐらいです。選挙戦に入ってからも知事を宣伝カーに乗せるのに苦労しました。最後の一日だけ乗りましたけど。市長という立場で、何とか中立でいたいという気持ちでしょう。心情的にはあっても。圧力ですよ。市会議員のなかだって両方の陣営がいて割れていますから。久次米陣営としては、山本市長に顔さえ出してもらえればということでした。

――山本市長の件の後で、三木さんが高橋幹夫警察庁長官に、政治活動の自由の保障を求める要請をしています。この要請は、計算のうえでの行動だったのでしょうか。

岩野　そうです。高橋幹夫さんは後藤田さんの後任の警察庁長官です。三木は高橋さんを大臣室に呼びつけて、「こういう状態を放っておいていいのか。元長官に汚点が着くぞ」と言って警告しました。あのとき私は副総理室へ呼ばれて行くと、「高橋長官を呼べ」と指示されて電話で呼びました。高橋さんに会った後で記者会見を行って、高橋長官に徳島の参院選について注意喚起したことを発表しました。三木の作戦がうまかったと思います。マスコミもそれに乗っかってくれましたし。

――三木さんは六月初めに徳島に入って、県内各地で報告会を開きました。

岩野　自分の報告会という形です。私は三木と一緒に回りました。反応も非常に良かったですよ。

――公示後には三木さんは徳島に入りませんでした。

岩野　三木派の幹部からの指令がありました。一切自分たちがやるから、三木さんは足を入れるなということです。それで三木派議員が交代で徳島に行きました。井出さんも最後は徳島に入りました。海部さんは大阪まで行ってさっと逃げてしまいましたが、だいたいの人は来てくれました。

――三木さんは徳島に入る気はなかったのですか。

岩野　三木は表に出られなかった。本当は三木が乗り込んでやれば一番良いので、三木は徳島に帰りたかったのですが、井出さんや皆さんに抑えられました。久次米さんは非公認で出ていますから「絶対に三木さんを帰すな、我々がやるから」と言われました。井出さんをはじめとする三木派の議員は皆さん、三角戦争にしてはいけないという考えでした。選挙後の三木の政治活動を考えた場合に、非公認のところに応援に行くと筋道が立たなくなるということです。三木の代わりに、井出さんを先頭に三木派の国会議員が一生懸命に久次米さんを支援してくれました。

――三木さんぐらいになると、党本部から全国の候補者の応援に行くよう要請されますね。

岩野　何日か割り当てがあります。そのなかでも自分の派閥を中心に、重点選挙区のところを応援に行きます。何日か出せというのは来ます。

――自分の派閥の候補者の選挙区に行きたいという希望を通せるわけですか。

岩野　それは日程のなかに入れられます。ある程度の選択の余地があります。党本部も、この人は三木さんが行ったほうがいいとか、行ってもらうとまずいなというのはわかっていますから、うまく調整します。

――田中首相は五月、六月と徳島に来る熱の入れようでした。

岩野　人を集めてね。結局、それが反感を買いました。力で押しつけようという、それに対する県民の反発が出ました。一九九八年の参院選で娘の高橋紀世子さんが出馬したときも同じ空気になりました。あのときもそういう県民感情がありました。橋本龍太郎さんが二回も応援で徳島に来ました。徳島の県民には、権力でねじ伏せるやり方には立ち向かう県民性があります。久次米選挙は三木の選挙作戦が勝ったということ。上手にマスメディアを味方にしました。後藤田対久次米の戦いにされたら負けていたでしょうね。それを三木は、久次米対官権力の戦いに持ち込んだものですから。田中さんが乗り込んできたから、逆の効果になりました。

――立会演説会で殴り合いになるなど、大荒れでした。

岩野　あれだけ激しい選挙はなかった。我々が徳島で挨拶回りをしても、農協の理事が全部動かない。足を止められてしまっていました。警察が農協の理事を回って、「あなたは今、選挙で要注意人物になっているので気をつけなさいよ」と釘を刺して歩いている。だから理事は久次米さんで動こうにも怖くて選挙運動ができない状態です。そういう圧力をかける。警察庁長官を務めた後藤田さんの威力は強い。これと思われるところは、表面的には全部抑えられていました。そういう選挙でした。

我々は田舎へ行っても、常に周囲に誰もいないか、尾行されていないかと警戒しながら歩いていました。警官も制服でいるわけではなく、どんな格好かわからないでしょう。常に人がいると警察官だと思うぐらいの神経の使い方です。選挙後に東京に帰ってきたら、首が回らなくなっていました。それほど、肉体的にも精神的にもダメージを受けました。

――この選挙では、岩野さんはどう動かれたのですか。

岩野　私は徳島県にずっと張り付いて、徳島市を中心に歩きました。最後は市ですから。各種の団体と、三木の後援会などを細かく歩いていく。戸別訪問ですよ。徹底した戸別訪問。それしかありません。

――三木派の国会議員も徳島に入って久次米さんを応援しました。そういった方々とはお会いしていたのですか。

岩野　いえ、会わない。議員は選挙事務所の日程に従って企業を訪問したり、街頭に出たりします。私は常に単独で一生懸命歩きました。

――南内町《みなみうち》の三木事務所にも寄っていないのですか。

岩野　朝晩は事務所に寄ります。携帯電話が普及していない時代ですから、常に公衆電話などで連絡を取っていました。日中は歩いていました。完全に別行動です。三木の選挙の場合は選挙事務所の日程に乗って動きますが、他人の選挙では手伝いに帰っても、我々はそこの選挙事務所の組織には乗りません。私の独自のルートを歩きます。三木には自分の回った感触を毎日報告します。

――同じ企業や団体に行かないようにしているのですか。

岩野 それは何重になってもいいわけですよ。特に三木に関係の深いところ、私が行ったほうが効果的な組織、団体、企業などがありますから、そういうところは相談せずに、重複しようが何しようが積極的に歩きます。

――衆院選でも参院選でも、選挙のときに三木さんは全国を飛び回りますね。岩野さんは基本的に三木さんについていかれていたのでしょうか。

岩野 ついていくときもあります。場合によっては、大臣在任中は役所の人間についていってもらうこともあります。

――このときの参院選では、岩野さんが徳島に張り付いていらしたとなると、三木さんについたのは役所の人間ですか。

岩野 役所の人間は選挙でもついてくれます。このときは、環境庁の花輪隆昭さんです。選挙の終盤は、三木は東京に陣取って動きませんでした。

――県連は後藤田さんを公認しましたから、県内の他の国会議員は後藤田さんを支援します。三木さんが公認を支援しないとして、県連が党紀委員会にかけようとします。

岩野 だけど、三木は実際に動いていない。おそらくできなかったでしょう。三木が選挙中に実際に徳島に乗り込んで久次米さんを応援していれば、そういうことが具体的に出たでしょうが、それはできない。三木自身が動いていないから。

――マスコミの事前の予想では、後藤田さんが優位でした。

岩野　そうですね。後藤田さんは赤飯を炊いて待っていたと言われていました。自信を持っていたのでしょう。完全に勝てたと思っていたのではないですか。

――岩野さんが市内を中心に回られたときの感触はいかがでしたか。

岩野　歩いた感じでは手応えは感じました。動きを止められている人たちが、我々が行って話をすれば動き出してくれました。農協の理事でもそうです。最後に農協を挙げて燃えました。農協の山瀬博会長も坂東三郎副会長も、久次米さんを当選させるために必死でした。あれだけ燃えた選挙は、農協としては最初で最後でした。

――武市知事が対応に苦慮していました。

岩野　そのときに三木派の鯨岡さんと坂本三十次さんが乗り込んで来て口説いて、久次米さんの選挙カーに乗せました。乗ったのは最後の一日だったと思います。武市知事を街頭車に乗せたことで、久次米さんは勝利できました。

――田中さんが徳島に来たときには、武市さんもマイクを持って後藤田さんを応援していました。心情的には久次米さんを応援したかったのでしょうか。

岩野　三木と武市知事の関係からいえば、久次米さんでないとおかしい。若いときはどちらかというと自由党系でしたが、三木のところに来てからは久次米さんとの関係がより強くなりました。

あのときは確か岡本賢次さんという秘書課長が、さかんにブレーキをかけていましたね。彼は原知事の秘書課長でもありました。それから三河住市《みかわすみいち》という県庁では天皇といわれていた実力者がいました。岡本賢次秘書課長の上司で、原知事時代に秘書課長と出納長、武市知事時代に副知事になっています。

結局役人の立場からすれば、後々のことを考えれば、そういう争いのなかに知事を巻き込ませたくない。そのほうが県政がやりやすいということがあるでしょう。当然のことです。

とにかく、建設省からもすごい圧力、自治省からも徳島県庁に出向したことがある山本悟さんから圧力がかかりました。各市町村にもいろいろな口実をつけて、圧力がかかりました。それは事実です。

――投票直前に田中総理がもう一回、徳島に来るという話がありました。

岩野 おそらく、もう勝ったと思ったのではないですか。郷土文化会館の広場に大変な人を動員して決起集会を開いたでしょう。

――投票の結果、約四万三〇〇〇の差をつけて久次米さんが再選を果たしました。ここまでの票差が開くとお考えでしたか。

岩野 誰しも思わなかったのではないですか。あの激しい選挙戦を見れば、勝っても負けても本当の僅少差と見たでしょう。後藤田さんが当選は間違いないと思ったのも当然です。支援者として票集めに歩かれた方たちでも、確実に勝てたというのは結果論から言うことであって、あの当時はそういう余裕はなかった。本当の死にものぐるいですよ。何としても一票でも多くという心境でした。

選挙運動が終わってから、私は両陣営の選挙事務所の様子を見て回りました。後藤田事務所は、明かりが消えて静か。久次米事務所は、煌煌と明かりがつき、投票日の動員体制の準備をしていました。この差が勝負を決めたと思います。私たちは投票箱が閉鎖されるまでが選挙運動だとがんばりますから。

――久次米さんへの同情票が集まったという分析もあります。

岩野 そうだと思います。権力で押しつけてきた、それに対する農民一揆のようなものですよね、極端に言えば。

あのときは、三木の作戦が功を奏したということです。長い政治家生活で、けんかの仕方が上手だったということでしょう。

三木にとって阿波戦争は自らの政治生命を賭けた戦いです。あの戦争で負ければ政治家として潰されるという、そういう戦いでした。三木は、非公認でも自分が乗り込んで久次米さんを当選させたいという気持ちで一杯でした。ところが、井出さんや松浦さんといった派閥の幹部は、そうすると結局非公認候補を応援して、それこそ三木の選挙後の政治家としての存在がなくなる、自民党から潰される、自分たちが責任をもって徳島の応援をするから、絶対に徳島へ足を踏み入れてくれるなということで、三木は徳島へ入らなかった。その代わりに、東京でできるだけの知恵を絞って戦ったわけです。そういう政治生命をかけた権力闘争でした。三木は翼賛選挙を経験しており、権力との戦い方を熟知していました。

副総理辞任

――参院選後、三木さんは副総理を辞任します。やはり怒り心頭だったのでしょうか。

岩野　そうですね。

――田中邸に行って辞意を伝えた後、辞表を書きます。岩野さんはそれに立ち会われたのですか。

岩野　立ち会っていません。あの日は朝早く高橋亘さんの運転で行きました。

――亘さんは、阿波戦争のときに手伝ったのですか。

岩野　徳島へは空気を嗅ぎに少し入ったかもしれませんが、あまり記憶にありません。家族は近づけなかった。夫人も選挙中には入らなかった。親族が入ると政治的に利用されますから。確かあのときは身内は誰も入らなかったと記憶しています。それほど中央では党内の空気が厳しかったですね。

——福田赳夫さんと保利茂さんも一緒に辞めています。

岩野 結局三木に引きずられた格好でしょう。田中金権選挙への批判でしょう。

——田中政権末期ぐらいから三木さんと福田さんは近づいたのですか。

岩野 そうですね。ただ、福田さんの役人時代にも関係があったようです。福田さんに言わせれば、選挙に出るときに「三木さんから自分のほうから出ないかと誘いを受けた」ということのようです。何かに書いているか、話された記憶があります。福田さんは大蔵官僚で、三木は国会議員ですから、地元のいろいろな予算など陳情がありますから、関係があったと思います。

副総理辞任後に三木事務所で記者会見する三木武夫
〔毎日新聞社提供〕

角福戦争が激しくなってから、三木と福田さんの仲を取り持つ人がおりましたよ。明星電気の高間《たかま》繁《しげる》社長は、福田さんの後援会長もしていたのではないですか。その人などは、しょっちゅう三木との会合をセットしていました。表には出ていませんけど、高間社長が全部三木と福田の仲を取り持ってやっていました。場所は人目のつかない料亭などです。

その前にも、大谷貴義《おおたにたかよし》さんが三木と福田さんとの仲を取り持とうとしていました。新年になると大谷さんが茶会を催し、岸夫妻、佐藤夫妻、池田夫妻、三木夫妻、それに宮澤夫妻も招待されていました。三木も五番町に事務所を移してから三番町の裏千家にも近いということで出席しました。

――早い段階で閣僚を辞める意向でしたか。

岩野　あの戦争に入った段階で、三木はすでに腹をくくっていたのではないですか。あそこで自分の政治家としての勝負を賭けました。

――そうした気迫が伝わってきましたか。

岩野　そうです。そういうものが後々の田中後継に活きてきたのではないですか。選挙中に久次米さんの応援に帰っていれば、椎名さんの裁定も違っていたのではないですか。きちんと党規を守ったところに、私は椎名裁定にもある程度影響があったと思います。

――副総理の辞任で、三木さんは閣僚を三回辞任したことになります。最初は岸さんのときに経済企画庁長官、二回目は総裁選に出るために佐藤さんのときに外務大臣を辞任しました。閣僚を途中で三回辞めた人はなかなかいませんね。

岩野　そうですかね。福田さんもずいぶん辞めていませんか（笑）。きちっと大義名分を立てて辞めています。最初のときの三閣僚辞任は警職法改正の反対です。

――二階堂進さんは、三木さんを引き留めようとしました。

岩野　二階堂さんは改進党系ですし、三木ともかつては悪くなかった。それがだんだんと三木との距離が出てきました。案外、最初は三木のところに来ていた人でも、だんだんと田中さんのほうへ引きずられていきました。結構そういう人が多いですよ。

――毛利松平さんが後任の環境庁長官になりました。

岩野　総裁選挙の前に毛利さんと金丸さんが、一生懸命に三派協定を下準備したでしょう。おそらく、その功績です。あのとき毛利さんも金丸さんといつの間にかよくなった。それまではどちらかというと、毛利さんは早川さんとある程度気脈を通じていたのですが、金丸さんが議運委員長のときに議運の委員でしたから、金丸さんとの関係が深まっていたのでしょう。あのときはよく動いていました。

――閣僚辞任によって非主流派になりましたが、田中政権が末期的な状況になってきて、立花隆さんが田中さんの金脈を批判した論文が『文藝春秋』に出ます。当時この論文をご覧になってどのように思われましたか。

岩野　すでに総裁選挙の頃から、田中さんには外国からの金が来ているという話を新聞記者から聞いていました。やはり本当にそういうことがあるのかなという感じでした。それから、権力を使って資産を作っていることは、皆さんが知っていることですから。年々目白の屋敷も拡張されていました。政界のなかで流れていた話が表に出た、文春が調査して実際に裏づけた、ということでしょう。

――あれが出て支持率がますます下がって、一一月に内閣改造をします。この内閣改造をどのようにご覧になっていましたか。

岩野　最後のあがきという感じで受け取りました。あのときフォード大統領の来日問題があったでしょう。来日前から、フォード大統領が東京を離れたら田中首相は辞任するというのが流れていました。最後のあがきという感じになっていました。

私は今でも忘れない。一〇月下旬だと思う。土成町で後援会の幹部会を開くので、「家族も帰れないだろうし、君代わりに出てくれ」ということで、代わりに後援会の幹部会に出席しました。そのときの挨拶は今でも覚えています。「今度の後継者選びで、三木は間違いなく後継総裁になります。党を救い、国の難局を乗り切り、政治改革を実行して皆様の信頼を回復できる政治家は三木以外におりません。やっと恩返しのときが来ました。それは確信を持って申し上げます」と挨拶をしました。そうすると後援会に参加していた矢野茂文県議が立って、「お前、またそんな嬉しい話をする。糠喜びにならないだろうな」と横から水をさされました。今でも鮮明に覚えていますね。矢野さんはそういう考えではなかった。矢野さんは全国青年団協議会の会長で、やはり数の力に惑わされていたのでしょう。そのときは、私の政局分析では三木総理以外にはこの難局を救える政治家はいない、三木以外では自民党は国民の信頼を回復できない、絶対間違いないという確信を持っていました。

――田中内閣総辞職が近いと読み込まれていたのですか。

岩野　当然で選択の余地はない、過去の政治行動と、そのときに置かれている政治状況と、自民党の状態を見れば三木以外にない、と確信していました。だからそう言い切りました。三木にも相談していないし、何の指示も受けませんでした。それと派閥では毎日朝昼晩と集まって情報交換していますから、そういう会での情報が裏づけになります。

✝第４章　椎名裁定と三木内閣の成立

椎名裁定

――田中総理が金権批判の高まりを受けて辞職します。後継には四人が名乗りをあげます。三木さんは話し合いによる解決を主張しました。

岩野　三木と福田さんは、終始話し合いの立場です。大平さんは公選を主張されたでしょう。中曽根さんは最初から排除されて、結局三人の話し合いになりました。とにかく三木は、どういう形でも話し合いで解決したいということでした。総裁選挙になれば、三木の芽は完全になくなります。三木には話し合い以外に道はありませんでした。

――田中さんが辞意を表明してから、三木さんは野党側と接触していたのですか。

岩野　そういう動きがなかったとは言いません。しかし、そのときに三木には、党を割る気はなかったでしょう。ただ、いろいろな政治的駆け引きの動きとして党内に圧力をかけたと思います。

――とりわけ民社党の佐々木良作《りょうさく》さんとはつながりがあったと言われています。

岩野　仲が良かったですから、いろいろと話はしたと思います。

――実際にやる気はなくても、ブラフとして新党結成の動きを見せなかったのですか。

岩野　そう受け取られるような動きしたことは事実で、それがバルカンと言われる所以でしょうね。周囲の人間はさかんに言ったかもしれない。例えば、批評家的な國弘さんとか、我々とかね。そういうのが、いかにも三木が真剣に考えているかのように伝わっていったと思います。今でこそ政党助成金があるから、簡単にみなさん政党を割るでしょう。当時は、簡単なものではありません。三木も、「政党なんてそう簡単にできるものではない」とさかんに話していました。

本当に長い間小党で苦労して戦って、やっと総理の座を狙える政党の議員になりました。だから三木自身は党を割る考えはなかったと私は思っています。ただ、周囲の人間や、寄ってきている新聞記者などは、「三木さんは党を割るのではないか。新党を作るのではないか」ということを流しました。三木は、自民党のなかで何とか政権を取りたいということで、あらゆる知恵を絞って動いたと私は思います。やはり、一つの政党を立ち上げるとなると何十億という金がかかるわけですから、そう簡単にはできない。小党で苦労して、ようやく政権を取れる政党になった、そこまでたどり着きました。

――当時公選にするか話し合いかというなかで、公選になった場合には三木さんは公選の党大会をボイコットするつもりだったのでしょうか。

岩野　そういうことではなく、あくまでも三木と福田さんは話し合いを主張しました。ボイコットするまでの、強烈な対立ではないと思います。あのときは、椎名さんご自身が色気を持っていて、話し合いで進めてまとまらなければ自分に来るだろうという読みがあったのでしょう。だから椎名さん自身も話し合いで終始頑張っていました。中曾根さんは進行役で発言権がなく、大平さんや田中さんも党を二分してまで公選という考えではなかったでしょう。福田さんも当然そうです。

――田中派の動きを当時どのようにご覧になっていましたか。

岩野　あのときは田中さんが原因で自民党が危機におちて混乱しているので動けなかったでしょう。田中さんとしては福田さんには持って行きたくないでしょうから、結局持って行くとすれば大平さんしかない。大平さんにするためには公選以外にない。話し合いになれば大平さんには来ないという頭があったのでしょうが、表だっては動けませんでした。

――各派がいろいろな情報合戦をしますね。

岩野　それはいろいろとありました、情報合戦は。

――三木派の会合はやはり番町会館で開かれていましたか。

岩野　そうです。番町会館で情報交換をしていました。他の人と会う場合はホテルへ行ったり、料亭に行ったりしますけれども。それ以外の派内の会合は番町会館です。

――岩野さんも出られて、情勢を判断していたのですか。

岩野　情勢判断。我々はそれに口出ししませんけど、番町会館の集まりには常に出席していろいろと話を聞いております。

――具体的にどこかに行かれるようなことはありましたか。

岩野　いえ、我々は動けない。議員さん以外は動く余地がない。政局のときは議員さんが中心でしょう。議員同士での情報交換と動きですから。総裁公選ならば、例えば代議員などの他の問題があるから、地元の県会議員に発破をかけたりします。一応事務的な準備は始めておりました。

――南平台の自宅にも行かれて、三木さんと話し込むことはありましたか。

岩野　ありますよ。我々が聞いた情報を、こういう情報がありますよと三木に入れます。やはりいろいろとマスコミからも情報が入ってくるし、三木派の秘書仲間からもこういう情報を聞いたと入ってきます。我々は議員会館にいないものですから、他の派閥の動きがわからない。議員会館では派閥を越えた秘書の交流があり、そういう動きが多少わかります。そういう情報を聞き、教えてもらいます。

――椎名さんは、前尾、灘尾、保利といった長老を後継にする考えもあったようです。

岩野　私は、それはなかったと思います。それではあの政局は収まらない状況でした。そういう悠長な段階ではないから、それはありえなかった。前尾さんには大平さん、田中さんが反対し、灘尾さんにすれば、椎名さんが自身の芽を自分で摘むことになります。

――マスコミ関係者もいろいろと入り乱れていました。

岩野　それはもうマスコミを使って情報合戦もします。そのときは各記者も派閥意識を持っていましたから。こういう見出しが出るよとか言ってきます。

――最も関与したのは、『椎名裁定』を書いたサンケイ新聞の藤田義郎さんでしょうか。

岩野　藤田さんは椎名さんと非常に良かった方ですが、もともとは岸さんのところに出入りしていました。台湾ロビーでしょう。それで椎名派に出入りして椎名さんと親しくなり、椎名さんの寝室まで出入りすることを許されていたと言われていました。三木派も担当して出入りしていました。ただ、藤田さんが親しく三木のところに出入りしたのは、椎名裁定の始まる頃からです。三木と椎名さんの間に立って走り使いをしていました。椎名裁定の頃は、情報を持ってくると同時に、三木の動きを探る。それを椎名さんに流しています。それを十分承知のうえで三木も対応していました。

――椎名さんが後継を指名するまでの経緯は、藤田さんが書いた内容でよろしいのでしょうか。

岩野　大筋としてはいいと思いますけど、やはりどうしても書く人が自分がいいように書きますからね。椎名さんが本当にあそこまで藤田さんを信用したかどうかは、私もわかりません。

椎名さんの女婿に堀川吉則さんという読売新聞の政治部の記者がいました。のちに読売ジャイアンツの社長になった人です。それなのに、全部を藤田さんが取り仕切ったのかという疑問があります。堀川さんも三木事務所に出入りしていました。堀川さんはおとなしい人でした。

――堀川さんも藤田さんのような動きをしていたのですか。

岩野　わかりません。ただ、普通ならばそういう関係者がいるから、一枚噛むはずです。それから、椎名さんの秘書に、サンケイ出身の岩瀬繁さんがいました。かつて記者時代に彼も三木派を担当していました。我々もよく知っています。

――藤田さんは椎名さんの意向として、それなりの情報を持ってくるわけですね。

岩野　持ってきます。悪く言えば、餌を持ってきて、どういう情報があるかを探るわけでしょうね。それが椎名さんに伝わる。それでまた椎名さんも次の行動を起こすでしょうし。だからお互いに仲介を通して腹を探り合っています。

――藤田さんの『椎名裁定』には、椎名さんが三木さんに決めてから、藤田さんに裁定文の原稿を頼み、藤田さんが三木さんと相談する場面がありますね。

岩野　そうですか。ただ、三木は裁定文についても平澤さんには相談していると思います。

――藤田さんは、三木さんが裁定文を全然書けず、自分が書いて三木さんと相談したとしています。

岩野　そうではないですよ。堀川さんと岩瀬さんもいましたし、果たして藤田さんが全部を書いたのかということに対しては、私は疑問を抱いています。藤田さんが椎名さんの案文を持って来て、三木は平澤さんに意見を聞いて自分の文章に直し、藤田さんを通じて「これでどうだろう」と椎名さんに返していると思います。三木がある部分に手を加えたかもしれません。そういう経緯はあるでしょう。椎名さんが三木に裁定文を書けということはありえない。二人の名誉にかけて断言しておきます。

——「政界の最長老」の「最」の部分を削ったりと、最後に椎名さんが手を入れたようです。

岩野 そう、それは当然のことです。

——実際に原稿をご覧になっていますか。

岩野 見ていません。

——誰かと会うために南平台の自宅を活用したのですか。

岩野 活用しました。自宅で秘密に人と面会するときは、三木と同じ敷地内に高橋亘さんの住まいがありまして、裏側の道路からも出入りできますのでその入口を利用して高橋家に案内する。椎名裁定が出る前に大平さんが来たときもそうでした。

もう今だから言ってもいいですけど、会う相手によってはニューオータニをよく使いました。役人や学者の意見を聞いたりします。ニューオータニの開業以来、私の名前で借りて鍵をもらっていました。最初は信用されないものだから、身分を明かします。三木はそれを知りません。若造ですから私の個人の名前では信用されません。フロントに行って、予約して鍵を貸せと言うわけでしょう(笑)。

ニューオータニは駐車場から直接エレベーターに乗って部屋に入れます。そのうえ何カ所も出入口があるから、人目に触れずに部屋に出入りできます。先方に部屋番号と時間だけ言っておけばいい。我々が先に行って開けて待っている場合もあります。私は開けたらすぐにいなくなります。それで後で、三木から鍵を受け取って精算に行きます。

三木が私たちに秘密でホテルを予約することもありました。いつの日か、事務所の三木の部屋で夫人と打ち合わせをしていると三木が入ってきて、夫人に「手配したか」と聞きましたので、つい私が「手配しました」と返事をしてしまいました。三木は夫人に「君に直接手配するよう言ったよ」と言うと、夫人が「いつも岩野さんが手配しているので、つい頼みました」と言って平謝りすることがありました。三木がどういう目的で利用したのかはわかりません。

――椎名裁定のときに、三木さんはどういう人と会っていましたか。

岩野　政界ばかりではなく、いろいろな人の話も聞いています。政局に対する話も聞きます。三木のブレーンと言われる人とは、本当に信頼できる人には連絡をとっています。あのときに一番信頼していたのは、福島さんと平澤さんです。この二人は一番信頼されています。それに経済が絡んでくると大来さんを非常に信頼していました。

――椎名さんが裁定を明らかにしたのは一二月一日でしたが、その前日に裁定の内容は決まっていました。事前に裁定の内容をご存じでしたか。

岩野　そういう方向で行っているのはわかっていました。

――方々にだいぶ洩れていたようです。

岩野　おそらく藤田さんは椎名さんからそういう情報を得ていたと思います。椎名さんは老獪ですから、意識的に情報を漏らし、各派閥がどういう反応をするか、そして党内の空気を自分の方向に醸成していくこともやりかねません。

――党三役は全く相談がないと非常に反発しました。

岩野　全部排除しましたから。

――実際に椎名さんから三木さんにするという裁定の内容が明らかにされるまで、三木さんはどういう様子でしたか。

岩野　三木の人相が変わってきました。いろいろな情報を派の先生方も持ち込んできましたからね。宣伝合戦も入ってきます。意識的に違う方向の情報を流す人も出ます。そういうのを掴んで持ってくる人もいるでしょう。情報が錯綜します。なかには右往左往する人もいます。三木はどんな情報でも真剣に聞いていていました。

――椎名裁定について、どのように受け止められましたか。

岩野　大変なことになったと思いました。現実となると、やはり責任の重みをじりじりと感じ出しました。大変な時局だと覚悟していましても、いざ総理大臣ということになると、大変な環境です。

――三木さんは、自分が指名を受けた背後には佐藤栄作さんがいたと語っていたようです。安西さんとの関係のことでしょうか。

岩野　前にもお話ししたように、昭和電工の安西正夫社長の満江夫人が三木夫人の姉で、長男に正田家から次女が嫁いできており、正夫さんの兄の安西浩東京ガス社長の娘が佐藤栄作さんの次男の信二さんに嫁いでいます。そういう関係です。安西浩さんが、佐藤さんを説得したというか、佐藤さんに連絡をしたことは間違いないと思います。佐藤さんの線。それ以外にはありえません。ただ、具体的に佐藤さんがどのようなことをしたのかはわかりません。

佐藤さんは、裁定に反対しなかったでしょう。岸さんも表面は反対と言っても、徹底的には抵抗していません。普通ならば、岸さん、佐藤さんは福田さんと言うはずです。福田さんが三木に反対しなかったことには、佐藤さんの意向が働いています。佐藤さんの息のかかった福田さんは、抵抗できなかったということです。そういう意味での安西さんの働きはあったのでしょう。

もうひとつ、三木本人に聞いたわけではありませんが、話し合いでいけば岸さんや佐藤さんは、過去の三木への恩を多少感じてくれて、話し合いによって後継を決めることに反対はしないだろうという気持ちがあったと思います。少なくとも私はそのように見ておりました。奇しくも三木幹事長で石橋さんの後継者に岸さんを決め、池田さんの後継者に佐藤さんを決めた。だから、二人とも三木に反対はしない。それは間違いなくあったと思います。椎名裁定で二人に反対されていたら、まとまったかどうかわからないでしょうね。だから反対はしなかったということ。こういうふうにしたいといったときには。結局岸さん、佐藤さんが反対しなければ、田中さんも表だって反対できませんから。椎名さんは、岸さんと佐藤さんに期待したのではないでしょうか。

――裁定前に三木さんは佐藤さんと会ったのですか。

岩野　直接会っていないと思います。安西さんがいろいろと動いたことは事実です。ただ、三木本人が電話したとか、そういうことはしていません。

自民党役員人事

――自民党内には反対もありましたが、三木さんが後継総裁に決まります。総裁に決まって、党役員の人事に着手しますね。まず椎名副総裁の留任を決めます。

岩野　これは文句なしに最初から。裁定が出たときにそういう大枠は決まっていたでしょう。

――中曾根さんを幹事長に据えます。

岩野　これについては、いろいろと新聞記者から私のところに情報が入ってきました。中曾根さんは問題を抱えすぎている、幹事長にするべきではない。そういう情報が入ってきました。

――問題というのは、お金絡みですか。

岩野　そうです。おそらく要点は、田中さんが勝った総裁選挙に絡むお金の問題。党の総務会でいろいろと問題となりました。そのスキャンダルではなかったかと思います。「出てくるよ」ということで、いろいろと情報が入りましたけど、三木はそれを取り合わなかった。「この記者からこういう話が来ましたよ」と、記者の名前を明かして話しましたけど、全然取り合おうとしなかったですよ。椎名副総裁、中曾根幹事長は話し合いの過程で内定していたのではないでしょうか。

――中曾根さんは児玉誉士夫《こだまよしお》とも非常に近い関係ですね。

岩野　それは昔から非常に。河野一郎さんの時代からの関係ですし。あのときに児玉の事務所の人間が中曾根事務所に秘書でいました。そういうこともありました。

――それまでは自派閥から幹事長を出すことが多かったですね。

岩野　三木は党の改革、近代化が頭にありました。それともうひとつは、アメリカ的なスタイルが頭にあったと思います。組閣に関してもそうです。今ひとつは若返りです。全体を若返りしていきたいということです。

――何があっても中曾根さんを幹事長にするつもりだったのですか。

岩野　そうですね。椎名裁定のなかで五人の人事の大枠は決まっていたのではないでしょうか。

――総務会長が灘尾弘吉さん、政調会長が松野頼三《らいぞう》さんになります。椎名さんは灘尾さんを三役に入れるよう三木さんに求めたようです。

岩野　椎名さんと灘尾さんは、非常に関係が良かったですからね。それに三閣僚辞任のあたりから、三木は灘尾さんと良い関係になりました。三木は灘尾さんを高く買っていました。推されたからそのままということではなくて、灘尾さんを三木自身が非常に評価していました。灘尾さんは石井派です。総裁選挙のたびに、三木は灘尾さんの家に足を運んだりしていました。三閣僚辞任以来、尊敬し、信頼していました。

――松野頼三さんは三木内閣で活躍します。内閣発足の段階で深い付き合いがありましたか。

岩野　ええ、ありました。お父さんの鶴平《つるへい》さんもよく知っていますし。鶴平さん時代から付き合いがあるし、夫人も頼三さんとは子ども時代からの知り合いでした。松野さんは吉田さんの秘書でしたけど、非常によく知っていました。時々遊説で、汽車の中で一緒になったこともあります。非常に親しく話をしていました。

松野さんはとにかくすごいですよ。娘が塚田十一郎《といちろう》さんの息子の徹さんと結婚しています。塚田徹さんは国会にも出ていましたが、三木内閣の頃は落選中でした。私が地元の予算の陳情するために政調会長のところに行って待機していました。前の新潟の陳情を受けているのを待っていて、横で聞いていました。「ここで息子を当選させると約束しろ、そうしたらこれを必ずしてやる。即答しろ」。松野さんのような政治家を初めて見ました。表面の顔とは全く違います。三木派にはああいう国会議員はいません。差しではない。私が徳島の人間を連れて行って待っている前でやりますからね。びっくりしましたよ。新潟の人は返事できないですよ。応援しろではなくて、当選させると約束しろですよ。すごいなと思いました。

例えば、宮澤さんとは違います。ついでに話しますと、宮澤さんが中曾根内閣で総務会長のときに同和問題の法律改正問題があって、宮澤さんに約束をとって、徳島の代表を案内したことがありました。約束の時間より早く着いたから、「待たせてもらいます」と総務会長の秘書室に行って待っていると、宮澤さんがいきなり出てきて、「君に予定を狂わされてしまった」と怒り出した。予定より早く総務会長室に着いて、それで予定を狂わされたって。約束の時間まで出てこなくていいわけですよ。「待っていますから」と言っているのに（笑）。そういう言い方をする人でした。官僚出身の政治家はまた違うなと思ってびっくりしました。

大平さんはまた別でしたね。首脳会談やサミットのときに特別にチャーターした飛行機に乗って行くでしょう。宮澤さんは往復とも一緒でしたが、大平さんはこれに同乗しません。私は大平さんの娘婿の森田一さんとは親しくしていましたが、大平さんには頭を下げる程度です。あまり話をしたこともありませんが、代理で会合に出席して大平さんが幹事長のときです。会場に入って見かけると、「お、元気でいるか」とポンと肩を叩きます。宮澤さんと同じ官僚出身でも人間がこんなにも違うのかと驚きましたよ。宮澤さんと大平さんは対照的ですね。何回かは一緒に顔を合わせていますけれども、そんなに親しく話すわけでもない。宮澤さんは飛行機で往復全部一緒で、話もしていますから、「秘書さんは大変ですな」とか言ってお世辞をさかんに使うわけです。そういう顔はするけど、内面は全然違いました。

閣僚人事

――組閣について伺います。

岩野　首班指名は一二月九日でした。ホテルオークラに七日の晩に泊まりました。ホテルオークラは常には利用しません。特別な場合だけです。泊まり込んで、各省の事務次官経験者、現職の事務次官と会いました。その後で学者グループと会いました。内田忠夫さん、小宮隆太郎《りゅうたろう》さん、それから正村公宏さん。呼んでいろいろと話を聞きました。ホテルオークラに泊まる前は、高輪プリンスホテルで何回かに分けて財界関係に会っています。最後に首班指名の前に泊まって組閣の構想を練りました。

ホテルオークラのツインの部屋で、私と高橋亘さんが隣の部屋で泊まって、三木がその先の部屋で泊まりました。遅くまで一生懸命に、ちゃんと組閣名簿の用紙が何枚もコピーされてきている。そこへ全部名前が書き込まれていました。時々お茶を持って行って、どういう人の名前が出ているかを覗くわけ（笑）。三木はぽっと隠しますけどね。チラチラと、時々お茶を持って行って見ます（笑）。

首班指名の前日の夜、椎名夫妻を招待して夕食会を催しました。三木夫人は盲腸で入院中でしたが、病室をこっそりと抜け出してきました。そこで組閣構想を椎名さんに見せたのでしょう。そのときの構想では、海部官房長官、海部さんの推薦で西岡武夫官房副長官です。他に三木派からは石田博英さんが労働大臣。河本さんと井出さんは組閣名簿に入っていません。それを椎名さんが新聞記者に漏らしました。

1974年12月9日の衆議院本会議で首班に指名された三木武夫
〔共同通信社提供〕

そうすると、翌日の早朝、南平台へ井出さんと河本さんが乗り込んできて、完全にひっくり返りました。井出さんが官房長官、河本さんが通産大臣になりました。海部さんの官房長官がなくなって、西岡さんの官房副長官もなくなったでしょう。それが、西岡さんの新自由クラブへの参加につながったと思います。西岡さんの反発はそのときから残っているのだろうと私は推測しています。それまでは、西岡さんも組閣に積極的に協力していました。三木は当初文部大臣に都留重人さんを据えようとしました。都留さんの文部大臣が消えたときに、逆に西岡さんが「永井道雄さんはどうだろう」と名前を出しました。西岡さんは文教関係で党の部会や委員会で活躍していましたからね。

――三木さんは都留重人さんを文部大臣にしようとしたのですか。

岩野　そうです。都留さんには実際に文部大臣就任を打診しましたが、都留さんから断られました。それで、西岡さんも名前をあげた永井さんに文部大臣への就任を持ちかけました。ただ、三木は当初は永井さんを秘書官にして、アメリカの報道官的な構想を抱いていました。しかし、永井さんは秘書官就任を断って成功しませんでした。

――永井さんは、秘書官は断りましたが、大臣については二つ返事で受けたのでしょうか。

岩野　そうですね。私たち事務所内では、秘書官を断って大臣を取ったと言っていました。

――ポストは初めから文部でしたか。

岩野　これは最初からです。永井さんに秘書官を断られた後に、文部大臣への就任を持ちかけました。

――当初の三木さんの構想では、井出さんと河本さんが外れていたわけですね。

岩野　井出さんは、これまでの三木派の功労者だというプライドを持っておられました。それを無視されたということでした。河本さんはそれまで二足のわらじを履いていました。派の活動に対しては熱心ではありませんでしたが、三木内閣で入閣を強く希望していました。

――海部さんを官房長官にしたかったのですか。

岩野　そうです。組閣のひとつの目玉にしたかった。弁は立つし、ずっと国対・議運をやってきていますから、国会運営に明るくて野党とのパイプもあります。国会運営とスポークスマンとして適任と考えたと思います。海部さんに限らず、三木は全体的に年功序列ではなく、若手の起用を考えました。

――井出さんを他の大臣にするのは難しかったのでしょうか。

岩野　三木は、井出さんに派を守ってもらいたい、留守を託すのは井出さんしかいないと考えていたようです。海部官房長官という構想が崩れると、逆に重量級の官房長官として井出さんを登用して、相談役にしたと思います。

――石田博英さんの労働大臣についてはいかがですか。

岩野　石田さんは、その頃はそれほど三木派にべったりの関係ではありませんでした。ただ、三木が初出馬のときに石田さんに選挙の応援を受けていたということがあります。また、石橋内閣の官房長官としての手腕、労働大臣として三井三池炭鉱の労使問題を解決した実績から、三木は国鉄のスト権ストを託したかったと思います。しかし、その構想も崩れて、石田さんを幹事長代理に登用しました。

三木内閣の記念撮影

――三木派以外ですと、まず福田さんが副総理兼経企庁長官になります。

岩野　順当ですね。福田さんは裁定にさっと応じてくれました。あそこで福田さんが最後までごねればそう簡単にいかなかったですよ。党本部で椎名裁定の会談中、二日目だったと思いますが、三木と福田さんが別室で長時間会談しました。この会談で椎名裁定は事実上決まったと私は思っていますが、そのときに人事の話もしています。

——大平さんが大蔵大臣になりました。

岩野　国民の自民党に対する厳しい不信感のなかでの組閣です。挙党一致で信頼回復の体制をいかに作るかということです。

——外務大臣は宮澤喜一さんです。当初、椎名さんが元外交官だった武内龍次さんを外務大臣にするよう求めていて、三木さんも了承したようです。

岩野　そうですか。それは、私は知りません。私は宮澤さんを三木が買っていたと思います。

——初入閣が何人かいます。衆議院ですと当選五、六回の議員です。

岩野　安倍晋太郎《しんたろう》さんも初入閣です。安倍さんも最初から三木のリストに入っていました。あの当時、安倍さんはそれほど評価を受けていませんでした。その前にお父さんの安倍寛《かん》さんの墓参りに行ったことがあります。高村坂彦《こうむらさかひこ》さんの選挙応援に行った折です。懐かしく安倍寛さんとの思い出話をしていました。夫人も安倍寛さんが三木家に来訪していたことを話してくれたことがあります。それに晋太郎さんも学生時代に森家の縁者の堀振《しん》さんと同級生で、三木家に出入りがあったと聞いています。竹下さんは、おそらく海部さんとの国対議運族としての強い結びつきがあったのでしょう。竹下さんについては、田中さんからもあまりいい評価を聞いていなかったはずです。

——参議院から木村睦男《むつお》さん、植木光教《みつのり》さんの二人が入閣します。参議院側から推薦ですか。

岩野　そうだと思います。参議院側の意向を尊重します。参議院では、三木は鳩山威一郎《いいちろう》さんの名前を最初にあげていました。

――鳩山さんも一郎さんの関係ですか。

岩野　そうそう。やはり鳩山政権です。日本民主党のときに三木が二回目の入閣し、運輸大臣を務めています。それと森家と鳩山家の非常に深い関係がありますからね。夫人がさかんに話しているような深い関係があります。

――鳩山さんは一九七四年の参院選で当選したばかりで、参議院側からの反発を受けて入閣を見送ったのですか。

岩野　あのときは、重宗体制のときほどは参議院の要求は強くありません。重宗体制のときは、参議院の言うことを一〇〇パーセント聞かないと、国会運営ができませんでした。というのは、総裁選挙になると参議院がキャスティングボートを握っていました。重宗さんが一本にまとめていたものですから。そういう意味で力が非常に強かったのですが、河野謙三さんが議長になってからは、昔のような厳しい要求はなくなってきていました。河野議長は、参議院は大臣を出すべきではないというのが持論でしたからね。河野さん自身も大臣になっていません。

――小派閥の石井派から長谷川峻《たかし》さんと坂田道太《みちた》さんの二人をとりました。

岩野　坂田さんも三木は買っていました。宮澤さんや坂田さんは、政策通ということと、考え方がリベラルという意味で三木好みの政治家ですね。

――坂田さんは防衛庁長官になりましたが、当初は坂田さんが法務大臣で、防衛庁長官は稲葉修さんが予定されていました。それが党内から反発が出て入れ替わりました。

岩野　そこはどうだったか、私は記憶にありません。おそらく組閣本部でのやりくりでしょう。

――各派閥から閣僚をとりました。

岩野　円滑な党運営のためには、あのときはそうせざるをえないでしょう。

——三木さんは、当初は派閥にとらわれずに人でとると就任時の記者会見では言っていました。

岩野　現実問題として、そうはいきません。あの当時の組閣本部は、一つ一つ話し合いでやっています。後々の党内運営を考えればバランスを保たざるをえない。そのなかでいかに三木カラーを出すかということだったと思います。それも最初の構想からすれば相当崩れていきました。

——閣僚になると見られながら、就けなかった人がいますね。一人は河野洋平さん。河野さんを入閣させる腹づもりだったのですか。

岩野　それはできないでしょう。あのときの中曾根派の事情からいっても。中曾根幹事長で組閣本部にいましたから。

——宇都宮徳馬《とくま》さんと田中伊三次《いさじ》さんも入閣していません。

岩野　徳馬さんは入閣できなかったことで次第に離れていきました。三木は何とかしたかったのでしょうが。あのときに、田中伊三次さんと宇都宮徳馬さんは不満があったでしょう。田中伊三次さんは石井派から三木派に移る方です。

——先ほど椎名さんに構想を示してリークされたとありました。椎名さんがリークしたのはなぜだとお考えですか。

岩野　あまり突飛なことをやってもらいたくないという気持ちが椎名さんにあったのではないですか。椎名さんが三木政権の重しであろうと、総総分離くらいの気持ちだったのかもしれません。

——組閣にあたって内閣調査室あたりとやりとりはありましたか。

岩野　いえ、三木のときは直接にはありません。川島廣守《ひろもり》官房副長官が前の内閣から引き継いだでしょう。内務官僚ですから、その線では調べていると思います。

――警察はスキャンダルがないかをチェックしてないのですか。

岩野　直接はやらないです。やはり事務方がやります。

――田中内閣の官房副長官だった川島さんを替える考えはなかったのですか。

岩野　あのとき、事務は経験が必要でしょう。経験が必要なのと、川島さんは中央大学ＯＢで、海部さんとの関係があったと思います。

――通常ですと政務次官も一緒に替える場合が多いのですが、三木内閣では、一年後の一九七五年の終わりに政務次官を替えています。

岩野　田中政権が改造してまもなく辞任したでしょう。そういう関係もあるからではないのかな。普通は同時ですよね。

組閣を終えて事務所に帰って一息を入れたところに、三木から電話がありました。三木の一声は「孤独だ」という言葉でした。

秘書官と秘書

――次は秘書官について伺います。まず秘書官と秘書の違いをお話しいただけますか。

岩野　大臣の秘書になれば秘書官になるわけです。だから、大臣秘書官には総理大臣から辞令が出て、総理大臣が任命した形になります。大臣が所管する役所に所属します。議員秘書は議員の申請で国会へ登録すれば公設秘書の登録ができます。

――大臣が辞めれば秘書官もそれまでですか。

岩野　それまでです。それだけの差ですね。

――どちらも特別職の公務員ではありますね。

岩野　そうです。特別職ですね。

――このときの首席秘書官は竹内潔さんでした。

岩野　首席というのは政務秘書官という意味です。だいたい政務が首席です。あとは役所から外務、大蔵、警察、通産と、秘書官は全部で五つの枠があります。皆さん、役所からとっています。役所から来たのは秘書官事務取扱という名前。書類上からいけば政務だけが正式の秘書官。秘書官と言っていますけど、役所から来たのは事務取扱。仕分けとしてはそういうことになります。

――政務の秘書官は、業務内容自体は秘書と変わらないわけですか。

岩野　そうです。議員秘書からなった者は、選挙区も担当します。秘書業務に専念します。業務としては、議員秘書と同じです。大臣の秘書官ということで名前が変わります。第一秘書から秘書官になると、給料は下がるのではないですか。

――外務から北村汎《ひろし》さん。大蔵から窪田弘さん。警察から三島健二郎さん。役所から来る秘書官の選定に、三木さんの意向を反映できるのですか。

岩野　役所が推薦してきます。一応面接はします。だけどそれは断わりません。総理秘書官でも大臣秘書官でも、役所から秘書官として推薦されてくるのは、主流に乗っている人が来ます。総理秘書官は特にそうです。役所とのパイプ役になりますから、一応主流。秘書官になった人は局長には間違いなくなります。局長にならなかった人はいないのではないですか。ならなくても局長級審議官などにはなるでしょう。優秀な人を推薦してきます。

――秘書官は官邸に行くわけですか。

岩野　そう。官邸にデスクがあります。職務については、秘書官の皆さんが分担を決めます。職務分担はしています。三木への同行はだいたい交代でやっています。

見ているとおもしろいですよ。日程の調整役を奪い合うわけです（笑）。誰が日程を担当するかで奪い合いになります。三木内閣の場合は、だいたい調整役を窪田さんがやっていました。縦割りのライバル意識が非常に強い。できるだけ総理の周囲を握ることによって、役所に対する自分の立場が良くなるのでしょう。だから我々は、役所の秘書官に話さずにこっそりと役人を公邸の中につれこんだりしました。他人に知られないように総理に会わせました。

――高橋亘さんも官邸に行かれましたか。

岩野　官邸に机を置いていました。

――亘さんは、最初は私設秘書ですね。

岩野　私設秘書です。

――岩野さんは五番町の事務所ですか。

岩野　五番町のほうが中心です。仕事上、官邸と五番町の事務所を行ったり来たりしていました。

――岩野さんは秘書官と職務を一緒になさることもあったのでしょうか。

岩野　全く別行動のときもあるし、行動を共にすることもあります。そのときの状況によります。

――先ほど言われたように、永井道雄さんを首席秘書官にしようとしたわけですか。

岩野　永井さんから断られて、その次に福島慎太郎さんを通じて内田健三さんに打診しましたが、断られました。内田さんからも断られました。終わった後は共同通信に戻れるという条件をつけましたが、断られました。

それで、竹内潔さんがそのときに軍恩連盟全国連合会をバックに参議院選挙に出馬する準備をしていて、野呂恭一さんが何か肩書きをつけてくれませんかということで、竹内さんを秘書官にしました。野呂さんから私は「岩野君、我慢してくれよ。竹内を選挙に出すから」と、そこまで言われました。私は秘書官になる気はありませんでした。表には出ずに裏方で一生過ごそうと思っていましたから。官邸の組閣本部に行ったときに、一つ秘書官の席が空いていると話が出ました。それは役所の枠だと、役所のほうが断りました。

――マスコミ関係の秘書が欲しいということで、中村慶一郎さんに白羽の矢を立てたのですか。

岩野　渡邊恒雄さんが推薦してきました。その前からマスコミ担当を求めていました。最初に三木は、逓信大臣に就任したときに毎日新聞社の篠原與四郎さんを大臣秘書官に登用しています。その後毎日新聞の小池唯夫さんに目をつけて秘書になるよう打診しましたが、断られた。外務大臣のときに荻野明己さんがサンケイの記者で霞クラブ（外務省記者クラブ）にいて、選挙に出たいと売り込んできまして、それで荻野さんをマスコミ担当ということで秘書に採用しました。

三木が総理となることが決まったときに、荻野さんは総理秘書官になりたいと三木に直談判しましたが、三木は受け入れませんでした。それで、荻野さんは事務所を辞める意向を示しました。ただ、私はすでに三木から「荻野は官房長官の秘書官に考えている」と聞いていて、それを伝えると荻野さんは辞意を撤回しました。官房長官はマスコミ関係の要になるでしょう。そういうことで、三木は荻野さんを官房長官の秘書官に考えていました。

――中村慶一郎さんは、三木内閣ができて何日か経ってから呼ばれたと書いています。

岩野　中村さんはそれまでずっと三木派担当でした。三木のほうからは別に打診していません。小池唯夫さんには声をかけましたが、中村さんには声をかけなかった。他にも自薦の人はずいぶんいました。それは全部断りました。

中村さんは私設秘書です。途中で第二秘書にかえました。最後一週間ぐらい秘書官になったでしょう。渡邊恒雄さんの立場上、約束したのかどうか知らないけど、ずいぶん「秘書官にすると言ったのに」とか何とかいろいろと話が出ていました。

――渡邊恒雄さんの意図は、どこにあるのでしょうか。

岩野　よくわかりません。あの人はそういう動きをする方ですから（笑）。三木派担当だった明大出身の平林俊夫さんという記者がいて、渡邊さんの直系だと言って、三木のところに来ていました。新聞社を辞めて松本から選挙に出たりしました。最後はどこかの出版社へ渡邊さんが世話をしたと聞きました。渡邊さんはなかなか面倒見が良い方のようです。中村さんも渡邊さんの直系と言われていたようです。

――特定の商業紙の人間をとるということに対して、抵抗はないのですか。

岩野　その道の人でないと、なかなかマスコミ対策はできないでしょう。マスコミ対策ということで、何とかそういう人を求めていたわけです。

新聞記者をとるのがはやりだしたのは、池田さんあたりですかね。池田さんが伊藤昌哉《まさや》さんを西日本新聞から採用したのが最初でしょうね。その頃からだんだんと増えていきました。佐藤さんの楠田《くすだ》實《みのる》さんもそうですね。椎名さん、藤山さん、岸さんのところもそうでしょう。普通の秘書ではマスコミの対策がなかなかできない。秘書対記者の付き合いはあっても、記者仲間出身の秘書とは違いますからね。

†第５章　三木総理の奮闘

所信表明演説

――内閣ができて、まず所信表明演説を行います。

岩野　各役所から原稿が上がってきます。こういうのを入れてくれと各役所が出し、それを内閣官房室でまとめて、下書きを作ります。三木の場合はそれを最終的に自分の文章に変えていきます。

――三木さんはだいぶ手を入れていますね。

岩野　自分の文章に書き換えます。これは国会答弁から何から全部自分で目を通します。それで手を加えて、自分の言葉にします。非常にこまめにです。無論、平澤さんが重要な役割を演じていますが。

――役所から出させるにあたって、自分はこういうことを考えていると、三木さんのほうから言うことはないのでしょうか。

岩野　例えばあのときは、独禁法の問題を三木は就任前から考えていましたから、そういう意味でこういうのを入れるという指示をしています。

独禁法ですと総務庁に秘書官を通じて指示します。その前に各省の事務次官に会っていますから、そこで自分の考え方を述べてあります。事務次官は「今度の総理はこういう考えを持っているよ」というのを流しているでしょう。

――事務次官に会った狙いのひとつには、そういうことがあったのですか。

岩野　そうです。それと、役所の抱えている問題を聞くという、その両方があります。

――事務次官とはおおっぴらには会いにくいものですか。

岩野　正式に就任する前ですから、ホテルオークラで会いました。

――「誠実な政治」や「インフレを抑える」、というのが演説の内容です。

岩野　そうですね。それと政治と金の問題とか、あのとき一番政治課題になっている問題です。そこで三木は独禁法改正を発言するから、財界からいろいろ反対発言が聞こえてきました（笑）。すごい反撃を受けました。

総理公邸

――三木さんは在任中は総理公邸に入っていましたが、入るまでに三カ月ほど要しました。

岩野　部屋の整備がありました。佐藤さん以来ずっと住んでおられませんでしたから、ゴキブリ、ネズミが走り回っていて、大掃除など、受け入れ準備の問題がありました。

――三木さんは、最初から公邸へ移るという考え方ですか。

岩野　最初からありました。南平台のような住宅地だと周辺にも迷惑をかけます。岸内閣時代に周辺住民の方は大変な迷惑を被っていました。三木も総理に就任して間もなく町内から苦情を受けました。

――南平台の自宅には門があって、マスコミ関係者が来る部屋がありますね。

岩野　門を入ってすぐ左側にプレハブで作りました。

――あれはいつぐらいにできたのですか。

岩野　総理に就任して番小屋としてプレハブ小屋を建てました。

――番記者が詰めていたのでしょうか。

岩野　三木が自宅にいるときは番記者が、移動するときは必ず時事通信と共同通信の記者が随行していて、二四時間いますからね。終始行動を共にしています。三木が南平台に帰ると総理番の記者が来ます。電話を使えるようにしてあります。代表取材で時事と共同が常に総理と行動を共にします。

資産公開

――一九七四年の年末に、資産を公開しました。これは政治と金の問題との関係ですか。

岩野　そういう意味でしました。

――今に至るまで、どこまで本当かと言われています。あれは三木さんが自ら言い出したのですか。

岩野　本人が言い出しました。確か三木が最初でしょう。クリーンな政治をやるということです。

――三木が所有する不動産としては徳島、南平台、真鶴というところが明らかとなっています。

岩野　そうです。ただ、家族の資産は出さなくて、本人の名義の資産だけです。今でも資産公開は問題があります。クリーンといわれる三木でさえ南平台の大部分は長男啓史さんの名義、真鶴の九〇パーセントは長女紀世子さんと夫人の名義です。書画骨董は大部分が未報告、五番町の八階建てのビルも銀行から借りて建設、当時の相続税法では借金は控除されたため時価何百億の遺産があっても、当時朝日新聞が南平台の三木邸を写真入りで、「三木総理遺族相続税なし」と報じたように、不公平感を近隣住民に与えたと思います。三木夫人は戦前の森財閥の娘で、節税感覚に長けていたのかもしれません。

三木派の五億円使途不明金問題

――三木内閣ができてすぐ、過去三年間で三木派に五億円の使途不明金があると公明党が指摘しました。こういった問題があるとご存じでしたか。

岩野　国会で追及されて初めて知りました。どうしてああいうことがわかったのか、どういう調べ方をしたのか、今でも不思議に思っています。政治資金は公表されています。推測ですが、その残高が銀行に実際に残っているのかを調べたのでしょう。それで使途不明金という問題を出した。結局、公明党だからそういうルートが裏であるのでしょう。収支報告書だけでは出てこないはずですよ。

――政治資金の担当は、あの頃は竹内潔さんですか。

岩野　そうです。ずっとそれまで、秘書官になるまで全部やっていました。

――うまく処理しないといけないわけですね。官邸が中心ですか。

岩野　官邸というより、自治省がいろいろと知恵を出しています。法制局にも相談していると思います。法律的に問題があるのか、ないのかということもあるでしょうから。裏では国対筋でこういうことでどうだという根回しもあったでしょう。

――三木さんサイドの人間が動くとすれば国対ですか。事務所の人はどうですか。

岩野　事務所の人間はやらない。おそらく海部さんがそういうルートをつくって、こういう案でどうかと持ち歩いただろうと推測します。

――四つの研究会をつくって、岩野さんがそのうちの二つの代表で、林幸一さんが残りの二つの代表という形にしました。

岩野　その知恵は自治省、選挙部が出しました。プロジェクトチームということで国会に報告書を出して、国会の了解を取りました。ただ、その報告書には私の自宅の住所まで書かれていて、いろいろな方面から「クリーンな三木がどうしたのか」と非難の手紙が送られてきました。どういうわけか、岩手県発信の手紙が多くありました。

文書を作って国会に出す前の段階で、夫人から私に電話がありました。「明朝パパが公邸に来るようにと言っているので、八時に来て下さい。覚悟してね」と言われました。次の日の朝、三木に会うと、三木から「例の件でプロジェクトチームで使ったと国会に報告する。本当は竹内の責任だが、竹内の名前を出すわけにはいかない。君と佐々木弁護士と林の名前で提出することにした。あとは竹内と打ち合わせるように」という話がありました。

――岩野さんが責任を取らされる形になりますね。

岩野　そうです。だけども、私は三木政権をつくることを長年夢見て頑張ってきたことを考えて、三木政権を潰してはならない、今の日本は三木政権でなければ改革ができないと考え、使途不明金の責任を引き受ける決心をしました。それは躊躇《ちゅうちょ》しませんでした。

――そうなると林さんと岩野さんが捕まる可能性がありますね。

岩野　だけど、林さんということはないでしょう。林さんは退職していましたし、佐々木さんは関係がないから。現職でいるのは私ですから、追及するとすれば私でしょう。

――五億円は、どういったことに使われるのですか。

岩野　領収書の取れない使い方です。それは長い間に積もりに積もったのでしょう。一番お金が必要となったのは、総裁選に立候補してからでしょうね。挨拶回りをすれば、おそらく必ず持って行っていると思います。そういうのは領収書を取れません。普段でも他の派閥の議員に渡すのは取れない。そういうのが積もり積もったと思います。のちに三木から、「昭和四七年の総裁選で、田中からと海部が段ボールを持ってきたが、中身も見ずに返させた」と聞きましたが、三木は田中さんに弱味がなかったから、全面対決ができたのでしょうね。

公職選挙法と政治資金規正法の改正

――三木内閣の内政について伺います。選挙二法ですね。まず公職選挙法から伺います。選挙二法については、初閣議で三木さんがいきなり提出したとのことです。首相になる前から準備していたのでしょうか。

岩野 選挙二法は、のちに細川護熙《もりひろ》首相の秘書官になられる成田憲彦《のりひこ》さんが当時国会図書館にいらして、成田さんを中心に以前からいろいろと研究していました。田中政権のときに閣僚を辞めた頃からもう準備に入っていました。後は内閣法制局と自治省の選挙部あたりからも人を集めていろいろとやっていました。研究そのものは、組織調査会会長時代からしていました。

――研究会の形ですか。

岩野 事務所へ来て、事務所で三木も加わっていろいろと勉強をしていました。

――定数の不均衡があるとして、定数を二〇増やしています。

岩野 それはおそらく事務的なことだと思います。三木の頭の中にあったのは、政治資金の問題。お金の出と入りの問題をどう規正していくか、そちらに重点を置きました。あとは罰則の強化と、選挙違反裁判のスピードアップです。

――公職選挙法改正に関するブレーンは、どなたになりますか。

岩野　やはり法制局と国会図書館。罰則に関しては検察のほうも、元高検検事長だった河井信太郎さんや別所汪《おう》太《た》郎《ろう》さんなどを呼んで話を聞いています。それと割に学者を呼びました、選挙関係の学者です。

――学者ですと、どういった方がいましたか。

岩野　松下圭一、矢部貞治、白鳥令《れい》、佐藤功などの先生方です。いろいろな方を呼んで話を聞いています。升味《ますみ》準《じゅん》之輔《のすけ》さん、御《み》巫《かなぎ》清尚《きよひさ》さん、篠原一《はじめ》さん、石川忠雄さん、佐藤誠三郎《せいざぶろう》さん、福田歓一《かんいち》さん、香山《こうやま》健一さんも来ていました。それから選挙で来ていたのは、徳島出身で中央大学の先生だった小松春雄さん。他には、坂本義和さん、京極純一さん、関寛治さんです。時々、政治だけに限らず大野信三さんを呼んで話を聞いていましたね。また、早稲田の吉村正さんはしょっちゅう来ていました。

――公職選挙法についてですと、升味さん、佐藤誠三郎さんが中心になりますか。

岩野　そうですね、佐藤さん、あの当時よく来ていましたね。

――三木派の議員の対応はどうでしたか。

岩野　あのときは、国会議員で公職選挙法のほか、割にいろんな問題で参加したのは、鯨岡兵輔さんです。特にのちの腐敗防止法を作るときは、鯨岡さんは毎回参加していました。

――早川崇さんは関わっていませんか。

岩野　早川さんは組織調査会長のときにはいろいろとやってもらいました。この当時は全然関係ないです。すでに三木と行動は共にしていませんでした。早川さんは早川グループを作っていました。

――自治省の官僚への働きかけはありましたか。

岩野　自治省は、山本選挙部長が中心です。自治省以外からも、吉国一郎さん、吉国二郎さん、林修三さん、藤田晴子さん、高辻正己さん、土屋佳照さん、滝口敦さん、川口頼好《よりよし》さん、小林與三次《よそじ》さん、降矢敬義《ふるやけいぎ》さんなど、いろいろな方の意見を聞きました。三木内閣のときも関係がありました。

――公職選挙法の改正の内容をどのようにご覧になりましたか。

岩野　三木内閣のときではなく、その後の公選法の改正についてになりますが、私自身も疑問を持っています。三木にその後話したことがありますが、例えば、後の内閣で立会演説会を禁止したでしょう。あれは逆ですよね。いかに選挙の公営化を拡大するか、それで金をかけない選挙ができるように改正すべきです。今でも覚えている、あのとき私が三木に言ったのは、「これは田中隠しのためにやったのではないか」と。田中角栄さんだけではなくて田中派隠し。立会演説会をやれば田中派の候補者は攻撃されるわけでしょう。それをさせないために改正したのではないかと三木に話しました。できるだけ公営化をしていくということ、そうすれば立候補もしやすくなりますからね。そのあたりは、私は逆行していたと思います。

公営ビラはその後できましたけど、選挙公営化の方向で選挙法を改正するべきだろうと思います。だから三木も晩年考えたのは、選挙カーの無料化や、選挙事務所の廃止も含めた規制、選挙運動での連呼の禁止、連座制の強化、選挙裁判の時間の短縮、そういったことまで考えました。その後の選挙法の改正で、三木の考えていたことが相当活かされてはいます。総裁選挙の予備選挙もそうです。

――選挙制度については、三木さんはどのように考えていたのでしょうか。

岩野　三木は小選挙区には賛成ではありませんでした。後年、後藤田さんが中心になって、党で選挙制度改革をやっているときに、後藤田さんが「もうこれしか方法がありません」と言ったら頷いてはいましたけど、日本の場合は過去に小選挙区制を一度導入して失敗しているでしょう。国民性に適さないと思っておりました。だからといって、従来のような中選挙区制が良いのかというと、それもはっきり良いとはいえない。なかなか結論を出し切れなかった。中選挙区制が保守合同後に派閥が結成される原因になりました。

中選挙区では、自民党は複数の候補者を立てます。それが派閥の原因にもなり、選挙に金がかかるというのが、中選挙区制の問題としてありました。あの当時、小選挙区になれば金がかからない、党営の選挙になるからと言われました。現実には反対ですよね。逆に金がかかるようになっているのではないですか。当時小選挙区制に反対する者は政治改革に反対する守旧派だと批判されました。朝日新聞の石川真澄さんは、小選挙区制に反対の論陣を張った数少ない記者の一人でした。

――今お話にあった、後藤田さんと三木さんが会われたのは、いつぐらいですか。

岩野　例えば会合でエレベーターに一緒に乗って後藤田さんが話したりとか、そういう場面での話です。徳島県の議員の集まりがあったりするでしょう。そういう場で話をしたり。差しで話をしたということはないです。後藤田さんはその当時、三木は過去の人だと思っていたのではないですか、総理を辞めた後のことですから。

――一方の政治資金規正法の改正ですね。当初三木さんは、三年以内に企業献金をすべてなくすと主張しました。

岩野　そう。最終的には個人献金を中心にするという考えです。臨時処置として三年間一五〇万というのを出しましたが、それでもあれだけの抵抗がありました。入り口規正の法案を成立させるだけでも、我々は国会の中に泊まり込んで徹夜しました。総理大臣室のソファで寝ました。この法案が成立しなければ、三木内閣は総辞職に追い込まれていたでしょう。それほど厳しい攻防でした。河野謙三議長の一票で成立ですから。

――政治資金の入りの規正を、ずっと研究していたのでしょうか。

岩野　そうです。それは三木の組織調査会長以来の一貫した政治改革の柱のひとつです。

――寄付金額の制限もありました。この枠の判断は、どこにあったのですか。

岩野　そこが非常に難しかった。結局あの当時、一口一五〇万円、そのあたりが常識的な線ではないかということで落ち着きました。派閥のなかでも、それでは少なすぎるという意見もありました。三木には、薄く広くという考えがありました。できることなら個人献金中心に持って行きたい。ところが、残念なことに、自分が政治献金を出して政治家を育てるところまで国民の政治に対する関心が高まっていませんでした。

あの当時、我々が選挙資金を頼みに企業を訪問すると、「岩野さん、企業団体献金を規正しても一緒です。個人献金になれば会社は重役に割り当て、その分給料に上乗せして出させれば一緒です。意味がありません」と、行く先々でずいぶん言われました。それほど政治改革に対する意識は低かったのでしょう。

――ご自身が政治資金を扱われていて、企業献金の撤廃をどのようにご覧になっていましたか。

岩野　私は完全に撤廃する必要があるのだろうかと。献金もそれだけ利権に関わらない範囲の献金なら認めてもいいのではないかという気がしていました。選挙の公営化が進んでいませんからね。選挙が完全に公営化されれば、そういう問題は自ずと解決するだろうと考えていました。そのあたりは、やはり選挙のやり方の改革ができない限り、選挙資金はつきまといます。そうでなければ、あまりに厳しくすれば、反対に団体・組織を抱えている候補者が有利になります。そこまで規正できればいいですよ。

――このときの改正の内容をどう評価されていましたか。

岩野　確かにあのときは野放図でしたから、利権に非常に絡みやすく、政治の腐敗の原因となりかねません。旭化成の宮崎輝さんがいました。選挙のとき、宮崎さんは、三木から直接電話をかけてもらう方です。「頼んでおいたよ、三つと言っておいたよ」ということでした。それで私が訪ねると、秘書室長から「三〇〇〇万の領収証を用意してください」と。三木も後で「あいつ呆けたのか」と言っていました。相手の受け止めは違っていました。選挙資金ということで特別に配慮してくださったのかもしれません。桁が違っていて、びっくりしました。政治家によってそれだけの差があります。他の派閥は、選挙になれば一桁多かった。三木派は一桁少ない。三木はクリーンすぎるのかもしれません。運輸大臣在任中は、運輸や交通関連の企業からの献金はすべてお返ししました。

――この改正で収支報告が義務化されます。これも三木さんが考えていたのでしょうか。

岩野　そうですね。規正の強化ということで。出を締めるか、入りを締めるかという議論をずいぶんしました。入りを規正せずして出だけ規正しても意味がないということ。それには必ずウラがついて回るから。入りを規正すべきではないかという結論に達しました。その金額が適切であったかどうかは別問題として、一五〇〇万という額が出てきたと思います。

そこで、一人がたくさんの団体を作り出しました。そういう抜け道が出てきました。その後、改正はされてきましたが、三木が入りを規正したときにはそういう問題が起きました。

――巷間よく言われるのは、政治パーティーがよく開かれるようになったということですね。

岩野　三木内閣で自民党の政経文化パーティーを開きました。三木派の野呂恭一さんが考え出して、政党のパーティーを企画しました。それがひとつの始まりです。それが個人に普及しました。このようなパーティーを通じて、何とか薄く、広く個人献金の方向に、という考えからです。

――この法案の改正にも党内の反対が強かったですね。

岩野　厳しかったです。独禁法どころではなかったのではないですか。政治家本人に直接影響が出てきますから。

――参議院で賛否同数になって、河野議長が最後に決めました。

岩野　深夜国会になり、帰れなくなりました。議員が本会議場から仮病で出ていく。深夜国会になると、参議院は高齢の議員が多いですから、仮病が出たというので、何とか阻止しようとしました。いろいろな手が使われましたよ。

――党内への働きかけとして、具体的にどういったことがなされましたか。

岩野　それは議員さんがしました。特に三木の場合は、海部官房副長官や鍋島さんが割に国会議員のなかで顔が広いですから。国対議運族です。先頭に立って、いろいろとやっていました。あのときに、本当に河野議長でよかったと思いました。河野議長でなければ完全に潰れています。問題にされなかったでしょうね。河野議長だからこそ、参議院で議長の一票で成立しました。

独占禁止法の改正

――独禁法改正について伺います。独禁法改正について、三木さんはどういう意向でしたか。

岩野　選挙二法もそうですが、もともと三木は公正公平という前提に立った考えを持っていました。独禁法もそういう意味では、公正な社会という形で、競争の原理からいっても、弱肉強食への対策もあったと思います。あの当時、企業の方向としては、大企業の合併に向かって動き出していたでしょう。独禁法の改正が出たときに、一番やり玉にあがるのは身内の東洋製罐ではないのかとか、ずいぶん言われましたよ。いろいろと皮肉られました。

――改正案の検討について、中政研が関わっていたのでしょうか。

岩野　いや、あのときは中政研は関わっていません。あの頃には村上泰亮《やすすけ》さんなどのグループがいろいろとやっていました。

ただ、経済政策については、村上泰亮さん、蝋山政道《ろうやままさみち》さん、鈴木淑夫《よしお》さんあたりが中心になり、いろいろとやっていました。事務局的な立場は村上さんでした。ライフサイクルも村上さんが中心にまとめました。ライフサイクルは総理になる前から研究を始めてもらっていましたからね。その研究を本としてまとめました。その流れの一環ですよ。

――村上さんを三木さんに紹介したのはどなたですか。

岩野　あれは誰だろう。結構新聞や本を読んで、この人の話を聞いてみようと思ったときには、直接電話をかけて会っています。考え方が合うと、その人にいろいろと頼んで、研究してもらうケースもありました。ただ、経済関係で一番の要にあるのは、やはり大来さんです。それから日銀理事の吉野俊彦さんも頼りにしていました。

――独禁法の改正については、公取委がすでに田中内閣の段階で改正したいという意向を持っていました。三木さんとしてもこれは改正するべきだと考えていたのでしょうか。

岩野　経済政策のひとつとして最初にぶち上げました。それは公正公平な競争社会を作りたいという基本の姿勢から出た考え方です。田中さんからは出てくる発想かもしれない。どちらかと言うと、自分が叩き上げてきた人ですから。

――独禁法改正を検討するブレーンはいませんでしたか。

岩野 独禁法を扱うための特別なブレーンは記憶にないですね。

――小宮隆太郎さんはブレーンではなかったのですか。

岩野 前から経済政策については、小宮隆太郎さんから話を聞いていました。中政研に日産自動車から出向してきていた安楽兼光《あんらくかねみつ》さんが、小宮さんの弟子だと言っていました。小宮隆太郎さんも、割に昔からいろいろと話を聞いていました。

独禁法でも、経済政策の一環として話は聞いていると思います。小宮さんにはしょっちゅう来ていただいて、事務所で会っていました。ただ、あの頃には一番経済関係で深かったのは、村上泰亮さんたちの若手のグループでした。

――独禁法改正については、財界の反応も良くありませんね。

岩野 正直言って相当圧力がかかりました。直接会いに来る人もいましたし、今言ったように、最初にあがるのは東洋製罐ではないかという声を流したりとか、いろいろな形の牽制があります。排気ガスの規制に似たような状況です。排ガス規制は自動車業界だけでしたが、独禁法のほうは産業界全体です。

――財界に対して三木さんの考えを伝える機会はなかったのでしょうか。

岩野 あったと思います。鈴木治雄さんが財界に顔が広い人ですから。あのときは木川田一隆《きかわだかずたか》さんが亡くなっていましたからね。鈴木治雄さんあたりがいろいろアプローチをしたと思います。

――企業分割が改正のメインですね。これは先ほどの弱肉強食を改めようという考えからですか。

岩野 そう。それと公正な競争が削がれるということですね。

―― カルテルを禁止するということですね。

岩野　その発想は、かつて協同主義の延長線上にあるのではないですか。そのような気がしますね。

―― 独禁法に限らず、三木さんのなかに協同主義的な考え方を感じられますか。

岩野　全体の取り組み姿勢や考え方の底流にあるのではないでしょうか。最終的には福祉国家でしょう。ライフサイクルもそうです。機会均等、公正公平、自由な競争も同じでしょう。

―― 党内からも改正への反発が出ます。

岩野　そうですね、通産官僚もそうですよね。

―― 椎名副総裁も反対でした。

岩野　抵抗勢力のひとつぐらいとしか考えてなかったのではないですか。

―― 椎名さんに対する説得工作はなかったのでしょうか。

岩野　田中後の収拾問題がありますから、椎名さんとは機会があるごとに話をしていました。そのときに独禁法改正のことについても話をしていると思います。ただ、椎名さんを説得してどうこうという段階まで行ってなかったのではないですか。

―― 党内の反対を抑えるのに、山中貞則さんや田中六助《ろくすけ》さんに働きかけたようです。

岩野　山中貞則さんは改進党系で、三木は高く買っていました。山中さん、中曾根さん、桜内義雄さんをそれなりに三木は評価していました。山中さんは税調の会長を長くなさいました。そういう関係もありまして、普段でも山中さんは出入りしていました。桜内さんもそうです。田中六助さんは気骨がありますす。日経新聞の記者出身でしょう。糖尿病で視力が弱く、毛筆の大きな字で巻紙の意見書が送られてきたことがあります。

日経新聞の円城寺次郎《えんじょうじじろう》さんが三木の総合政策研究会のメンバーの一人で、研究会に常に見えていました。非常に深いつながりがありました。

――この問題では、日経新聞をマスコミのなかでは重視したのですか。

岩野 いえ、それはやはり朝日新聞ですよ。そういう意味では、世論の動向などは朝日を一番重視していました。

――河本大臣にも積極的に働きかけたのでしょうか。

岩野 おそらく河本さんは、三木の考え方に共鳴していたのではないですか。あの方も小さい船会社から一流会社にまで成長させた人で、競争の厳しさを経験しているでしょうから。

――植木光教総務長官も改正に向けてだいぶ動いたようです。

岩野 そうですか。植木さんも三木とは悪くなかったですからね。

――通産省の役人に働きかけていたのですか。

岩野 役人には働きかけていないと思います。三木が通産大臣だったときに事務次官だった山本重信さんは重厚でしたが、政治力のある人ではなかった。通産省を退職されて、松下電器の副社長になられた原田明さん、事務次官をやられた熊谷典文さんなど、常に通産省関係者との交流を持っておりましたがね。

――独禁法の改正案は、六月に衆議院を通りましたが、参議院で廃案になります。参議院への根回しをしていなかったのでしょうか。

岩野 参議院のほうはなかなか。河野議長になっていても、重宗さんの力がまだ強かったですから。それに重宗さんは明電舎のオーナーという経営者ですからね。議長選挙には反重宗派が勝ちましたけど、大勢としては、重宗さん的な、いわゆる保守本流的な考えの人が多かったと思います。政治資金規正法の改正のときを見ても、議長の一票で成立したほど抵抗が強かったですね。

――独禁法の場合、野党が賛成して自民党から反対が出るという形になりました。

岩野　そうですね。あの時代で独禁法を改正しようとすれば、そうなるかもしれないですね。自民党は財界には刃向かえなかったでしょうから。田中角栄さんの場合は、繊維交渉のように力で押しつけていったでしょうね。三木の場合は理論的に説得しようというやり方ですから、その差はあります。

――三木さんとしては、この段階で成立させられると踏んでいたのでしょうか。

岩野　成立させたいということで、努力をしていました。ある程度自分の政治を実現するためには一歩一歩を固めないといけないと思っていますから。

――参議院で廃案になって、次の国会への再提出は見送られました。

岩野　その後の政治情勢が、そういうのをやっていられる環境ではなくなっていったでしょう。

――椎名さんに配慮したという面はありますか。

岩野　特にあったと思いませんが、政治的な環境を考えたでしょう。

――三木さんのときに通らないで、次の福田さんのときに同じような内容で改正されたのは、皮肉です。

岩野　福田さんと財界の関係の深さもあるから、福田さんが出せば反対できなかったのでしょう。日中平和友好条約も、三木ではなく福田内閣のときにできました。政治的な面から言えば、三木内閣でできないとおかしいわけでしょう。それが福田内閣でできました。

自民党総裁選規程

――党の総裁選の選挙制度についてです。三木さんは総裁選のあり方を変更して、予備選挙の導入を図ります。この発想はどこから来ているのでしょうか。

岩野 おそらく、アメリカの予備選挙制度からヒントを得たと思います。私自身はあまり積極的に賛成していませんでした。おそらく成田憲彦さんあたりから出たのかもしれません。

――党内でも研究がされていますね。

岩野 三木は、こういう制度で行きたいという基本を持ち、それを党で消化してもらうという手法だったと思います。一応自分の基本的な考え方は述べる。やはり党で消化されなければ改正できませんからね。

――椎名さんに相談していますか。

岩野 話をしているはずです。だけど、椎名さんも、これに対してはそれほど抵抗しなかったのではないですか。ご自身もそういう悲哀は味わっているでしょうし。石橋、岸、石井が争ったときの総裁選挙の戦い方を見て、良識ある人ならこれでいいとは誰しも思っていなかったでしょう。この総裁選から、激しい総裁選挙になっていきます。ニッカ、サントリー、オールドパーと揶揄されたほどです。

――総裁選規程の改正は、三木内閣ではなく、福田内閣のときに実施されます。

岩野 そうですね。産みの苦しみが、そういうところに出てきているのではないですか。三木のときに発案して土壌を作ったことが、その先の改正につながりました。それはやむをえない。総裁の任期は二年でしょう。二年に一回総裁選挙が行われるなかで、大きな問題を改革しようとすること自体が無理ではないですか。衆議院の任期が四年あれば、総裁任期は四年にすべきですね。そうしなければ、本当に重要な案件を処理できません。そのあたりにまだ制度の矛盾があると思います。

――このときは総裁任期の変更をどう考えていましたか。

岩野　暫定期間という、あの解釈の問題もありました。いろいろと揉めました。

――これも金のかからないということが主眼ですね。

岩野　金をかけない選挙と、党員の声を反映させることが主眼です。金を持っていなければ選挙に出られないということでね。誰でも志あるものが選挙に出られるような環境の整備ということが基本にはあります。金権選挙は政治腐敗の源ですから。

東京都知事選

――一九七五年に東京都知事選挙があり、自民党が誰を立てるかで二転三転して、石原慎太郎さんが自民党の公認候補として出馬しました。

岩野　おそらく、あのときは鯨岡さんが都会議員出身ですから、鯨岡さんと鯨岡さんの盟友の粕谷茂さんの影響が相当あったと思います。都知事は美濃部亮吉さんでしょう。あの段階で美濃部さんには勝てるとは思っていなかったのではないですか。あのときは鯨岡さんが都連の会長だったでしょう。

三木は石原さんとは悪くなかった。国会議員になる前、安保のときに石原さんはよく赤坂の三木事務所へ来ていました。安保反対だったはずですよ。

三木に意見を述べに来ていました。その石原さんが右だとは。青嵐会の結成に参加するとは思わなかった。血判書でしょう。石原さんには青嵐会を結成したときのイメージが非常に残っています。

――自民党の候補者がなかなか決まりませんでした。慶應義塾大学の加藤寛さんは、三木さんから出馬を勧められたと振り返っています。

岩野　勧めたかどうかは知りません。そのだいぶ前から加藤さんを呼んでいろいろな経済政策の勉強をしていました。それから国民に訴えると言って東京、大阪、名古屋、北海道と演説会を開いたときに、加藤さんも弁士の一人でした。その当時、三木と加藤さんとの関係が深かったことは確かです。

――加藤さんは出馬せず、都留さんが候補者としてあがったようです。

岩野　美濃部さんには都留さんというのは、非常に考えた発想です。発想としてはわかりますが、都留さんは政治に直接関与することを断りましたからね。もともと実現性がなかったと思います。都留さんが政治に関心をお持ちであれば、三木内閣が成立したときに文部大臣で入閣しています。そのときにきっぱりと断られました。白亜の塔の人、学者ですよ。

――立てようとはしたのでしょうか。

岩野　そこまではしていなかったでしょう。立てたところで、党内で受け入れられたかどうか。都留さんにはマルキストというイメージが強かったですから。

いろいろな人の名前が出ては消えました。最終的に知名度からいって石原慎太郎さんに落ち着いたのでしょう。美濃部さんは高齢で、若者という対決姿勢になったのでしょう。国会議員になってからは石原さんとの接触はありません。国会議員になってからは水と油になったという感じです。

――やはり自民党系の都知事のほうが都合がいいですか。

岩野　都知事知事に限らず、県、市町村でも首長は持っていたほうがいい。組織のためにも有利でしょう。支部大会に首長が出てきて挨拶するのと、反対の党へ行ってするのとでは、大変な違いが出てきます。地方へ行けば行くほど首長の力は強い。東京でもそうです。特に美濃部さんほどの知名度があると。首都の知事を持っているのは大きい。京都の蜷川虎三《にながわとらぞう》さんの知事時代の話を聞いても、すごい強権です。権力で抑えつけて、知事の権力をフルに活用されたようです。

閣僚の問題発言

――一九七五年五月に稲葉修法務大臣が、憲法は欠陥だという発言をして問題になりました。

岩野　あのときは本当に頭を痛めました。

――稲葉さんが自主憲法制定論者というのは有名です。

岩野　三木も稲葉さんとは同じ党で来ていますから、稲葉さんの考え方はよく知っている。しかし、大臣になれば大臣の立場をわきまえてくれるという思いを持っていたのでしょう。頭を抱えたことは事実です。まさか自分が選んだ閣僚が失言をするとは考えてもいませんでした。

――野党が猛反発します。こういった場合の国会対策はどういう形でしたか。

岩野　海部さんが全部担当しています。本当は官房長官が窓口になるべきですが、井出さんは党の役員経験がないですから。ですから海部さんがすべて窓口でした。野党に対しても顔がありましたから。それと松野さんも野党対策を行ったと思います。一番官邸との窓口は海部さんでしょう。それから、吉祥寺時代に三木家に入り浸っていた社会党の中沢茂一《なかざわもいち》さんがどのような働きをしたのか。長野県選出で井出さんとも昵懇でしたから。

――国対委員長は宇野宗佑《そうすけ》さんですね。

岩野　あの方はそれほど。人柄と筆と弁は達って調子はいいけれども、あまり政治的な動きができる人ではありません。

――三木さんは憲法改正には反対の立場ですか。

岩野　そうですね。

――野党は稲葉さんの辞任を要求します。更迭する気はなかったのですか。

岩野　ありません。更迭すればそこは蟻の一穴になったでしょう。守るしかなかった。

――同じ年の一〇月には、仮谷忠男《かりやただお》建設大臣も、「国会答弁のようないい加減なことは言わない」と失言しました。

岩野　最初から仮谷さんは危なっかしいと見られていました。派閥の都合で押し込まれたのでしょう。本当はそういうことがなければ、もっと選べましたが、あの環境では派閥の順送りを無視できなかった。選択の余地がありませんでした。

――あの発言も野党からの反発を招きますね。このときも海部さんが調整にあたったのですか。

岩野　根回しは全部海部さん。野党まで窓口を持っていましたから。ああいうところになると、国対、議運経験者は、非常に貴重です。党内だけでなく野党のパイプもあるでしょう。三木派では海部さん以外、それを担当した人がいない。古手になると、ますますいません。その後だんだんと若手でやる人が出てきましたが、海部さん以降の人です。西岡さんが多少。それから大島理森《ただもり》さんもやるようになりました。あとはいません。役職として国対副委員長になった人はいますよ。でも実質的に根回しまでできる人は、本当に数えるほどしかいません。参議院では鍋島さんです。若くて体力があり、選挙に強い議員でないと務まりません。夜のお付き合いがあるわけですから、麻雀だったり、多彩な遊びができないと務まりません。

――総理は国対や議運の人と会うのでしょうか。

岩野　無論、党の役員会とか公の場で会うし、たまには官邸に呼んでこっそりと会うこともあります。官邸の裏から入れたりします。時間を遅くしたりとか、マスコミの目をくらます方法はいくらでもあります。警護はわかります。ただ、警護は外には漏らしません。記録には残っているかもしれません。だから警視庁の内部ではわかっているかもしれませんね。全部報告するでしょうから。しかし、マスコミには出てこないということです。

佐藤栄作の国民葬と右翼暴行事件

――六月三日に佐藤栄作さんが亡くなりました。三木内閣ができてから佐藤さんとの関係はどうでしたか。

岩野　別に悪くも良くもない、普通の関係です。総理を辞めてから長髪にされて、あれほどがらっと変わった人はいません。余生を楽しもうと考え始めたところで亡くなられたでしょう。

――亡くなって葬儀になりますが、最初国葬にするかどうかが問題になりました。三木さんはどういう考えを持っていたのでしょうか。

岩野　三木は、国民葬が最高だと思っていたのではないですか。国葬は、どちらかというと古い考え方ですよね。国民の立場に立った政治家ということになれば、国民葬が最高ではないかと三木は判断しました。

――名前の問題ですけどね。三木の考え方からいけば、やはり国民葬でしょうね。国葬は合わない。

――国民葬は武道館で開かれましたが、三木さんが暴漢に殴られる事件が起こりました。

岩野　私は事務所でテレビで初めて知りました。現場へは行っていません。

――殴ったのは右翼ですね。後で赤尾敏《びん》に文句を言ったと夫人は書いています。

岩野　そう書いていますね。赤尾敏も金を集めないと活動ができないでしょう。右翼も来ますよ。全国から各種選挙に立候補する右翼の高田がんは、私のところへ毎回来ていましたよ。大声をあげて脅かしますから。

――この事件以降、総理のそばにＳＰがつくようになりました。

岩野　ＳＰは常に総理と行動を共にしていましたが、あの事件以来、目立つ警備体制になりました。体制が変わりました。アメリカ式の警護の方法をとるようになりました。アメリカ式は、警護していることを一般に知らせる派手な警護です。日本では、それまではＳＰは目立たないように警護していました。

――国民葬のときに秘書官は誰がついていたのでしょうか。

岩野　役所の人間がついていきました。おそらく、警察庁から来ていた三島健二郎さんです。竹内さんも先行していました。

――びっくりされたのではないですか。

岩野　そうですね。突然飛び出してきて殴られましたから。

――三木さんは事務所に戻ったのでしょうか。

岩野　いえ、事務所へ帰らずに、官邸へ行っています。直後は会っていません。後で南平台に帰って、検査で医科歯科大の稲葉穣先生が来たのかな。官邸経由で南平台へ帰りました。

三木・フォード会談

――三木さんは、八月に訪米します。どのあたりから日程を詰めていくものですか。

岩野　五月の連休前ぐらいからです。

――訪米に先立って平澤さんをアメリカに派遣しています。どういう目的で送ったのでしょうか。

岩野　いろいろあったでしょうが、特に、天皇訪米問題とサミットのことでアメリカに対する地ならしでしょう。あのときの大きな用件に、天皇の訪米がありました。それからサミットにアメリカを確実に出席させること。その二つが大きな目的になりました。平澤さんがもつルートを使った、いわゆる地ならしです。三木の意向で行ってもらったのでしょう。平澤さんは、岸さんが訪米するときにも同じように地ならしをしました。岸さんが総理で初めて訪米するときに先発隊で行っています。

――どういう方と平澤さんは会っていたのですか。

岩野　そのあたりはわかりません。ただ、ワシントンＤＣに着いてブレアハウスへ入ったら、すでに平澤さんが来て、待っていました。いろいろな報告はしています。二人だけで話していました。

――当時は政府専用機がないので、羽田から日本航空の特別機でアメリカに行きますね。飛行機の中での席はどのように決まるのですか。

岩野　飛行機は、一番前に総理夫妻が座ります。その次に、あのときは宮澤さんが一緒に乗りましたから、宮澤さん。そして海部副長官。

それから吉野文六さんと山崎敏夫さんではなかったかな。それと国会議員を二人連れて行きました。三塚博さんと大石千八《せんぱち》さんです。秘書官と秘書はその後ろ。我々までがファーストクラスで、あとはエ

三木訪米に随行。ヘンリー・キッシンジャー国務長官（左から二人目）、海部俊樹官房副長官（中央）、著者

コノミーに移ります。

――飛行機の中でもブリーフィングや打ち合わせは行われるのですか。

岩野　それはもうしません。ただ、資料を持っていますから、それに目を通したりしています。シアトルに行って一泊して、シアトルからアメリカの護衛官などが乗り込んできます。それと国務省の人間が一人乗り込んできましたかね。それでワシントンまで行きました。

――ワシントンに入って、翌日から首脳会談というときに、クアラルンプールでハイジャック事件が起こりました。

岩野　ハイジャックがありました。それほど時間を置かずに福田さんに任せる形をとったのではなかったですか。

三木は訪米したときに、天皇訪米の行程を下見して歩く予定を立てていましたが、この事件で中止になり、会談のみが行われました。

――三木さんや宮澤さんが会談している間、岩野さんはどちらにいらしたのですか。

岩野　最初は我々もホワイトハウスの大統領執務室に入り、写真撮影が終わるまで同席しました。それで本会談になるときに執務室から出ました。始まるまでは大統領の部屋におりました。キッシンジャー国務長官など、全員が揃った段階で写真を撮って、我々は出ました。

――フォードさんとは、前年の一月にワシントンに行ったときに会っていますね。

岩野　そうですね。同じ議会人ということもあるでしょうし、そういう意味では割に話しやすかったのではないですか。

――一回目の会談が終わってから、三木さんは國弘正雄さんだけをつれて、首脳同士の差しの会談を突然行いました。これは外務省も知らないことでした。

岩野　おそらくあのとき、平澤さんのサジェスションがあったと思います。最初の会談では、アメリカのサミット参加について十分な確証は得られなかったのではないですか。だから差しで会談して、そこで詰めようということだったと思います。サミット関連です。

その後のサンファンサミットに行ったときに、ロッキード問題があったでしょう。このときも三木はフォード大統領と二人だけで話したいということで、いろいろと知恵を絞りましたが、良い知恵が出てこない。首脳が誰にも知れずに二人だけで話すことは、なかなか大変なことですよ。

――差しの会談の後、外務省もマスコミも大騒ぎとなりました。

岩野　あのときは海部さんにだいぶ苦労をかけましたね。特に同行記者のなかに三木派担当の記者が割に多かったものですから。すべて海部官房副長官が担当します。我々は一切口出しはしません。いろいろと聞かれましたが、一切知りませんということで。我々も口出ししたら大変なことになりますから。

――やはり平澤さんですか。

岩野　そうですね。私は、三木は最終的には平澤さんの考え方を尊重したと思いますよ。

――フォードさんとは八月五日に会って、六日にも会っています。岩野さんは二日間ともホワイト

日米首脳会談後、サンフランシスコにて。三木武夫首相、海部俊樹官房副長官と著者

ハウスへ行かれたのですか。

岩野　その、こっそり行ったときは行っていません。行ったのは最初のときだけですよ。後は帰ってくるのをブレアハウスで待っていました。

靖国神社参拝

――帰国後、八月一五日の終戦記念日に靖国神社を参拝しています。具体的にいつぐらいから参拝することを考えていたのでしょうか。

岩野　おそらく、三木には最初から参拝の意向はあったと思いますよ。というのは、頻繁に靖国神社や明治神宮に行っていますからね。神社の前を通ったときには頭を下げるとか、割に熱心ですよ。戦犯がどうとかこうとかという問題ではなくしてね。義兄の森茂さんが硫黄島で戦死されていますし。

家でも毎日、朝起きると、仏さんにお線香をあげています。日課ですから、案外そういう昔風のところを持っていました。

海外旅行の前には、必ず明治神宮に参拝します。我々は、ことさら政治的な捉え方はしませんでした。あのとき、私は遺族会に政治的な発言をしましたよ。総理で靖国神社に参拝したのは、三木が最初ではないかと（笑）。遺族会には恩を売るように話しました。

――周りはそうは見ませんね。三木が政治的な意図を持っていたのではなくて、普段通りの気持ちで参拝したと思います。

岩野　遺族会の議員あたりから要求が来ていたのか、私は知りません。遺族会や軍恩関係から三木さんに参拝の要求があったのでしょうか。

――どのような形式で参拝するかが問題で、例えば地元の遺族会などから、そういう話は一切来ませんでした。徳島からは私にはそういう申し入れはなかった。

岩野　政治的には問題にされることは、十分考えたはずです。だから私人として参拝したというような言い方をしたでしょう。法制局に調べさせています。

――三木さんの親族で、太平洋戦争以前の戦争に参加した人はいるのでしょうか。

岩野　それはいません。夫人の兄は硫黄島で戦死しています。三木のほうには戦死者はいません。それほど深く考える必要はないと思いました。普段の三木の行動からすれば、靖国神社の前を通るから参拝したと思います。それに、三木内閣のときにはA級戦犯はまだ合祀されていなかったでしょう。

――靖国の境内に入っていって参拝しています。

岩野　総理が参拝するとなると警備が先行して警備体制をつくります。宮司も当然出迎えて案内するでしょう。鳥居を入って、祭壇のところで少し頭を下げて出るのは普通です。宮司がいて案内されれば別ですけどね。例えば、九段宿舎に住む議員が、靖国神社の前を通るときに頭を下げて通っていくとか、よく言われているでしょう。

――翌年は靖国参拝を見送りました。三木さんの信心深さからすれば、この年に参拝していてもよいと思いますが。

岩野　このときの参拝があまりに歓迎されませんでした。マスコミがあまり歓迎しなかったでしょう。そういうことも配慮したのではないですか。

昭和天皇の訪米と三木の天皇観

――一九七五年一〇月に昭和天皇の訪米があります。三木さんは、天皇訪米を推進していたのでしょうか。

岩野　無論、推進していました。

――訪米に慎重な声もありました。

岩野　天皇訪米は、三木内閣になる前から路線を敷かれていたのではないですか。三木のときに実行するという段階になっていました。

――三木さんの天皇に対する思いはいかがですか。

岩野　尊敬の念を非常に持っていますね。政治家のなかでは天皇陛下にお会いする機会が多かったでしょう。大臣のときも必ず参内しています。そういう意味では、三木自身は親しみを持っています。

それからもうひとつ、美智子皇后の妹の正田恵美子さんが安西正夫さんの長男の孝之さんに嫁いできていますので、親近感はあったと思います。三木の葬儀には、天皇ご一家、皇太子ご一家、秋篠宮様、皇族の皆様が参列してくださいました。それはやはり安西家との関係です。

いつ頃からか、欠かさずに正月に宮中に行くようになりました。それまでは年末年始は下田で過ごしていました。下田に長友喜作《きさく》さんという県会議員がおられました。三木も長友さんの選挙の応援に下田まで行ったことがあります。もともとどういう関係だったのかはわかりませんが、その人と親しかったものですから、下田のホテルへ行っていました。だいたい一二月の暮れから行って、正月は下田で過ごして帰ってくる。それが宮中へ参内するようになりました。真鶴に別荘をつくってからかもしれない。記憶が定かではありません。それまで正月に宮中に行ったのは、逓信大臣と運輸大臣のときですね。岸内閣の閣僚になって以降だと思います。それから毎年欠かさず宮中に伺うようになりました。

――宮中から呼ばれるのですか。

岩野　無論、招待が来ます。大臣になっていれば、必ず来ます。国会議員の場合は割り当てがあります。事前に出席するかどうかを返事して、出席者に対して招待状が送られます。

赤坂時代はだいたい下田へ行っていたように記憶しています。一九六二年以降でしょうね。何で急に宮中に熱心になったのかなという印象を持ちました。案内は党から来ます。無役のときは、事前に党のほうからどうされますかという問い合わせが来る。欠席者には招待状は出ません。

もしかしたら、正田家との関係で恵美子さんが安西家へ嫁いできてからかもしれない。そのあたりははっきりしません。急に出席しだしたことは事実です。

――天皇に拝謁するわけですね。一人一人に「お言葉」はあるのですか。

岩野　いえ、頭を下げるだけです。一言ぐらいあるかもしれませんけどね。大臣の内奏のときは時間を取って話をしますから、いろいろと話題が出るようです。

――やはり三木さんも内奏をしていますか。

岩野　しています。内容は一切外へ漏らさない。一度だけ、だいぶ後になって、石橋さんが天皇陛下から岸さんのことを言われたというのを聞きました。それ以外は聞いていません。三木がどのような内奏をしたのかについては、一切聞かなかったですね。

――正月に行って、ご下賜品はありますか。

岩野 たばこと金平糖です。金平糖は銀色の器に入っていました。それを徳島の選挙区の有力者のところへ持って行きました。他に記憶にあるのは紅白のお饅頭のようなもの。そのときの行事によって変わると思います。天皇誕生日など、行事によって中身が変わっていたと思います。私も今の天皇陛下が皇太子時代に東宮御所に伺ったことがあります。そのときはたばこをいただきました。三木のほうからは、徳島の名産の山桃の実やすだちを、昭和天皇や各宮家に献上していました。

――宮内庁との連絡があるのでしょうか。

岩野 いえ、宮内庁の連絡は役所が全部行います。個人的にどうこうというのはありません。夫人は三笠宮崇仁親王と親しくしていました。いろいろな会に来ていただいたものですから。南平台に三笠宮様がいらしたことがあります。五番町の事務所にも、婦人発明協会やアジア婦人友好会の会合を開いたときに、三笠宮がいらっしゃいます。割とお気軽に来られました。フォークダンスがお好きで、五番町の事務所でフォークダンスを踊って楽しみ、リラックスした時間を過ごされたこともあります。滅多にそういう一般のところに呼ばれないのでしょうね。なかなかお帰りになられない。よほど自由がないのだなという印象を受けましたよ。ただ、ヒゲの殿下とも呼ばれる三笠宮寛仁親王は、お会いすると「岩野さん、銀座に飲みに行きましょう」とお気軽に話されます。

私もメンバーだった鎌倉ローンテニスクラブは、天皇ご一家、お孫さんまで名誉会員になっていただいており、葉山にお見えになると一日はお越しいただいてテニスを楽しまれておりました。

第一回先進国首脳会議への参加

――一九七五年一一月にサミットが開催され、三木さんが参加しました。駐仏大使の北原秀雄さんが尽力します。北原さんとは古い付き合いですか。

岩野　古いですね。佐藤内閣の外務大臣の頃からの付き合いです。「ジャイアンツ」だとか言って渾名を付けて呼んでいました。体が大きいので、本当に印象に残っていますよ。あの当時、ジャイアント馬場が出ていたでしょう。それで北原さんをジャイアンツと言っていました。三木が外務大臣のときの欧亜局長でした。

――ジスカール・デスタン大統領から日本に対して参加要請がありました。

岩野　北原さんが、ジスカール・デスタン大統領が首脳による経済会議を計画しているという情報を掴んだのでしょう。それでいろいろと活動を始めたと聞いています。北原さんの功績ではないですか。

――三木さんは乗り気でした。

岩野　日本が国際社会に出て行く絶好のチャンスです。あのときは経済に中心を置いた会議をジスカール・デスタン大統領は考えていたのでしょう。大統領は経済の専門家ですから。それを三木は政治的な面に、世界情勢を話し合う会議にしようと動きました。そのためにはどうしてもアメリカが参加しないと意味がない、ということで努力しました。

――サミットでも平澤さんは何か絡んでいたのでしょうか。

岩野　サミットの打ち合わせの段階ではありません。アメリカを確実にサミットに出席させるためのいろいろな裏工作をしたかもしれません。

――岩野さんはサミットに同行されていないのでしょうか。

岩野　ランブイエには行っていません。予算の陳情が始まりかけておりましたので。あのときは皆さん苦労したでしょう。隔離されましたからね。結局首脳だけがランブイエ城に入って、首脳以外はパリ市内に宿泊したわけでしょう。苦労されたようですね。海部さんがパリと会場を行き来して、一生懸命に記者発表をした。お城に泊り込んだのは三木と高橋亘さんだけです。

スト権スト

――三木さんは、スト権ストに対してどのように対処する方針でしたか。

岩野　これは絶対に禁止ということで臨んでいたでしょう。田中内閣のときから動きがあり、石田博英さんを労働大臣として対応しようと考えました。ところが結果的には成功しなかった。とにかく、国鉄千葉動力車労働組合が激しく抵抗していました。スト権ストは絶対禁止という姿勢でした。

――巷間三木さんは党内左派であって、スト権を認めるのではないかと見られていました。

岩野　それは少し違いますね。ストそのもの、本来のストは労働者の権利ですから問題ないでしょう。しかし、スト権ストということになれば対応が全然違っていました。

――加藤寛さんは、当初三木さんから条件付きのスト権付与はどうかという打診があったと書いています。

岩野　その詳しい内容は知りませんが、終始姿勢は変わっていませんでした。

――海部さんがだいぶ活躍されました。

岩野　官房副長官でね。明大出身の国労書記長の富塚三夫《とみづかみつお》さんと、さかんにやりあいましたね。あのときから三木の姿勢は変わっていません。その対応がぶれることは全くありませんでした。

――富塚さんとは前から面識はあったのですか。

岩野　いえ、富塚さんとは全くありません。一切出入りがなかった。テレビに出て、我々も明大の出身ということを知ったぐらいです。

――スト権問題を検討していた、政府の専門委員懇談会の意向を尊重したということでしょうか。

岩野　それは十分いろいろな意見は聞きます。ただいわゆるスト権ストそのものに対しては、絶対に妥協する姿勢はなかったと思います。

三木内閣期の外交

――外交について伺います。日中平和友好条約の締結交渉が三木内閣のときに本格的に始まります。覇権条項の挿入をめぐって日中が対立します。

岩野　私はよくわかりませんが、もともと三木は日本の平和と安定のためには、日中の国交正常化が必要という考えを持っていました。私たちは覇権条項もどうしても入れるべきだということをさかんに話しました。

――自分の内閣でまとめたいという思いを抱いていたのでしょうか。

岩野　三木自身としては、日中国交正常化に自分は相当努力してきたという自負があったでしょうから、何とかまとめ上げたいと思っていました。

周恩来さんとは三木が訪中したときから、非常に意気投合したと思います。周恩来さんが健在であれば、三木の手でうまく前へ進んだかもしれません。

――一方でソ連との交渉も難しいものでした。

岩野　そうですね。三木が外務大臣のときにソ連に行って、ずいぶんいろいろと努力しましたけれどもね。なかなかあの当時としては前進しなかったですね。

――北方領土について、平澤さんが『フォーリン・アフェアーズ』に論文を発表して、二島返還・二島凍結論を打ち出します。国内からは猛反発を受けましたが、三木さんはどう見ていたのでしょうか。

岩野　ひとつの考え方という気持ちを持っていました。三木は「ひとつの案だな」と言っていました。表面上は四島返還を言っていますけれども、そういう気持ちもあったのかもしれません。あのときの国内の雰囲気として、ああいう案を公に言えば袋だたきにあいます。日本の政治環境がそれを許さない。結局四島一括返還が、日本の基本的な方針になっていたでしょう。現実問題としてそれが良かったかどうか。そのあたりは、日本の外交は少し頑なになりすぎていて、もう少し柔軟な対応をしたほうが良かったのかもしれない。

あのとき早期返還を実現するためには、平澤さんの案しかなかったのではないですかね。あの提案で進めて、後は議題として残しておけば。ソ連の情勢が変わる前の段階ですからね。もう還っていたかもしれない。二島を返還して、国後と択捉の領土問題は残っているという形で外交折衝をやっていればベターだったかもしれない。

――三木内閣の二年間で、三木さんが外国に行ったのは三回です。もっと行けなかったのですか。

岩野　あの政治環境では行けない。日本を離れることはできませんでした。国を離れるという環境では、経済的にも政治的環境から言っても、そういう状況ではなかったですね。一番悪い環境で、総理になった。あのような政局だからこそ、三木以外では自民党が政権を維持することが大変だったと言えるのかもしれません。

――一方で外国の要人がたくさん来ますね。

岩野　エリザベス女王が初めて来日されました。

――エリザベス女王の来日は前々から決まっていたのですか。

岩野　それは外交日程としてすでに決まっていたことです。

政務次官人事

――一九七五年一二月に政務次官を替えます。内閣発足時は、田中内閣の政務次官がほぼ留任しています。政務次官の人事についても、やはり各派閥から推薦がありますか。

岩野　無論そうですよ。やはり各派閥から推薦名簿が出てきます。

――政務次官には、当選二、三回の議員が就くことが多かったですね。

岩野　そうですね。昔は五回生ぐらいでしたが、あのときの常識としてはそうですね。大臣には普通の議員ではなれませんでした。永年議員で大臣になれなかった方をたくさん知っています。大臣適齢期という言葉もありませんでした。

――三木さんは政務次官の人選には関与しないのでしょうか。

岩野　あまり言いません。私も久次米健太郎さんの処遇を話しました。後々のことを考えて。久次米さんはすでに政務次官を経験していましたが、「大蔵政務次官をやりたい」と言われたので（笑）。「久次米先生がこう言われたので、何とか配慮できませんか」と私が井出官房長官に話しました。そうしたら、「岩野君、そんなところに口出しするな」と言われて、お叱りを受けたことがあります（笑）。

―― 政務次官でも、大蔵や通産に入れたいという意向が各派閥にはありますか。

岩野 それはありますよ。大臣ですと、経済関係になりたい。経済関係の大蔵、通産、農林、建設、こういったポストを希望する議員が多い。政務次官も例外ではありません。常任委員長でも同じです。

―― 主流派か反主流派かによって、政務次官のポストにも違いが出てきますか。

岩野 やはり違います。大臣と同じで、反主流派であれば政務次官も、数としては割り当てられてもいいポストは回ってこない。反主流派にいると、大蔵、通産、建設といったポストには就けません。そういったポストはすべて主流派が押さえてしまいます。

委員長のポストもそうです。バランスはとれていても、その内容で差がついてきます。これは人事上の現実問題です。党のポストでも同じです。特に、党の政策を担当する政務調査会には、役所の数だけ部会と調査会があり、その責任者の部会長や調査会長のポストでも同じです。だから、三木派は、労働、環境、そういう政務次官が多かった。経済関係の政務次官にはなれない。大臣も同様です。経済閣僚としては、三木が通産大臣になったのが、最初のいいポストです。その前に石橋内閣で井出さんが農林大臣になりました。

―― このときの政務次官は多士済々です。細川護熙、浜田幸一、綿貫民輔《たみすけ》、羽田孜《つとむ》、石井一、森喜朗、林義郎、小沢一郎。それから、このあとすぐ寄席に出て辞めてしまう立川談志さん。中村禎二《ていじ》さんが七二歳で政務次官になりました。

岩野 中村禎二さんは国会に出てきたのが遅かったですからね。

―― 田中派が非常に多いですね。

岩野 そうですね。派閥的に一番大きかったですから。

ロッキード事件の発覚

――それまでは、内閣ができて一年以内に総選挙を行って、国民に信を問うケースが多かったと思います。三木さんは、一九七五年のうちに解散する考えはなかったのですか。

岩野　予算を上げてから解散するという計画を内心抱いていました。その前にロッキード問題が報じられたでしょう。それで結局解散の機会を逃しました。

――ロッキード問題がチャーチ委員会で発覚したのは、現地時間の二月四日ですね。二月五日にワシントンの日本大使館から三木さんに、明日ロッキード問題が発表されるという連絡があります。そもそも三木さんはロッキード問題について、早い段階から把握していたのでしょうか。

岩野　私は知っていたと思いますね。二月五日か六日の朝、公邸で三木と話をしたときに、三木は具体的な名前をあげませんでしたが、「相手が若いから許さん。年寄りなら許してもいいけど」と、はっきり言いました。私はそのときに三木は名前を知っているなと思いましたし、私も当然田中角栄さんだと推察しました。ある程度の情報は入っていました。

――朝、岩野さんが公邸に行かれたのですか。

岩野　そうです。三木に呼ばれて早朝公邸に行って、三木と二人で話しました。

――ロッキード問題を話すためですか。

岩野　他のこともあって、打ち合わせをかねて行きました。まだ日本間で横になっていました。公邸で三木は日本間を寝室にしていて、私が着いたときにはまだ布団のなかで寝ていました。朝八時前でした。三木が起き出して、私は布団の横に座って話をしました。それでロッキードの話になりました。

ロッキード事件発覚直後の２月６日の衆議院予算委員会において、楢崎弥之助（社会党）の質問に答える三木武夫。この委員会で「日本の政治の名誉にかけても」と発言〔明治大学史資料センター所蔵〕

選挙の話もしました。「これが出なければ、予算を通して選挙ができましたね」と私が話すと、「そうだ」と三木本人も言いました。早く選挙の洗礼を受けたかったことは事実です。予算を通すのが前提ですからね。予算を通して選挙をやろうという腹は決めていました。

――三木さんが把握していたロッキードに関する情報は、どこからのものですか。

岩野　どういうルートで入ってきたというのは知りませんが、話したときはそういうふうにはっきりと言いました。今でも覚えていますよ。

――三木さんは、ロッキードに関して傷がなかったのでしょうか。

岩野　ありません。その後に松野さんの問題が出ました。あれを見ると、政治家はどういう顔をしているのだろうと思いましたよ。

――「日本の政治の名誉にかけても解明する」と、強い姿勢を示します。三木さんは党の役員にも相談することなく、強い姿勢を示したわけですね。

岩野　一連の田中金脈問題などがありましたから。それでなくとも、徹底的に自分の手で自民党を改革し、政治改革をやりたいという気持ちがありましたからね。そういう決意を持って臨んでいました。

――早くから児玉誉士夫の名前があがっていますね。児玉は中曾根さんと親しい関係で、中曾根さんの関与も疑われていました。

岩野　それは一切聞きませんでした。あのときは幹事長ですからね。

――そうすると、田中角栄さんのほうを解明するということですか。

岩野　角栄さんが中心だと、本人は見ていました。三木も、改進党時代から中曾根さんをよく知っていますからね。そのあたりの見方は多少、田中角栄さんを見る眼とは違うのではないでしょうか。いろいろな噂があったことは事実です。

――発覚後すぐに、久保卓也《くぼたくや》防衛事務次官が、自衛隊のＰＸＬ（次期対潜哨戒機）を国産化する予定が、国防会議の前に田中さん、後藤田さん、相沢英之さんの話し合いで白紙還元されたと証言しました。三木さんはそちらのルートを解明するつもりだったのでしょうか。

岩野　無論あったと思いますよ。だけど、あの会はそうではなかったということで証明されたのではないですか。後藤田さんも相沢さんも否定しているでしょう。それで一応説明がついて、了解ができたはずです。久保さんも発言を取り消していますし。

――全日空ルートと丸紅ルートが中心ですか。

岩野　結局あのコーチャン証言もそれが中心でしょう。防衛庁のほうはまた別のルートでしょう。後で松野さんの問題が出ました。児玉さんの問題のずっと前から、防衛庁の航空機に絡む問題で、いろいろ噂がありました。

――幹事長の中曾根さんとも対応を協議しているわけですか。

岩野　いえ、やはり井出さんでしょうね。防衛庁長官の坂田さんも三木は信頼していました。閣内ですと、井出、坂田。それから無論河本さんにもいろいろと相談しています。

――外交ルートを通じて資料を入手しようとして、フォード大統領に直接親書を送ると表明します。この発想はどこから来ているのでしょうか。

岩野　平澤さんのアドバイスがあったかもしれません。その可能性は十分にあります。

――関係者の公表については、田中角栄さんの名前があると踏んでいたのでしょうか。

岩野　当然そのように見ていたと思います。灰色高官の人が中心だとは、誰しも思いませんよ。

――三木さんは、若泉敬さんを通じてアメリカ側に平澤さんを密使として送りたいという意向を伝えています。三木内閣期でも、三木さんは若泉さんとつながっていたのですか。

岩野　いえ、確かその頃は出入りしていません。総理になったときは、若泉さんは福井に引っ込んでいたのではないですか。総理になってからは、若泉敬さんが事務所や南平台に来た記憶はありません。

――密使という形で平澤さんを派遣します。

岩野　それは三木が当然しています。平澤さんは岸さんのときに、岸さんの訪米の露払いに先行して、地ならしをしたという話を聞いていますから。そういう意味から言っても、平澤さんも三木と親しい反面、いろいろと主流派のルートはあったと思います。長い間にわたって政府とのパイプ役になるようなアメリカのルートを当然持っていたはずです。それは十分考えられます。

――アメリカ側は資料の公表には難色を示して、資料の提供にあたり、捜査での使用に限る、氏名を公表しないという条件を付けます。フォード返書も同じ内容でした。

岩野　おそらくいろいろな話し合いはしていると思います。だけど、平澤さんがそれに対してＯＫを出す決定権はありませんから、アメリカ側の意向は持って帰ったということでしょう。向こうはこういう意向だという形で帰って来たのでしょうね。

――ロッキード問題が明らかになって、国会の予算審議がストップします。三木さんとしては、何とか早い段階で正常化させたい意向だったわけですね。

岩野　無論、そうですね。それは、海部さんが官房副長官としてパイプ役になって、一生懸命にいろいろ骨を折った。これは十分考えられます。自民党や野党の国対議運族関係のルートをフルに活用して正常化に向けて動いたことは事実です。松野さんも党内調整に努力されたと思います。

――その一方で検察が動きます。検察とのやりとりをお近くでご覧になったのでしょうか。

岩野　私は見ていません。それは官邸しかできない。役人は私邸には一切来ません。三木は私邸には週末しか帰ってこない。月曜日から金曜日までは公邸で生活していました。

――椎名副総裁が「三木は、はしゃぎすぎだ」と言い始めました。

岩野　何か急にいろいろな動きが出てきましたね。

――このあたりですと、椎名さんとの関係は良くなかったのですか。

岩野　もう良くなくなってきていますね。福田さんも含めて、何とか抑え込みたかったのでしょう。そのあたりが三木と旧来の自由党系の人との政治姿勢の大きな違いでしょうね。指揮権発動と言わなくても、何とかそういう問題の拡大を防げないか、というのはあったのでしょう。

――予算は暫定予算になって審議が続きます。四月にアメリカの報道で、ＣＩＡ（中央情報局）の金が自民党に流れていると報道されます。

岩野　あれは前から自民党に入っていたということでしょう。それがずっと来ていたと。三木は、党の資金には一切ノータッチで、すべて幹事長が采配します。三木は噂には聞いていても、現実にあるとは思ってないでしょう。岸さんのときでしょう。岸さんとのつながりで来たぐらいにしか受け取ってなかったと思いますよ。

――三木さんは四月に平澤さんを通じて、元首相、閣僚、幹事長が事件に関与していないかを知りたい、返事によっては自民党を出て選挙するとキッシンジャーに伝えています。

岩野 それはわかりません。自民党を出て選挙というのは、私は考えられないと思います。

――予算がやっと衆議院で通って参議院に回されます。民社党が賛成に回ったからですが、民社党とはその当時も近かったのでしょうか。

岩野 民社党はいろいろなルートで割にありましたからね。海部さんを通じて国対委員長などを務めた池田禎治さんもしょっちゅう来ていましたし。それと佐々木良作さんとも常につながりがありました。

――民社とはやりやすいのですか。

岩野 そうです。古く言えば、西尾末廣《すえひろ》さんの時代から三木は関係がありましたからね。それから西村栄一さんもそうです。民社の系統は、三木が協同党時代からの行動からすると、もともと考え方が近いわけでしょう。割に話もしやすかったし、政治感覚が似ていたのでしょう。

――社会党や公明党とは、いかがでしたか。

岩野 公明党は三木とは良くなかったでしょう。社会党も、個々にはありましたよ。例えば三宅正一さんは三木に好意を持っていました。私が使いでお訪ねすると、自分から「三木さんと同期生だよ」と、昔話をしてくださいました。土井たか子さんも三木に対する好意はありました。中沢茂一さんや川俣清《かわまたせい》音《おん》さんとも関係が深い。個々の先生とはいろいろ関係がありましたが、党としては。

三木内閣で追及を受けたのは、社会党と公明党からです。資産問題とか使途不明金問題で公明党と社会党から徹底的にやられました。社会党には楢崎弥之助《ならざきやのすけ》さん、公明党には黒柳明《くろやなぎあきら》さんという有名な爆弾発言議員がいました。

――民社と協力して予算を通しますが、中曾根さんが、当時流行《はや》っていた支持者向けのテレホンサービスで、自分が民社と密約を結んだとアピールしていたことが問題となりました。

岩野　テレホンサービスを活用してさかんに言い訳したでしょう。そんな事件がありましたね。

――四月にアメリカから資料が来ます。公表しない条件でしたが、三木さんは刑事訴訟法第四七条の但書に基づけば公表できると、いわば盲点を突いて公表への意欲を示しました。

岩野　検察で三木と一番の窓口になったのは、安原美穂《やすはらよしほ》さんでしょう。そういう知恵は、安原さんのルートから来ていたのかもしれません。当時、三木のところに一番来ていたのは、確か安原さんです。

――法制局関係者が、三木さんに教えた可能性はありませんか。

岩野　法制局、あるかもしれません。検察の窓口は安原さんですね。他にも、元高検の検事長で割に親しい方がいましたからね。大阪高検の検事長だった別所さんとかね。河井信太郎さんも関係深かったですね。他にも大西正男代議士のように弁護士資格を持った同志もいます。大西さんは検事出身です。

三木おろし

――五月に、椎名さん、田中さん、大平さんが反三木の動きを取っていると報じられ、三木おろしの動きが表面化します。三木さんは椎名さんと会談しようと考えていたのですか。

岩野　いろいろと考えていたようです。井出さんも苦労していました。

――六月の終わりにようやく会談します。ロッキード問題で解散が遠のきましたが、五月、六月のあたりで解散する考えはなかったのでしょうか。

岩野　あの段階では解散などはもう頭にありません。党内の混乱を解決しないといけないというほうが強かった。ロッキード問題が発覚してからは、解散総選挙を考えていません。あの時点で選挙をやれば、逆にロッキード隠しということで、野党だけではなくマスコミからも叩かれたでしょう。三木自身の政治姿勢が問われました。だからあそこで解散は考えられなかったですね。

――三木おろしの声があがるなか、六月に新自由クラブが結成されます。事前に新自由クラブ結成の動きを把握していなかったのでしょうか。

岩野　私はわからない。初めて知ったのは、真鶴に滞在しているときに、東京新聞の村上彪記者から電話がかかってきて、「山口敏夫、西岡武夫も参加したこういう動きがあるよ」ということで、それで初めて私は知りました。そのときに西岡さんと山口さんが入っているという話を聞きました。具体的な名前も聞きました。やはり西岡さんが官房副長官になれなかったことを根に持った行動と受け取りました。新聞に出たのは五月頃ではありませんでしたか。

――三木さんは抑えにかかったのですか。

岩野　おそらく河野洋平さんには鯨岡さんや坂本三十次さんが説得しています。河野謙三議長をつくるときに一緒になって一生懸命努力した仲間です。森美秀さんも河野洋平さんと同期生で非常に親しかった。そういう方々が新党結成を思いとどまらせようとしたのでしょう。松野さんも動いていました。山口さんには石田博英さんを通じていろいろ説得したはずです。

――若手の議員が自民党を飛び出していこうという動きについて、どのようにお考えでしたか。

岩野　私はあのときは、ロッキード隠しに加担しているのではないかと受け取りました。河野洋平さんが、なぜこんなときにこういう行動をとるのかと。事実上ロッキード隠しにつながっていくと私は受け取りました。

あの方たちが政治改革を言うのであれば、ここで三木政権を助けて、はじめてそれが成し遂げられるわけですから。三木にもそういう話をした記憶があります。これは完全にロッキード隠しの加担ではないかと。というのは、河野洋平さんの親父さんの一郎さんは、児玉と関係が深かったですから。児玉誉士夫は鳩山政権以来の仲間ですから、河野洋平さんも児玉さんと関係なかったとは言えない。洋平さんは議員になる前は一郎さんの鞄持ちというか、秘書の仕事をしていたでしょう。

――ロッキード隠しではないかという岩野さんの発言に対して、三木さんはどう答えましたか。

岩野　特に反応はなく、ただ渋い顔して聞いていました。

――直後にサンファンサミットのために日本を発ちます。サミットに同行されたのですか。

岩野　行きましたが、会議場には入れません。ただ、同じバンガローに泊まり込んでいました。あそこは一つの家が六部屋の別荘で、バンガロー風でした。三木、大平さん、宮澤さんはそれぞれ別棟です。それぞれ独立していました。

――二回目となると、雰囲気などは違うのでしょうか。

岩野　皆さん顔なじみですからね。行ったとき、やはり三木はロッキードの問題が頭から離れなくて、「何とかフォード大統領と差しで話ができないだろうか」とさかんに言いました。三木と國弘さんと高橋亘さんと私で、「夕食会の前に何とか差しで話ができる方法はないだろうか」とか、「晩餐会の席で何とかできないか」と話し合いました。電話で会談しよう、でも通訳の問題が出てくるとか、我々もない知恵を絞っていろいろと発言していました。結局結論が出ないまま時間切れになって、晩餐会に出席しました。

――ロッキードについて話し合うためですか。

岩野　無論。内容は言っていません。だけど「差しで話したい」と。だから私はロッキードと受け取っていました。外務省も入れたくなかったので、ロッキード以外にはありえません。

――前年の日米首脳会談のように、國弘正雄さんを通訳に、差しで会談しようとしたのですね。

岩野　そう。晩餐会は首脳だけで、國弘さんは出られませんからね。

――やはりロッキード問題で頭がいっぱいだったのでしょうか。

岩野　三木はそうですよ。一番重要な問題ですから、極端に言えば、徹底的に解明しなければ、次の自分の政治行動が起こせなかったでしょう。解散総選挙ができない。選挙をやらなければ三木体制が確立しません。何とか選挙ができる体制を作って、選挙をやりたいということです。そのためにはまず国民に理解されるようにロッキード問題を解決する以外にない。それしかありません。

――サミットに向かう前から全日空や丸紅の関係者が次々に逮捕されています。七月二七日には田中角栄さんも逮捕されます。前首相逮捕の情報を三木さんはどの段階で入手していたのでしょうか。

岩野　私は知りませんけれども、公式には当日の朝、稲葉さんが三木に電話して話したとなっています。それ以上のことは知りません。

――稲葉さんは、前日に地元で釣りに行っていました。

岩野　稲葉さんは鮎釣りが好きですからね。本当に好きですよ。ご自宅に伺うと、「鮎のこれ美味いぞ、食え」とか言って、鮎の干物をごちそうになったりしました。

――田中角栄さんの逮捕という事態を予想していたのでしょうか。

岩野　おそらくしていたと思う。当然行き着くだろうとは思っていたでしょう。

――指揮権発動という考えはなかったのですか。

岩野　それは全然持っていなかったですね。だから、三木には惻隠の情がないと、三木おろしが激しくなりました。

――三木さんの自宅に鬼頭史郎判事補のニセ電話がかかってきました。その場にはいましたか。

岩野　私はいませんでした。吉田忠志《ただし》君が電話番で南平台にいました。翌日の朝、吉田君が検事総長からこういう電話がかかってきたという話を聞きました。吉田君は布施健《たけし》さんと受け取っていました。布施さんから電話が来た、別室へ行って話していたという話を聞きました。彼も布施検事総長ということで取り次いだだけですからね。この話を、八月六日に原爆慰霊の行事に参加するために広島に向かうときに聞きました。八月四日の晩の電話です。

――田中逮捕で三木さんへの反発がさらに強くなるなかでも、広島と長崎を訪問したのですね。

岩野　もともと軍縮を推進して平和な世界と核兵器のない社会、それに原爆の被爆者の皆様への祈りと誓いです。自分から積極的に参列することを決めていました。

挙党体制確立協議会の結成

――田中角栄さんの逮捕でさらに三木おろしの声が高まります。挙党体制確立協議会（挙党協《きょとうきょう》）が結成されることになりますが、反三木勢力の結集の動きを早くから把握していたのでしょうか。

岩野　動きは、いろいろと。衆議院の議員面会場の上で集まっていましたね。

――当初は三木おろしには消極的だった福田さんも、次第に反三木に姿勢を転換していきました。

福田さんはなぜ姿勢を変えたとご覧になりましたか。

岩野　自分が政権の後継者だという意識が強かったのではないですか。ポスト三木に関してはあのとき、福田さんと大平さんで一致したわけでしょう。そういう政権獲得の意欲というのが強く滲み出てきたという気がします。

――福田さんが反主流に回ったことに関して、三木さんはどう思ったのでしょうか。

岩野　「福田が俺に協力すれば、あと福田を推して、副総理になってでも福田を助けてやる」と、さかんに言っていました。福田さんを何とか説得しようと、いろいろと努力はしました。というのは、椎名裁定のときも三木と福田さんが話し合って椎名裁定が可能になりましたし、松野さんが党三役にいましたから。福田さんは反田中で、福田さんのほうが自分としては力を借りやすいし、どっちかというと清潔感といえば相通じるわけでしょう。体質的には官僚出身と党人派との違いはありますが。

――三木さんは挙党協が結成される前に何か動いたのでしょうか。

岩野　何とか阻止しようということでみんな一生懸命に動いたでしょう。止めようということで。福田さんも説得したでしょうし。

――挙党協が結成される前に、三木さんはホテルオークラで福田さんや大平さんと会っています。そのセッティングをなさっていませんか。

岩野　あれは官邸のほうでやっています。この会談で三木も、福田さんと大平さんに、どちらが政権を担当するのか、一本化できていないではないかと逆襲しました。

――このときは松野頼三さんが三木さんのサポートに回っていますね。

岩野　そうですね。結局あれから福田派で松野さんは孤立したでしょう。もしかしたら、最初の人事のときから福田さんは松野さんを引き抜かれたという気持ちがあったのではないですか。

――松野さんが三木さんの側に立ったのは、なぜでしょうか。

岩野　いや、よく知りません。昔からお父さんともよく知っていますから。頼三さんとも関係は悪くなく、よく遊説などで同じ電車に乗り合わせると親しく話をしていました。派は違っていても、割に他の代議士よりも親しみはあったと思います。松野さんも三木総裁のもとで政調会長になって、三木という政治家を再認識したようです。党人政治家ですから、心が通じ合ったようです。ご本人は「惚れ込んだ」と話してくれました。三木が亡くなった後も、夫人主催の集まりにも必ず出席してくださりました。

――二七七人が挙党協に参加しました。あれだけ集まると考えていましたか。

岩野　ちょっと我々は予想もしなかったですね。あれほどまでに結集するとは思わなかった。確かにショックでした。正義がなぜここまで痛めつけられるのかと憤慨しました。

――挙党協は、三木さんのもとでは解散させたくないということでした。

岩野　選挙に勝てば、その政権の基盤が固まります。そういうことで、選挙をせずにそれまでに潰したいということですね。

――三木さんには、解散に打って出るという手がありました。

岩野　ありますけど、あの段階で総選挙をやれば、おそらくマスコミもあげてロッキード隠しと書き、野党も同様に、一斉に三木を攻撃したでしょう。

――衆議院議員の任期が一二月で満了でしたから、時期的には大きな違いはないのではないですか。

岩野　違いはないですよ。ないですけど、まだ中途半端な形ですよね。ひとつは、田中さんを逮捕してすぐ解散という手があったかもしれません。だけど、それはおそらく党内からの反発を受けて、閣内

1976年9月10日の臨時閣議前の様子。同日の夕刊紙がテーブルの上に置かれており、臨時閣議前とわかる〔明治大学史資料センター所蔵〕

もまとまらなかったでしょう。

――三木さんと挙党協が激しく対立するなかで、九月一〇日に臨時閣議が開かれます。三木さんが挙党協側の一五閣僚を罷免して解散に打って出るかが注目されていました。三木さんには一五閣僚を罷免する意向はなかったのでしょうか。

岩野　揺れていたことは事実です。我々は反対しました。「それをやれば三木は独裁者だとして歴史に残りますよ」と。反対閣僚をすべて罷免して自分が兼務したうえで選挙を行えば、三木の政治史に大きな汚点を残すと私は思いました。

――それは当時岩野さんがおっしゃったのですか。

岩野　そのときはっきりと言いました。あのときは、河本さんはどちらかというと罷免推進派でした。坂田さんと井出さんが慎重派だったと私は思います。平澤さんも罷免には反対でした。やはり全員罷免して自分で兼務して解散となると、三木が独裁者になるという、私と同じような考えを持っていました。

――あのときの閣議の状況を何かお聞きですか。

岩野　私は詳しくは聞いていません。だいたい想像はつきましたけどね。

三木内閣改造

――三木内閣のもとでは解散しないことで妥協が成立し、その後内閣改造と党三役を変えることになります。まず内閣改造のほうから伺います。三木さんに強く反対していた福田さんと大平さんを留任させなければならなかったのでしょうか。

岩野　結局、内に留めるのがいいのか、外に放つのがいいのかという問題です。内に閉じ込めて、何とか手足を縛ろうという考え方だったのではないでしょうか。

――稲葉、井出、河本、永井、坂田の五閣僚は留任です。三木派の議員を改造のときに替える考えはなかったのですか。

岩野　政権を支えてきた大黒柱の二人を替えることはできなかったでしょう。総選挙に勝てば大きな改造があるわけですから。あそこで要のところを替えてしまえば、がたがたと行きますよ。三木派内も改造のしこりが残ります。派の結束のためにも良かったですよ。ですから、井出さんと河本さんの留任は当然です。

坂田さんは、三木は非常に信頼しているし、常に三木側でした。稲葉さんはロッキード問題を抱えていましたからね。

――福田派から早川崇さんを厚生大臣に起用したことが目立ちます。

岩野　福田さんは、園田直さんを持ってきました。それを三木が早川さんと差し替えたわけです。三木としては、池田内閣のときにライシャワー問題で詰め腹を切らせたというひとつの負い目があって、早川さんにその償いをしたい気持ちもあったかと思います。福田さんは無論、反対したでしょう。早川さんはそれで福田派を除名になりました。

――福田篤泰《ふくだとくやす》さんも郵政大臣で入閣しました。

岩野　福田篤泰さんは夫人が森暁《さとる》さんのかね子夫人の妹さんで、血はつながっていませんが、森家の親戚です。それでもともと三木とも関係が深いです。人柄もいい。親戚付き合いをしていました。

――外務大臣を宮澤さんから小坂善太郎《こさかぜんたろう》さんに代えます。宮澤さんの留任はなかったのですか。

岩野　大平派の内部の事情だと思います。小坂さんも、非常に三木が親しい人です。組織調査会長のときもずいぶん活躍してもらいました。

――入閣しませんでしたが、石井派の田中伊三次さん。

岩野　田中伊三次さんね。ロッキード委員長になっていた。あの人も少し不満があったと思いますよね。石井派は水曜会ですよね。坂田さんもそうでしょう。

――この改造では船田派以外の派閥から閣僚をとっています。あれだけ挙党協で三木さんに反対していても、取らざるをえないのですか。

岩野　それはやはりどうしてもね。入閣させて、少しでも党内体制を安定させたいということがあります。対決姿勢で行くのであれば切ることができるのでしょうが、対決姿勢で行ける状態ではないですよ。何とか党をひとつにまとめて乗り切りたいという気持ちが強いわけですから。最大の努力をして党内融和に努めるのは当然です。船田さんについては、三木は、船田中《ふなだなか》、船田享二《きょうじ》、藤枝泉介《ふじえだせんすけ》三兄弟とはそれなりの交際がありました。

――政務の官房副長官が海部さんから鯨岡さんになります。なぜ海部さんを続投させなかったのでしょうか。

岩野　ひとつは、将来のことも考えて、また自由な立場でその後の国会の対策にあたってもらいたいということでしょう。海部さんを将来の指導者として育てようという気持ちを三木は持っていました。

――事務方の官房副長官も川島廣守さんから梅本純正《うめもとよしまさ》さんに代わります。

岩野　梅本さんは環境事務次官を辞めて、三木の中政研の事務局長になっていました。三木内閣の改造のときに、川島さんに替わって、中政研の事務局長から官房副長官になりました。三木の意向です。三木がそうしました。

――梅本さんの官房副長官を役人も飲んだわけですか。

岩野　そうです。元内務省の出身でしょう。一回リタイアしていました。だけど、役所の枠です。

――一方の党の人事ですが、椎名副総裁が留任します。

岩野　自分の構想どおり実行すれば、またいろいろと党内の騒動のきっかけになっていきますからね。一応は党内が安定してきたでしょう。火に油を注ぐことは得策ではありませんでした。

――当初は松野頼三さんを幹事長にしようとします。

岩野　松野幹事長を考えていました。党内における活躍から見れば。それと福田さんに対する、松野さんが福田派をまとめていくためにも必要だと思ったのでしょう。福田さんを逆に怒らせる結果になりましたけど。松野さんを優遇されると派内が収まらないということだったのでしょう。

―― 中曾根さんの留任はなかったのでしょうか。

岩野 あれだけいろいろと噂が立つと留任はさせられなかったでしょうね。

―― 松野幹事長に関して、党内から猛烈な反発が出て、松野さんは総務会長になります。代わりに大平派の内田常雄さんが幹事長に就任しました。非常に地味な方ですね。

岩野 地味ですね。だけど非常に真面目な人柄です。非常に堅実な方だったので、三木は内田さんのことを買っていました。確か組織調査会のときに、いろいろ協力してもらっています。大平派ですから反三木だけど、反三木の行動をそれほど積極的する人ではありませんでした。あの方は非常に真面目で良識のある誠実な政治家です。それと、派閥活動や猟官運動をする人でもありませんでした。このときに、三木は内田さんを政調会長に考えていたのではなかったですか。松野幹事長の目がなくなって内田さんを幹事長にすえました。

―― 大平派からの推薦ですか。

岩野 無論、そうだとは思いますけど、内田さんに三木からお願いしたと思います。

―― 政調会長は中曾根派の桜内義雄さんです。

岩野 旧改進党の方で、三木が親しくしていました。やはり中曾根派から推薦があったと思いますし、三木自身が人柄もよく知っていますからね。

―― 三役に灘尾さんを残す発想はなかったのですか。

岩野 あのとき、やはり派閥の絡みがあったのかな。三閣僚辞任のとき以来の灘尾さんとの関係から、三木は灘尾さんの人柄も買っていました。やはり派閥という大きなバックがなかった。私は松野さんの幹事長が潰れたときに、どうして灘尾さんを幹事長にしなかったのだろうかという感じは持ちました。灘尾幹事長であれば椎名さんにも変化が現れたかもしれません。

――改造内閣がスタートします。三木さんの後継者を大平さんにするか福田さんにするかでまとまっていなかった反三木陣営が、福田さんで一本化されました。

岩野　まとまりました。それはさかんに、三木おろしのときから、三者会談のときもどちらが後継になるのかを決めろという話を三木がしていました。辞めろと言っても後継の一本化もできない。その当時はお互いに話もできてなかった、できるような状態でもなかった。福田さん、大平さんがお互いの勢力争いで疑心暗鬼でした。

――九月に内閣を改造したことで、解散もなくなり、一二月に任期満了の選挙になることが、ほぼ決まります。その前に、一一月に昭和天皇の在位五〇年式典がありました。この式典を無事に終わらせたいという気持ちが三木さんにあったと思います。

岩野　それは当然ありました。三木は天皇想いですからね。

――解散して選挙を行った結果の如何によってはごたごたして、式典に影響を与える可能性があります。

岩野　三木が解散を決断するにあたってのひとつの足枷にはなったでしょうね。

――この式典の直前に福田さんが副総理兼経企庁長官を辞任します。

岩野　もうやむをえないと思ったのではないですか。あれだけずっと説得を続けて、結局挙党協の活動を止められなかったわけでしょう。福田さん自身が腹をくくった。福田さんは次期自民党総裁候補として、三木は現総裁として党の先頭に立ち選挙を戦うという、いわゆる二頭立ての選挙に走られました。閣内にいてはああいう行動をとれないですし。また、ひとつには福田さんの性格もあるのでしょうね。

大平さんとの話し合いが決着したので、賭《かけ》に出たのかもしれません。

——一方で大平さんは閣内に留まりますね。

岩野　留まりました。だけど結局派の選挙活動には熱心でしたが、福田さんのような二頭立ての選挙を戦ってないでしょう。三木が街頭で「自民党総裁は私です」と言わざるをえないような選挙になったわけですから。

三木内閣退陣

——一二月に総選挙ですね。ロッキード事件の灰色高官の公認問題がありました。

岩野　自民党の公認候補を決める段階で、私と高橋亘さんは、「やはり灰色高官は非公認にすべきじゃないか」とさかんに主張しました。そのときに三木は、「そうしたら自民党が割れてしまう」、「それはできない」と全然取り合わなかった。三木が強調したのは、党が割れてしまうということです。党が割れることを避けたかった。何とか党をまとめて改革をやっていきたいという気持ちがありました。三木は自民党が一本になれば、自分がこれだけ改革に取り組んでいるのだから、選挙で負けるとは思っていなかったのではないでしょうか。

あのとき衆院選で自民党は事実上分裂していました。福田さんが別行動をとったことが決定的な敗因だと思います。私はあの選挙で灰色高官を非公認にすれば、選挙情勢はもっと違っただろうとみています。二頭立ての選挙になりました。今でもそれは残念に思っています。

——このとき、現職の総理大臣ですから、通常は全国の応援に行きますが、二頭立ての選挙で、総裁は来るなという動きもありました。

岩野　何かあったようですね。総裁遊説は、党の選挙対策委員会が担当します。遊説を全部組みます。結局事務局が窓口になるから、そう言われると事務局が弱いです。そこへ強引に日程を押し込むわけにいかない。だから、三木が直接言われたのではなく、県連から選対の事務局へ、「うちは総裁の遊説はいらない」と言われたら、選対としてはその県には遊説日程を組めません。

――それでも遊説に出ていますね。岩野さんは三木さんに同行されたのですか。

岩野　私はあの選挙のときは徳島に張りつきました。

――現職の総理大臣ですから、選挙自体は苦しくはないと思いますが、それでも徳島に行ったのはなぜですか。

岩野　最後は徳島に入りましたけど、三木本人は候補者としての選挙活動ができません。候補者不在の選挙ですから、できるだけ候補者に代わる動員体制を組んだりしないといけませんから。私は事務局のスタッフになるよりも、いろいろな弁士の交渉や、選挙事務長からの指示で後援会や支持団体などへの挨拶回りなどを行いました。

――選挙戦の最後に三木さんが徳島に帰ってきます。総理としてのお国入りは、このときが最初で最後でした。選挙前の段階で、総理としての約二年間にお国入りする考えはなかったのでしょうか。

岩野　それはなかった。すべきではないというのが、三木の考えでした。夫人はお国入りさせたかった。しかし、三木自身はそれを考えていなかったですね。

――徳島のほうから「三木さん、帰って来てくれ」という声はありますね。

岩野　無論ありました。それだけ期待が大きいだけに、逆にあのときの政治環境では帰すべきではないという考えに我々は立っていました。田中辞任後のあの政局のなかで徳島へ帰ってお祝い騒ぎすることは、三木の政治姿勢には合わないと私は判断しました。地元へ帰れば祝賀会になりますが、中央の環境はそうではないでしょう。いわゆる金権選挙という形で、自民党の体質が問われて、三木が政権を担当することになった。当然帰れば徳島で初めての総理ということでお祭り騒ぎが起こります。そういう環境をつくることは、三木の政治姿勢からしてはふさわしくない。だから帰るべきではないというのが我々の考えでした。政経文化パーティーで高松まで来ていて、なぜ徳島に帰らないのだという声が後援会からも出ましたが、徳島には帰りませんでした。夫人は「徳島は三木を帰らせなかった」と逆恨みしましたけどね。

――選挙戦の一環として帰ったということですね。

岩野　そうです。四国を回ったついでに入りました。悪いことに高知から池田町に入ったでしょう。三好郡は秋田さん二代にわたっての地元で、その中心地が池田町です。秋田支援者からすれば、三木が総理として「なぐりこみ」をかけたと受けとりますね。秋田さんを落選させたとの批判を受けました。もう少し徳島への入り方を考えればよかったと今では思います。ただ遊説の都合上、池田から入っただけです。結果的には悪宣伝されました。一度大阪に出て徳島に入ればよかったのでしょうが、総裁遊説は党本部まかせでした。

――三木さんは、一〇万票超えでトップ当選ですね。

岩野　一〇万二〇〇〇票あまりを取ってトップ当選ですね。その後一位当選が難しくなりました。

――後藤田さんが捲土重来を期してここで衆院選に出てきます。この段階で後藤田さんをどのようにご覧になっていましたか。

岩野　別に、どうこう思っていませんでした。昔から後藤田さんとの関係は深く、後藤田さんの官僚時代はいろいろと仲良くしていましたから。参院選の公認問題で大きな溝ができましたけど、その後に後藤田さんが国会に出てきても、普通に三木は付き合っていました。

――他に自民党では森下さんが当選しましたが、秋田さんは落選しました。秋田さんはそろそろ力が衰え始めていたのでしょうか。

岩野　年齢ですから。それと後藤田さんが新勢力として出てきたでしょう。もうひとつは、秋田さんにしてもそうですが、徳島市内で票が取れないといけない。秋田さんの徳島市での票が、確かあのときは八〇〇〇ぐらいになったのではないですか。だから三木が池田から入ったからではなく、徳島市の浮動票が取れなかったというのが落選の原因です。

――公明党が広沢直樹さん。徳島県内における公明党の動きは、いかがでしたか。

岩野　公明党は一議席が定席になっていました。公明党が出る前までは、社会党が二議席を取ったことがありました。公明党が候補者を出し始めてからは、定席になりました。広沢さんは、高知で市会議員、香川で県会議員、徳島で国会議員になったと言われる人で、四国一巡しています。公明党らしい候補者です。

創価学会という組織で当選した人です。だから徳島の知事選挙になると、創価学会の動向が非常に大きい。余計な話になりますけど、武市恭信・三木申三《しんぞう》戦争のときも創価学会の取り合いになりました。

――選挙全体は自民党が議席を減らして、無所属を後で追加公認して過半数を超えます。当初三木さんは退陣を明言しませんでした。

岩野　負けた時点で腹を決めていたと思います。南平台で一緒にずっと開票を追っていました。全国から入ってくる情報を聞いて、最後になると党本部へ移ります。

――自民党の結果が思わしくなかったですね。

岩野　非常に深刻な顔をしていました。

――退陣発表はちょっと遅れました。

岩野　それはいろいろと党内の動きがありますからね。あれでまた無理矢理いろいろな工作をして政権を担当できたとしても、安定した政権を維持できないでしょう。その点は潔かった。残念でしたけどもね。党の分裂を避けて党の再建の道を残したことはよかったですよ。

――本人としては志半ばでの辞任ですか。

岩野　志半ばで辞めました。それは非常に残念でなりません。本当にロッキードさえなければということ。そうでなければ、ある程度は政治改革に向けた活動ができたはずです。その後、最高顧問会議でひとつの政治改革の案を出したのは、その流れですね。

――第二次内閣まで続ける意向を最初から持っていたのですか。

岩野　無論、持っていました。何とか自分の手で政治改革の土台だけは築きたいという気持ちでした。できることなら、自民党を再建して福田さんにバトンタッチしたいという気持ちがあったかもしれません。しかし、その福田さんからの協力を得られなかったですね。

――三木さんは総理を辞めた後、「私の所信」を発表して、今後実行すべき項目をあげました。相当推敲を重ねたのでしょうか。

岩野　そうですね。それと、総理時代の自分のやろうとしていた政治延長線の問題ですからね。自分ができなかったことを引き継いでもらいたいという願いも込めた所信です。

――高橋亘さんは、いつまで三木さんの秘書を務めたのですか。

岩野　三木が総理を辞めて、間もなくまた医者に戻りました。総理を辞めたことで、三木の政治活動は、事実上それで終わったようなものです。だから、本業に戻ったということですね。

三木自身はまだやり残しがあるということで、気力は充実していました。高橋亘さんとしては、三木の政治家としての目的は達したと解釈したのでしょう。その後、高橋さんは茨城県下館（現在は筑西市）の病院の院長になりました。

†第６章　晩年の三木武夫

福田内閣の成立

――福田赳夫さんが三木さんの後継の総理になります。三木さんは、福田さんが後継になってしかるべしと考えていたのでしょうか。

岩野　福田さんか大平さんかといえば、三木は福田さんのほうへ好意を持っていますよ。それは昔の関係から言ってもそうです。三木内閣のときでも、「福田が協力すれば俺は福田内閣で副総理になって助けてやるのに」ということを言っていました。内閣の最後は福田さんと関係が良くありませんでしたが、松野さんがいたでしょう。松野さんは三木内閣のときに三木寄りになっていても、やはり福田さんとの長い関係があるから、裏ではパイプがありました。

大平さんには田中さんの影があります。大平さんと田中さんの関係は深くて切れない。田中あっての大平ですから。

――三木内閣の末期に、総裁任期を二年にする、先に二年間福田さんが務めて、大平さんがその後に総裁になるという、いわゆる「大福密約」がありました。当時はこれをご存じでしたか。

岩野　それは公になっていました（笑）。福田さんが欲を出してもう一回やると言い出して、おかしくなりました。前にも言いましたように椎名裁定のときだって、裁定の五者会談のなかで椎名さんが中曾根さんを進行役にして、会を運営したでしょう。途中でその間に三木と福田さんが抜け出して二人で話し合っています。三木と福田さんで話がついて、最終的な椎名裁定が出たわけでしょう。最初から中曾根さんを椎名さんが除外していました。大平さんは公選を主張しましたから、問題にされていなかった。結局、三木と福田さんで話がつけば、椎名さんは裁定を出せる状況になっていました。別室で話をして、最終的な結論を出す。それで椎名裁定が出る格好になったでしょう。

――三木さんは福田さんとは行動を共にすることが多いのですが、大平さんについてはどのようにみていたのですか。

岩野　大平さんとは、良くなかったでしょうね。あまりにも田中さんとの関係が深すぎました。三木は前尾さんと良かった。前尾さんと大平さんがあまり良くないですから。同じ池田派でもラインの違いがあります。そういうのが尾を引いていたのではないですか。

――福田内閣が成立します。従来どおり派閥で大臣を推薦しますね。三木派からは、海部さんと石田博英さんが入閣します。石田さんは三木改造内閣で運輸大臣でした。労働大臣に横滑りしたのは、三木さんの意向だったのでしょうか。それとも、福田さんが労政のスペシャリストということで石田さんの入閣を望んだのでしょうか。

岩野　おそらく福田さんの希望で、こういうポストを、と言ったのでしょう。ご本人も適任だと思ったはずです。スト権ストという大きな騒動の後で、スト権ストの問題がまだ完全に片づいていませんでしたし。

――もう一人は海部さんです。派内から他の人をという動きはなかったのでしょうか。

岩野　あのときはありませんでした。というのは、ひとつには海部さんは官房副長官として苦労していました。それに対しては、皆さん、おそらくはそれなりに納得していたのではないですか。石田さんに対しても、三木との昔からの関係を知っていますからね。それに三木内閣が成立したとき、入閣を予定していたのに差し替えざるをえなかった事情に皆さんが同情していたということでしょう。

――一方の党三役ですが、河本さんが政調会長になります。

岩野　やはり、あのときは派閥の勢力から言えば優遇ではないですか。三木内閣時代の経緯は別として、福田さんはあのような不安定な政局で政権を担当しましたし、選挙の反省もあって三木派への期待があったと思います。自分の政権を持ってみると、どちらかというと大平・田中よりも三木のほうが頼りになる。中曾根さんもそれほど信頼できない。お互いにライバルとして選挙を戦い、「中曾根レストラン」、「福田食堂」といわれたほど接待選挙をしたと言われていましたから。

そういうことで福田さんの三木への期待感は非常にあったと思いますよ。ただ残念なことに、総理を辞めるとだんだんと三木派の空気が河本派に変わってしまいました。

――三木派から三木さん以外で党三役に就いたのは、このときの河本さんが初めてですね。

岩野　そうです。かつて、井出さんを三役に推したことがありましたが、井出さんが断った経緯があります。

――そのときは、井出さんが受ければなれたのですか。

岩野　そうです。井出さんが受ければ三役になれたときがありました。佐藤内閣のときだったと思います。結局、三木以外で三役に入ったのは、河本さんだけでしょう。

――河本さん自身も三役入りを望んだのですか。

岩野　そうですね。河本さんはその当時すでに総裁選への出馬を目指していて、金丸信さんとの関係を深めて田中さんに接近していました。党務を経験しないと、なかなか難しい。特にあの方は政治家としての前半は経済人として来ているでしょう。バッジをつけていたけれども、政治活動がお留守になっていました。やはり党務をやって足場を作りたいという願望は強かった。

――三木派内にも、三木さんから河本さんにバトンタッチという空気があったのでしょうか。

岩野　それは事実上。総理を辞めた途端に、政治資金もそれほど集まりません。ほとんど河本さんを頼りに、盆暮れには河本さんが持って来て三木事務所で配っていたというのが実情です。それはもう極端でした。三木個人の事務所を賄う程度の政治資金は集められましたけど、派内に配るだけの資金はとても及ばなかった。あの当時、総理を辞めたときは森山欽司《きんじ》さんが参謀でいました。派の議員さんに餅代と氷代を森山さんが三木事務所で配りました。その資金のほとんどを河本さんが出しています。

――巷間三木派の政治資金は、河本さんが出していたと言われます。

岩野　三木内閣前はありません。内閣後はそのとおりです。

――あの段階では三木さんの後継者は海部さんではなくて、河本さんですか。

岩野　河本さんはポスト三木を考え、相当前から手当てしていたようです。非常に根回しが巧かった。

平澤和重の死去

――一九七七年三月に平澤さんが喉頭癌で亡くなりました。三木さんにとって大きなダメージだったのでしょうか。

岩野　大きかったと思いますね。総理のときも頼りにしていましたからね。三宿の自衛隊中央病院で亡くなりました。私も一緒についていきました。すぐに飛んで行きました。

――三木内閣の段階で、かなり状態が悪かったのではないですか。

岩野　そうかもしれません。突然出るわけではないでしょうから。我々は知りませんでした。平澤さんは酒が好きで、ゴルフをしていても、ゴルフバックの中にウィスキーを持っていて、それを飲みながらプレーしていました。乱れることはありません。そういう人です。アル中といえばアル中でしょう。

――総理大臣の頃に平澤さんは入院していますね。三木さんも見舞いに行ったのですか。

岩野　行きましたよ、入院していた自衛隊中央病院へ。私も行きました。

――三木さんは、平澤さんの癌を知っていたのでしょうか。

岩野　知っていたと思います。自衛隊中央病院の副院長が平福《ひらふく》一郎さんという人で、平澤さんの仲間、友達で主治医です。平澤さんが非常に仲が良かった先生です。平福さんの関係で自衛隊中央病院へ入院されました。三木も平福先生と親しくしていて、平澤さんの病状はすべて知っていたと思います。

三木武夫と平澤和重。インドネシア訪問時に撮影〔明治大学史資料センター所蔵〕

――平澤さんは三木さんのスピーチライター、原稿作成者という役割も担っていました。平澤さんに原稿を頼むときには、翌日までに書いてくれという場合もあったのでしょうか。

岩野　ありますよ。三木が直接電話で頼みます。

あとで私が取りに行く。平澤さんは東京會館の別館から銀座東急に事務所を移しました。だいたいは事務所かお宅に伺い、封筒に入った原稿を渡されました。有楽町の日活ビルの地下にあったナイトクラブに行くこともありました。事務所に伺って、平澤さんの秘書の金崎さんから受け取ることもありました。だいたい骨子を書いています。

――その段階でできているのですか。

岩野　ちゃんとできています。

――三木さんが書いた原稿を平澤さんに見てもらうこともあったのでしょうか。

岩野　三木が書いた原稿は、私は持って行きません。平澤さんが書いたものを受け取るだけです。ただ、直接三木本人が会う場合がある。赤坂事務所時代に、栄清という料亭で平澤さんと会っていたという話を前にもしました。そのときに渡っているかもしれません。そういうのは私が受け取るときには入っていません。

――平澤さんが書いたものをみると、骨子だけのものと原稿そのものがあります。両方受け取られていたのですか。

岩野　そうです。

――三木さんはなぜ平澤さんの原稿を捨てなかったのですか。

岩野　五番町に移ってからの原稿は残っています。本人の手を離れて事務所へ来てしまっているのでしょう。残っている原稿を事務所でスクラップにしていました。事務所で清書して、それをスクラップしました。三木の原稿を事務所で清書しましたから。

――平澤さんの原稿が残っているという感覚を、三木さんは持っていなかったのでしょうか。

岩野　持っていなかったでしょう。清書して返して元原稿が残ってしまっている。それを事務所でスクラップブックに保管しました。

――総理を辞めてから、三木さん自身が資料を整理している場合がありますね。

岩野　役所の資料や自分が書いた原稿は相当処分しました。元でなくて原稿にしたものは処分しました。平澤さんのはそれを自分の原稿に換えます。書いた自分の原稿は処分した場合が多い。

――三木さん本人の原稿も残っています。

岩野　事務所で清書した分が残っています。原本は三木に渡さずに清書した原稿を渡しています。

――それもありますし、三木さん肉筆の原稿が残っている印象があります。

岩野　全部は残ってないでしょう。部分的なものしかないはずですよ。

――平澤さんの原稿を捨てる意志がなかったのですか。

岩野　事務所で清書した原本の分ではないですかね。

――平澤さんの原稿に三木さんが手直しをしているのもあります。

岩野　そういうのもありますよ。それを事務所で直したのを清書して三木に渡しています。清書した原稿しか三木には渡していませんからね。

――大来さんが書いているものもあります。

岩野　それは経済のものに関してね。最初のうちはそういうのがあります。経済の、部分的な原稿は、大来さん以外の人のもあります。

――三木さんは政治家のなかでは自分で書いているほうではないですか。

岩野　それは自分の文章に直しています。

―― 現実に、一から十まで自分が書くのは不可能ですからね。平澤さんは酒が欠かせないということでしたが、その状態で書いていたのですか。

岩野 そうですね。あの人はお酒が入ったほうがしっかりするという人です。ゴルフをしていても、バッグにウィスキーを入れているぐらいですからね。関係ありません。

―― 平澤さんが地方に行っているときも、電話で連絡をすることがあったのでしょうか。

岩野 それは必ず。三木自身が平澤さんの何カ所かの電話番号を自分でメモして持っていました。電話で話をして、場合によっては栄清で直接会っていました。会っているときは運転手が三木事務所で待っていますから。ああ、今日は平澤さんと会っているなと。栄清の女将が「今お客さんが着きました」と伝えに来る。しばらくすると運転手が入ってきて、「また今晩も遅くなるな」と言って待っていました。

―― 政局などの相談ですか。

岩野 政局もあるし、いろいろ。例えば講演するときの骨子の打ち合わせもしています。毎日のように会うこともあります。

―― 平澤さんが亡くなった後は、三木さんの原稿を書く人もいなくなったわけですね。

岩野 そうですね。ロッキード判決の後の「田中角栄君、驕ることなかれ」以降は、自分で原稿を書くことはなかったでしょう。あの原稿が一番大きな原稿ではないかな。あれは必死になって、事務所に泊まり込んで書きました。

―― 平澤さんが亡くなった後は、毎日電話するような相談相手はいなくなったのですか。

岩野 そういう人はいなくなりましたね。福島さんにはお会いしていました。若手の学者を呼んで話を聞いていましたが、総理を辞めてから体調が良くなくなりました。

――平澤さんが亡くなった後の三木さんのブレーンは、福島さんがメインですか。

岩野　福島さんと、あのときはまだ大来さん。大来さんは、政策全般にわたって広く話ができる人でしょう。大来さんは、課長時代から三木のところへ出入りしていました。総合政策研究会の常連でした。経企庁の総合開発局長だったでしょう。経済の話は大来さんに聞いていましたね。相当幅広く行動していたようです。大来さんは、まだ新自由クラブから出馬していなかったでしょう。その後は宮崎勇さん。特に経済関係が中心です。不思議にも、三木と関係が深かった人が、三木以外の内閣で閣僚になりました。

――政策全般に関して相談できる人はいなくなっていたのですか。

岩野　そうですね。その頃になると、事実上三木は第一線から退いた形になっていますからね。福島さんがおられますし、必要に応じて学者や専門の方々を呼びました。ただ、学者でも来る人が変わってきましたね。宮崎勇さんも温厚で役人ぶらない人柄で、我々とも親しく接してくれた方です。結構いろいろな所へ出入りしていますね。

――そうしますと、特定の問題だけになりますか。

岩野　そう。政治改革の問題、特に政治家の腐敗防止や軍縮問題に取り組みました。元検事総長や法制局、国会図書館、自治省などの専門家、学者を呼んで話を聞きました。

ただ、基本的な問題で意見を求める人はいなくなりました。

参議院議員選挙における亀長友義の当選

――福田内閣になって、一九七七年七月に参院選があり、元農林事務次官の亀長友義《かめながともよし》さんが出馬します。亀長さんは、農林省時代から、国政選挙に出馬するのではないかと見られていました。

岩野 私も、亀長さんに出馬を勧めたほうです。亀長さんが局長時代から出入りしていました。食糧庁長官の時代あたりから選挙に出る気配を感じました。三木の後援者の幹部で東海運《あずまかいうん》のオーナーの粟飯原《あいはら》三郎さんという方と亀長さんが非常に親しく、そのルートで私は局長時代から出入りしていました。

亀長さんの地元では、「衆議院に」という声がありました。選挙に出るのであれば、参議院に出てもらうほうが県政のためです。亀長さんが事務次官になられたときに、私はさかんに「亀長さん、やはり全国区から出馬するといいですよ」と進言していました。三木が後藤田さんを参議院の全国区を勧めたように、我々も一生懸命亀長さんを全国区から出馬するよう勧めました。亀長さんも楽な選挙ができますし、徳島県の衆院選の混乱を避ける目的もありました。亀長さんは「岩野君、そんなに気にすることないよ。毎日のように来る必要はない。君の気持ちはわかっているから」と言われました。

亀長さんは、地盤が秋田さんと重複していました。徳島では亀長さんが衆議院選挙に出馬すれば、秋田さんの代わりに亀長さんが当選するとみられていました。というのは、亀長さんは秋田さんの隣の美馬郡の出身です。亀長さんは若いし、弟さんも地元にいる。人柄も徳島県人そのものです。亀長さんが事務次官になられてから徳島へ帰ると、私も一緒に帰って、三木の若い連中を意識的に亀長さんにつけました。会合の設営など、積極的に協力しました。

――三木さんの関係者をつけたのはなぜですか。

岩野　それは衆議院ではなくて、参議院のほうへ持って行こうと、そういう意味で意識的に協力しました。「これ、うちの青年部です」とか言って連れて行き、会合を一緒にもちました。そういう懐柔策もしました。秋田さんが引退される気がなかったですから、亀長さんは衆院選に出れば共倒れになるという気もあったようです。それと武市知事と同じ美馬の出身で、武市さんと非常に仲が良かった。ご本人も冷静に情勢分析をしたと思います。県内で一番波が立たなくていいと、全国区を進言しました。

――衆議院に出てこられると脅威だったのでしょうか。

岩野　それはやはり農林省ですから。徳島は農林水産業の県ですからね。影響は現職の議員より大きいですよ。西から亀長さんに攻められ、南から後藤田さんに攻められたら大変ですよ。

――亀長さんは武市さんと仲が良く、武市さんを通じた説得工作もあったのですか。

岩野　武市さんも出馬について、いろいろと相談していると思います。私は直接は聞いていません。

――亀長さんの選挙を応援していたのですか。

岩野　公認でしたし、農協もつきましたからね。

――亀長さんが当選し、当選後に最初は三木派に入りますね。

岩野　三木派に入りました。亀長さんが三木派に入ったことについて、私は多少功績があったと自負しています。ただ官僚ですし、農林省で先輩だった伊東正義さんとの関係も深いです。

――のちに鈴木派に移ります。

岩野　鈴木派からの勧誘があったのでしょう。選挙で当選してからしばらく三木や武市さんの顔を立てよう、という程度の気持ちで来ていたと思いますよ。

――現職の小笠公韶さんは出馬しませんでした。

岩野　小笠さんは齢も齢でしたし。どちらかというと、地味な人柄でそれほど政治家向きのタイプではないですよね。選挙で苦労されました。

ただ、小笠さんも三木とはそれほど悪くなかった。「十五日会」という会がありまして、大学の弁論部にいた人の集まりです。小笠さんもその会メンバーの一人です。悪くはなかったのですが、選挙地盤が那賀郡《なか》だったことが問題でした。久保菜穂子という女優がいて、小笠さんの姪だと言って、さかんに徳島で小笠さんの応援に来ていたことがあります。その兄貴が通産官僚で、小笠さんも地元で使っていましたが、あまり効果がなかったですね。

――小笠さんも選挙には強くないですね。

岩野　弱い。後藤田さんは権力の使い方を知っていて、権力を巧く自分に活用したでしょう。しかし、小笠さんは見るからに役人です。権力を行使できなかった。そのあたりの差があると思います。ただ、小笠さんも岸内閣のときに官房副長官をされていました。その権力を活かせなかったですね。

――三木さんと亀長さんとの関係はどうでしたか。

岩野　悪くはないですよ。三木が総理に就任する前に各省の事務次官を集めて勉強したとき、そのメンバーにおられたと思います。出馬されることになって、三木派が中心になって応援しました。もともと役人時代から三木と亀長さんの接点がありました。

亀長さんが参議院議員を辞めて、全国共済連合会の会長に就任されてからも出入りしました。高橋紀世子さんの選挙も協力していただきました。

――参院選の後に県知事選がありました（一九七七年九月）。四期目を目指す武市さんに、三木申三さんが挑戦します。あの知事選で申三さんが出てくることを予想されていましたか。

岩野　それはもうありましたね。

――三木さんとしては、当然次も武市さんという意向ですか。

岩野　武市さんを推しました。武市さんは、本四架橋を仕上げたいということでした。自信過剰で武市さん自身も選挙に臨む姿勢が非常に甘かったと思います。

――県連の公認は武市さんでしたが、後藤田さんが三木申三さんを推します。そのときの後藤田さんの動きについては、どのようにみていましたか。

岩野　徳島県連の場合、常にそういうことがありましたからね。問題になっても処分をすることにはならなかったでしょう。それは、久次米・後藤田選挙のときもそうです。それは逆の立場だったでしょう。久次米さんが非公認、後藤田さんが公認で選挙しました。そういうのがありますからね。

――三木申三さんが相手でも簡単に勝てるだろうと見ていましたか。

岩野　いえ、厳しい選挙になると思っていました。それはもう当然厳しいと思っていました。武市さんの弟さんの評判の良くない噂が流れていました。

――三木さんは、このときは徳島に何回か帰って武市さんを応援しています。やはり心配だったのでしょうか。

岩野　無論そうですよ。やはり後々の自分の選挙に影響してきますからね。三木自身も、当然自分の力がだんだん衰えると想定しています。知事を持っているということは、相当大きな支えになりますからね。私も地元に帰って事前に三木後援会を開き、県下を歩きました。

――武市さんが企業誘致に失敗して、批判が高まっていました。

岩野 そういうこともありましたね。工業団地を造成しましたが、それは山を造成するので土地単価が高く、思うように企業を誘致できなかったということ。そのときではないですか、山本潤造徳島市長も市への企業誘致で問題になりました。山本市長が議会で、日本電気が来ますと発言しました。その後山本市長が私のところへ来て、「実は岩野さん、困っている。あの企業誘致の発言は本当は決まってなかった。何とか力を貸してもらえないか」と来ました。山本市長は後の収拾に困ってしまって、何かルートはないかと、市長がわざわざ私のところへ来ました。

――知事選と国政選挙の戦い方は違いますか。

岩野 知事選は、県民にとっては国政以上に身近な選挙でしょう。特に土建業者にとっては、直接影響が出ます。県庁への出入り業者は大変な数です。知事が替わることによって全部影響を受ける。だから、現職の知事の情勢が悪いとなると、様子見に変わってきます。あまり現職のほうには深入りしなくなります。もし知事が交替した場合の我が身の守りに変わります。その力は、隆盛なときは一〇〇パーセント選挙の力として活きてきますが、少し弱いという空気が出てくると、選挙事務所から人の足が遠のくようになります。その差は大きいです。

――それまでは知事選だったら、業者が武市さんのところへ来ていたのが、四選あたりから変わってきたのでしょうか。

岩野 知事の力や評価が落ちてくると様子見に変わってくる人もいます。

――それは武市陣営もわかるわけですね。

岩野 無論、わかりますよ。結局マスコミの空気などで、いろいろと悪い情報が伝わるとどうしても様子見になっていく。それは国政選挙以上に強いと思いますよ。

――マスコミというのは、徳島新聞ですね。徳新との関係はどうでしたか。

岩野　三木は、非常に良かった。歴代の社長とも良い関係でした。前川静夫さんが社長の時代から良い関係です。徳新が滴翠《てきすい》クラブという県内の主要な人を集めた懇談会を作りました。その最初の発会式の講師が、三木です。

私は徳島に帰ると、徳島新聞の社長と編集局長のところへは必ず挨拶に伺っていました。普通なら秘書が行っても社長は会ってくれませんが、三木との信頼関係で面会できました。いろいろと一時間ぐらい話をします。こちらが腰上げるまで対応をしてくれました。

――徳新がどう書くかによって大きな影響があるわけですね。

岩野　大きいですよ。徳島では非常に大きい。徳新の購読率は、県民の八〇パーセントから九〇パーセント。一紙しか購読しない家は徳島新聞です。影響力は大きい。四国放送も徳島新聞グループです。

――この知事選で誰を公認するかをめぐって少し揉めました。

岩野　そうですね。あのときに、四選目になると後藤田さんがだんだんと県内で力を持ってきていますからね。県議会も後藤田派と三木派に分かれていますからね。三木派はまとまって武市さんを推しました。秋田派も地元ということで、内藤茂右衛門さんという県会のボスがいましたから、武市さんを応援しました。南のほうに行くと少し違いますね。森下さんは好意を持っていても、自分の陣営を締め上げてまでということはしない。というのは、後藤田さんと地盤が競合していたでしょう。そういうこともありますから、そのあたりは違っていました。

――武市さんが辛うじて勝つわけですが、あの票数だと県政が変わってきますか。

岩野　やはりだんだんと力が落ちてきますね。

福田内閣改造

――この年（一九七七年）の一一月に福田内閣の改造があり、河本さんが政調会長から通産大臣になります。これは三役から大臣を望んだのでしょうか。

岩野　それは私はわかりません。いろいろな派閥の人事の絡みで、そのときにもう派閥としては小さいですから、福田さんと大平さんの関係があったのではないですか。福田さんの今後の政治活動上の配慮があったと思います。

――もう一人が労働で藤井勝志《かつし》さん。これは三木派から推したわけですか。

岩野　そうです。藤井さんも大臣になるには遅いぐらいでしょう。適齢期を過ぎていました。本人は、「協同党時代から三木さんの同志だ」ということと、「矢部貞治先生の直弟子だ、中曾根より上だ」とさかんに言っていました。県会議員から上がってきた方です。面白い方で、よく我々と議論をしました。落選中に、「岩野君、私の選挙公報だ、見てくれ」と持って来てくださったこともありますね。しかし、「先生、自民党公認で出るのに、どうして自民党を批判しているのですか」と申し上げざるをえなかった。平気でそういうことをする方です。「これだと自民党公認候補ではありませんよ」と、我々は意見したことがあります。藤井さんはそういう公報を平気でつくる人です。

我々は秘書でありながら、国会議員ともよく議論をしました。高村坂彦さんは、近衛内閣時代の話をしてくれました。近衛文麿さんの秘書官でしたから、その当時のことを持ち出して話をするわけです。少し時代がずれた感がありましたが、しかしなかなか情熱家で若い者とよく議論してくれました。岸さんと佐藤さんと同じ選挙区で、岸さんを敵に岸批判をして選挙をしてきた方で、気骨のある先生でした。しかし、息子の正彦さんは岸さんの孫の安倍晋三さんと総裁・副総裁で自民党を支える同志として活躍されており、時代の変化を感じさせられます。

丹羽兵助《にわひょうすけ》さんとは農政問題でよく議論しました。私はそのときに、よく若造で農協批判をしていました。農協は農民を食い物にしている、農民のためになってない、農協のために農民を使っているだけだ、もう少し農協が率先して農業の経営合理化をやる指導をしないといけないのではないか、といった批判です。例えばそのひとつが、日本の小規模農業で一軒一軒が大きな農機具を買い込んで経営が成り立つはずがない、農協が各種農機具を各農家にレンタルすればいい、そうすればコストダウンができて経営的に採算が合うのではないかという話。これは私の持論です。それから適地適作、地産地消などです。そういうのをよくぶつけて、丹羽さんと話しました。

北海道へ行ったときにその話をしました。そうしたら北海道のある組合長が「岩野さん、うちはそれをやっていますよ。だからうちの農家は、一戸最低一〇〇〇万の預金を持っています」と言われました。北海道の農協にびっくりしました。農協が北海道の広大な耕作農家に農機具を貸している。機械を各農家に買わせない。北海道でできて他県でできないはずがない。

昔の政治家は、それなりの皆さんいろいろ個性を持っています。非常に面白かったですよ。我々のムラで「村長さん」と呼ばれていた富山の内藤友明さんともよく話しました。西郷隆盛のような容貌だった薩摩雄次さん。政界にいて思い出に残る政治家です。河野金昇さんは、自分の仕事を終わると赤坂の三木事務所へ来て、我々と雑談して、「岩野君、仕事終わったら飯食いに行こうか」と言って、浅草などに連れて行ってくれて食事をごちそうしてくれました。そのときにいつも海部俊樹さんが車を運転していました。海部さんと三人とか、三木の事務所の他の人間も一緒に行ったこともあります。河野金昇さんは目黒にご自宅がありましたが、奥さんは地元にいらして、海部さんと二人で住んでいました。海部さんが住み込んで、書生兼運転手兼秘書だった時代です。海部さんはまだ学生。あのときは早稲田の大学院生でした。

河本敏夫の自民党総裁選出馬

――一九七八年一一月に自民党の総裁選が行われます。この総裁選から、予備選が導入されました。予備選は、三木さんが提唱しましたから、福田総裁のときの改革については反対ではないですね。

岩野　反対はありませんね。三木がいろいろ案を出していたものですから。

――持ち点制というのはどうでしたか。

岩野　あのあたりは妥協的でしょう。私はアメリカ的な予備選挙という話をしましたけどね。

――本人は再登板という意欲があったのですか。

岩野　私は肉体的に無理だったと思います。

――総裁選には河本さんが出馬し、福田さん、大平さん、中曽根さんとの争いになります。河本さんの出馬に関して、三木派内はまとまっていたのでしょうか。

岩野　もうまとまっていましたね。三木も反対はしません。実質河本派に移っていますから。

――この総裁選で岩野さんはどうされましたか。

岩野　このときは予備選の手伝いに行けと言われて、手伝いに行きました。あのときに初めて三木は河本事務所に足を入れました。それまでは一切行きませんでした。

――各都道府県連の予備選で、徳島でも河本さんが一位になれず大平さんに負けています。

岩野　やはり四国という地元意識が出てきたのではないですか。河本さんは日大組織を中心に動きましたからね。徳島には「阿波女に讃岐男」という言葉があります。それほど徳島と香川との関係は深い。

――三木さんは、徳島で河本さんが一位になるべく力を入れなかったのでしょうか。

岩野　私に徳島に帰れという指示はありませんでした。地元へは帰らず、関東一円を回りました。東京では戸別訪問です。ところが東京近辺を歩いてみると、一割ぐらいしか河本という声はなかった。それを三木に報告しますと、「そんなことはない」と三木が怒ったのを覚えています。三木もまだまだ金の力が強いと思ったのか、そのあたりは知りませんが、河本さんの陣営は相当派手にやっていました。だから相当伸びると思っていたのではないですか。日大の校友会も過大評価されていたのでしょう。

――河本さんの評価は、芳しくなかったのでしょうか。

岩野　マスコミが言うほどの知名度がありませんでした。日大の組織を使って浸透しているという話がありましたけど、我々が実際に地域を歩いてみると、それほど名前が知られていませんでした。おそらく、実際に歩いた方はそういう実感を持ったでしょう。マスメディアは、日大の組織と河本さんの資金力を非常に高く評価していたのではないかと、私は思いますよ。このときに三木夫人も自民党に入党して河本さんに一票を投じました。三木事務所の関係者も全員が入党しました。

――田中派の秘書軍団が動いたと、よく言われています。

岩野　そうですね。規模が違っていました。後藤田さんが采配をふるって選挙運動を実行したと。あのときに党員名簿を持ち出したという話もありました。埼玉あたりに行っても、河本さんには全然反応がありませんでした。

―― 河本さんは結局最下位に沈んでしまいました。

岩野 そう。三木もこの結果にはびっくりしたと思いますよ。三木も非常に高く評価していた。それは結局、三木自身が実際に動かなかったから、わからなかった。肌で感じていないでしょう。

―― 三木さんは徳島にも行っていませんね。

岩野 行っていません。県の事務所に任せっきりです。我々を徳島に帰さなかった。東京近辺を回りました。やはり東京近辺の票が大きいということでね。

―― 三木さんは河本さんが勝つと思っていたのですか。

岩野 福田さんが強いだろうと、おそらく三木も考えていたと思いますよ。

―― 三木さんと河本さんは、どういう関係ですか。

岩野 それほど深い関係ではなかった。一九六八年に佐藤内閣で郵政大臣になってから、河本さんは政界の活動にも重きを置き始め、派閥の会合などに顔を出すようになりました。それまではあまり顔を出さなかった。本人もバッジをつけているけど、会社中心の動きでした。前に申し上げたように、三木の組閣構想でも、最初は河本さんではなくて労働大臣で石田さんを入れる予定でした。井出さんと河本さんが南平台に乗り込んで来て、巻き返しで変わりました。そういう感情のしこりがありました。のちに河本さんが田中さんに急接近をはかったことも、三木は内心では面白くなかったでしょう。

―― 河本さんとは国民民主党から同じ政党に所属していますね。

岩野 ただ、河本さんと同じ選挙区に清瀬一郎さんがいました。清瀬さんも三木と非常に良く、派閥の会にも必ず来ていました。河本さんは、経済活動中心でそういう集まりには熱心ではありませんでした。その差が同じ選挙区で温度差がありました。清瀬さんの応援には行っても、河本さんを応援しなかった。選挙のたびに清瀬さんの選挙区に行きました。地盤的には離れているでしょうけどね。河本さんは、三木内閣の通産大臣になるまでは派閥活動にも無関心で、事務所への出入りも少なかったですね。

——福田さんは、予備選で二位になった候補者は本選を辞退すべきと主張します。その予備選で福田さんは二位となってしまい、自らの発言が仇となって、本選を辞退しました。その結果大平さんが後継の総裁となります。

大平内閣ですね。また閣僚の人事ですけど、まず森山欽司さんが運輸、渋谷直蔵さんが自治で入閣します。このときも従来どおりですか。

岩野　そうだと思います。

——河本さんが再び政調会長として党三役に入ります。これは河本さんの意向ですね。

岩野　そうですね。三木は何も相談を受けていませんでした。

——大平内閣に対する立場は是々非々でしたか。あるいは初めから対立的だったのでしょうか。

岩野　田中派の力で総裁になりましたから、最初は是々非々です。

トップ陥落——第三五回衆議院議員総選挙

——一九七九年一〇月に総選挙があります。秋田さんがトップ当選で返り咲き、井上普方さんが二位になりました。三木さんは三位で、戦後初めてトップ当選を逃します。このとき選挙は、きつい戦いだったのでしょうか。

岩野　もうやはり総理を辞めた途端に、ガタガタと後援会が緩みました。それと、武市知事も、力をなくしてきていましたからね。県民としても、三木さんは総理という目的を果たしたという空気があります。是が非でもトップ当選という気力が支持者のなかにもありませんでした。後援会全体が当選さえできればという雰囲気になってしまい、引き締めもできませんでした。

過去の三木の得票を見ると、役職に就いたときはぐっと票が伸び、役を離れて選挙をやったときはぐっと票が落ちる。三木の得票には、そういう過去のデータがあります。だから、総理で頂点に達した三木は、衆議院議員在職五〇年という目標を密かに持っていましたが、それ以外に政治家としての期待感がありません。有権者としては総理以上のものは望めない。そういう県民の意識が選挙に出ました。この頃から肉体的な衰えも目立ち始めていきますし。

——選挙運動を行っているスタッフは、このときもトップ当選という意識でしたか。

岩野 トップを目指してスタッフは運動します。スタッフはやっていますけれども、後援会が奮起してくれないと票は伸びません。それと、県内に「これからは後藤田さんの時代」という空気が出ました。

——岩野さんは徳島に行かれたのでしょうか。

岩野 徳島へ帰りました。総理のときの選挙以降、選挙のたびに徳島に帰って県内を歩きました。

——結果については、どう受け止められましたか。

岩野 それはもう衝撃ですよ、正直言って。

——選挙結果を検討したのでしょうか。

岩野 選挙事務所自体でそういう反省会もしました。県会議員も分析します。ただ、私は今でも記憶にありますが、総選挙のときに、三木の選挙事務所は選挙運動が終了すると、スタッフが予想得票を投票します。私は、確かあの選挙では六万票ぐらいしか入れませんでした。私は歩いていて、トップという自信がなかった。いつもの雰囲気ではありませんでした。

――三木さんが総理大臣を辞めてからは、それまで三木さんを支援していた団体はだんだんと離れていったのですか。

岩野　それはやはり離れていきますね。特に農協は久次米さんの力が衰えるに従ってね。その後二代、三代にわたって会長は一生懸命三木を支持してくれましたよ。しかし、それは会長が支持することであって、組織の末端まで意向が伝わるという、そういう力は持ってなかった。組織として動かすのは難しいほど、久次米選挙でダメージを受けていました。

――かつては末端まで行っていたということですか。

岩野　久次米さんが選挙をやっていましたから、そのルートに指示が全部降ります。というのは、久次米さんの選挙母体は農協ですから、その組織のそれぞれに担当者がいました。その人を通して組織の末端まで指示が出る。久次米さんが会長を替われば、そういう組織はもう活動しなくなります。

もうひとつは、久次米さんの二回目の選挙で、農協自体がもうこれで選挙は勘弁してくれとなってしまった。農協の幹部からも「次は久次米を出さないでくれ」と、そういうことまで三木に話が来るようになりました。それほど久次米・後藤田選挙を、農協はボロボロになってやりました。そういうものが後々の三木の選挙にも響いてきました。だから、正直言って、佐古に徳島の農協の本部がありますが、久次米さんが健在なときはとにかく三木派以外は農協会館内を歩けなかったと言われたぐらいです。それが、各派の皆さんが支持を求めて館内を堂々と歩いている。そう言われるようになりました。それほど違うわけです。

――秋田さんの返り咲きのトップ当選は、全く予想外ですか。

岩野　そうですね。トップというのは予想外でしたね。杉良太郎さんが秋田さんの選挙応援に来ていました。それに、山本市長が全面的に秋田さんを応援していたのではないですか。だから、徳島市で相当の票を稼いでいます。

私も徳島市をずっと回りました。市長の地元は、徳島市の二軒屋という地域です。私は市長との関係は悪くなく、市長のルートを私も持っていました。そのルートで、二軒屋のある個人の家で座談会をして歩きました。そうしたら、私が集まりを行った家で、その家の主人が事情聴取で呼ばれたという警察情報が入ってきました。私は開票の結果を待たずに、すぐに徳島から逃げ出したことを覚えています。

結局、秋田さんの違反でした。秋田さんがやられた。その同じ人が私にも座談会を設けてくれ、秋田さんにも設けました。私の席のときは飲食物を出していなかったのですが、秋田さんのときは接待をしていたようです。その家がやられたということで、てっきり私かと思い、車で高松から出ました。まさか同じ家で二人の候補者の座談会を催しているとは、夢にも思いませんでした。

本当に色をなしました。手入れをされるようなことをした覚えはなかったのですが、そういう情報が入ったものですから。その家の息子さんが明治大学に在学していた関係で、義理で開いてくれたようです。もともと山本市長の直系の家で、秋田さんに全力投球した。それが引っかかったようです。

――三木さんにとっては、全県的にきつかったのでしょうか。

岩野　全県的にそうです。ひとつは徳島市で相当票を減らしたと思います。それと南のほうが減っています。もともと最初に三木が立候補したときは、南は徳島一区で三木の選挙区ではなかったのですが、それでも勝浦郡には戦前からの三木の支持者がいました。戦後に全県一区になって、小笠、井上、森下、後藤田と、次から次へと地元候補者が出てきたでしょう。全体的に見ればもともと南は三木が非常に弱い地域です。部分的には強烈な支持者がいるところはありました。三木が全盛時代からでもそういう地域では強くはなく、三木が総理を辞めると、ガタガタと崩れて行く地域です。だから全体的に票が減るのは無理もないわけです。それと西部は秋田さんの地元です。そうすると一番攻められるのが三木です。票が減るときは全県的に減ります。増えるときも同じですが。

――鳴門や板野郡は地盤ですから、依然として強いですね。

岩野　そうです、地元です。板野と阿波、麻植《おえ》もそうです。本当は武市さんの関連で美馬も強いところですけどね。美馬でも北岸のほうが強い。特に脇《わき》町で強い。三木の強烈な支持者がいる地域です。あとは部分的には、美馬郡でも貞光と穴吹《あなぶき》で強い。穴吹にも三木の直系の県会議員がいましたし、貞光にも直系の県会議員と武市さんがいました。町村的にはそういうところしかないわけです。秋田さんに同情が出てくると、すっと三木の票が逃げていく地域です。それに三木さんは当選するだろうということで、一家で票を分ける。やはり秋田さんは親子二代につながる支持者がいますからね。

大平内閣期の三木派の状況

――第二次大平内閣で、野呂恭一さんが厚生大臣、大西正男さんが郵政大臣になりました。それから、かつて三木派にいた地崎宇三郎《ちざきうさぶろう》さんが運輸大臣で入っています。

岩野　地崎さんは大平さんになって三木派から出て行きました。

――出て行ったのはなぜでしょうか。

岩野　河本さんと合わなかった。より大平さんとの関係が深かったのではないですか。三木派では一匹狼でした。

――三木さんとの関係はどうでしたか。

岩野　悪くはなかったです。地崎さんは二世議員だと思います。戦前、三木とお父さんとは関係があって、三木とは良かった。地崎工業から献金をいただいていました。三木が総裁選挙に立候補して地崎さんの地元の北海道で演説会を開いたときに、地崎さんが中心に準備をしてくれました。

――塩谷一夫さんも三木派から出ていっています。

岩野　塩谷さんはあまり派閥活動に熱心ではありませんでした。大臣になりたかったと思います。

――福田派に入りますね。三木派は議員の出入りは激しかったのでしょうか。

岩野　そうでもないですよ。三木派から出て行ったのは、塩谷さんと西岡武夫さんでしょう。地崎さんはもともと無所属であったのを、三木派に来たわけです。河本さんになって向こうに移っています。

――三木派に最後のほうに入ってくる議員もいましたね。赤城宗徳さんと田中伊三次さんです。どういう経緯で入ってきたのでしょうか。

岩野　赤城さんは三木と昭和一二年の同期当選組です。一二年組です。そういうことで割に関係がありました。安保のとき防衛庁長官で自衛隊を国会の警備に出動させる話があり、赤城さんは反対されました。それ以来、岸さんに嫌気がさしたのではないですか。岸派で後が福田さんとなると、党人派ですから、官僚との差が三木に近づけたと思います。それに、政治活動をするには派閥に属したほうが、何かにつけて便利です。

――それは田中伊三次さんも同じですか。

岩野　田中伊三次さんも来ましたね。京都には運輸大臣になった中村三之丞さんがいましたが、亡くなられて京都には三木派の議員がいなくなっていたことと、田中さんも適齢期になっていて、石井派がなくなって無所属でいても、という気持ちがあったのではないですか。やはり、陽の当たる場所を求めるためには足場を作らないといけないという気持ちがあったと思いますよ。

――選挙を戦うための意味合いがあったのですか。

岩野　そうですね。ただ、二人とも選挙は強い人です。伊三次さんは京都で選挙が強かった。中村三之丞さんもご高齢でしたが選挙は強かったですね。

――三木派には党人派が多いのですか。

岩野　党人派ですね。県会出身が多いです。やはり官僚は官僚のところへ集まりやすいですね。三木派にも何人か官僚出身がいました。だけど、官僚派のところのようには集まってこない。近藤鉄雄さんは官僚の一人です。あとは兵庫県にいた西山敬次郎さんは通産省の出身です。橋口隆さんも通産省の出身です。労働省の有馬元治さんも、鹿児島から出ました。だけど、途中からよそへ行きました。そういう人もいましたけど、三木派にいた官僚で最後まで三木と行動を共にしようとする人は少ない。森山欽司さん、渋谷直蔵さんもかつては役人だったでしょうけど、少ないですよ。肌が合わないのかもしれない。かといって、三木は役人嫌いではありません。しょっちゅう役人を呼んで話を聞きましたからね。各分野の研究会には関係する役人に参加してもらいました。

――三木さんは、派閥を大きくするよりコンパクトにまとめたかったのでしょうか。

岩野　いえ、やはり大きくしたいという意欲を持っていましたが、なかなか伴うものが伴わない。権力で献金を集めない。無理をしませんから。

大変ですよ、派閥を維持するのは。盆暮れの手当もあるし。有力な大臣になった人でも、若いときは、時々「岩野君、飯食わないか」と誘われます。それは意図がはっきりしている。三木に軍資金を頼んでくれということです。そういう国会議員もいます。直接三木に言えないのを、我々を食事に誘ったりして、資金援助を求める。

そういう点では、田中さんは痒いところに手が届くような手当てをしたのでしょう。その差はあります。だから三木派で立候補した人が田中派に鞍替えしました。

―― 三木派には意外な人が最初所属していますね。

岩野 衆議院議長になった原健三郎《けんざぶろう》さんも、赤坂時代に三木派にいました。原さんはある日突然「コンコンさんのお告げで三木派を出ます」と言って出て行きました。綿貫民輔さん、久間章生《きゅうまあきお》さん、石井一さんも最初はそうです。皆さん田中派へ行きました。肌合いが違う。

それと、中選挙区ですから選挙区事情もあります。富山には内藤友明さんという新湊市長になった人がいまして、三木の一の子分でした。松村謙三さんと同じ選挙区で三木派です。しかし、その時点での中央政界における格が違うから両立できました。清瀬一郎さんと河本敏夫さんも同じ選挙区です。清瀬さんの後継者の戸井田《といだ》三郎さんは田中派になりました。長年、清瀬さんの秘書でした。旧改進党系は多士済々でした。それがだんだんと自民党に一本化されると派閥的に違っていきました。

椎名悦三郎の死去

―― この年（一九七九年）に椎名さんが亡くなります。三木おろし以降、椎名さんとの関係はどうなりましたか。

岩野 改善されず、関係もなくなりました。椎名裁定までは非常に交流がありました。私も使いでよく椎名さんのお宅に行きました。そういう時代がありました。

やはり、三木おろしが決定的ですね。椎名さんは、田中さんの後継に自分がなる意欲が非常に強かったのではないですか。その裏返しで、ああいう形で、必要以上に三木おろしに出てきたのでしょう。口では綺麗事を言っていますが、本心は、自分が総理になりたかったということでしょう。政治家ですから。でも派閥が小さいから、みんなが推してくれないとなれません。総理に推された政治家としては、伊東正義さん、後藤田正晴さんがおられますよね。二人とも健康上の理由で辞退されましたが。

椎名さんは、三木政権を生みましたが、育てようとはしませんでした。三木政権を支えて共に政治改革に協力されていれば、歴史の人となりえたと思います。

後継者になったご子息の素夫《もとお》さんは参議院議員時代に高橋紀世子さんと同じ会派で、ご指導をいただきました。私も時折個人事務所にお訪ねして、ご指導をいただきました。

四〇日抗争

――一九七九年の総選挙で自民党は敗北し、三木さんのときの総選挙よりさらに議席数が下回りました。

岩野　三木のときよりも得票率では上回っていると言われました。

――三木さんは、大平さんは辞めて然るべしと考えていたのでしょうか。

岩野　三木は、自分も最後に選挙結果の責任を取って辞めたのだから、大平さんも総裁として当然責任を取るべきだと考えていました。ただ、音頭は福田さんが取りました。福田さんが積極的に音頭を取ってだんだんとエスカレートしていきました。福田さんは不本意な形で退陣しましたからね。福田さんの怨念でしょう。

――三木内閣のときよりも議席を減らしながらも、居座ったのがけしからんということですか。

岩野　そうそう。大平さんと福田さんの因縁で、福田さんに引きずられてどんどん深みに入っていたという感じではないですか。

――四〇日抗争となります。このときは、三木派、福田派、中曾根派が反主流派ですね。

岩野　だけど、中曾根さんの本気度はわかりませんでした。

――選挙の後の首班指名で、大平さんと福田さんが出るという異例の事態になりますね。三木派は福田さんで統一されていましたか。

岩野　そうですね。もともと福田系が多かったですから。というのは、池田三選からいっても福田さんに近い人が多かった。そのときから出て行った人がいます。その系統だった人で残っていたのも相当います。谷川和穂さん、渋谷直蔵さん。伊藤宗一郎さん、藤本孝雄さんなどが残っていましたけど、福田さんに好意を持った人が多いわけです。本名武さん、野原正勝さんもそうです。大平さんよりも福田色が強かったですね。

――これらの方々は、選挙区の事情で福田派には入れないということだったわけですか。

岩野　そういうこともあります。それより、福田さんがポスト佐藤をにらんで勢力の拡大を図っていました。

――当時の三木派で、純粋に三木さんに近い人はそれほどいなかったのですか。

岩野　純粋に三木一本だった人は少なかった。松村謙三さん、芦田均さんの系統だと自認していた方もいます。それに、やはり二股掛けていた人がいたということ。特に佐藤政権が長かったですから、そういう関係で田中さんよりも福田さんに引っ張られた人が多かったです。

――反対に、他の派閥でも三木さんに近い議員はいましたか。

反主流派の首相統一候補として福田赳夫（右）を擁立。会見する三木武夫（中央）と中曾根康弘（左）（1979年11月1日）〔毎日新聞社提供〕

岩野　それはいます。他の派閥の議員でも来ていました。例えば稲葉修さんがそうです。秋田さんも同郷で、協同党時代の関係もあるでしょうし。椎名派であっても、よく事務所に来ていました。木村武雄さんもそうです。福永健司さん、佐藤文生《ぶんせい》さん、河野洋平さんなど各派の議員さんも出入りがありました。

――福田さんとは、総理を辞めてからも共同路線を取りやすかったのですか。

岩野　そういうことはありました。前にも話しましたが、福田さんは、最初立候補するときに三木さんからお誘いの電報をもらったと書いています。三木も若いときは地元から頼まれていろいろ役所へ足を運んでいますから、仲介者がおられ、福田さんとはお会いする機会は多かったようです。

ハプニング解散

――一九八〇年になって、野党が出した大

平内閣不信任決議案の採決のときに欠席します。これは予定どおりの行動でしょうか。

岩野　私はそうだと思いますよ。安倍晋太郎さんを本会議場から無理矢理引っ張りだしたりしているでしょう。あのときは、各派との連絡を井出さんのクラスが中心となってやっていました。最後に三木と福田さん、中曾根さんが赤プリで三者会談を行いました。福田さんが最も強硬でした。

――不信任案への対応については、本会議に欠席すると事前に決めていたのですか。

岩野　おそらく最後の最後に決まったと思います。大平さんが降りるかもしれないという気持ちもあったのではないですか。それで大平さんが勝負に出たことが、もしかすると計算違いだったかもしれません。これだけまとまれば降りるという計算があったかもしれません。期待に反して本会議の開会ベルが押されました。ベルは押せないと思っていたのではないでしょうか。

――最後の最後で中曾根さんが入って反対を投じますが、非常に激しい抗争でした。

岩野　そうですね。稀にみる激しい攻防でした。あそこまで激しいのは、ポスト田中のときでもなかったですよね。本当に激しい政争でした。福田さん自身が完全に死に切れていなかったということもひとつはあるでしょう。福田さんも、椎名さんと同じような権力に対するこだわり、執念でしょう。大平さんには田中派が強行突破で走ったでしょう。

――ベルを押せば反主流派も議場に入るだろうと見ていたようです。

岩野　それがあったし、もう片方は、結束すれば相手方は最後は降りるだろうと期待していた。その掛け違いが出たということでしょうし、田中さんの力が強かったということでしょう。

――不信任案が通って、大平さんは総辞職ではなくて解散を選びます。また総選挙です。三木さんは解散を予想していたのでしょうか。

岩野　いえ、総辞職です。あの時点では解散は予想していませんでした。

――そうすると、後継首班はどうする考えでしたか。

岩野　福田さんを後継の総裁にするつもりだったと思います。まだ中曾根さん、河本さんというところまで行っていません。当然福田さんだったはずです。角福戦争の再来でした。

――三木さんは、再登板の意向を持っていなかったのですか。

岩野　それは全然なかった。それよりも政治改革と軍縮問題に全力投球。それらに自分の活動が向いていました。再登板という気力はありませんでした。

明治大学創立一〇〇周年記念の講演

――一九八〇年は明治大学の創立一〇〇周年でした。衆議院が解散となりましたが、三木さんは「私学の精神」と題して講演しています。

岩野　公式には総長の小島憲《こじまけん》さんからの依頼かもしれませんが、岡野加穂留《かおる》さんが窓口になったのではないですか。最初の窓口は岡野さんだと思いますよ。何かにつけて岡野さんは三木のところへ出入りしていますからね。三木が徳島で講演会を開催するときには同行して、弁士に立ってもらったりしました。

――一〇〇周年記念講演は帝国ホテルで開催されました。岩野さんも参加されましたか。

岩野　あのときはついていきました。

――総理を辞めてから、明治大学によく来るようになった印象があります。

岩野　大学会館ができたときに見に行きましたかね。記念碑の題字を書いていて、それを見に行った記憶があります。それぐらいではないですか。三木が明治大学に講演で行こうとしたときに、反対する学生に阻まれてできなくなり、岡野さんが謝りに来たのを覚えていますよ。

――卒業式の来賓にもなっています。

岩野　行ったことがありますね。武道館に行きました。

それから、正確な時期は忘れましたが、三木が総理を辞めてから、明治大学が船橋のほうへキャンパスを移転するという話があったでしょう。その当時は、各私立大学がキャンパスを都心から郊外へ移していた時代です。三木は乗り気でしたが、私は反対しました。明大は都市大学で生きるほうがいい、コロンビア大学のような大学にしたほうがいいですよと、さかんに反対したことがあります。三木も誰かにおだてられたかもしれないけど、真剣にそういう話をしていたことがあります。

衆参ダブル選挙

――衆参ダブル選挙になりました。前年に続いて選挙を戦い、三木さんはトップの座を奪還しました。三木陣営は引き締めをはかったのでしょうか。

岩野　そういうことですね。前回の選挙結果は、逆に同志を奮発させたということです。それとあのときに、大平さんが亡くなったでしょう。そのことによって、徳島では後藤田陣営が「三木が大平さんを殺した」と流した。そのように流されたものですから、ますます支持者が奮い立った。非常に大きな力を発揮してくれました。

――大平さんが亡くなるとは、誰も考えていませんね。

岩野　考えていません。大平さんの心労がいかに大きかったかということです。

――引き締めというのは、後援会を丹念に回っていくということですか。

岩野　県会議員などがその地域へ行って、発破をかけて回ります。各郡で小さな集会を開きますから、そこでお願いします。前回の選挙結果が皆さんに残念な思いを甦らせますから。それに、前回秋田さんに負けたことが後援会を奮起させました。

――岩野さんはこのときも、全県を回られたのですか。

岩野　全県の主だったところをぽんぽんと回っていきます。自分なりの、県下の柱がわかっていますから、ここへは顔を出したほうがいいというところへ全部顔を出して、独自で回っていきます。たまには、選挙事務所からここで座談会があるから顔を出してくれというところには行きます。あとは、できるだけ自分で柱のところへ発破をかけて回ります。

――ここはトップ当選ですね。後藤田さんが二位に来ます。一方の参議院は、久次米さんの改選でした。久次米さんはもう一回出馬する意向でしたか。

岩野　本人は出たかった。しかし、農協がもう勘弁してくれ、抑えてくれと三木に頼んで来ました。農協の幹部から三木のところに、久次米さんを立候補させないでくれと電話が来ました。農協は選挙に疲れ切っていました。もう選挙は勘弁してくれと、連合会会長が直接言ってきました。我々にも電話をかけてきました。そういう状態になっていました。久次米・後藤田選挙で組織を挙げてやって、本当に疲れ切ってしまったようです。

――県議だった内藤健《けん》さんも名乗りをあげます。また公認問題となりますが、内藤さんが公認候補になりました。

岩野　内藤さんは、三木の選挙事務長の原田武夫さんと親戚関係があります。内藤さんの妹が原田武夫さんの息子のところに嫁いでいました。父親の内藤茂右衛門さんと原田武夫さんが二人で県会を握っていました。それが親戚関係です。そういう意味でも、三木派でも内藤健さんにまとまってしまいました。内藤さんは徳島市選出の県議でしょう。原田さんが根回しして、三木派の中西文夫《ふみお》さんが内藤さんについて、内藤さんの選挙事務長になりました。それから三木と中西さんとの関係が少しぎくしゃくするようになりました。隙間風が少しできました。彼は内藤さんを積極的に担いだほうです。彼はお人好しなものだから、うまく乗せられて、それに乗っかったと思います。

――三木さんは内藤健さんと接点があったのですか。

岩野　ありません。県会時代も全然付き合いがありませんでした。

――このときに、県議の七条広文さんも国政選挙に出馬したい意向だったのでしょうか。

岩野　七条さんは、もともと中央政界に出馬したいという気持ちをもっていました。ただ、久次米さんとの関係で積極的な動きはできませんでした。それに、内藤茂右衛門さんと原田武夫さんの関係があります。七条さんとしては、原田さんが「うん」と言わないと動けない。内藤健さんが出ると言えば、原田さんは七条さんの出馬に対して「うん」とは言えませんよ。気持ちはあっても、実際に県会をまとめられなかったでしょう。

それに、七条さんには全県的な組織がない。農協自体が阿波戦争で疲れ切りましたからね。出るにしても、農協は力にならなかったでしょう。久次米さんの選挙で力を尽くしてしまったことと、かつて農協中央会会長の座を争った久次米・七条のしこりが農協にも伝わっています。久次米さんと七条さんが一体となって、農協もしっかりと七条さんを推す体制があれば、また違ったでしょうけどね。なかなか農協は難しいですね。

――県連の総務の投票で、内藤さんが上回ります。久次米さんが再び無所属で出る可能性はなかったのですか。

岩野　なかった。もう農協が推さないのだから。農協中央会の会長をはじめとする幹部が、久次米さんの立候補に反対しました。正副会長や専務が反対してきました。久次米を出さないでくれと、三木に直接電話をかけてきました。

――三木さんは、久次米さんに直接何かアクションを起こしましたか。

岩野　いや、どうしたのかな。よくわかりませんが、農協の意向は本人に話したと思いますよ。久次米さんも農協の空気は十分にわかってはいたでしょう。ただ、農協も久次米さんに直接言えないから、三木のところに言ってきました。

この頃、私も久次米さんとの関係が良くなかった。その前の一九七五年の地方選挙で、県議選に板野郡から久次米さんの息子の圭一郎さんが出馬しました。圭一郎さん本人が出たいということでした。そのときに、七条広文さんが一九七一年の県会議員選挙で落選しており、私は久次米さんに「あれだけ久次米さんがお世話になった七条さんが落ちているのだから、今度だけは息子を出さずに七条を応援してくれ」と頼みました。久次米さんは私に、「息子と縁を切ってでもそうします」と言ってくださった。ところが、それを振り切って圭一郎さんは出馬しました。そうしたら、久次米さんはもう必死になって息子を応援して、それで私と久次米さんの仲が少しずつ悪くなりました。

その県議選のときに、私は三木に言われて陣中見舞いに三木派の県会議員のところを激励して歩きました。私が空港に着いて、三木事務所に入るまでに、もう久次米さんから苦情の電話がありました。「岩野はけしからん、七条の応援に帰ってきた」。そういう電話が来たぐらいです。それでだんだんと、私自身が久次米さんとは良くなくなり、久次米さんも最後のほうには派閥の朝食会にもあまり顔を出さなくなってきました。圭一郎さんの選挙以来、そういう関係でした。だから、久次米さんも直接三木に頼まない関係になっていました。

その選挙では七条さんが当選して、圭一郎さんは落選です。そうすると、今度は藍住の町長選挙に圭一郎さんは立候補した。現職の町長は徳元四郎《とくもとしろう》さんで、三木の選挙事務長をお願いした町長です。県の町村会長でもありました。徳元さんは久次米さんの選挙事務長も務めたこともあります。そこに息子が出てくると、ますます久次米さんは追い込まれるわけです。徳元さんは当選すれば次期全国町村会長が約束されていた人格者でした。圭一郎さんが立候補すると、徳元さんは立候補を辞退して、選挙では圭一郎さんが当選しました。

私と久次米さんは、親戚関係になります。久次米さんの夫人と、私の女房の母親がいとこです。久次米さんもその関係を知っていて、だから非常に親しくしていただいていました。三木の選挙のときには、久次米さんは私を連れて歩いてくれました。

――圭一郎さんとの仲も良かったわけですね。

岩野　良かったです。上京すると私のところへ来ていましたね。圭一郎さんの同級生で遠藤哲也という外交官がいます。圭一郎さんがまだ四国電力の社員だった頃に東京へ来ると、三人で飯を食べたり、そういう付き合いをしていました。

――久次米さんが最後に降りたのは策がないということですか。

岩野　もう出ても勝ち目がなく、手足もなくなっていました。農協がそういう状態でしたからね。降りざるをえなかった。農協自体がもう六年前の参院選で燃え尽きてしまいました。

河本敏夫の「クーデター」

――一九八〇年六月の総選挙後すぐに三木派が解散して、河本派が結成されます。

岩野　私は「クーデター」だと思っています。その当時の新聞は綺麗事を書いていますけど、実態は決してそういうことではなかった。

「クーデター」が起こった総会の当日、座長は井出一太郎さんです。井出さんが開会を宣言するなり石田博英さんがさっと、「このあたりで若手に世代交代したほうがいいのではないか」と、いきなり切り出しました。それでみな賛成になってしまった。誰一人反対を唱えなかった。全然議論の余地がなく、河本さんが後継者と決まってしまいました。このときの石田さんの発言からすると、福田内閣のときに河本さんが石田さんの入閣に賛成したのは、河本さんが三木派を引き継ぐ根回しのひとつの策だったのでしょう。そういう状態でしたよ。しかも三木が子飼いと思っていた鯨岡さん、坂本さんの二人が先頭を切って賛成と発言しました。あとは皆さんの拍手で決まりです。

そのときに、今でも覚えていますけど、地元へ帰っていてその会に出られなかった丹羽兵助さんが帰京して、私のところへ来て、「俺が出席していれば、絶対にこんなことはさせなかった」と、涙して言われたことを覚えています。それはあっという間でした。一生懸命に怒ったのが丹羽兵助さん一人だったということで、非常に不思議です。三木の直系を自称していて、我々が信用した坂本、鯨岡までもが籠絡されて、賛成を唱えました。そこに大きな幻滅を感じました。しかも、その口火を切ったのが石田さんです。当日の総会に河本さんは欠席していました。

井出さんも知らない。キョトンとしてしまって、何も言えなくなった。そういう空気ではなくなりました。井出さんはすぐに総会を閉会しました。ものの十分で定例会は終わって皆さんがいなくなり、三木と井出さんだけが残されました。

完全に根回しができていたわけです。だから海部、石田に対する派内の反発もなく、すんなりと行ったのではないかと私は想像します。三木から河本派に引き継ぐ工作が、あれほどまで綺麗に根回しが終わっていたのかと思い知らされました。

――根回しというのは、要はお金ですか。

岩野 無論そうです。お金。当然あれだけ一瞬で決まったということは、人事に対する異議が出ないような状態にされていたということでしょう。海部さんは手を叩くだけで、一言も発言しませんでした。

――そのとき三木さんはどう対応したのですか。

岩野 ぶすっとして何も言えなかった。まさかと思っていたのでしょう。井出さんも何も発言する余地がない空気でした。ただ二人だけ呆然と座っているだけで、私どもは声さえかけることができない空気でした。

――全く予想外でしたか。

岩野 予想外の出来事でしたね。我々としては、まさか、あの時点でそれが出てくるとは夢にも思っていませんでした。三木と河本さんの間で、スムースに継承されると思っていました。

――このタイミングは、総裁選絡みですか。

岩野 そのあたりはわかりません。私が「クーデター」というのはそれです。政界は、落ち目と言ったらおかしいですけど、第一線から退くとどんなに親しくしていた人でも冷たくなっていきます。このときも、こんなに人は変わるのかという感じを受けました。政界はこんなところなのかとびっくりしました。鯨岡さん自身は三木の子飼いだと思っていなくて、自分は松村謙三さんの直系だという意識がありました。鯨岡さんは、三木が総裁選に立候補した折に都市センターホテルの選挙事務所に掲げた肉筆の揮毫や、小山敬三《こやまけいぞう》さんの「赤浅間」など、三木から記念品を一番多くもらった政治家です。三木は鯨岡さんを自分の子飼いだと思っていました。海部さんは一言もいわなかった。阿波選挙のときの行動からわかっていました。

三木派解散にあたり三木派総会で挨拶する三木武夫（1980年6月27日）。左は河本敏夫、右は井出一太郎（三木派事務所で）〔毎日新聞社提供〕

確かに、晩年の三木派に鈴木宗男さんや桜井新《しん》さんを引っ張ってこようと動いた松田九郎《くろう》さんのような議員が派閥にいました。派内がおかしくなってきていました。しかし、そういうことにつながっているとは思いもしませんでした。

——三木さんや皆さんも、派閥はいずれ河本さんに引き継がれると考えていたのですか。

岩野　そう、いずれはそういう日は近いと思っていました。だけど、あの時点でいきなり世代交代が出てくるとは、我々も想像してなかった。すぐに河本さんは三番町に河本派の事務所を開きました。三木と井出さんは、河本さんが事務所を開いてから一年あまり、一切河本事務所へ顔を出さなかった。寄りつかなかった。

初めて行ったのは、河本さんが一九八二年に再び総裁選挙に出たでしょう。そのときになって初めて三木は河本事務所に激励に行きました。井出さんは最後まで顔を出していないでしょう。

派閥の名前が河本派に変わって、事務所が三番町にできました。ですから、三木派が代わるセレモニーはありませんでした。三木派はなくなり、三木事務所が残りました。

――三木派は解散しました。三木さんに批判的な人は、あれだけ派閥解消と言っておきながら、なかなか自分は解消しなかったではないかという人もいます。

岩野　三木は、政策を研究している政策グループだと考えていたのでしょう。普通の派閥という意識は少なかったと思います。だから常に、総会を開いても講師を呼んで話を聞く勉強会でした。政策研究グループは認められていました。

それから中政研を核にして、いろいろな講師を呼ぶときにはそれにふさわしい国会議員を呼んで一緒に話を聞かせたりしていました。だから、本人にすると、世間で言う派閥的な意識は持っていなくて、政策を勉強し議論する集団だという意識が強かったと私は思います。

そこで熱心に来たのが、鯨岡兵輔さんです。常にあらゆる会に顔を出してきて、党近代化の問題に一生懸命になったのも、腐敗防止法のときも、鯨岡兵輔さんです。頻繁に三木のところへ来ました。それは河本さんに派閥が移るときの、一種の後ろめたさもあったのでしょうね。

鯨岡さんはもともと松村謙三派です。改進党系で松村謙三さんをお師匠さんとして大変尊敬していました。まだ区会議員とか都会議員のとき、三木の候補者代理として徳島に行ってもらい、立会演説会で候補者に代わって演壇に立ってもらったこともあります。

――派閥の領袖ではないと力を発揮できない時代で、総理を辞めた後でも、四〇日抗争や大平内閣不信任案の頃は影響力が大きかったですね。

岩野　総理を辞めたときに、すぐに河本さんにバトンタッチして力を残せばよかったのでしょうね。

――福田さんも安倍晋太郎さんに譲らずにずっと領袖でした。

岩野　ただ、安倍さんは病身でしたからね。難しいですよ、政治家の引き際というのは。

――三木さんは派閥解消という理想を掲げつつも、オーナー意識が強かったと思います。

岩野　派閥解消を言ったために、中途半端になったのでしょうね。資金も思うように集められなくなって、自分で自分の手足を縛ったような格好になったわけです。

――三木さんは、総理大臣を辞めた後は、しばらく主だったポストにはついていません。そのうえで、派閥の領袖でもなくなっていたとなると、最後の拠り所はどこになりますか。

岩野　自民党の最高顧問と、軍縮議連会長ですね。自民党に最高顧問という制度ができて、一九八〇年二月に最高顧問になりました。その後、中曾根内閣のときに軍縮議連の会長になりました。本当の晩年に、三木は軍縮議連を大きな自分の政治活動の目標に置きました。

最高顧問になった当時は、政治改革に重点を置きました。最高顧問会議を引っ張って、何とかそれに同調させようとしました。しかし、残念ながら乗ってくれる人がいなかった。それで仕方なく、三木は一人で大平さんに自分の案をぶつけました。あれは最高顧問会議として提案しようとしたものです。いろいろ試みました。最後に、紀尾井町の福田家で最高顧問会議を開いて三木私案を皆さんに説明をして同意を求めた。趣旨はいいけれどもということで、最高顧問会議の合意とはなりませんでした。

――最高顧問会議には、そういう権限があるのですか。

岩野　権限はないけれども、総理・衆参の議長経験者の集まりで、党の長老達が一丸となれば大変な圧力になります。メディアも注目します。三木自身は最高顧問会議を使って党改革を実行したかったものですから。

――最高顧問は力を持っていましたか。

岩野 それぞれの派閥に対してはあります。例えば福田さんがそうでしょう。それから三木と岸さんでしょう。衆参の議長経験者は、それほど大きな影響力はありません。結局、最高顧問会議で発言力の重みがあるのは、三木、福田、岸、この三人ですよ。それだけに最高顧問会議の全会一致が必要でした。

――福田さんはまだ派閥を持っていますね。岸さんは代議士ではありませんでした。

岩野 岸さんは、議席を持っていませんでしたが、右勢力に対する重みがありました。会議には毎回出席されていました

鈴木内閣の成立

――一九八〇年六月、総選挙のさなかに大平さんが亡くなって自民党が圧勝します。伊東正義さんが臨時代理を務めて、後継にも推されましたが辞退し、七月に鈴木善幸《ぜんこう》さんが総理となりました。

岩野 伊東さんは健康を理由に断りましたね。三木は役人時代から伊東正義さんをよく知っていました。三木が経企庁長官のときに、伊東さんは農林省の局長で経企庁に出向していました。私も伊東局長に陳情で農林省を訪ねたことがあります。伊東さんが大平内閣で官房長官になったときも、すぐ三木のところへ挨拶に来ました。どちらかというと三木は伊東正義さんに好意を持っていました。

――鈴木善幸さんとの関係はどうでしたか。

岩野 悪くもなく、良くもないということですね。善幸さんは人柄がいいですからね。お付き合いで、三木も善幸さんとゴルフを一緒にプレーしたことがあります。私もお供して三鷹にあった国際基督教大

学のゴルフ場で一緒にプレーしました。宇都宮徳馬さんに誘われたのかな。鈴木さんと赤城さん、宇都宮徳馬さん、こういう人たちと一緒に時々プレーしました。三木はあまりゴルフをしませんが、一緒に回りました。やはり党人派の政治家は通じるものがあります。

――鈴木内閣のときですか。

岩野　三木が総理になる前の話。昔は虎ノ門にバーディークラブというゴルフ練習場があって、そこへ皆で練習に通っていました。三木は、その当時平澤さんがやはり贅沢だから政治家はしないほうがいいですよと助言して、あまりゴルフをしませんでした。軽井沢へ行ったときは、大浅間ゴルフクラブの会員権を持っていましたから、そこで我々とプレーしました。プレーといっても散歩を兼ねたようなものですけどね。

平澤さんはゴルフが好きですからね。三木派では宇田耕一さんがゴルフ好きで、ハンディーがシングルでした。井出さんや松浦さんなどは、みなさんバーディークラブへ通っていました。そのなかでものになったのは松浦さんだけです。井出さんも途中でやめました。

――鈴木内閣以降は、党三役や閣僚の人事に関与できなくなりますか。

岩野　一切ありません。組閣や党人事に対する口出しはしていません。

ＮＨＫのインタビューカット

――ロッキード事件が発覚して五年目の一九八一年二月に、ＮＨＫが三木さんにインタビューしましたが、放送をしなかったことがありました。

岩野　三木は怒りましたね。あのときに、三木派に出入りしていた内藤正夫さんという記者がいました。島桂次《しまけいじ》系です。島さんが副会長になったときに報道局長に取り立てられたと言われていました。内藤局長は、何かのミスがあって、その責任を取って報道局長を辞任された。内藤さんを通じてさかんに説明があり、後で島さんも謝りに来た記憶があります。

島さんは池田派担当です。池田派を担当しながらも、しょっちゅう三木事務所に顔を出していました。島さんも、全然三木と知らない仲ではありません。相当の圧力がかかったのではないですか。

――ＮＨＫに対しては、もともとは別に悪い関係ではないのですか。

岩野 悪くありません。あのときに野村忠夫さんはもういなかったかな。野村さんは三木の関係者です。永田清さんが、慶應義塾大学の教授からＮＨＫの会長になられたでしょう。野村さんは永田さんの弟子で、時事通信から産経新聞に移った政治部記者で、永田さんがＮＨＫの会長に就任したときに、秘書役で引っ張られてＮＨＫに入局しました。それでＮＨＫの専務理事にまでなりました。三木と非常に関係が良かった。その奥さんが旧姓村田桂子さんで三木の事務所にいた方です。

――謝罪に来て終わりとなりましたか。

岩野 そうですね。

――テレビとの関連ですと、地元の四国放送との関係はどうでしたか。

岩野 四国放送は徳島新聞グループで、役員は徳新から出ており、三木との関係は非常に良かったです。政見放送を撮るでしょう。四国放送の分は、徳島で撮ります。やはり地元の放送局に行ったほうがいいわけ。放送局に行けば、社長以下の重役が全員出てきて、また親交を温められます。できるだけ徳島へ行ったときに撮るという形をとります。どうしても行けないときは、日本テレビで代行して撮ったことがあります。

NHKの場合はだいたい東京で撮ります。東京で撮りますかと報道局から連絡があります。担当記者が何時にしますかということで。大臣とか役職に就いている人は、東京で撮っているのではないですか。

――役職に就いていない場合は、地元のNHKで撮るのですか。

岩野　その人によりけりです。東京で撮ると希望すれば可能だと思います。

武市知事の敗北

――一九八一年に県知事選があり、武市恭信さんが五選を目指しましたが、三木申三さんに負けました。四年前の四選の段階で、すでに大接戦でした。もうやめたほうがいいのではないかと、武市さんに言う人はいなかったのでしょうか。

岩野　そういう空気はありましたけど、本人がどうしてもやりたい、橋のテープカットを自分でやりたいという気持ちが非常に強かった。そう言われると、それを押し切れないという人情がありました。片方は三木申三さんが虎視眈々と狙っていましたから、申三さんと五分に戦えるのは、あの当時では現職の知事だけでした。

――武市さんが任期の途中で、参議院選や衆院選に回るという考えはなかったのですか。

岩野　ありませんでした。そういう話を聞かなかったですね。それとやはり、首長が任期満了で出ればいいのですが、任期の途中で辞めて他の選挙に替わるのは不利です。辞めて余裕を残して出ればいいですよ。ところが、目一杯やって、次へ転身となると、徳島の場合は知事選と参院選で選挙区が同じでしょう。もう県民に飽きられていますからね。だから転身というのはちょっと難しい。特に武市さんの場合は、亀長さんが控えていましたから。

――　武市さんは、知事の地位に固執していたのですか。

岩野　首長になると、その権力を自分で行使できるでしょう。議員の場合はその他大勢の一人ですから、政治家としての活動の場が全然違うのではないですか。だから、大きい市ですと衆議院議員から市長に転身する人までいるぐらいです。政治家になった以上は、権力を行使する魅力を求めたくなる。これが大臣病にもつながります。

――　亀長さんが参議院に出る前あたりから、三木さんが武市さんを参議院に、亀長さんを知事に、要は入れ替えを考えていたと言う人もいました。

岩野　議員の一部は、そういう入れ替えを考えたのかもしれません。晩年の武市さんにはいろいろ批判が出て、困っていたことは事実です。徳島からそういう案を三木に持って来た人がいたかもしれません。ですが、亀長さんには知事選という気持ちはなかったと思います。亀長さんと武市さんは、非常に仲が良かったですから、亀長さんは知事を続けたいという武市さんの意向を知っていたのではないですか。私は、亀長さんは最初から国政だと思っていました。

――　三木さんも武市さんの気持ちを変えることはできなかったわけですね。

岩野　そうですね。地元の貞光町の熱意がすごかったですよ。町長をはじめ、皆さんが自費で上京して「何とか頼む」と来ます。ちょっと他の町にない熱意があります。あの選挙は武市さん自身が、橋もやったし、すべて自分のやろうとしたことの完成期に近づいたでしょう。

武市さんご自身が選挙を甘く見た面があります。あのときに、武市さんの選挙演説を聞いてびっくりして、三木と話したのを覚えています。街頭演説で「橋が完成しようとするのに、私にテープカットをやらせないという手はないでしょう」という意味の演説をしたのが入ってきました。そういう発言を見ると、武市さん自身があまりにも甘く見ていました。やはりお山の大将になって、情報が入らなくなったのでしょう。前にも申し上げましたが、あの頃は、三河住市さんが副知事で武市知事からの絶対の信任を得ていました。三河さんは私の高校の先輩ですが、「三河天皇」と陰で中傷されていました。その三河さんでも武市さんを説得できませんでした。

――県連の公認候補をめぐって再び揉めて、森下会長の預かりになります。

岩野　森下さんが、国会議員の意見を聞いていると思います。無論、三木の場合は武市さんです。

――武市さんの選挙事務所に岩野さんも行かれて、手伝われたのですか。

岩野　あのときの選挙では、一生懸命外回りをして、最後に手伝いに帰りました。最後の晩に、武市さんの打ち上げの街頭演説会にずいぶん人が集まったからこれで大丈夫だというような、緩みきった雰囲気を感じたのを覚えています。これだけ集まったから大丈夫だと、選挙事務所の中がそういう空気になって、安心感が漂ってしまった。

普通ならそれを引き締めます。三木の選挙でしたら、最後の詰めをしてくれと頼んで投票に入ります。最後の締めというのは、選挙事務所で働いていたスタッフ全員を各自の地元へ帰して、選挙の投票に行く動員までかけてくれと頼むことです。そこまで徹底します。どこの事務所でも、どの選挙でもそれが普通です。緩みきるとそういうことができなくなる。もうこれで決まりだと選挙運動がピタッと止まります。それが最後の票差に出てきます。危機感を持っているところは、最後まで、投票箱が締め切られるまでが選挙運動だということで動きます。

――当日もですか。

岩野　当日も動く。例えば、電話で投票に行ってくれと頼む。足がない人を運ぶ。そういう努力をします。田舎へ行くとそれが選挙の実態です。そうして投票へ行ってもらうわけです。

――公職選挙法では、当日の選挙運動は認められていませんね。

岩野 認められていない。だけど、実際に皆さん、やっています。「投票に行ってくれ」と、投票所へ運ぶわけです。そうしないと、そういう人は棄権票になる。だから、連れて行くこともあります。そういう動員態勢まで作ります。

選挙事務所は、投票日の前日になると留守番しかいない。投票日に、開票の前の夕方から選挙事務所へ皆集まってきます。選挙事務所はそういうものです。投票日前日の晩の八時が過ぎて、選挙事務所に人が集まっているようではいけない。人がいなくなっているほうが、本当はいい。激しい選挙では、その差が最後に出てきます。

――四年前の知事選のときは、皆さん、最後まで動いていたわけですね。

岩野 そう、動いていたし、まだその頃は、土建業者は武市さんで必死になりました。ところが四年経って、後藤田さんの力が伸びてきて、だんだんと土建の力が削がれました。田舎に行けば、選挙のときの動員力というのは、土建業者です。土建業者は手足を持っています。それは直接自分の仕事に影響してきますから。だから皆さん、一生懸命に動員をかけます。最後の選挙の年は業者が離れていきました。それから農協が選挙の力をなくしてきました。農協の勢力を使い果たしてしまったということです。結局一本に絞れなくなりました。

――県連の青年部が分裂するような選挙戦でした。県連の青年部や婦人部にも武市さんの支援を働きかけたのですか。

岩野 無論。それは参議院選などでは一本にまとまります。衆議院選になれば別々です。青年部や婦人部と言っても、支持する人が違いますから。自民党公認の知事選挙や、参議院選挙では、一対一の戦いになりますから、党としてまとまることはできます。衆議院になれば、ばらばらになります。それで自分の支持者のところへ走ります。

――どの知事を公認するかで分かれたときもですか。

岩野　その場合も、表は公認候補をやらざるをえないでしょう。しかし、それは形式的なもので、本当に一生懸命運動をやるかと言ったら、そうではない。そのあたりが問題です。すんなりと一本化されればいいのですが、それが、例えば阿波戦争のときのように、県連が真っ二つに割れると、すべてが真っ二つです。そういうときの自民党は、それほど力にならなくなる。名前は自民党公認であっても、力にならなくなってくる。そのあたりは、自民党が他の政党と違うところでしょう。特に三木申三さんの場合は後藤田さんが全力投球しました。

――五選目のときの選挙戦をどのように展望していましたか。

岩野　楽な選挙とは思わなかった。だけど選挙の序盤は、負ける選挙とは思わなかった。ただ先ほど紹介したような武市さんの街頭演説の緩んだ発言を聞いたときに、「これはいかんな」という感じはしました。あまりにも選挙戦を甘く考えていると。有権者は、舐めたような発言に聞こえたでしょう。その発言を聞いたときに、私もあまりにも真剣味がないと感じました。やはり驕りですかね。

――三木さんも、てこ入れをはかったのでしょうか。

岩野　無論していますよ。落としたら大変ですから。もう必死になって。この知事選のときは、三木の家族や息子も応援で徳島に帰しました。演説ではなくて、挨拶回りのために帰り、県下を回りました。

――三木申三さんが前回の雪辱を果たします。この結果をどう受け止められましたか。

岩野　それはショックですよ。三木申三さんの選挙カーを見ると、窓から候補者が上半身を乗り出して手を振り、悲壮感を溢れさせて訴える姿は有権者を魅了します。そういう悲壮感が漲る、死にものぐるいの選挙戦でしたからね。そういう訴え方をしていますから、真剣度が全然違っていました。中三さんも、落選すれば自分の政治生命がなくなるわけですからね。武市さん以上に真剣でした。そういう、選挙に臨む、有権者に訴える差が出たのではないですか。

――三木さんは直系の知事を失いました。そうするといろいろ不都合が出てくるのでしょうか。

岩野　いえ、不都合はありません。三木が元首相ということで、三木申三さんも表向きは三木を立ててくれました。普通の知事であれば、元総理として相当ないろいろと気遣いはしてくれるでしょうけどね。それはやはり申三さんとしては、心の中では一物あったと思いますよ。それは表面には出せません。例えば県の説明会とか何かに出ればそれなりの挨拶はあります。

――県の出入り業者も、後藤田陣営が握っていたのでしょうか。

岩野　それはそうです。それでなくても、地域によって業者はそれぞれの地域の人に重点を置いています。武市さんが現職の知事でいるときには、多少顔を立てないといけないということで、そういう配慮はありました。特に業者は。例えば島谷建設は、三木の直系の県会議員だった島谷敏男《しまたにとしお》さんが経営していました。調子のいい人で、だんだんと変わっていきました。そういう人は離れやすくなります。

――知事が替わって、三木さんの力が衰えていくと、直系の県議も少なくなっていくのですか。

岩野　新しい県議は出せなくなっていきます。その後新しい県議は出なかったでしょう。七条明さんだけです。彼はお父さんの広文さんの後継者で二世議員だから出ている。あとは新しい県議は出ていませんね。他の派から出ているでしょう。勝浦郡の岡本富治《とみじ》さんは中西文夫さんの後継者で、親は土建業で三木一本でしたが、三木派ではないですからね。そういう意味で違ってきました。

――三木申三知事になってからは、新しい県議はいませんね。

岩野　いません。二世としては、知事の時代は別として、三木申三さんの支持者でなくても、吉田忠志君は矢野さんが替わったからその後出馬できた、そういうことになります。吉成専資《よしなりせんすけ》さんも二世議員です。新しく擁立できた県議は、事実上いません。

――後藤田さんのほうになっていったのですか。

岩野　そうですね。だいたい皆さん、後藤田さんのグループではないですか。

鈴木首相の辞任と後継問題

――一九八二年一〇月に、鈴木首相が一期で辞めることを表明します。鈴木さんが辞める際に、最高顧問としての三木さんに相談はありましたか。

岩野　いえ、ありません。鈴木さんが就任するときには、挨拶で南平台へ来ました。そのとき鈴木さんはソファに座って立ち上がれなかった。ソファが柔らかいものだから。三木が鈴木さんに手を貸しました。辞めるときはそういう挨拶はありませんでした。

伊東正義官房長官はよく来ました。三木がいないときに突然いらして、我々と立ち話をして帰ったという記憶が何回かあります。

――鈴木内閣に対しては、三木さんはどういう眼で見ていたのですか。

岩野　とにかく激励するほうでしょう。何とか頑張ってくれよと。鈴木さんの人柄は買っていましたが、リーダーシップには期待していなかった。もともと総裁候補として見ていませんからね。何とか頑張ってもらいたいという気持ちはあったでしょうけれどね。

――三木さんはポスト鈴木をどう考えていたのですか。

岩野　おそらく、話し合いではなくて公選すべきと考えていたのではないですか。田中さんの影響力で内閣ができることを避けるべきだと考えていました。

――しかし、公選ですと、田中さんの影響が強いですね。

岩野　やはりオープンで後継者を選ぶべきと考えたのでしょうね。

――密室の話し合いが今でもよくわかりません。なぜか「中曾根総理・福田総裁」の総総分離が突然出てきました。

岩野　三木は一切その話し合いに参加していませんから、あのときの様子はわかりません。ただ、私は三木に「河本先生は三木先生にこまめに報告し、相談しながら行動すべきでしょう。最高顧問会議を活用すべきです」と言いました。河本さんは、あまり三木と相談せずに独自で動いていました。そういうことをさかんに三木と話したことは記憶に残っています。岸さんと福田さんが党本部に呼ばれて、三木が最高顧問なのに呼ばれなかったことを、どうして河本さんは言わなかったのかと。

結局三木だけが排除されました。総理総裁経験者の最高顧問のなかで、議席を持たない岸さんまで出席していたのに、あの会議では三木だけが排除されました。三木の出る場がなかった。そのあたりは、河本さんのやり方は下手だと私は見ていました。派閥交代の経緯で、お互いの間にしっくりいかない溝ができてしまったのではないかと、私は想像しています。おそらく三木は、派閥を乗っ取られたというモヤモヤした気持ちを抱えていたのでしょう。

河本さんは福田政権になって、田中派、特に金丸さんに急接近していきましたが、最後に金丸さんに裏切られ、海部政権が誕生することになります。金丸さんに「若い者に譲れ」と言われて、河本さんは望みを絶たれました。

――総裁公選になって、河本さんが再び出馬します。三木さんは河本さんを応援したのですか。

岩野　そうですね。そのときは河本さんを支援していますね。ただ、このポスト鈴木のときは、まだしっくりいっていなかったのではないかな。河本さんからは報告が入らなくて、海部さん、坂本さん、鯨岡さんを通じてです。ストレートに河本さんからの連絡はありませんでした。

――予備選で、岩野さんは、このときも関東一円を回ったのでしょうか。

岩野　そうですね、回りましたね。

――このときも河本さんは良くはなかったのでしょうか。

岩野　とにかく日大の組織は、言われるほど強くないなという感じを受けました。実際に歩いてみると、それほどではなかったですね。党員には名が浸透していなかったですね。我々が党員名簿で歩く限りね。

――予備選で中曾根さんが当選します。この頃の中曾根さんについては、三木さんはどのようにみていましたか。

岩野　もう関係は切れていました。田中さんの影響力が非常に強くなっていましたからね。ポスト鈴木の話し合いのときに、中曾根さんが田中さんに電話をかけに外に出たといわれているでしょう。中曾根さん自体とのパイプはなかったと思いますよ。あの頃は立花隆さんと三木は会って、いろいろと話を聞いていました。立花さんなりの見方で、さまざまな情報が入っていたでしょう。どういう話をしていたのかは知りません。

――中曾根内閣に対する姿勢はいかがでしたか。

岩野 批判的とまでは言えないけど、中曾根さんは田中べったりで、青年隊長時代とは違ってそれほど評価していなかったでしょう。

国際軍縮促進議員連盟会長への就任

――一九八三年に国際軍縮促進議員連盟会長に就任します。これは話が来たわけですか。

岩野 そうです。

――軍縮議連は超党派で、野党ともこの問題で話し合っていたわけですか。

岩野 議連としてはやっていました。三木自身はそれほど野党の人と話をすることはありません。会長になって最初の行動は、東南アジア訪問です。それからスウェーデンに行って、今度はソ連と、いろいろと準備はしました。私も一緒に立ち会って、駐日ソ連大使と何回か会いました。だいたい訪ソの日程が決まっていましたが、ソ連のほうで不幸が起きて、取りやめになりました。結局ソ連には行けず、中途半端になってしまいました。非常に精力を注ぎ、自分の政治家としての集大成と考えていました。

――ソ連行きの話は、軍縮議連の関係ですか。

岩野 議連の会長としてです。明大OBで協邦通商の松田滋夫さんという人がソ連と貿易をやっており、その人が窓口になり、連絡係になってくれました。ソ連大使と外で食事をしながら話しました。青山墓地の入り口の右側のところのホンダの近くにレストランがありまして、そこでいつも昼食をとりながら会談しました。

――やはりソ連の駐日大使とは会いづらいですか。

三木武夫のスウェーデン訪問（1984年）に同行

岩野　尾行か警護かわかりませんが、覆面の黒い車が常についていますからね。大使の動きは監視されていました。その当時、三木と会っていることも、誰と誰が会談に参加しているかも、全部掴んでいたと思いますよ。

――アンドロポフやチェルネンコに会おうということですね。

岩野　そう。議連の会長として軍縮の問題をソ連と話し合おうとしていました。二大軍事大国はソ連とアメリカでしょう。ソ連を訪問して、アメリカへと考えていましたが、肉体的に無理でした。結局ソ連には行っていません。スウェーデンで終わってしまいました。スウェーデンには平和研究所がありますから、軍縮と平和問題について意見を交換しました。パルメさんとは会談しました。

――晩年は外遊をしなくなっていますね。

岩野　その一環としてアメリカへ一回行って、東南アジアへ行って、スウェーデン。それが最後です。東南アジア旅行の段階ですでに肉体的に厳しく、夫人と紀世子さんが同行しました。

――外遊はスウェーデンが最後ですか。

岩野 そうです。パルメさんに会って帰ってから、ソ連行きを準備し出しました。本当は、これに西ドイツのブラントさんの協力も得たかった。ところが、秘書のスパイ問題が起きて、ブラントさんが政界から消えたために、参加していただくことができませんでした。

――軍縮議連のほかに、時期を問わず、三木さんは議連に入っていたのでしょうか。

岩野 名目上はいろいろな議連に入っていました。地元の絡みで入った議連もあります。会費だけ納めていましたが、そういう議連には出ません。本人が本腰を入れたのは、軍縮議連だけです。あとは、必要な議連には我々が代理で出席します。

ロッキード判決と総選挙

――翌一九八三年にロッキード判決が出て、田中元総理に有罪判決が出ます。判決をどうみていたのでしょうか。

岩野 あの判決自体は、当然と受け取っていました。

――阿波戦争以来、田中さんとの関係は完全にダメになっていたのでしょうか。

岩野 三木自身は田中さんとの関係はなくなっていましたね。三木が総裁に指名されて田中邸に行ったのが最後だと思います。それからは、田中さんとのコンタクトはありません。

――田中さんが無所属議員でありながら、自分の子飼いを使って党内で勢力を保持していることに対しては批判的だったのでしょうか。

岩野　それは批判的でしたよね。ああいう事件が起こるまでは、例えば田中さんから「三木さん、気をつけろよ、海部はうちの竹下のようになる危険性があるよ」と言われたとか、そういう会話までしていたようです。

――全く接点がなくなったのですか。

岩野　なくなりましたね。

――判決後、野党の不信任案提出をめぐって揉めて、中曾根さんは解散総選挙に打って出ます。三木さんにとって、直系の知事を失って初の総選挙となりました。選挙戦は厳しかったのでしょうか。

岩野　厳しくなってきましたね。有力者を訪問しても、組織として拡大していかない。かつての支持者はまとめられますが、それが先に伸びていかない、そういう感じを持っていました。

――末端まで選挙運動をしたのでしょうか。

岩野　しますけど、それがその支持者の域で止まるという感じです。それから先へ支持者を伸ばせない、どんどん伸びていきません。上り調子のときはそれが先へ伸びていく。歩いていると、その感じがわかります。これは票が伸びていくなと。それが、そこで止まるなという空気でした。極端に言えば、自分は入れますよという、単にそういう感じになりました。

――このときも岩野さんは徳島に行かれて、ご自身のポイントを歩かれたかと思います。このポイントというのは、どういったところになるのでしょうか。

岩野　それは、久次米さんの農協の柱と、武市知事の現職時代に教えてもらっていたところです。そこを毎日歩きました。かつては三木ではない、新しい支持者のところを重点的に歩きました。

――総理を辞めた後の選挙でですか。

岩野　後です。久次米さんと武市知事の関係先で、二人が現職時代にそれぞれ指示されたり、紹介された、そういう先を全部歩きました。

――流れとしては、後藤田さんが優勢になっていますね。

岩野　業者などはそうですが、個々ではそうでもないです。かつての支持者ですから、そこに何とか頼んで歩きます。

――上り調子のときはそこへ行けば伸びたのですか。

岩野　そうです。訪ねると、「それでは行きましょうか。一緒に歩きましょうか」と連れて歩いてくれます。ところが、「わかりました。必ず入れますから」といった返事で止まる。久次米さんや武市さんが紹介してくれたのは、それぞれの地域の核になる人です。訪ねればそこから先へ伸びる人です。「一緒に行きましょうか」と連れて歩いてくれるのと、「わかりました」ということの差は大きいですからね。

――連れて行ってくれた人たちは、特に支持は決めてない人ですか。

岩野　それは、かつては核になる人と行動を共にしている人です。

――三木さんの長年の選挙で培ってきた情報として持っていなかったのでしょうか。

岩野　三木の後援会は別にあります。それ以外の、久次米系、武市系です。

――後援会のほうは、岩野さんは担当されなかったのですか。

岩野　そうです。その地域に行ったときに、主だったところへは寄ります。私は、選挙事務所の組織に乗っかって動きません。私は常に自由に動きました。時々「ここへ行ってくれ」と言われ朝礼に顔を出すとか、そういうのはありますが、基本的には自由に自分の名簿で歩いてくれというのが選挙事務所の私に対する方針です。

ですから、三木の後援会を歩いてもしょうがない。久次米さんが現職のときは久次米さんに連れて行ってもらったこともあるし、ここに行けと指示されたこともあります。知事は連れて行ってくれません。知事の地元の選挙担当者が一緒に歩いてくれる。そういう先を全部覚えて、記録に持っています。紹介者がいなくなっても、その柱はわかっていますから、そこを歩きます。そうすると、後援会を歩くのとは違う反応を感じます。そこで伸びているか、止まっているか、選挙戦の現状をつかみ、分析します。

――止まっているだけではまずいですよね。

岩野　まずいですよ。だからそこで危機感を煽り、選挙事務所に後援会に発破をかけてもらいます。

――後援会は選挙事務所の人たちががっちり抑えにかかる。それ以外のところは岩野さんが回られるということですか。

岩野　そうです。常に選挙事務所は各地域の柱と連絡をとって、選挙事務所は事務所で情報をとっており、そういうのを矢野さんなどの県会議員がやります。

――岩野さんが行かれたら、他の陣営の人が来たというようなこともあるのでしょうか。

岩野　鉢合わせることはありませんが、私が伺った同じ家で、他の候補者の後援会をやって、そこが捕まったというのはあります。二足のわらじを履かれていたら、わかりません。そういうことはないとは言えません。

内藤茂右衛門さんは秋田さんの幹部でしょう。武市さんの知事選のときに、「岩野君、あそこへ行ったか、ここへ行ったか」と、私の行くところを全部知っている（笑）。そうしたことを言われたこともありますよ。やはり重複して行っているなとわかります。

逆に言えば、人の陣営だったところを、こちらに教えてもらっていたことにもなる。私が他の候補者の陣営を切り崩しに行っていた。そうしないと票が広がりませんから。内藤さんにそれを言われたときには、私は本当に驚きましたよ。具体的な名前をあげて言われたから。そういう意味では、相当三木と秋田さんとは重複していた面があるかもしれない。後藤田さんはなくてもね。

――後藤田さんはわかっていても言わないでしょうから。

岩野　そうですね。後藤田さんと三木は、普段のつきあいがありませんから。内藤さんは原田さんの関係もあって、割と我々に対して気軽に話せるから、つい口に出します。

――このときは、三位で当選しました。トップ当選は厳しいという感じですか。

岩野　それはやむをえないことです。

――岩野さんは前々からトップは厳しいというお話でしたが、選挙スタッフ全体はどのように感じていたのでしょうか。

岩野　トップという目標を置いていましたから、おそらく内心では難しいと思っていても口には出せないでしょう。まず当選を優先させるということでした。

――いよいよここで後藤田さんがトップに躍り出てきます。それこそ後藤田さんは上り調子ですね。

岩野　そうですね。

――前回次点だった公明党の遠藤和良《かずよし》さんが初当選を果たします。遠藤さんについてはどのようにご覧になっていますか。

岩野　私は遠藤さんとは、その後になって高橋紀世子さんを参議院に出すときに、初めて付き合いました。それで親しくなりましたが、前の広沢直樹さんと違って、阿波人だけに非常に我々としては付き合いやすかったですね。広沢さんはお高くとまっていて、県の会で一緒になっても全然話もしたことありませんでした。

――三木さんの選挙の段階ではどうですか。

岩野　そういう関係はないですね。それは敵になるわけですからね。

――当時の公明党の選挙の戦い方を、どのようにご覧になっていましたか。

岩野　手弁当の組織票ですよね。それプラス、遠藤さんの場合は、地元、徳島出身ということもありましたから、組織外にも働きかけることができました。

――徳島県内で、創価学会は徳島市で強いのでしょうか。

岩野　県内の全地域におります。本当に手弁当で運動をします。四国では徳島県だけ衆院選に候補者を出していましたから、香川・愛媛・高知の三県から応援だけでなく、選挙になると移籍するといわれていました。

もうひとつは、武市さんの知事選挙に公明党を巻き込みましたからね。そういう意味で、創価学会自体が組織以外のところにも手を伸ばすひとつのきっかけにはなったと思いますね。当然、選挙事務所に出入りします。それで、いろいろなつながりができていきます。いざ自分のところの選挙になれば、それがまたひとつの足がかりになりますから、組織以外へ票を伸ばすことができます。それと信者ではなくて、「協力企業」という方法も取り出して、信者以外にも手を伸ばしていました。

――中選挙区のときには一議席は取っていました。

岩野　定席になっていましたね。小選挙区になって出られなくなりました。公明党は、香川県からは議員を出していなかった。選挙になると香川から徳島へ籍を移す人が多いと言われていました。徳島の出身で香川県に住んでいる人は相当いますからね。だから戻してもわからない。選挙になると人口がずいぶん増えた地域があると言われて、選挙のたびに話題になりました。

――森下さんが四番手、最後の議席を井上普方さんと秋田さんが競って、秋田さんが落選しました。秋田さんの力の衰えの原因は、どこにあったのでしょうか。

岩野 秋田さんは二代目で、組織自体が老朽化したのと、それまでは原菊太郎さんや山本潤造さんといった、首長になる人が相当力をもってバックアップしたでしょう。そういう人たちがいなくなったことが大きかったと思いますよ。

――山本市長ではありましたが。

岩野 だけど、市長自身がいろいろと問題を抱えていました。晩年の山本さんは力がなくなっていたでしょう。

二階堂擁立工作

――一九八三年一二月に第二次中曾根内閣ができますが、中曾根さんに対する批判の声が高まって、翌一九八四年に二階堂さんを擁立しようとする二階堂擁立工作が出ますね。三木さんは二階堂擁立に動いたのですか。

岩野 二階堂さんの擁立には関係していないでしょう。福田さんなどが中心で、三木はそれほど積極的に動いていない。田中さんの流れをくむ人ですから。

――二階堂擁立の失敗は、最高顧問の力が衰えるきっかけになったと巷間言われています。

岩野 そうですね。それと、後々の総裁が最高顧問会議を無視しましたでしょう。そういうこともあ

 りますね。

――特に動いていませんか。静観ですか。

岩野　具体的に動いていません。河本さんがどういう動きをしたのかは知りません。河本さん自体が、その前から金丸信さんを通じて田中さんとの関係がありましたからね。

徳島県知事選挙

――一九八五年に三木申三さんの二回目の知事選がありました。この知事選では、山本潤造さんが徳島市長を辞めて出馬しました。この知事選で三木さんはどのように動いたのでしょうか。

岩野　三木は静観しました。この知事選挙のときは、三木自身はそれほど積極的に応援していません。というのは、原さんとの関係が山本さんは非常に強く、選挙のときは秋田さんを支援していました。三木は直接動かなかった。三木が相談に預かって決まった候補者ではなかったということだと思います。しかし、三木派の県会議員は、山本さんを応援しました。三木は直接出なくて、我々が帰って山本さんの支援で歩きましたが、徳島の三木の支持層のところへ行っても、「三木さんは冷たい」とか「何で帰ってきて応援しないのか」とずいぶん言われました。あの時点で、三木をそういう知事選に巻き込ませるわけにいかなかった。それが原因で三木から離れた支持者もいます。

番町会館の建て替え

――晩年に、番町会館の建て替えが始まります。老朽化したからですか。

岩野　そういうことです。時代に合わないということです。一九六三年に完成したビルですからね。

――建て替えは三木さんの意向ですか。

岩野　そうです。本人の意向です。本人が元気なときに準備に入りました。事実上本人の政治活動は終わったでしょう。建て替えて活用しなければ、維持できない。そういうことで、貸ビルとして、何とか自分の政治活動をする資金も捻出したいと。ビルを持つことによって、事務所の人間を全部社員にできますからね。給料の手当てもできますし、政治資金を頼りにせずに、そういう基礎的なものは賄えます。そういうことで我々も進めました。

五番町の事務所をどう活用するかで侃々諤々《かんかんがくがく》やりました。最初は処分も考えましたが、活用したほうがいいのではないかということになりました。家族は、面倒なものを残されては困るという感じでした。その当時夫人たちは建て替えには反対で、それよりも処分したほうがいいという考えでした。あのときはまだバブルの土地ブームの最中で、大変な値段のときですからね。最終的には、元気な間は政治活動をするのだからということで建て替えることになって、新しいビルが完成しました。

――建て替えの費用がかかりますよね。

岩野　銀行からの借入金で賄いました。実は三木が亡くなった後に、あれだけの資産があっても、相続税がかからなかった理由はそれです。結果的にそうなっただけで、意図的ではありません。本人は早く死ぬと思っていませんから。結果的に相続税がかからなかった。あの時代の法律では良かったということです。あの当時の税法では、借金があれば相殺できました。今は税法が変わっていますが、当時は結局相続税がいらなかった。家族にとっては借金して作っておいて、結果的には良かったわけです。番町会館を改築せずに売却していたら、相続税が大変でしたよ。そんな現金はありません。資産を全部処分しないといけなかったでしょう。家族は大変だったと思いますね。

――建て替えの頃、国民協同党の議員だった鍬塚巌《くわつかいわお》さんが、番町会館の所有権を主張しました。

岩野　あれは、鍬塚さんの会社で千代田何とかという会社があって、その株を三木が買い取りました。以前申し上げたように、一九六二年に赤坂事務所をＴＢＳに売ったでしょう。その金で買い取ったわけです。ところが、その後バブルになって土地の値段が上がり、それで安く売ったということで、もう少しよこせと言い出しました。

赤坂事務所を売って五番町の敷地を鍬塚さんの会社から買い取り、そこに番町会館を建てましたが、建物がすぐにできたわけではありません。ですから、鍬塚さんの会社のプレハブにいったん仮事務所を置き、番町会館の完成を待ちました。鍬塚さんも明治大学の出身でしたから、三木も割と親しくしていました。

鍬塚さんは、九州の出身で、鹿児島の人がくっついて、いろいろ脅迫めいたことをしてきました。そのときに私も関連されていろいろと言われたようですけどね。全部言いがかりです。というのは、その鹿児島の人が、改造社の社長で協同民主党の委員長だった山本実彦《さねひこ》さんの碑を鹿児島に建てると言って、三木が総理のときに題字を頼んできました。

そのとき、夫人から「断ってくれ。総理在任中で忙しくて書けない」と言われました。例えば二階堂さんから来るのならわかりますが、頼んで来た相手がまともではありません。夫人に言われて、私は手紙で断りました。そうしたら、それに因縁をつけて、「岩野に会って頼んだときに、かまぼこの底に一〇〇万円入れて持って行った」ということを言い出したらしいです。「その証拠にこの手紙がある」と。それで脅迫しだしたようです。それに鍬塚さんが同じ九州出身で乗っかりました。私もいい被害にあいました。私は面会したことも、依頼を受けたこともないのに。夫人のところへ文章か何かで頼んできたのを断れと、私も電話で言われて。まさかそこまでするとは思わなかったものだから、証拠を残したほうがいいと思って手紙で断ったら、逆にその手紙で揚げ足をとられました。

それがまた困ったことに、鍬塚さんが子持ちの人と再婚して、その連れ子が三木の遠縁の人間と結婚していて、三木のところで運転手していました。そういう関係があります。土地を持っていたのが、その義理の親です。そういう関係では親しくしていました。河野金昇さんがしょっちゅう鍬塚宅へ出入りしていましたし、福山市長や衆議院議員を務めた明大出身の藤井正男さんも鍬塚さんの友人でした。そういう親しい関係にあった。それが最後になると、豹変した。なぜかというと、晩年に若い女性と一緒になり、子どもが生まれて、金が必要になった。それで三木に噛みついてきたようです。

――晩年の三木さんは、いくつかトラブルに巻き込まれていますね。

岩野 そうです。鍬塚さんも三木に売った金で麻布に家を建てて、リンカーンを乗り回していました。すごく華麗で優雅な生活をしていました。ところが金がなくなってきた。バブルになって土地が上がってきたということで、何とかもう少しよこせということになった。そういう経緯ですよ。

――番町の事務所には中政研が入っていますね。中政研は中政研で活動はしていたわけですね。

岩野 別の組織として活動していました。あのときは、事務長は出井弘一さんに代わっていましたね。出井さんは経済企画庁の次官だった宮崎勇さんの直系だった方です。定年ということで宮崎さんが推薦してきました。以前から知っていたわけではありません。それまで三木のところに出入りしていた役人とは違ったタイプです。

――中政研は中政研で資金を集めるわけですね。

岩野 そうですね。社団法人で、会員制にしていますから、基本的には会費で運営です。しかし、あの頃になると、だんだんと中政研に対する企業の協力も少なくなってきました。

三木の衰え

――三木さんは議員会館を使っていませんでした。もっぱら番町の事務所に行っていたのですか。

岩野　そうです。番町会館に行っていましたね。それもゆっくり出てきて。南平台から衆議院の本会議場に直行したこともあります。そして帰りに事務所に寄るとか、そういう感じが多かったですね。

――三木さんの肉体的な衰えは、総理を辞めてから出始めていたのですか。

岩野　いつ頃かしらね。ひとつは、総理を辞めて、精神的にがくっと来た面があります。それから、足がもう衰えていました。徳島に帰るとき、あの当時は直行便はほとんどなくて、大阪で乗り継ぎです。車が待っていて、乗り継ぎ便のタラップの下まで送ってくれます。しかし、その車に乗りに行くための通路には、エレベーターがありません。徳島行きの飛行機に乗るには相当長い通路を歩かないといけない。タラップを昇るときに脇で手を支えないと昇れない状態になりました。車の普段の乗り降りでもそうです。そのような姿を見ると、相当精神的な面もあるのでしょう。

スウェーデンに、パルメさんを訪ねたときは私も同行しました。やはり相当肉体的な衰えがありました。相当無理した旅行になりました。

――特に運動をしていなかったのですか。

岩野　しなかった。晩年に本人も心がけて散歩などをしましたが、やはり長年車の生活をしていましたからね。もう筋肉が弱っていました。脚などは子どものようでしたから。検査入院したときに夫人は伏せましたが、たまたま私が主治医から、検査したお医者さんから来た手紙を見ました。そのお医者さん、不用意にも葉書でよこしました（笑）。その葉書に「早く処置したほうが良いですよ」と書いてありました。だから、これは何かあるなと知りました。今から思うと、検査で膵臓の癌が判明したのだろうと思います。

その頃、まだ月一回ぐらいは明治大学出身の経済人の集まりである茗水クラブをやっており、最初は工業倶楽部だった会場が、丸の内の銀行倶楽部に代わりました。銀行倶楽部はまだ古い建物で、外から階段を登っていった上に玄関の扉がありました。階段は十何段ぐらいでしたかね。三木を支えて上がって、扉を開けるために手を離して、扉を開けてひょっと見たら三木がいない。下へ転げ落ちている。そういうことがありました。おそらく、一瞬失神したのでしょう。私も八〇歳を過ぎて、そういうことが起きますから。

昼食会が終わって様子を聞くと足が痛むと言うから、「どこへ行きますか」と聞きましたら、「逓信病院に行く」との返事でしたので、逓信病院へ行ってレントゲンを撮りました。夫人から後でえらく叱られました。「何で勝手に逓信病院へ連れて行ったんだ」。「勝手にレントゲンを撮った」と。だから、夫人はわかっていたのでしょう。病気がばれたら困ると思ったのでしょうね。割に三木は逓信病院に通っていました。ところが、その後田中角栄さんが入院したでしょう。政治家が利用する病院ですから。

逓信病院の専門の先生方とは、非常に親しく付き合っていました。藤田さんという院長も、奥さんが夫人の同級生で、親しく付き合っていたので私も気楽に応じました。夫人はえらく怒りましてね。検査入院したときに、内臓の問題がわかっていて他人に知られたくなかったのでしょう。

ただ血圧関係は太っていなかった。だから、我々は全然気にしなかった。年寄りの割によく肉を食べていました。自分で青山の紀伊國屋に行って買ってきて、よく食べました。年の割には好きでしたね。

三木は、ティーボーンステーキが好物で、私も「晩飯をごちそうするから」と声をかけられてはティーボーンステーキをいただきました。

――頭の問題、記憶や判断などはいかがでしたか。

岩野　それはしっかりしていました。だけど、倒れる前の日、総選挙に入る直前でしたから、上京した鳴門の谷光次市長を南平台の自宅に連れて行きました。市長を交えて、いろいろと選挙の話をした。そのときに私が「今度の選挙は非常に厳しいです。特に久次米さんがいないから、農協が頼りにできません。相当頑張らないといけません」という話をしました。すると三木は、「それなら、俺、落選じゃないか」と言い出した。

我々が帰った後、徳島商工会議所会頭で三木も親しくしていた志摩誠一《しませいいち》さんのところへ、三木が電話したらしい。それで「倒れる前の晩に三木さんから電話をもらったけど、何を言っているのか意味が全然わからなかった。あのときもうおかしかったのではないですか」という話を、後で志摩さんから聞きました。相当選挙が気になっていたと思います。というのは、どうしても五〇年議員にという希望が、本人にも家族にもありましたからね。我々もそうです。

――志摩さんが「何を言っているかわからなかった」というようなことを、普段の三木さんとの会話で岩野さんは感じられなかったのでしょうか。

岩野　何でそこまで悲観的になるのかと、そのときに感じましたけどね。普段は話してもそのようには感じなかったですね。ポスター作りも、三木自身が構想を話したりしました。

――倒れたのは一九八六年六月ですが、その年の二月から一カ月入院していますね。

岩野　そのときに入院したのは、東大病院です。あれは、最初は検査入院でした。もう体調が相当衰えていました。

三木武夫、倒れる

――三木さんは一九八六年六月に倒れます。何の前兆もなしで、いきなり倒れたのですか。

岩野　わかりません。自宅ですからね。ただ、聞いたところによると、トイレで倒れたそうです。

――三木さんが倒れたときは、岩野さんは番町にいらしたのですか。

岩野　そうです。正直言って、あのときどういうわけだか我々事務所の者には一切知らされず、外からの問い合わせで初めて知りました。救急車を呼んだだけで必ず新聞社にわかります。さっと流れます。そう気が回らなかったのでしょう。一緒にいた家族は夫人と孫の立《たつ》さんの二人でしたから、動転し、そういうところまで頭が回らなかった。我々は新聞社の問い合わせで、初めて知りました。すぐに家族に確認しようとしましたが、家にはいません。それでだんだんと状況がわかってきた。そういう状態でした。

――入院したのは国立医療センターです。この病院は、誰が選んだのですか。

岩野　吉本三郎さんという主治医です。吉本さんの関係で医療センターへ行きました。東大病院も吉本さんの関係です。吉本さんが東大出身ですから。病院の手配は、全部吉本さんです。

――倒れたときも、吉本さんが相談相手ですか。

岩野　連絡をしたはずです。それで吉本さんが手配しています。

――倒れてすぐ、その日のうちに岩野さんは病院に行かれたのですか。

岩野　病院へ行きました。いろいろと病院での対応がありましたからね。ニュースで流れますと見舞客とかマスコミの対応があります。

――三木さんには会っていないのですか。

岩野　会えない。もう集中治療室へ入っていました。我々が会えたのは病棟へ移ってからです。選挙が終わるまで集中治療室におりました。入れていたのか、入れられていたのか、ずっと集中治療室です。

――表向きには、すぐ治ると発表されました。

岩野　そう、選挙を控えていますから。

――実際は集中治療室にいて、全く意識はなかったのですか。

岩野　なかったと思いますよ。

――本当に家族しか入れない状況ですか。

岩野　そういうことです。あのときこっそりと宇都宮徳馬さんが、目を盗んで集中治療室に行ったという話は聞いています。ご承知のように、宇都宮さんは製薬会社を経営しているから、そういうルートを持っていたのでしょう。

――病室は、個室は確保してあったのですか。

岩野　特別室を確保していました。常に家族が寝泊まりしないといけませんからね。

――岩野さんは、倒れてからも通常どおり番町会館で勤務されていたのですか。

岩野　そうです。落ち着いてから、事務所のほうにいました。夫人から時々様子を聞くだけです。伏せていますから、本当のことは言いませんよ。第一、その後選挙になりますから、地元へ帰らざるをえない。我々が会ったのは、選挙が終わって集中治療室から出て、病室へ帰ってからです。最初に会ったときも、ものが言えず、ただ寝ているだけでした。それが三井記念病院に代わる前には、ベッドから起きだして、ソファに座って、我々と話もしました。そこまで回復したことは事実です。

――倒れたのは、選挙の公示の直前ですね。

岩野　そうです。だからマスコミは立候補するかどうかで騒いだでしょう。外はそうでも、家族の間では立候補する以外になかった。やはり在職五〇年がかかっていましたからね。命ある限りは、出馬しないということはありえなかった。だから、詳細は外に出せませんでした。

徳島でも問題はなく、病床での選挙になり、地元の後援者の間でも、どうしても五〇年議員にさせたいという希望が強かったですから。家族もみな立候補させることで一致していました。

――三木さんが在職五〇年を意識しだしたのは、いつぐらいからですか。

岩野　総理を辞めた後あたりから、すでに意識していました。車に一緒に乗って、国会のところを通るたびに、三木は「俺ももう五〇年、ここへ通っているんだよな」と、そういう言い方をよくしましたよ。だから、これは相当五〇年という意識があるなと感じました。

最後の衆院選

――三木さんが集中治療室にいたときは、状況がわからないまま選挙戦に入って、岩野さんは徳島に行かれたのですか。

岩野　そう、帰りました。我々も会っていません、正直言って。家族以外は会っていませんからね。状況は全くわかりません。反対に、三木に面会していないことで、堂々と嘘発言を通すことができました。

――三木さんが倒れる前から、選挙は厳しいという認識を持たれていたのですか。

岩野　持っていました。倒れたことで逆に同情を呼べるということで、私は当選できたと思いました。倒れずにいた場合には、おそらく当選自体が危うい。それほど体力的に弱っていましたからね。外観的に見てもそうです。果たしてこれで徳島へ連れて帰れるのか、という心配をしました。果たして立候補の第一声を、自分で立ってしゃべれるのかという問題がありました。そういう状態です。それができないと、一斉に県下に流れます。もう選挙にならなくなります。それをどう切り抜けるかということを、我々も吉田忠志君といろいろ相談しました。実際に本人を連れて帰れないよ、どうしようかということで。連れて帰れば、私はいろいろなデマが流れて選挙が戦えなくなると案じていました。

――この選挙では、三木さんの家族が総出で徳島に入って選挙戦をします。家族の場合は、選挙事務所のスタッフと打ち合わせたうえで動くのですか。

岩野　そうです。スタッフに言われて動きます。

――岩野さんは、前と同じように、ご自身の判断で動かれたのですか。

岩野　そうです。

――スタッフの反応はいかがでしたか。

岩野　本人が帰れないのだから、一生懸命我々がやらないといけないということでした。特にその前が一位と二位を外れていますから、非常に危機感を持ってくれました。そういうものは感じました。

――このときは、後藤田さんは勢いがあります。秋田さんが引退し、秋田さんの秘書だった岸正さんが出馬しました。岸さんは自民党の公認をもらえませんでした。

岩野　もらえなかった。秋田さんが反対でしたから。本人は秋田さんの後継と言っているけど、秋田さんは出てもらいたくなかったようです。息子を出そうとしたけど、出なかったでしょう。息子さんも歳でしたから。だから、弟さんとか、いろいろな人の名前が出ました。おそらく本人の意思ではありません。後援会の人が誰か跡を出したい、そうでないと自分たちの行き場がないということです。

それをなぜ私が知っているかといえば、三木が倒れてから、秋田さんは「三木さん、あんパンが好きだから、木村屋のあんパンを持ってきたよ」とか言って、しょっちゅう事務所へ来てくれました。それで、「秋田先生、後継者はどうするのですか」と、私は秋田さんが来るたびに話をしていました。だから、その当時の秋田さんの気持ちを私が一番わかっていたと思っています。

――このときはまた県内を歩かれたわけですね。皆さん、三木さんの状態を聞くわけでしょう。

岩野　聞かれますが、非常に元気になっていますということしか言えない。それこそ、見てきたような嘘をつく以外にないわけですよ。当選のときには出てこられるぐらいのことは言わないと。

――かつての農協だとか、武市さんに教えてもらったポイントに行っても、そこから先に伸びないということでした。このときの選挙も同じでしたか。

岩野　そうですね。危機感は一生懸命理解してもらって、「三木さんは落とせない」とは言ってくれても、積極的に一緒に歩こうというのはなかったですね。そういう反応です。

結局、いかに前回の票よりも目減りを食い止めるかということになります。そのためには伸ばす努力をしないといけない。そうしないと食い止められませんからね。そのひとつの証拠に、今までの選挙になかったことが起こりました。我々が県内を走り回っているでしょう。掲示板を見ると、三木のポスターが剥がれていても直していない。それもひとつの選挙の現われです。すぐに、ここのポスターが剥がれているよと、すぐ手当てするように指示も出しました。そういうことがありました。今までになかった現象です。いかにその地域での三木の動きが鈍いかという証しです。

――この選挙では、脇町で三木陣営の選挙違反が問われました。

岩野　私も正直言って、真相はわかりません。わかりませんけど、あそこの桜木さんというお医者さんが、佐藤正一《しょういち》元県議の跡を継いだ脇町の三木の後援会長で、その人が全部取り仕切ってやってくれました。そのときに何人かの分の会費を立て替えたという話です。それが違法だということであげられました。だからその真相はわかりません。

たまたまそのときの会計を担当したのが、前科があった男だったらしいです。それはわかりませんよ。脇町ではその前の選挙で、後藤田さんが大きな違反でやられていました。地元には、しっぺ返しだという説も唱える人もいます。ただ、そのときに会計を担当したのは、もともとの三木の支持者ではありません。桜木さんとの関係で、その人を使いました。そこに手抜かりがあって、何かがあっただろうと思います。真相はわからない。そこから少しずつ阿川利量さんとおかしくなっていきました。このときの選挙事務長は阿川さんですからね。

最初は脇町には三木の長男の啓史さんが行く予定でしたが、その会に出さずに他に出席しました。それで事務所の者が代わりに出席して、まだ良かった。啓史さんが行っていたら、大変なことになっていました。不幸中の幸いでした。

美馬郡のなかでも脇町は非常に三木が強いところです。秦眼科という病院があり、昔からの三木の支持者です。佐藤正一さんが脇町にいました。県会議員や町長を務めた三木の支持者です。佐藤さんは秦さんのバックアップでずっと当選していました。そういうところだから、ひとつは安心感があったのでしょう。

桜木さんも佐藤さんの後援会長でしたし、佐藤さんの関係で、佐藤さんが亡くなった後に、桜木さんが三木の後援会長の名前を継ぎました。佐藤さんが元気であれば、ああいう問題は起きていません。そういう問題もひとつにはあります。

私は今から思うと、桜木さんにも問題があったと思います。三木が亡くなった後に徳島へ帰って、山本潤造さんに会うと、山本さんがいきなり「岩野君、君は桜木から政治献金を受けて領収書も出さなかったそうだな」と言い出しました。「私は徳島の政治資金に関係していませんよ」。だから、そのお医者さん自身が何かあったと思う。私もよく知らなかった。佐藤さんを通じての付き合いですから。山本さんも「だけど、こう言っていたよ」と言う。「それはどこか他の人の間違いじゃないですか」と話しました。同席していた人は、何でそんなことを言い出したんだろうとびっくりしていました。

私は地元の資金には一切関係していません。それを皆さん知っています。それを「岩野に渡したのに領収書もよこさなかった」と山本さんに話したと言う。最後は結局桜木さんが選挙違反を問われたから、そういう恨みでいろんなことを言い出したのかもしれません。わかりません。

しょっちゅう私のところへ、夜中と言わず電話がかかって「何とかしろ」と。桜木さんの息子までが電話で怒鳴り込んできました。「三木のためにやったんじゃないか」と。相当家族をあげて反感を買いました。しかし、これはもう、どうしようもない。

あのときは、小沢一郎さんが自治大臣です。それで海部さんに対して、「何とか小沢さんに話してくれるように」と話をしたことがありますが、私にはどうしようもできない。話していますということしか、報告のしようがありません。扱った人が自白しているでしょう。そういう証拠を握られているから、もみ消しようがない。地元の後援会に任せて全部セットしてもらいますから。ただ「違反だけは気をつけてくれ」と念を押しますけれども。ただ、田舎に行くと、「お金を持っていない」「なら立て替えておけ」とか、案外簡単に扱う人がいます。悪気はなくやったことが、結果的に悪い方向に出てしまったのだと私は思います。

――このときは、二位で当選しました。

岩野　やはり秋田さんが出なかったことで、美馬、三好が空いてきました。美馬、三好と、北方で楽に戦えたということです。やはり秋田さんの票は後藤田さんには流れにくいですからね。

――岸さんのところにも行かなかったのですね。

岩野　それほど行かないですね。結局、あのときに岸さんを一生懸命に応援したのは、山本さんぐらいでしょう。秋田さんの後援会をあげて、ということにはなっていません。

――このときの自民党の公認候補は、三木、後藤田、森下の三名ですね。

岩野　そうです。後藤田さんも、岸さんのことを鼻にもかけてなかったでしょう。公認どうこうというのは、話題にならなかったのではないですか。第一、名乗りをあげた時期も遅かった。誰も出なければ私が出ますということで立候補しました。最初から秋田さんの精神を継いで自分がやりたいということで名乗り出たわけではありません。

――三木さんが当選して、だいたい五〇年が見えてきたという感じですか。

岩野　そうですね、健在である限りは。

――再び解散にならないことを願っていたわけですね。

岩野　そうです。ただ、それ以上に三木の体力が持つことを願っていました。

三木の入院時の状況

――七月に当選した後に、病室を移ったのですか。

岩野　しばらくして、集中治療室から病室へ移りました。その段階で意識はあったけれども、話をする状態にまではなっていません。私が最初に病室で会ったときは、まだそこまで回復していなかった。それが、急にこんなに変わるものかと思うほど元気になり、びっくりしたことがあります。ベッドから起きてソファに座って、さかんに政治資金はどうなっていると聞かれたりしました。いろいろと話ができるようになった時期がありました。

夫人に言わせると、番町会館の起工式後に病院から出てきたそうです。それが最後ですね。私はそれを確認していないから、わからない。南平台にも帰ったと夫人は言っていました。これも私は確認していません。外出したとすればその頃でしょう。

それで、矢野茂文さんが鳴門市長選に立候補したいと相談に来たときは、また少し悪くなっていて、ベッドに寝たきりになっていました。

――話はできたのでしょうか。

岩野　話をどの程度理解していたのかは、ちょっとわかりません。矢野さんは病室から出てきて泣き出しました。彼が何で涙を流していたのかはわかりません。あまりの変わり方、姿を見て泣いたのか、自分が同意を得られたと思って感激したのか、その涙はわかりません。ただ、彼が声をあげて泣いたことだけは印象に残っています。私も立ち会っていましたが、本人が言葉を発した記憶はありません。

――鳴門市長の谷さんは八〇歳を越えていましたが、もう一回出る意向でした。

岩野　武市知事と一緒で、自分が鳴門教育大学を完成させたいということです。なんとか仕上げたいと、そういう気持ちが強かったと思います。

――谷さんは三木系の市長ですね。矢野さんも三木系の県会議員です。

岩野　そう。我々は、矢野さんにもう一期待ったほうがいいと自重を求めましたが、本人が聞き入れませんでした。矢野さん自身、市長になって自分の思った市政をやりたかったのでしょう。県会議員は、最初何年間は皆さん一生懸命になるのでしょうけど、後は国会議員以上にどうしようもないでしょう。

――強く引き留めることもできなかったのですか。

岩野　できなかったですね。まあ、あの方の場合は、すべてがそうです。市会議員に出るときもそう。大麻町が鳴門市に合併する以前、橋野達雄さんが三木直系の町長でいました。そのときに、矢野さんは町長選に出馬しました。谷さんと同じように、橋野町長も高齢で、我々は一期待てばすんなりと受け継げるからそのほうがいいよと、出馬を見送るよう進言しました。後援会としてはなるべく波風立ててもらいたくないものですから、スムースに引き継いでもらったほうがいいわけです。だけども、それを聞かずに立候補して、そのときは落選しました。町長選の後、大麻と鳴門が合併して、それで市会議員になりました。

谷さんのときも、我々としては、三木が病床にいるし、後援会に波風を立ててもらいたくないというのが本心です。谷さんは、長くても一期四年でしょう。その後を引き継げばいいわけです。その間に、矢野さんも県会の副議長ぐらいにはなれるでしょうから、そういう形で時間潰しはできます。そうすれば円満に行くと思いました。ただ、同じ三木派の県会議員の亀井知一《ともいち》さんも、鳴門市長選に出るという噂が流れました。亀井さんに意欲があったのかは知りませんが、そういう噂が流れました。早く自分が出ないと、自分に回ってこないという焦りが矢野さんにあったのかもしれない。それで強引に出たと思います。

――谷さんを引き留めることはできなかったのでしょうか。

岩野 我々は、本人が出たいという以上は、やめろとは言えません。何とか円満にしてもらいたかったですけどね。

――議員本人は入院している状況でも、普段どおり陳情は来るものですか。

岩野 それは来ます。

――三木さんは判断できませんから、岩野さんが主に対応されたのですか。

岩野 全部します。

――どういった陳情がこういうときは来ますか。

岩野 予算関連の陳情。新規のは、その頃になると後藤田さんの力が強いですから。我々には地元の継続関係と、それともうひとつは、県から来ても県出身の国会議員に対する陳情です。それはすべての陳情は来ますからね。

――やはり県のほうも後藤田さんへシフトしていますか。

岩野 それは本当の重点は置いているでしょうね。かといって、与野党を問わず、県出身の国会議員には同じように陳情しないといけませんですからね。そういう陳情があります。知事が来なくても、県の担当の課長や部長が来ます。陳情といっても、こういう要求を出したからよろしく、というような説明です。それは三木が元気であろうが、倒れていようが、同じような形であります。

衆議院議員在職五〇年

――一九八七年四月に衆議院議員在職五〇年を迎えました。この段階で、三木さんの体調はどうでしたか。

岩野　正直言って、出られる状態ではなかった。だけど、それをいかに出席できるかと宣伝するかをさかんに考えました。私は森美秀さんに頼んで、いろいろと演出をしました。登院した場合、車をどこに着けて、どう入るかとか、守衛も交えて打ち合わせしたり、そういう演出はしました。しかし、実際には出席できないと思っていました。当日になれば、風邪を引いたということで変更すればいいわけですから。そういういろいろな打ち合わせを、出席するということでやりました。森美秀さんと海部さんにお願いして、そういう準備はしました。

――本人は衆議院に行って、演説する意欲を持っていたと思います。

岩野　その気持ちはあったでしょうね。

――夫人が代わりに、衆議院で原健三郎議長から賞状を受けました。

岩野　我々としては本人に出席してもらいたかったのですが、もう肉体的に無理でした。

――原稿を書ける状態ではなかったのでしょうか。

岩野　いえ、あのときはまだ頭のほうはしっかりしていたと思います。

――演説の原稿を用意していたと思います。それには三木さんの手が入っているのでしょうか。

岩野　入っています。入っているし、井出さんにいろいろ相談をして、最終的にはまとめました。

――全然歩けない状況ですか。

岩野　歩けない。車いすでの登院という前提で打ち合わせをしました。歩いて登院するという、そういう相談はしていません。車いすでどう入れるかという打ち合わせです。

たまたまそのときの衆議院事務総長の緒方信一郎《おがたしんいちろう》さんが、徳島県の総務部長や、秋田さんが自治大臣のときに秘書官を務めた方で、我々は非常に親しくしていたものですから、事務総長にもお願いしやすかった。事務次長の谷福丸《たにふくまる》さんも、やはり非常に良く知った人でした。谷さんの妹が三木事務所にいた村部の奥さんでした。緒方事務総長、谷事務次長とは我々は何でも相談できる間柄だったものですから、そういう打ち合わせをするのにも便利でした。

――　リハビリはしていましたか。

岩野　一時はしたことはありますけど、そのときにはリハビリはできなかったのではないですか。

――　週刊誌に入院中の三木さんが報道されていますね。

岩野　三木が窓から外を見ているという写真を掲載して報道した週刊誌がありましたが、それは三木ではありません。そのときはまだそういう状態ではありませんでした。たまたま三木の家に住み込みでいた理髪師の重野が三木の髭を剃るために病室にいて、ヘリコプターの飛ぶ音を聞いて窓を開いてヘリコプターを見ているところを撮られました（笑）。重野が三木として報道されました。森美秀さんが「岩野君、これ見てくれよ。本当に親父さんか」と聞かれ、「違いますよ、重野ですよ」と返事をしたら、「あ、そうか。だけど、よく似ているな」と言ったほどの三木そっくりに見える写真です。私は森美秀さんと相談して、三木の写真にすることに決めました。三木家と事務所全員で、週刊誌に載ったように、三木は元気で、在職五〇年の表彰式に出席できますと流すように話しました。

国立医療センターでは、三木の病室の前が空き部屋で、トップ屋がそこへ隠れていて、我々が三木の病室に入ろうとすると飛び掛かって来て、強引に入室しようと襲われ、身の危険を感じることもありました。だから中から抑えないといけないほど、すごかったですよ。そういう毎日です。病室への出入りも簡単にはできませんでした。

――その後、その年の秋に病院を三井記念病院に変わります。

岩野　ええ。どうも国立医療センターの織田医院長と夫人との間で、治療をめぐって何かあったようです。夫人が不信を抱くようなことがあったのではないですか。

長期入院していると、いろいろな人がいかがわしい話を持って来ます。例えば夫人のところへ、これを足の裏へ塗れば病気が治ると変な水を持って来たりとか、そういうのが来ます。夫人は、我々がどうしてあんなのを相手にするのかというような人の話を割によく聞くものだから。これは病気によく効きますと、いろいろな薬を持ち込みます。それを夫人がふんふんと聞く。

転院するにあたって、私は夫人にお供して小山五郎さんのところへ頼みに行き、三井記念病院に入院させていただきました。

――三井記念病院には、お見舞いにいろいろな方が来ましたか。

岩野　いいえ、三井に転院してからは、ほどんど来ていません。一番熱心に来ていたのは鯨岡兵輔さん。鯨岡さんは足立区ですから国会への通り道で、毎日のように来てくれました。ただ、亡くなった日に、鯨岡さんは、会社が京都にもありますから、京都へ行っていました。それだけ一生懸命来てくれた人でも、死に目には会えませんでした。

――岸さんは、来ていませんか。

岩野　岸さんは三井へは来ていません。医療センターのときに見舞いに来てくれたという話は聞いています。倒れた直後ですね。三井になると、そういう方はほとんで来ていません。会える状況にないのと、入院して一年が過ぎると、だんだんと皆さん関心が薄れます。

――三井に入った段階ですと、全然話もできなかったのですか。

岩野 そうですね。三井ではすぐ集中治療室に入りました。集中治療室というか、ナースの前で、設備の整った部屋。だから転院したときは、我々が訪ねても顔を見るだけです。行くと夫人が「声をかけろ」と言うけど、気の毒でなかなか声をかけられなかったですよ。

――本人の意識はあったのですか。

岩野 いいえ、もう管を入れた状態です。意識はなく、傾眠状態でした。三井へ移ってからは、私は全然話をしていません。

――先ほどのお話ですと、膵臓の癌も持っていたとのことですが、両方進行していたのでしょうか。

岩野 そうです。だから、紀世子さんと中国に行ったときに漢方薬で癌の良い薬がないかと探し歩きました。結局言葉が通じなくて買えませんでした。向こうの通訳を連れていくわけにもいかないものですから。漢字で会話しましたが、通じませんでした。

三木武夫・睦子二人展

――三木さんが亡くなる前の一九八八年五月に、森美秀さんが先に亡くなりました。

岩野 そうですね。亡くなりました。ただ病院へ出入りしていることは知っていました。だけどあんなに急に亡くなるとは思わなかったから、正直言ってびっくりしましたね。

そのときは北京で「三木武夫・睦子二人展」が開催中でした。私も北京に行っており、そこで連絡を受けました。この二人展の北京開催は、一九八六年に三木が倒れて、日中友好協会の王頌賢副会長が孫《そん》平化《へいか》会長の代理として見舞いに来てくれた折に、三木夫人が、二人展を中国で開催できるようお願いしたのがきっかけでした。そのときは日中友好協会の会長が孫平化さんに代わっていました。王副会長は、日本勤務でもともと通訳をなさっていた方で、その王さんが見舞いに来てくれました。

以前に東京日本橋の高島屋で、三木の書画や三木夫人の焼き物を展示したことがあったので、こういうのをひとつやってくれませんか、という話を王さんにしたわけです。王さんがそれを持って帰って孫平化さんと相談して、ではやりましょうと決めてくれました。打ち合わせに来てくれということになり、確か一九八八年の二月だったと思う。私と紀世子さんが訪中しました。それで中国の主催でやってくれることで開催しました。五月の連休にひっかけたと思います。

――出展する作品は、夫人が選択したのですか。

岩野　全部夫人です。第一、すでに高島屋でやっていますから、その作品を持って行きました。

――高島屋の企画は誰が考えたのですか。

岩野　夫人がやりたいということで開きました。というのは、以前から政経画人展などがあって、いろいろなところで書や絵の展覧会をやっているでしょう。それに三木も書や絵を出展していました。三木の場合は、松木重雄さんという先生に絵を習っており、最後は全部お師匠さんの画家が仕上げます。そういうのを毎回欠かさず出展していました。絵をやる前は書を出していました。夫人はそういう展覧会を知っていますから、やりたいということで高島屋で開催しました。

――絵の師匠は、平山郁夫さんではないのですか。

岩野　違います。平山さんは日本画。平山さんがまだ助教授のときに、少し日本画の手ほどきを受けたのが最初です。というのは、三木は東京芸術大学の陳情を受けて、予算をつけたことがあります。学長が何かお礼をしたいと申し出てくれ、誰か絵を教えてくれる人を紹介してほしいと頼んで、平山さんを紹介していただきました。何回か五番町の事務所で、平山さんに来てもらい絵を描きました。そのときも国会議員を呼んで。絵の勉強よりも政治の話が中心になるようなこともありました。平山さんとはそれからのお付き合いです。

――洋画は、松木さんという方ですか。

岩野 そうです。野呂恭一さんのお師匠さんで、その推薦です。野呂さんがミロの会というのを主宰していまして、その先生です。三木も総理を辞めてから習いだしました。

――南平台の自宅で描いていたのですか。

岩野 南平台でやることもあるし、五番町の事務所の近くにある、三番町の小さなビルの二階にアトリエを作っていて、そこでミロの会を開いていました。そこに行くこともありました。しかし、だんだんと自分が動くのが嫌になってくると、南平台に来ていただいて描く。それも普段描くのではなくて、政経画人展があるというと、描かないといけないということで描きます（笑）。割に必要に迫られてというのが多かったですね。

――書道は昔から、三木さんはしていますね。

岩野 川上景年《けいねん》さんですね。森家の関係です。

――三木さんの字は、独特ですよね。大学時代から、あの字ですね。昔から変わっていませんね。

岩野 独特ですね。中国の書法だと聞きました。景年さんの指導でしょうね。

†第7章　三木武夫の没後

三木武夫の死去

――一九八八年一一月一四日に三木さんは亡くなります。当日の岩野さんの動きをお聞かせください。

岩野　亡くなる数日前、不思議な夢をみました。五番町の事務所から南平台に送るため、三木を乗せた車が玄関を発車しようとすると、車から三木の姿が消えて二回ほど引き戻し、車から三木の姿が消えてしまったというものです。亡くなることを暗示していたのかもしれません。今でも不思議に思っています。

三木が亡くなった日は、いつもどおり出勤するために家を出ました。気がつくと秋葉原駅で下車して、三井記念病院に向かっていました。病室に入ると、夫人と紀世子さんがいて、「国会に通う途中で見舞いに寄ってくださる鯨岡先生は京都に、啓史は金沢に出張よ。今日はあなただけが来てくれたわ」と夫人に言われました。一時間ぐらいして、そろそろ事務所へ行かないといけませんでしたから、「事務所へ行きます」と夫人に挨拶して、事務所へ「今から病院から向かう」と電話をかけました。それから病室に戻ると容態が急変し、医師によって亡くなったことが確認されました。夫人と紀世子さんと私の三人が看取りました。午前一〇時過ぎでした。事務所へ電話をかけて、病室に戻ってくると、お医者さんが来てばたばたしていました。そういう状態でした。

私がびっくりしたのは、亡くなったと同時に、読売新聞から確認の電話がかかってきたことです。病院の誰かと通じていて、あるいは、三木の病状もこの記者に把握されていたのかもしれません。そこまで新聞社は食い込んでいるのかと思いました。

――マスコミ対応が必要になりますね。読売からは電話があったという話ですが、他のマスコミにはどのように対応しましたか。

岩野　すぐに伝わってしまったから、強いて電話をかけませんでした。記者クラブのどの社にも電話しませんでした。病院の受付の対応の準備に入っていました。どこで受付をして、どうするかということです。

――政治家への対応はなかったのでしょうか。

岩野　井出さんと海部さんに電話を入れて、今後の指示をいただくことにしました。海部さんは三井記念病院に転院後も時々来ていましたから。河本さんにも連絡しています。

――遺体を自宅へ移さないといけません。

岩野　三木の遺体は医学解剖を受け、夕方に国会議事堂、自民党本部を経由して南平台に帰りました。この夜は紀世子さんと私の二人で夜伽《よとぎ》をし、紀世子さんは三木の口元に時々タバコの煙を吹き付けていました。

お通夜では、弔問客に紛れたトップ屋に写真を撮られ、三木の死に顔が週刊誌に掲載されるという前代未聞の出来事がありました。

――葬儀は、何回か行われています。三木家の葬儀、衆議院・内閣合同葬、徳島県民葬、それから土成町葬ですね。

岩野　五番町の事務所でお通夜をして、増上寺で密葬を行いました。密葬というのは、家族葬ですね。

――竹下内閣と衆議院の合同葬が武道館で行われました。どういう経緯で決まったのでしょうか。

岩野　どういう形で決まったのか知りませんが、あのときは海部さんがいろいろと内閣との連絡をしてくれました。党と国会との連絡です。そこで合同葬に決まりました。決まった後の国会との打ち合わせは、すべて私がやりました。地元から何人呼ぶかとか、そういうことは衆議院事務局とやりました。

――衆議院に行ってですか。

岩野　そうです。衆議院が窓口でした。内閣には行きません。

――合同葬は、初めてでした。前例がないわけですね。

岩野　そうですね。だからよく格下げの葬儀と言われました。そのあたりはどうだったか、我々はよくわかりません。

内閣と衆議院の合同葬ですから、「議会の子」と称していた三木にはふさわしい葬儀だと私は思いました。会場に掲げた写真は、私が選び、夫人にお願いしました。あの「怒った」写真は熊瀬川というカメラマンが撮影した写真で、三木が国会に思う気持ちが漲っていると思い採用しました。

――衆議院は誰が対応されるのですか。

岩野　あのときは秘書課長です。ただ、旧知の谷さんが事務次長でした。緒方事務総長や谷事務次長にも相談し、さらに秘書課長や事務の担当者が入ってやっていました。

――その後、徳島県の県民葬です。三木申三知事もさすがにぞんざいにはできなかったのですね。

衆議院・内閣合同葬で掲げられた三木武夫の遺影

岩野　県から話がありました。一応事務的な打ち合わせがありましたが、国会のときのようなことはしなかったですね。県の東京事務所で打ち合わせました。すでに国のほうでは合同葬でどういう方式で行うということがわかっていましたから、県民葬については、あとはどう遺骨を持って帰るか、どこへ安置するか、といった打ち合わせでした。

――その後すぐ土成町で町民葬です。

岩野　行ったり来たりするのは大変ですから、引き続いて行いました。三木は総理になったときに名誉町民になっていました。寺井正蔵町長が、どうしても町民葬を執り行いたいというので、お受けしました。

――お墓は菩提寺の神宮寺にできます。戒名は神宮寺の荒尾弘章さんがつけました。

岩野　そうですね。昔から必ず本人が帰ってお墓参りに寄ったときは神宮寺の本堂に入って、お茶をごちそうになる。盆には東京までお経をあげに来てくれていました。

――岩野さんの公設秘書の身分は、三木さんが亡くなった段階で終わるのですか。

岩野　そうです。議員の任期が切れたら、それと同時に終わりです。国会の通行証を全部返して、退職金をもらって、それでお終いです。辞令などはありません。

――そう考えると、議員の秘書さんも大変ですね。

岩野　大変ですよ。だから、今は職業化しています。議員から議員へ、転々とせざるをえなくなっている。完全に職業化してしまったでしょう。特に政策秘書制度ができてからね。

――岩野さんに他の政治家からお声がかかったのでしょうか。

岩野　かかりました。頼まれましたけど、私は行く気がなかった。山口俊一さんから頼まれました。私も、彼なら遠縁にあたるから、手伝ってもいいかなという気持ちがありましたが、紀世子さんが自分で勝手に断りに行きました（笑）。

――山口さんと遠縁というのは。

岩野　矢野茂文さんも関係がありますが、徳島に板東という病院がありまして、そこは娘ばかりで、それは女房のお袋の従姉妹です。そこの養子が山口さんといとこです。血がつながっているわけではありませんが、山口さんが「親戚だ」と言ってくるものだから（笑）。そういう関係で、山口さん本人ではなくて、その病院の板東さんから私のところへ手伝ってやってくれないかと頼まれました。山口さんは県会議員でしたから、よく知っています。会うたびに、「岩野さんは親戚だな」と言う。まさか頼まれるとは思っていませんでした。無碍に断れないし、山口さんがある程度国会に慣れるまでは手伝ってもいいかなという気持ちはありました。山口さんが当選したばかりの頃です。

――紀世子さんが断りに行ったわけですか。

岩野　そう。やはり選挙に自分が出たいという気持ちがありましたからね。

三木平和研究所構想

――平和研究所を作るという構想が三木さんの晩年にありました。三木さんの構想ですか。

岩野 そうです。三木自身の構想です。最初の中政研は、シンクタンクという形の発想がありましたが、結局それがなかなか日本では育たなかった。それで軍縮議連会長になってから、スウェーデンの平和研究所のようなものを作ろうと考えました。東大の坂本義和さんに何回か相談をしました。

総理を辞めてから、軍縮議連の会長になって、何とか自分の政治活動の場として、それを作ってやっていきたいという考えで始めました。その第一歩が東南アジア訪問です。二回目がパルメさんに会いに行った北欧訪問です。あそこの平和研究所を見て、参考にしようとしました。しかし、もうその頃には本人自身の体力が落ちていましたからね。構想はあったけれども、実行する力が残っていませんでした。体力的にもそうです。体力が落ちれば、だんだんと支持者もそういう目で見ますからね。協力者もなくなる。それを実現できないままに亡くなりました。

――当初の構想は、中政研は中政研として活動して、別に平和研究所を作ろうというものですか。

岩野 三木自身の構想はそうです。自分のライフワークにしたかった。世界の軍縮のための活動の足場にしたいということでした。あのとき、西ドイツの首相だったブラントさんにも働きかけましたが、うまくいきませんでした。あの頃は鯨岡さんが三木べったりで、一生懸命になってくれていました。

三木が亡くなった後、夫人は三木の意思を活かしたいということで、中政研を何とかそういうものに、そのまま替えられないかと河本さんに相談しました。河本さんと高橋亘さんは親戚関係になります。高橋さんの弟と河本さんの娘が結婚しています。それを三木が仲人をしている。河本さんの先妻の娘さんです。そういうこともあって、夫人が頼みに行きましたが、乗ってきてくれなかった。あのときに河本さんが引き受けてくれれば、金も集まってできたでしょう。だけど、河本さんがうんと言ってくれませんでした。やはり、資金などで大変になるということがあったのでしょう。

それと、井出さんが早くに亡くなったことも大きいですね。もう少し井出さんが元気でいてくれれば平和研究所ができていたかもしれません。最初に東南アジアに行ったときは、井出さんに同行してもらっていましたから。パルメさんのときは鯨岡さんが同行しました。ところが鯨岡さんとは孫の立さんの衆院選立候補の問題で関係がおかしくなってしまって、夫人は相談できませんでした。

その間に、志賀節さんが中政研を継がせてほしいと話してきましたが、夫人としては志賀節さんには継がせるわけにはいかない。そのうち、海部さんが総理になり、海部さんに継いでもらったほうがいいのではないかということになり、お願いしました。海部さんが総理を辞めた後、中政研を託しました。

すでに、総理府から活動しないなら中政研を解散しろという指導を再三受けていました。海部さんが継いでくれるというので、しばらく目をつむってくれるよう大島理森官房副長官からお願いしました。

――解散しろというのは、活動実態がないからですか。

岩野　そういうことです。収入、支出、活動状況を全部報告しないといけませんからね。三木が亡くなってから事実上休眠状態になっていました。三木が元気なうちは、例えば経済レポートなどを時々発行して、こういう活動をしていますという資料を添付して報告してつないでいました。収入の面においては非常に苦しくなりました。細々と活動して、総理府への報告だけはできました。

その頃になると、法人関係を見直す空気が出てきたでしょう。政府としても法人の見直しがありましたから、非常に厳しくなってきました。海部内閣時代からそういう問題が出てきました。大島さんのところに私はしょっちゅう頭を下げに行って、何とか休眠状態で名前だけ続けさせてくれとお願いしていました。

――潰したくはなかったのですか。

岩野　何とか残したいという気持ちがありました。なかなか、社団法人になると他にそのまま変更するのは難しいですね。あれを残して、例えば三木の自宅なども一緒にして何かできないかとも考えましたが、なかなか妙案が出てこない。石橋湛山記念財団などを見せていただいて話を聞かせてもらいましたが、うまくいきませんでした。

三木武夫の関係資料

――三木さんの関係資料について、番町会館のほうから伺います。亡くなる前後に、番町会館の地下の倉庫に資料を置いていたのですか。

岩野　そう。古い建物のときから、全部上に置ききれないから、地下に積み上げていました。それと、事務所の書庫、四階と二階と、それから中政研にもありました。

事務所を建て替えるときに、旧番町会館の斜め前に仮事務所を作って資料もずいぶん移しましたが、入りきらないので資料は処分しました。

――それでもかなり残ってはいますね。仮事務所の規模はどのくらいですか。

岩野　二階建てのプレハブです。結構大きかったですよ。二階といっても、二階を倉庫にして物を置いていました。入りきりませんから、だいぶ処分しました。例えば、三木に関係があった週刊誌のようなものを全部捨てました。新聞も、中政研が切り抜きしていた分は残しましたが、本紙そのものは全部処分しました。

新しいビルになって、本格的な書庫をつくりました。古いビルのときは段ボール箱に入れて、積んでいました。ただ、前の建物のときは、今の建物のようにきちっと地下に書庫はなかったですから。亡くなる頃には新しいビルができていましたから、近代的な本格的な書庫をつくって並べていました。

――それは書籍ですか。

岩野　本も全部並べていました。

――ペーパー類もですか。

岩野　ペーパー類は、重要なものは事務所にスクラップとして置いてありました。原稿からすべて、並べてありました。スクラップ類は前の建物の四階の中政研に置いていました。中政研で全部スクラップをしてもらっていました。新しいビルになったときは、地下へ移しました。事務所だけになって、中政研は奥の狭い部屋だったから、新しいビルではそういう余裕がなかったので、全部地下です。原稿類は、全部一階の事務所で管理しました。そこも貸すことになって、事務所の谷總子《ふさこ》さんが全部まとめて地下へ放り込みました。そのときは、私も見ていません。確認していないから、わかりません。私たちが南平台へ移って行ったときも、一階の三木事務所はそのままにしておきました。

――一階の事務所には、普通に机、椅子が置いてあったのですか。

岩野　そうです。周囲にぐるっと本箱を置いてあって、そこに全部保管していました。新しい建物では事務所に入って、左に会議室用の大きいホールへ行く途中の右側に小部屋があります。そこが中政研があった部屋です。それほどスペースはありません。

――昭和三〇年代からの資料はずっとあったわけですよね。

岩野　五番町に移ってからの三木の資料はありました。中政研の資料は、新しい事務所に変わったときは、地下へ全部移しました。置く場所がないですから。それはだいたいスクラップが中心です。あとは、月一回出した雑誌『政策研究』。そういうものしかないでしょう。『政策研究』の原稿は残す必要がないですから。

――新しい建物で、三木さんの部屋はどこにあったのでしょうか。

岩野　三木の書斎が事務所の奥にありました。事務所の奥に、広い三木の書斎用の部屋と、隣に寝泊まりできる小さな部屋をつくりました。

――できた段階で三木さんは病院にいましたから、三木さんの書斎には物は置いてなかったのでしょうか。

岩野　物は置いてありません。家族が寝泊まりをしていました。

――一方の南平台のほうについて伺います。三木さんの書斎が一階にありました。

岩野　三木の存命中は、ほとんど資料らしい資料はなかったと思いますよ。あったとしても本などでしょう。その程度だと思います。不用になると、南平台も地下室に移しました。

――寝室にいくつか資料を置いていたようですが。

岩野　寝室と言っても食堂の奥の部屋ですからね。資料を置くようなところはありません。細々と、当面必要なものは寝室で見たでしょう。新しい家になってからは、きちっと書斎という形になっていませんでした。

三木が亡くなってから間もなくして、我々は南平台の玄関の横にあった、元の番記者小屋の建物に移りました。そこにあった細々としたのが、事務所へ段ボール箱で一つか二つ来ました。私が南平台に移って、写真や必要な本、資料は南平台の二階の部屋にまとめました。それから、南平台にも地下があって、地下倉庫になっています。地下に放り込んだとか、いろいろなところに分散しました。

――明治大学が寄贈を受けたときは、番町会館にあったもののほうが多かったのですが。

岩野　紀世子さんが参議院議員になってから、五番町の事務所をテナントに出しました。そのときに南平台にあった多くの資料が、私が知らない間に移されていました。私は参議院議員会館に勤務していました。

――三木さん本人が資料の整理をしていませんか。

岩野　病気で倒れるまで、日課としてやっていましたよ。

三木は私たちにも「メモを取るな」と言っていたぐらいです。話の要点をメモに取ろうとすると、「メモを取るな、覚えろ」と絶対にその場でメモを取らせなかった。私たちがメモ帳を持って歩くこと自体を嫌がっていました。あまりそういう記録に残したくなかったのではないですか。手紙でも読むと破って焼いたり、暖炉で燃したり、それは年越しのための一年の締めくくりの行事のようにやっていました。今から思うと、残しておいたほうが良いという手紙もありましたね。役所の書類はハトロン紙の封筒に筆で見出しを自筆で入れていました。

三木が元気な間は、自分が風呂敷包みを抱えて持ってきて、暖炉の前に座り込んで、廃棄していました。南平台でも同じことをしていたと思います。とにかく、若いときには、三木が移動すると荷物を三つぐらい抱えていました。吉祥寺や南平台から事務所へ持ってくる。また持って帰る。全部鞄や風呂敷包みに詰め込んで、持ち歩く。常に、整理するまで事務所と自宅を行ったり来たりしていました。

――他の政治家はもっと残してないですからね。

岩野　だから、その人の性格によるのでしょうね。佐藤栄作さんはこまめに日記を書いているでしょう。三木は年の暮れになると日記帳を買うけど、二、三行書いたらそれでお終いで続かないですよ。本当に政治的な生臭い記録は残っていません。

――佐藤さんの日記も、明らかに読まれることを意識しています。

岩野　当然そうだと思いますよ。そのときの事実を、本当にこまめに日記に書いている人がどの程度真実を書いているかは疑問です。それを後世の歴史学者がきちっと検証されるべきでしょう。日記を書くことは後世に残る前提ですから、自分に不利なことは書かないでしょう。例えば、メモか何かのそのときの出来事を少し書きとめたものならばまだ真実が残っているでしょう。日記となると私は疑問に思います。原敬日記などは、立派な本になっていますけど、どこまで信用して良いかというのは、わからないと思います。あの忙しい人があれだけこまめに日記をつける努力は買いますけどね。相当意図がなければ、あれだけ忙しい人がこまめに書けないと思います。毎日は書けていないはずで、まとめ書きもあると思いますよ。メモが残っていたら、そのメモのほうが貴重ですよ。三木だって、思いついたことをぱっとメモに書きますからね。結構メモ帳は残っています。

――問題は、いつ、どのような場面でそのメモを書いたのかがさっぱりわからないことです。

岩野　日にちが入っていませんからね。

――自分の考えなのか、差しで会った相手が話した内容なのかもわかりません。

岩野　無論、相手の話したことのメモのほうが多いと思います。だいたい、人と会ったときにメモを取りますから、そのほうが多いです。

死後の顕彰

――顕彰についてですが、いくつか像をつくりますね。まず、衆議院の在職五〇年の胸像。あれは衆議院のほうがイニシアティブを取るのですか。

岩野　顕彰ですと、亡くなったときに夫人がこだわったのは、国会の正面玄関に行くと、伊藤博文、板垣退助、大隈重信の三人の銅像があって、右側に一つ空いている台座があるでしょう。そこへどうしても三木の銅像を建ててもらいたいということで、「交渉しろ」と言われまして、緒方信一郎事務総長のところへ行って、いろいろと交渉しました。結論的には「あそこは国会議員に励みを持たせるために永久に欠台にすることになっている」と。「かつて佐藤さんが吉田茂さんの銅像を建てようとしたけど、それも成功しなかった。そういう台座です。だからどなたも建てることはできません」と、国会の基本的な姿勢を聞かされて夫人に報告しました。

夫人はそれでも納得せず、「何とかしろ」と海部さんを使いまして、最後は金丸信さんにまで話をしたようです。金丸さんは、「そこまで言うのならしてやったらどうだ」と言われました。ところが、やはり衆議院がＯＫしなかった。永久欠台であり、国会の正面玄関に銅像が建つように国会議員が励む、そういうために空けてあると。結局国会の方針のとおりになりました。そういう経緯があります。

――海部さんを通じて働きかけたのでしょうか。

岩野　夫人に頼まれていろいろと。竹下内閣時代のことで、海部さんは、何とか国会の正面玄関に銅像が建てられないかと一生懸命動いてくれました。だけども、どうしようもなかった。

一方で衆議院在職五〇年の胸像は既定の事実として決まっていましたから、これは何も交渉する必要もないわけです。それは事務的に進められました。

――衆議院事務局と折衝するのですか。

岩野　そうです。――最初私は事務局へ行って、緒方さんと交渉しました。

当時岩野さんは秘書が終わられて、どういうお立場でしたか。

岩野　いわゆる三木事務所という名刺で、残務整理の一環として交渉に当たりました。

――夫人と共に衆議院と折衝される形ですか。

岩野　夫人は表に出ず、交渉したのは海部さんと森英介さんと私です。夫人は、正面玄関に銅像をという話が来たけど断ったと書いていますが、逆ですよ（笑）。どうしてもあそこに建てたいという。あれだけ夫人が批判していた金丸さんにまで頼ませたのですからね。大変な執念でした。

国会には勤続二五年と五〇年の表彰規定があり、五〇年表彰は年金と胸像と決まっています。ただ、三木以後の五〇年議員については、胸像は取り止めになっています。尾崎行雄さんと並んで衆議院の正面玄関に三木の胸像が建立されました。

――あの胸像を作成したのは石井滋さんという方です。三木家のほうで指定したのですか。

岩野　夫人の関係で頼んだようです。夫人がどういうところから紹介されたのかは知りません。千葉に関係がある人ではないですか。

――三木家で胸像をつくる人を選べたのですか。

岩野　そうです。二五年の表彰の肖像画でも同じです。自分で画家を選べます。自分が好きな画家に頼んで描いてもらっています。有名な人に依頼すれば、それは高くなるでしょう。三木の二五年の肖像画は、徳島出身の伊原宇三郎《いはらうざぶろう》さんに頼んで描いてもらいました。大きさや、国会からの金額は決まっていて、超過した分は自己負担です。

――サイズは決まっているわけですね。

岩野　あれは国会の規程です。台座を見ますと、尾崎さんのよりも少し大きいのではないですか。全体が少し大きいような気がします。

――国費で全部やってもらえるのですか。

岩野　五〇周年のほうは全額そうです。事務総長も、その製作現場を見に行ったりしています。

――除幕式は一九九〇年ですね。除幕式には皆さん参加されたのですか。

岩野　そうですね。場所は限られているから、人数は制限を受けました。遺族は、夫人、啓史さん一家、高橋家と、事務所から私で、あとは国会関係者です。そのとき、遺族の男性はモーニング着用と言われて高橋亘さんに話し、啓史さんに連絡すると私が言うと、高橋さんが自分が話すからということでしたので、私は啓史さんに連絡しませんでした。ところが、当日啓史さんが平服で出席して服装の件が通じていないことを知り、啓史さんに恥をかかせたことになりました。念のために連絡しておけば良かったと申し訳なく思っています。

――一方の徳島のほうですが、徳商に碑ができます。あれは徳商が申し入れたのですか。

岩野　徳商からです。稲原幸雄さんから話がありました。徳商の同窓会としての意向が強かったのではないですか。三木は銅像や碑をつくることや、勲章を非常に嫌がりました。三木の碑としては徳商が最初です。晩年選挙が厳しくなるに従って、徳商の同窓の皆さんに尽力を願ったこともありますから。

――銅像や顕彰碑を三木さんが嫌がったのは、何か理由があるのでしょうか。

岩野　理由はわかりませんが、本人は嫌がりました。土成町も町長が言ってきましたが、断った。断ったけれども、どうしても町としてやりますということでした。そうなると止められません。夫人も、三木の遺志だから「それは何とか勘弁してくれ」と言いました。その当時の寺井正蔵町長が、どうしても町としてやりますということでね。もう止められません。

――土成のほうから像をつくりたいという要請は、生前はなかったのでしょうか。

岩野　そういうのはなかった。総理に就任したときに土成町の名誉町民になりました。

――中外商業のほうはなかったのでしょうか。

岩野　中外商業自体、母体がないでしょう。今は尼崎北高校です。県立になっています。中外商業の同窓生で私が知っているのは、定職を持たなくて生活をしている人です。「同級生だ」という人が大阪にいて、三木が大阪に行くと秘書のように同行していました。中外商業同窓会とはまったく関係がありませんでした。

――土成中央公園ですが、寺井町長が建設を推進したわけですね。

岩野　そうです。どうしてもやりたいということで。いろいろトラブルがありましたが、協力しないといけません。

――三木武夫像をつくった方は徳島大学の河崎良行《かわさきよしゆき》さんです。河崎さんを町が選定したのですか。

岩野　そうです。後でわかったのは、仙谷由人《せんごくよしと》さんのいとこですよ（笑）。つくってくれるということになって、河崎さんとは親しくなっていきました。

――井出一太郎さんの碑文もあります。これは、井出さんが書いて、どなたもその内容をチェックしていないのですか。

岩野　全然チェックしません。井出さんに書いていただき、原文のままです。それを河本さんに筆で

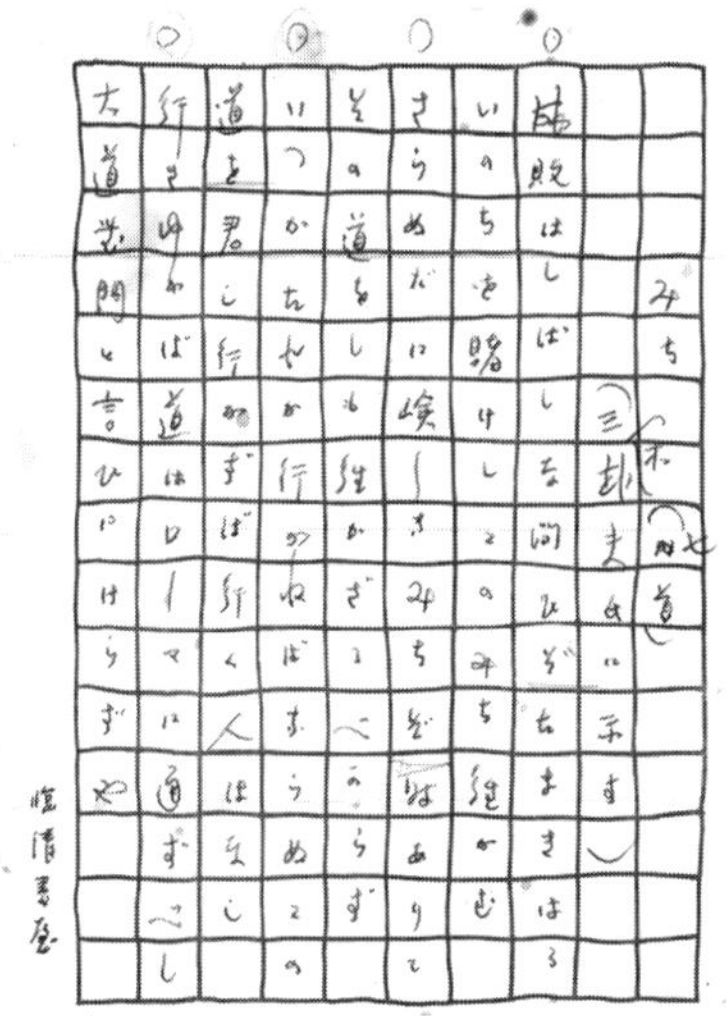

みち
（三木武夫氏に示す）内七首
勝敗はしばしな問ひぞたまきはる
いのちを賭けしこのみち継がむ
さらぬだに険しきみちをなほありて
その道をしも継がざらへこらず
いつかたれか行かねばならぬこの
道を君こし行かずば行く人はなし
行き悩めば道はひとつに通ずべし
大道無門と言ひつけらずや

臨清書屋

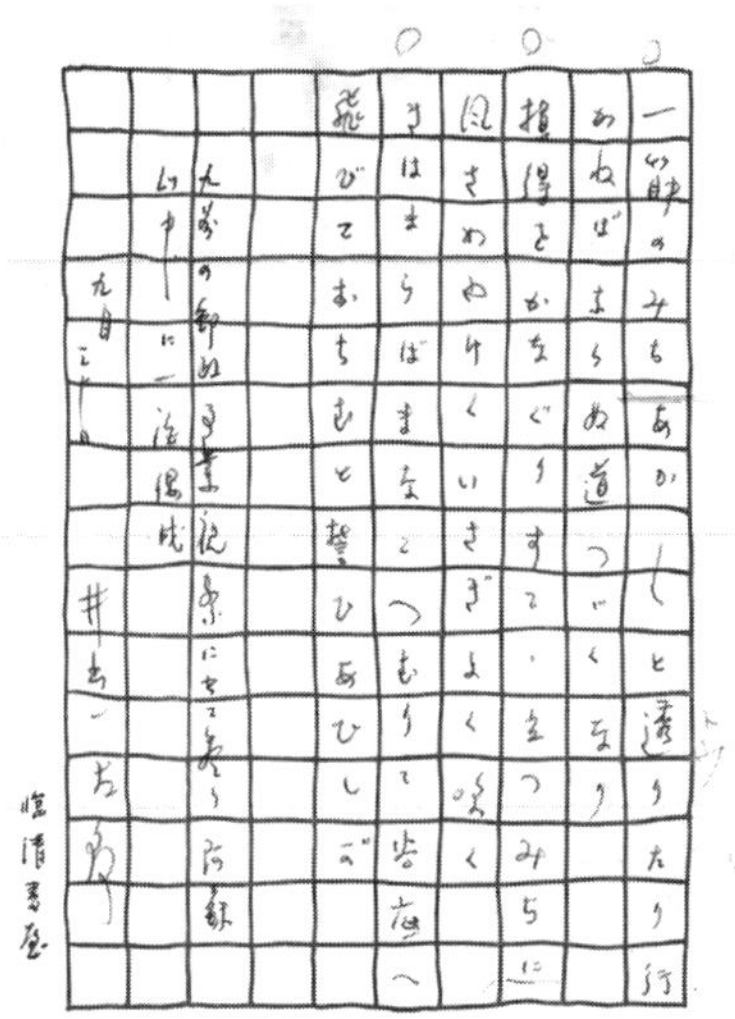

一筋のみちあかしと遠りたり行
あねばならぬ道つゞくなり
指得をかなぐりすて・主つみちに
風さめゆけくいきぎよく咲く
きはまらばまなこつむりて皆海へ
飛びておちむと誓ひあひしが
九州の郵政事業視察にて阿蘇
山中に一泊偶成
九月三日　井出一太郎

臨清書屋

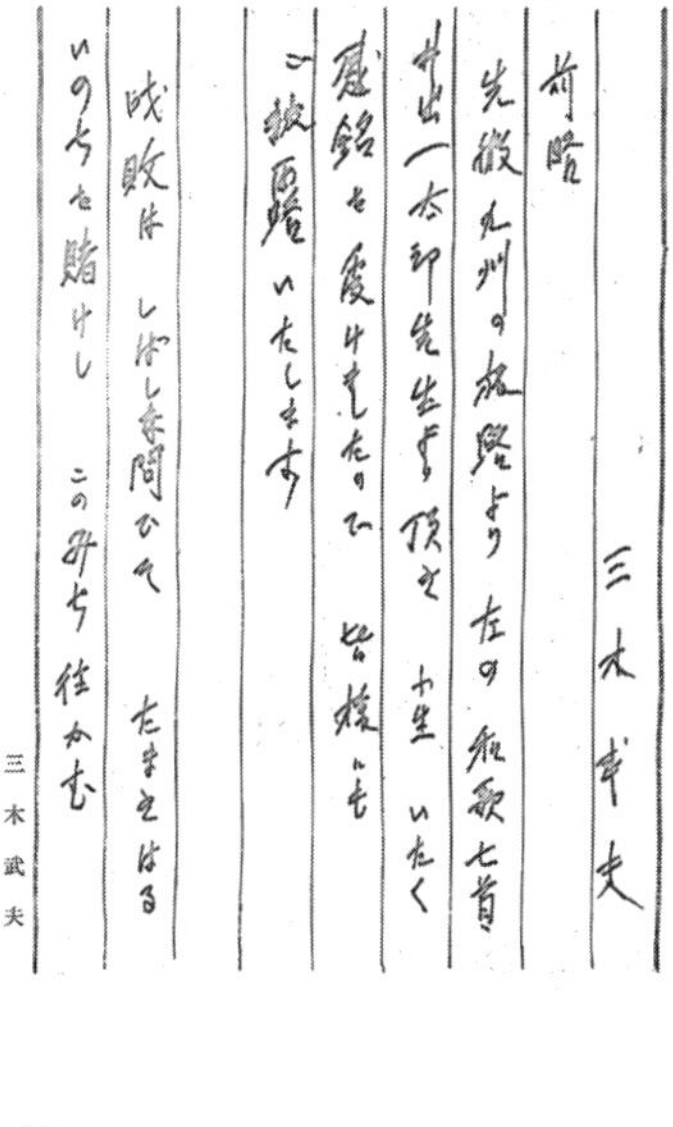

前略
三木武夫
先般九州の旅路より左の和歌七首
井出一太郎先生より頂き　小生　いたく
感銘を受けましたので　皆様にも
ご披露いたします

勝敗はしばしな問ひぞ　たまきはる
いのちを賭けし　このみち往かむ

三木武夫

1970年9月に井出一太郎郵政大臣が九州の郵政事業視察で阿蘇山中に一泊した際に詠んだ七首の歌と、感銘を受けたとしてその歌を支援者に紹介する三木の書簡〔明治大学史資料センター所蔵〕

書いてもらいました。歌人でもある井出さんは、名文を書いてくださいました。三木は、「いつかたれか　行かねばならぬ　この道を　君し行かずば　行く人はなし」など、感銘を受けた井出さんのいくつかの和歌を紹介したことがあります。

――お金が足りないので、土成町のほうで募金を集めました。

岩野　募金を集めるということでね。本当は、夫人としては、できる範囲でやってもらいたかったのでしょう。あまり広げたくなかったと思いますよ。しかし、寺井町長は強引な方なものですから、引き下がりませんでした。

――あの公園が選ばれたのは、何か理由があるのですか。

岩野　あれも町が選びました。というのは、高速道路のインターチェンジが予定されていたところで、今は「御所の郷」という施設ができているでしょう。健康センターなどをつくって町民の憩いの場所として開発したいという計画があり、それであの公園をつくったようです。全部町の構想です。

――像の型をつくるのに、三木家は何か提供しましたか。

岩野　写真などは貸したと思いますよ。あとはお任せして、一切注文をつけていません。

――記念セレモニーが一九九三年四月に行われています。皆さんも参加されていますが、この式も町が中心で行われたのですか。

岩野　そうです。町でした。全部町が案内状を出しました。どういう人を呼ぶかといったことに三木事務所は一切関係していません。ただ、河本派の議員さんは、できるだけ皆さんで出席してくれるように連絡はしました。

――明治大学の岡野加穂留さんも参加していました。

岩野　晩年は岡野さんに、選挙、後援会の集まりなど、事あるごとに徳島へ行っていただきました。三木自身は岡野さんには先生というよりは、自分の仲間意識をもって接していました。今だから言えますけど、暮れに徳島に帰るでしょう。県会議員の集まりがあると、そういうところに岡野さんが入っている。一緒に食事します。それで三木が目配せするわけです。こちらは岡野さんがいるから遠慮していると、「構わんから配れ」と、そこで県会議員一人一人にお歳暮を配る。岡野さんの目の前で、県会議員に（笑）。それほどの関係でした。

――脱線しますが、そういう形でお歳暮を配っていたのですか。

岩野　そうです。阿波観光ホテルで昼食をとりながらです。料亭は県会議員とは使いません。阿波観光ホテルの部屋を借りて、そこで食事会をします。

三木武夫像完成記念セレモニー（1993年４月３日）で挨拶する後藤田正晴〔明治大学史資料センター所蔵〕

三木が徳島で常に行く料亭は、「今年竹《ことしだけ》」です。それは、例えば徳新の社長、農協の会長、そういう人と会うときには「今年竹」を使いました。

――岡野さん以外は、他の関係者はいないわけですね。

岩野　県会議員だけです。県会議員のほかには、三木と岡野さんと私です。それ以外には誰もいません。

――明らかに岡野さんだけ浮いていていますよね。

岩野　そう。岡野さん、いつもそういうことを一切話もせずに。

――三木さん本人がいる前で配るのですか。権威づけで。

岩野　そう、そういうことですよ。選挙になれば自分が直接渡します。そのほうが効果ありますから。

――その金は、東京で集めた金ではなくて、徳島で集めた金ですか。

岩野　東京から持ち帰ります。三木は、徳島では一切集めない。ただ、選挙になると、いわゆる陣中見舞いとか何かで、徳島の企業で持ってくる人はありますよ。それは徳島の事務所の経費にあてます。三木のところに入れてどうこうはしません。東京から持って帰ります。

――持って行くのも大変ですね。

岩野　収支報告書の作成の頃になると、自然と領収書が足りなくなってきます。他の皆さんもそうだと思います。今でもそうでしょう。政治資金の報告書に変な領収書が入っています。昔はきちっと書類さえ整っていれば問題にされなかった。今は中身も問題になります。政党助成金として国民の税金が使われているからです。

――土成の歴史館に三木さんのコーナーがあります。

岩野　土成がつくったから、そこに一室を三木さんの資料館にしたいという申し出がありました。記念品をくれないかということで、帽子や洋服などいろいろな物を出しました。

――そのときの町長は寺井正蔵さんですか。

岩野　いえ、もう尾形安人さんでした。銅像のときは寺井さんで、あとは尾形さんになっていたと思います。尾形さんが寺井さんの助役でした。

――三木さんの品々を選んだのはどなたですか。

岩野　夫人が選んで、寄贈しました。

――あの建物の中に三木コーナーをつくりたいということに関しては、夫人は協力的でしたか。

岩野　これには異存がなかったですね。積極的に協力しました。

――建物の中庭に衆議院と同じ胸像があります。

岩野　確か、自宅用に石井滋さんが二体作って、そのうちの一体を土成町へ寄付したと思いますよ。夫人の意向ですね。

『三木「政治改革」試案とは何か』『信なくば立たず』

――三木試案の岩波ブックレット『三木「政治改革」試案とは何か』は、鯨岡さんが中心になって刊行されたのでしょうか。

岩野　鯨岡さんが中心になってやっていますね。あの頃は鯨岡さん、政治改革に一生懸命でした。先生自身も意欲を持っていました。ちゃんとした形で残っているのは、あのブックレットしかありません。大平さんに提出した法案とか、最高顧問会議に持っていった案は、全然きちっとした形で残っていません。

――亡くなった後、夫人が『信なくば立たず』という本を出されていますね。

岩野　あれは出版社から話がありました。インタビューをしたと思います。言いたいことをどんどん話して、それを担当がまとめた。それで紀世子さんと私で、これはまずいという箇所を削っていきました。相当削りました。自分の感情にまかせて、ぽんぽんとしゃべっているものですから。

ただ、鳩山家との関係などは、我々はわかりませんから、そういうところはそれほど手を加えられませんでした。それでも、こういう言い方はまずいのではないかというところは削りました。特に紀世子さんが、人を批判する言い方は嫌だということで、私以上に神経質でした。

それを校正して、夫人が見ます。最初の削除に対して文句は言いません。見てくれというのは、手を加えろという意味ですから。相当手を加えました。ご存じのように、思ったことをぽんぽんしゃべるものですから。また、事実と違うことも結構入っていました。

―― 出版のパーティーを東京で開きました。

岩野 そうですね、東京會舘で開きました。自分で頼んでやってくれと。それでむつみ会主催という形で、海部さんが代表で開催しました。むつみ会は、三木夫妻が仲人をした人たちの集まりです。もともと夫人は文学少女です。三木の葬式のときの挨拶文なんて、すごいですよね。どこであいう言葉を引き出してきたのかと我々が思うほどです。

―― あれは夫人がご自身で書いたのですか。

岩野 自分で書きました。

―― その後、夫人は何冊か本を出されていますね。だいたい同じようなスタイルで、聞き書きで、岩野さんと紀世子さんが削っていったのですか。

岩野 そうです。

三木武夫国際育英基金

―― 三木武夫国際育英基金が一九九四年から運営されています。この基金の創設に、岩野さんも関われたのですか。

岩野　私も三木夫人とともに推進しました。徳島新聞と阿波銀行に話をして、あのような形をとりました。

――どなたの発想ですか。

岩野　夫人が三木の衆議院議員在職五〇年の年金を有効に使いたいということで、徳島で奨学金にしたいと。ただ、そのときに私が一番心配したのは、選挙法との関係です。三木家から将来候補者を出すときに選挙法の問題が出る、選挙法に抵触する危険性があるということで、私自身は趣旨には賛成だけれども、選挙のときにどうクリアするかという問題がありました。

それで、徳島新聞の森田茂社長にも相談しました。良いのではないかという了解を取って、阿波銀行と話を進めました。

――阿波銀行も乗り気だったのですか。

岩野　阿波銀行は乗り気でした。自分の銀行に預金してくれますから、嫌とは言いません。だから協力してくれます。私が引っかかったのは、選挙法との関係だけです。寄付行為になるのではないかと思いました。そこだけでした。

――徳島関係者の海外留学の助成、徳島で学ぶ海外留学生への助成というのは、夫人の発想ですか。

岩野　最初は、徳島から海外へ留学する人に奨学金を出すという構想でした。しかし、選挙法に抵触しない方法をとっておくべきだということで、紀世子さんや孫がシアトルへ留学していたものですから、シアトルの大学で受け入れてもらい、シアトルの大学生の徳島への留学生を、三木財団が受け入れる、交換留学生です。

――今も続いていますね。

岩野　そうです。大したことはできないでしょうけど。

後継問題

――三木さんの後継問題についてですが、紀世子さんが後継者となることは早くから決まったのでしょうか。

岩野　早い段階というよりも、それまでいろいろ経緯がありました。長男の啓史さんと次男の格《かく》さんに打診しましたが、二人とも選挙に出る意思がなかった。

私は啓史さんを勧めました。高碕達之助《たかさきたつのすけ》さんも二足のわらじを履いていた、二足のわらじを履けと説得しましたが、本人にその気が全くない。格さんもない。そうなると、紀世子さんしかいない、ということになりました。

高橋亘さんの兄弟は、格さんが出馬するならば親戚をあげて応援するということで、紀世子さんには反対でした。格さんの夫人が高橋亘さんの妹です。高橋家のほうは格さんをさかんに推して、格さんを出そうと、一生懸命応援するからと動きましたが、格さんがイエスと言わなかった。そういう経緯はありました。

――三木さん本人は、後継問題をどのように考えていたのですか。

岩野　格さんを立てたいと思っていたでしょう。

――三木さんは世襲には反対だったと言う人もいます。

岩野　表面的にはそう言っているけど、後継者として格さんを立てたかった。夫人もそうだと思います。表面では世襲反対とは言っても、格さんが徳島へ入ることを喜んでいましたから。格さんは金沢大学在学中から徳島に帰っていました。反対だったら徳島に入れませんよ。

――三木系の県会議員のなかにも、三木さんの後継者になりたい人がいました。

岩野　そうです。阿川利量さんが後継者として出たいということでした。ところが、阿川さん自身は、県会議員のなかでも、自分から出たいとは言わない。推されて出たかった。それで七条明さんが「私が出ます」と言いました。そういう経緯です。

夫人は何とか三木家以外の後継者を出さずに残したかったわけ。だから、阿川さんに「知事に出ろ」と勧めました。そこから阿川さんともぎくしゃくするようになりました。夫人が阿川さんに「三木の後継に出てくれ」と言えば、阿川さんは出たと思います。ところが、夫人は、森家というのは代々身内から後継者が出てきているでしょう。その意識が非常に強い。だから、やはり身内から出したい、何とかという気持ちが強かった。阿川さんに会って、知事選に出るよう説得するために徳島に帰りました。

――阿川さんは、その前から参院選に出たい意向でした。

岩野　阿川さんは、自分から積極的に出たいという意思を打ち出して行動を起こさない。御輿に乗りたい、そういう性格です。まあ、お坊ちゃんですから。そのあたりが結局、あの人が中央政界に出たいという気持ちがありながらも出られなかった大きな原因です。

――七条明さんも早い段階から国政への意欲を示していたのですか。

岩野　阿川さんがもたもたしているから、県会の集まりの席で、七条さんが「私が出ます」と宣言して突っ走りました。

――紀世子さんは、出馬に意欲的でしたか。

岩野　出ると決めてからは、本人はやる気満々でした。紀世子さんは、この衆院選のときは自民党から出馬しようとしていましたから、自分で後藤田さんに直接電話をかけて、「ひとつやりますから、公認していただけませんか」と交渉したぐらいでした。会いに行ったわけではなくて、電話です。そういうことをしていました。ただ、後藤田さんは好意的ではなかったですね。

――紀世子さんの後援会長は長尾善一郎《ぜんいちろう》さんです。

岩野　長尾善一郎さんは三木の後援会長です。後を引き継ぎました。長尾家との関係は、切っても切れないですからね。

ただ、紀世子さんは大塚正士さんに後援会長をお願いしたかった。紀世子さんが立候補を決意して、大塚さんと、紀世子さん、夫人、私の四人で、帝国ホテルで食事をしながら会って、「何とか後援会長になって、ひとつ助けてほしい」と頼み込みました。大塚さんは相当渋った。我々は、少し浅はかだった。というのは、そのときに大塚さんはＮＨＫの経営委員をしていました。後援会長になると、経営委員を辞めないといけないことを知らなかった。そこまで気が回らなくて、頼む、頼むの一点張りです。その場では結論を得られませんでしたが、大塚さんは最終的には経営委員を辞めて、応援しようということになりました。大塚さんは三木に対する恩返しと思って決断してくださったと感謝しました。そういう経緯があります。大塚さんには大変申し訳なかったです。

――それで出馬取り止めですからね。

岩野　そうです。高橋亘さんが細小肺癌でもう余命幾ばくもないと判明しました。どんどん転移していく癌で、どうしようもないと医者から余命が宣告されました。紀世子さんは出馬するかやめるべきか悩み、最後の夫孝行をしたいということで、看病に専念することを決心して衆院選への立候補をやめました。私も紀世子さんから相談を受けて、「そのほうがいい。看病に専念しましょう」と賛成しました。選挙にはいつでも出られるからということで、同意しました。

あのときにはずいぶんと公私混同だと批判も受けました。三木夫人も、公私混同だと出馬取りやめに反対しました。そういう批判を受けましたけど、最後の夫孝行をしたいという本人の気持ちもわかっていましたからね。紀世子さんは毎日病院に通って看病していました。

紀世子さんがやめる決心をして発表する前のことです。徳島新聞に、椎野武徳さんという記者がいました。彼はのちに、編集局長にまでなっています。紀世子さんが椎野さんと親しくしており、椎野さんに相談してきてくれと頼まれました。三木家は椎野家とは家族的な付き合いをしており、私も彼とは遠縁にあたりますので、信頼していました。

それで徳島に帰り、秘密にオフレコでマスコミの対応と、今後の政治生命を残したうえでの出馬取りやめの演出を相談しました。それが漏れて、「高橋氏出馬見送りか」と記事にされ、一気に出馬取りやめまで行ってしまいました。

ただ、高橋亘さんの病気は周知のことでしたからね。私が徳島に帰ったことで、マスコミの注目を集めたことも事実です。何かあるなということでね。こっそりと椎野さんに相談をかけましたが、藪蛇《やぶへび》となってしまった。徳島で紀世子さんを記者会見させることができず、残念で申し訳なく思っています。

結局、三木の身内は三木が亡くなった後の衆院選には出馬しませんでした。

――その後、三木さんの後継問題はどうなりましたか。

岩野　夫人は、高橋亘さんの長男の高橋立さんを将来の後継者として、その次の衆院選に出そうと考えていました。そのため、まずは姓を変えさせようということで、かねがね森美秀さんと相談して三木家の養子にしようと考えていました。夫人は、三木の血を、森家同様に受け継がせたいという願望を持っていました。立さんが学生時代、アメリカに留学していたときの話です。本人が帰国したときに話し、養子になることに同意して、三木立になりました。姓を変える話をしたのは、森美秀さんが亡くなる前です。そこで夫人たちは、立さんが三木の意志を継いで徳島から出馬してくれるものと安心しました。立さんは、常に徳島の運動家との関係を深く持っていました。

——立さんは一九九六年の衆院選に出馬しましたが、徳島ではなく東京第七区から出馬しました。

岩野　徳島から出るのを本人が嫌がりました。

——立さんが徳島からの出馬を嫌がったのは、なぜですか。

岩野　おそらく、三木武夫の後継者として荷が重く嫌がったのでしょうね。そうだろうと思います。非常に個性の強い青年ですからね。ただ議員になればいいのではなくて、三木が自分で叩き上げて地位を築いたように、自分は自分なりでやっていきたい、七光りにはなりたくないということだったのでしょうね。

それに、立さんが三木の養子になった頃、仙谷由人さんが落選中で、立さんが出てくると困るということで、立さんに「一回だけ待ってくれ。この次一回だけ私が出る、その後は譲るから」と仙谷さんは土下座までしたそうです。仙谷さんはフォーラムを作っていたでしょう。立さんがそこへ出入りしていて、仙谷さんとは親しく、純粋な青年にはショックで、三木姓を名乗っても徳島を選挙区に選ばず、住まいの渋谷区の選挙区を選びました。

立さんが立候補した際に、私は選挙事務長になるよう依頼されましたが、今さら私の出る幕ではないと辞退しました。ただ、私は選挙権の一八歳への引き下げを選挙公約としてはどうかと提案しました。

立さんは私の提案を受け入れて、これを公約のひとつに掲げて戦いましたが、惜しくも敗れました。

――立さんは、民主党から出馬しました。自民党から出る考えはなかったのですか。

岩野　なかった。あのとき、自民党は、粕谷茂さんが現職でした。粕谷さんは鯨岡さんの都議会時代の仲間です。鯨岡さんが、「立が出るならば、私は三木家の玄関前で反対演説をぶってやるから覚悟」とまで言ったほどです。それほどまで反対しました。東京ではなく、徳島から出ろということですね。

三木が亡くなった後、鯨岡さんとの関係がおかしくなっていました。鯨岡さんが勲章をもらったとき、三木のところに挨拶に来ました。「今松村さんのお墓にお参りして、ここへも来ました。三木さんのところにも報告にきました」。そういう言い方でみえました。まず松村謙三さんのお墓参りを終えて三木のところへ来たわけ。そのとき、たまたま三木の家族は全員土成町の文化祭で徳島へ行って留守でした。私と佐々木富美子が応対しましたが、そのときに鯨岡さんは杖をついて抱えないと歩けないような状態でした。二人で抱えて、せっかくお越しいただいたから、家族は徳島へ帰っていませんが、お茶でも飲んでくださいと、部屋へあげました。本人もそういう話をして帰りました。帰ってから武市前知事に電話をかけて、「三木さんのところへ行ったら、冷たい扱いを受けた」と話した。それが夫人の耳に入ったことが、関係がおかしくなったひとつの原因です。

決定的になったのは、このときの立さんの選挙です。この選挙が鯨岡さんと決定的な別れになりました。だから、少しのボタンの掛け違いで変わっていくわけです。この選挙で鯨岡さんと夫人との関係が決定的に悪化したのも当然で、完全に喧嘩別れになりました。このとき國弘さんが鯨岡さんに同調したため、國弘さんと三木夫人との関係も拗《こじ》れました。

鯨岡さんが亡くなったとき、残念ながら鯨岡さんの葬儀でも友人代表の弔辞も河野洋平さんが読み、夫人はお呼びではなかった。普通なら夫人が読むところですけど、一切そういう依頼がありません。それほどの関係になりました。

――立さんは落選しますね。落選後は政治からは離れました。

岩野　もう離れてしまいました。というのは、あの選挙のときに、鳩山由紀夫《ゆきお》さんや菅直人《かんなおと》さんなどに不信感を抱きました。その後は変わりましたが、あのときは比例区の名簿の順位で、新人は相手にされなかった。選挙区と比例区に重複して立候補した候補者の比例名簿の順位を同じにすれば、選挙区で負けても惜敗率が高い候補者のほうが復活当選できます。そういう方法をとってくれと頼みました。政治改革を言っているのだから得票率で評価してくれと主張しましたが、受け入れられなかった。それで不信感を抱きました。

立さんの考え方が取り入れられていれば、立さんは惜敗率が高かったから比例区で当選できました。それが蹴られてしまった。鳩山さん、菅さんに頼みましたが、蹴られた。それで不信感を抱いてしまいました。

高橋紀世子の参議院選挙出馬

――その後、紀世子さんが一九九八年の参院選に出馬します。紀世子さんは、いつぐらいから選挙に出る動きを示したのでしょうか。

岩野　おそらく、参院選の前に知事選への出馬を勧めに来る人があったので、まだ自分は見捨てられていないと感じたのでしょう。かつての三木の支持者や社会党の県議から、紀世子さんを知事選に出したいという申し出がありました。

――知事選というのは、三木申三さんの後の知事選ですか。

岩野　そう、そのときです。知事選に出せと来ましたが、私はこれには徹底的に反対しました。選挙にさえ出てくれれば、あとは我々が全部やりますというのが、社会党議員の言い方でした。傀儡政権ですよ。そのようなのには、ますます乗れません。私は、「知事は絶対にダメ。議員は務まっても知事は務まりません」と主張しました。本人もそれはわかっていたから、知事選には出なかった。

ところが、夫人は知事選に出そうとして、一生懸命にやった。何としても出したかったようです。徳島に東海運という会社があります。そこの亡くなった粟飯原三郎社長が、一生懸命になって口説きに来ました。「とんでもないことを言わないでくれ」と、私は反対しました。「議員は務まっても知事は務まりません」と伝えましたが、聞かなかった。三木申三憎しでね。ずいぶん苦労しましたよ。本人も知事選にはやる気がなかったから、夫人が勧めても受けませんでした。

その後、あの参議院選挙の話が来て動き出しました。紀世子さんにアプローチをかけたのは、仙谷さんと遠藤和良さんです。私はそれには反対しなかった。出るべきだということで賛成しました。

――参院選で紀世子さんは、自民党の公認を取ろうとは考えなかったのですか。

岩野　ありません。民主党と公明党が推しましたから。それに自民党には松浦孝治《こうじ》さんが現職でいましたからね。結局あの選挙も、非常に運が良かった。久次米・後藤田の選挙と同じような状況で、候補者を比較した選挙戦に持ち込まれると負けています。ただ、自民党が権力で押しつけてきました。徳島に、橋本龍太郎総理をはじめとする党の幹部をつぎ込んできた。それが逆に同情になりました。候補者を比較されたら、政見放送からしても段違いですから、完全に負けていたでしょうね。投票の前日まで現職の総理が再度徳島に来ました。選挙期間中に総理が二回も徳島に応援に入りました。そこまでされたから、かわいそうだという同情が紀世子さんにわいて、それで勝てたと思います。

――選挙の参謀は誰ですか。

岩野 あのときは、吉田忠志君です。三木の秘書から県会議員になっていました。黒川勉さんも入っています。旧三木派の県会議員では、黒川さんと吉田君。吉田君がいろいろと采配をふるいました。

――当時、吉田さんは自民党県連の幹事長ですね。表立って動けたのでしょうか。

岩野 紀世子さんの事務所に詰め切りでした。野党の県会議員の手当ても全部吉田君がやりました。表立って演説会に出たりはしません。ただ、実質的な采配をふるいました。というのは、彼は徳島で三木の選挙を何回か経験しており、徳島県内の三木の柱はもとより、三木の後援会を知り尽くしていました。

――岩野さんは、この選挙ではどうされましたか。

岩野 徳島に帰って、独自で動いていました。だいたい、三木の選挙で行っていた柱を訪ねていました。

――紀世子さんの選挙は、三木さんの選挙と違っていて、違和感を抱いた方も多かったようです。

岩野 それはあると思いますよ。あんなにも金がかかるものかと、びっくりしました。集会を開くたびに仙谷さんを通じて請求が来ました。最後はもうたまりかねて、格さんが断りに行ったぐらいです。そんなには堪えられませんよ。選挙違反の心配もありました。

創価学会も昔から、公明党員を応援する場合は金がかからないが、党員以外を応援するときは金がかかると聞いていました。組合でもそうです。民社でも、金がかかるということは聞いていました。しかし、民主党自体があんなに人が動くために金がかかるとは思わなかった。その代わり、動員力はありますよ。

――岩野さんが三木さんの秘書時代は、井上普方さんの選挙運動をご存じなかったわけですか。

岩野　そうです。社会党とはお付き合いありませんからね。井上さん個人とは非常に親しくしていました。井上さんからも、しょっちゅうお声がけしていただいていました。しかし、選挙そのものに対しては関係がないですから、知りませんでした。

民社の選挙を応援していた人から話は聞いていました。民社は、多田至さんが、民社の候補者の坂東《ばんどう》一男《かずお》さんの選挙事務長をやっていました。それは、息子さんの関係で親しくなりました。徳島へ帰るとご自宅に泊まれと、通町の家に泊めてもらいました。それほど仲が良くなりました。そこに泊まると、そのグループを集めて懇談会を開いてくれました。山本潤造さんも来ましたからね。その方が選挙のときにいつも民社の事務長でした。だから、いろいろ話を聞かされていました。

――選挙戦の手応えはいかがでしたか。勝てるとお思いでしたか。

岩野　私は最後に橋本さんが応援に来たことで、勝てると確信しました。久次米・後藤田の参院選を思い出し、これで勝てたのではないかと。このときに紀世子さんが取ったのは、一六万五〇〇〇票くらいでしたかね。確か私はあのときに、一六万五〇〇〇と予想しました。ぎりぎり読めていたと思いました。

私は投票の日には締め切って八時になった途端、徳島から出ました。私は違反になるような行動をしていませんが、選挙に入る前に金の持ち運びやっていますからね。もしどこかで何かあったら困るので、さっと徳島から出ました。今だから言いますけど、興銀のワリコーですよ。ワリコーにして夫人が貯金していたお金を、請求が来るたびにくずして持って帰りました。私が運び屋でした。

――当選すれば何となく有耶無耶《うやむや》になりますが、落選の場合は追及されかねないからですか。

岩野　万が一のことがあるといけないということで、私は車で高松に出ました。あのような選挙は初めて経験しました。

――そのお金は、渡した以降は、全然把握されないわけですよね。

岩野　知らない。仙谷さんの秘書が取りに来て、その後どう使われていたか、全然わかりません。ただ、こういう運動をするので、人を動員するから、ということで、請求を受けます。最初、推薦料として一〇〇〇万を民主党からもらいました。仙谷さんが来て、「推薦料が出たけど、私の領収書を渡しておきます。お金は私が使います」と言って、仙谷さんの領収書を受け取りました。現金は見ていません。最初のスタートからそうでしたからね。今でも私は仙谷さんの一〇〇〇万の領収書を保管していますよ（笑）。

――紀世子さんが当選します。早い段階から岩野さんに秘書の打診があったのですか。

岩野　手伝ってくれということで政策秘書になりました。夫人のところに、いろいろと売り込みで女性が来ていたようです。夫人はその気がなかった。夫人の同級生の藤田晴子さんが国会図書館にいたでしょう。その人の推薦だとか言って、国会図書館にいた女性で、参議院議員の秘書をやっていて退職した人がいるから、夫人のところへ給料は半分でいいから使ってくれと言ってきたとか、いろいろと私のところへこういう人が来たよと紀世子さんから聞きました。その当時、その人は野党の議員の秘書をやっていた人です。だから、野党は秘書給与を半額にしていたのでしょうか。とにかく、給料半分でいいです、使ってくれと。野党は最初からそういうことをやっていたのですかね。

――岩野さんには政策秘書という打診だったわけですか。

岩野　そうです。藤田さんが推薦した方は、政策秘書で使ってほしいと推薦したようです。国会図書館にいた人だから、政策秘書の資格を持っていたのでしょう。夫人も藤田晴子さんの推薦ということで、無碍に断れなくて困っていたようです。

――紀世子さんの段階だと公設秘書は三人ですね。

岩野　三人ですよ。政策秘書が私で、長男の立さんを第一秘書にしました。第二秘書は徳島の事務所の人間をあてました。事務所にいた人間で、市会議員に出馬するということで二年ぐらい経って辞めました。それで、島田健作君を第二秘書にしました。それも正直言って、第二秘書の給料で二人を雇っていました。当時はそれが通用しました。第二秘書にするかわりに、給料は二人で分けてくれという条件でした。

――三木さんの第一公設秘書と、紀世子さんの政策秘書で、岩野さんの活動自体は変わるのですか。

岩野　変わりません。陳情の対応が主な仕事です。他には、政策の説明や挨拶原稿の作成です。それから、紀世子さんが初めて委員会で質問に立つとき、私は女性天皇と女性宮家の創設を提案するように進言しました。紀世子さんは私の進言を受け入れて委員会で質問しましたが、全く反応はありませんでした。これは小泉政権時代のことです。

――紀世子さんは議員会館を使っていたのですか。

岩野　そうです。議員会館です。参議院議員ですし、三木の場合と全然違います。一兵卒の議員ですから、常に国会の中にいて、いろいろな委員会に顔を出さないといけないでしょう。会館にいて勉強しないとついていけませんからね。

――紀世子さんの活動ですと、吉野川の第一〇堰の問題がありました。

岩野　姫野雅義さんの関係で引き込まれていきました。紀世子さんもさることながら、立さんのほうが非常にのめり込んで協力しました。選挙のときから姫野さんにはお世話になりましたからね。

――紀世子さんは一期ですね。二期目は難しい状況でしたか。

岩野　当選して間もなく倒れましたからね。そのときに紀世子さんの次男の永《えい》さんなどが心配して、どうしようかということで。子どもさんとしては、できたら辞めさせたいぐらいの気持ちがあったようです。それで、いろいろ相談を受けました。永さんに、「今からでも君が徳島市議会で議員に出て後を継ぐことを考えたらどうだ」と言ったことがあります。

永さん本人は市会議員になりたい、選挙をやりたいという気持ちがありました。だからそういう勧め方をしましたが、結局乗ってこなかった。

私は、紀世子さんはもう次はないと思っていました。紀世子さんが議員になって三年ぐらい経ってですか、紀世子さんの次男永さんと長女麻《あさ》さんと夫人から「岩野さん、どう思うか」と相談を受けたときに、「もう無理でしょう。決心したほうがいいと思いますよ」と話をしました。そうしたら、夫人が麻さんと永さんの二人を密かに徳島に送って、そういう手を打ちました。私はそれを知っていました。ところが、立さんのほうはもう一回やらせたい、紀世子さんもやりたいということでした。それに対して、私は反対できないから、やるならしょうがないだろうということで、本人もさかんに仙谷さんに頼み込んで、もう一回何とかやらせてくれるようお願いしました。夫人がその前にちゃんと孫二人を徳島に帰して、手を打ったわけです。夫人も健康的に無理だということでね。最終的に仙谷さんも受け入れませんでした。

それでも紀世子さんは、応援がなくても再度出馬するつもりでいたようです。「岩野さん、徳島へ帰って様子を調べてきてくれ」と言うので、私は帰って二〇日間くらい滞在して、三木武夫後援会の幹部だった人たちを訪問しました。矢野茂文さん、宮西良一さん、阿南市議の野々宮文雄《ふみお》さんに会いました。しかし、会った人たちからは「立候補するなら応援しますよ」とか「私の一票は入れますよ」という言葉があるだけで、積極的に紀世子さんの立候補を望む声はありませんでした。東京へ戻ってこのことを紀世子さんに報告しました。紀世子さんもそれでもうダメだと思ったのでしょう。諦めがついて、出馬しないことを決心しました。最後まで紀世子さんは出たかったし、立さんも何とか出したい、そういう気持ちだった。ところが、夫人と麻さん、永さんは反対でした。

私も、紀世子さんが何度も「仙谷さんと一緒に会ってくれ」と言うので、立ち会いました。仙谷さんは頑として受け付けなかった（笑）。ただ、あのような選挙をまたやらされたら。家屋敷すべてを処理しないとできない。そういう選挙でした。

——今、三木家の方はどなたも選挙は。

岩野　もう全然ないですね。誰もやる気はないでしょうね。

第８章　三木武夫の選挙と後援会

三木武夫後援会（三木会）

――三木さんの後援会について伺います。

岩野　県下にある各後援会を集合した会が「三木武夫後援会」です。

――昭和二〇年代や三〇年代の徳島新聞には、「三木会」という名前で出てきます。

岩野　その頃はそうかもしれない。全体の三木武夫後援会の下に、各市町村の後援会、青年部、婦人部などがあります。三木を支援してくださる組織はすべて網羅します。最初は市町村の三木会と青年部、それぐらいだと思います。婦人部は新しいですね。

保守合同前は小党が乱立していて、政党選挙で後援会は必要ありませんでした。保守合同後に後援会の組織化が進みました。

――岩野さんが三木さんの事務所に出入りするようになったのは、改進党の頃ですね。学生の頃は、選挙には関わっていなかったのですか。

岩野　学生のときは事務所の走り使いです。

――戦前に初めて選挙に出た段階では、三木さんの組織はありませんね。

岩野　だんだんと組織化していったということですね。私は三木の戦前のことはわかりません。生田和平さんの秘書のような仕事をしていたでしょう。おそらく、その当時は生田さんも相当力を持っていましたから、いろいろと地元の関係もできていたのかもしれない。それから徳商や明治大学時代に雄弁部で徳島県内でも弁論活動をしている、雄弁な学生として知られていたのではないかと思います。

それと学生時代にアメリカへ留学したときも、地元の新聞に記事を書いています。特派員か何かの肩書きをもらっていたのでしょう。そういう努力は常にしていて、地元の新聞に時々名前は出ていました。全くの無名の新人で出たわけではなく、そういう下地はあったのではないでしょうか。

長尾新九郎《しんくろう》さんと知り合ったことも大きいでしょうね。長尾さんは、三木の明治大学の先輩です。三木と親好を深め、三木が戦前に衆院選に出馬したときから三木を支援してくれました。自身も戦後に徳島市長になっています。戦前でも、長尾家は名門で、徳島の経済界では力を持っていたでしょうから。

――難しい質問かもしれませんが、その当時の組織でわかることはありますか。

岩野　わかりませんが、おそらく戦前の場合は、後援会という組織、すなわち面や線ではなく、点だったと思います。徳商とか、その地域、地域の人が中心になった。おそらく組織をつくるまでには至っていなくて、三木本人が直接地域に行って、演説をして歩いたと思います。

――戦前の農村部では、地主の意向が強いですね。地主にもアプローチをしていたのでしょうか。

岩野　まあ、そうでしょう。結構、旦那衆的な人がいました。その地域の造り酒屋とか、そういう人のなかに支持者がいたことは事実です。長尾家、長尾一党はそのひとつですね。新九郎さんを通じてのことだと思いますが。地域の造り酒屋さんで、戦前からずっと三木の支持者だった家が何軒かありますよ。お医者さんにもいますね。古いお医者さんなどもいます。

――三木さんが幼少期に診てもらっていた、上板町の林久雄さんもそうですか。

岩野　通称「かん医者」といわれていた林さんも、三木が子どものときにかかっていた病院です。子どものかんしゃくを収めるのに良い病院ということで「かん医者」という名前が付いたと聞いています。美馬に秦眼科があったり、池田町では清月《せいげつ》旅館がありました。所々に地盤がありますね。それなりの支持者をつくるということだと思います。そういうのが核になって、だんだんと組織化できるようになりました。

組織的な後援会をつくるようになったのは、おそらく戦後、保守合同後ではないですか。戦前は長尾さんの関係で田所多喜二《たきじ》さんです。長尾新九郎さんは田所さんの実弟で、長尾家の養子となりました。田所さんと長尾さんは、県下に対する名前としては、大きな宣伝効果があります。

三木は、戦前は浮動票で当選しているようなものでしょう。だから組織化するところまではいかなかったのではないですか。戦後でも、三木は保守合同後に後援会の組織づくりに積極的になったと思います。それまでは小党乱立で、事実上党営選挙ができました。

――占領下で他の議員が追放になっている間に力をつけたということですか。

岩野　それもあるでしょうね。それに若いですから、他の候補者が足を踏み入れない山間の一軒家まで訪問していました。

――自民党が結成された段階で、三木さんの組織はできあがっていたのですか。

岩野　それまでは小党乱立でしょう。極端に言えば、政党から言えば一人区のような選挙をしていたでしょう。協同党が二人を立てたとか、自由党が何人か立てたというのはありますが、全県から見れば小選挙区でやっているようなものです。それほどきめ細かな全県的な後援組織はなかった。地区、地区に選挙で活躍してくれる強力な支援者がいれば選挙ができました。

――その地区の有力者をいかに取り込むかということになるのでしょうか。

岩野　そうです。地区中心で国会報告会です。昔はそういう会です。自民党になって、中選挙区ですから同じ政党から候補者が四人、五人と複数立つようになって、候補者が後援会を組織立てないと選挙がやりにくくなってきました。

後援会長

――後援会長は、三木会全体の会長ですか。

岩野　全県下の組織の全体の会長ですね。柏原大五郎《かしはらだいごろう》さんや長尾善一郎さんのような商業関係の方が会長になっています。

――そのほうがやりやすい。というのは、県会議員を持ってくると、いろいろ議員間の軋轢がありますからね。選挙事務長は別ですが、後援会長は、県全体に対して顔の利くというか、名前の通りの良い人がいい。そうすると、経済界の人のほうがいいわけです。柏原大五郎さんが後援会長でした。柏原大五郎さんが亡くなってから、長尾善一郎さんになったと記憶しています。徳島では長尾家は名門ですからね。

――柏原さんの前はどなたですか。

岩野　その前は知りません。柏原さんは戦後で、戦前は田所多喜二さんではないですか。

――柏原大五郎さんが長い間会長だったのでしょうか。

岩野　亡くなるまで会長でした。三木が徳島へ帰ったときに、佐古にあった柏原さんのお宅に一緒に泊めてもらったこともあります。夫人は徳島に帰ると、我が家に帰ったようにしていました。三木と私が阿波観光ホテルに泊まっても、夫人は柏原家に泊まりました。そういう時代がありました。

――長尾善一郎さんは、新九郎さんから見ると、どういう関係になりますか。

岩野　新九郎さんからは甥です。新九郎さん自身も養子です。善一郎さんが長尾家の本家になります。久さん、健次郎さんは、善一郎さんの妹お二人とそれぞれ結婚し養子になっています。久さんは明治大学の出身です。それから、新九郎さんの跡継ぎの和定さんも鳴門から養子に行っています。善一郎さんの後を継いで長尾産業を経営している勝夫さんも養子です。ずいぶん養子が多いですよ。

――長尾家ですと、義光《よしみつ》さんもいますね。

岩野　義光さんは田所権六さんの三男として生まれ、次兄の長尾新九郎さんの世話で、長尾産業グループの設立者である長尾伝蔵さんの次女・ムメノさんと結婚し長尾家入りした方です。義光さんの息子に、栄一さんと本家の養子になった健次郎さんがいます。

――義光さんも徳商ですね。三木さんを支援してくれたのですか。

岩野　あの方は、それほど。あの当時は、柏原大五郎さんが中心です。義光さんはそれほど政治色を出さなかったですね。

――柏原大五郎さんと長尾義光さんとの関係が良くなかったようです。

岩野　それがありましたからね。柏原大五郎さんと良くなかった。しかし、少しずつ変わってきました。義光さんも柏原さんも商工会議所の会頭になられています。

義光さんはゴルフ場で亡くなりました。夫人が葬儀に出席したと記憶しています。長尾産業グループが完全に一本にまとまったのは、善一郎さんになってからです。健次郎さんは、山林を担当していたから、多少森下さんと関係が深かった。埋め立て関係が出てきて、三木を頼ってくるようになり、三木一本になりました。長尾家のなかでは、健次郎さんは森下さんの系統でした。

長尾家はややこしいですよ。養子が中に入ってきています。新九郎さんも養子で、しかも子どもがなく、跡継ぎの和定さんも養子で、出会い夫妻です。奥さんの茂子さんのほうが長尾家の血だと思います。つまり新九郎さんの血を引いていないということです。

晩年は新九郎さんも、三木と少しまずい関係になりました。長尾さんは市長を辞めてから、衆議院に出て落選していませんか。出るのを抑え込んでおかしくなったのかもしれない。大抵、どちらかですよ。

——長尾さんは戦後第一回の衆院選には出馬して落選していますが、市長を辞めた後には出馬していませんから、出馬を抑えたのでしょうかね。長尾さんが市長だったときには三木さんは長尾さんを応援していたわけですね。

岩野 良かったですよ。上京されると三木事務所に立ち寄られていました。

——後援会長は、普段は何か活動することはありましたか。

岩野 ありません。後援会は市町村単位です。県全体の後援会総会活動は、頻繁に開けるものではありません。金がかかりますし。

——後援会長として市町村を回ることもないのですか。

岩野 後援会の総会や選挙の出陣式のときに会長として挨拶はしますけど、普段はありません。要は、その方の名前、知名度を借りるわけです。

——普段の活動はなくても、選挙体制のひとつではあるわけですか。

岩野 そういうことですね。県全体に名前が通った人でなければ効果がない。前も申し上げたように、紀世子さんのときには無理矢理に大塚正士さんに後援会長になるよう口説きました。ＮＨＫの経営委員を辞任してまで承諾くださいました。大塚さんが後援会長になっているというだけで有権者は違ってきます。

後援会の組織

――後援会は、県全体のものがあって、各市町村にもありましたか。

岩野　市町村には市町村の後援会があります。できない町村もあります。支持者がいても後援会をつくれない地域もあります。逆に言えば、三木が中央で成長するに従って派閥は違っても同志ということで、同じ党の候補者のもとへ切り込むわけにはいかないでしょう。だから、後援会をつくるわけにいかない。小笠さんや森下さんの地元では派手に活動しないとか、そういうのはありました。例えば、海部郡でも海部町や海南《かいなん》町には、何人かの支持者はいても後援会はありません。日和佐《ひわさ》町の後援会の集まりに参加してもらいます。他の候補者の出身地では、どうしても遠慮して活動を控えます。

後援会ができなくても熱狂的な支持者はいました。秋田さんの地元で、池田町の安藤与三太《よさた》さんとかね。そういう人が自分の仲間を集めて、選挙になると一生懸命やってくれました。祖谷《いや》でもそうです。強烈な支持者がいましたからね。熱狂的な支持者がいたのは、三好、勝浦町、丹生谷《にうだに》です。みんな山間地です。候補者として若かったから、若いときにそういう山間部に足を運んだのでしょうね。そういう努力から、後援者が育ったのかもしれない。

――後援会ができる前も、皆さん集まっていたのですか。

岩野　三木が徳島に帰ったときに、国会報告会を各地区で開きますから、そのときに人を集めてもら

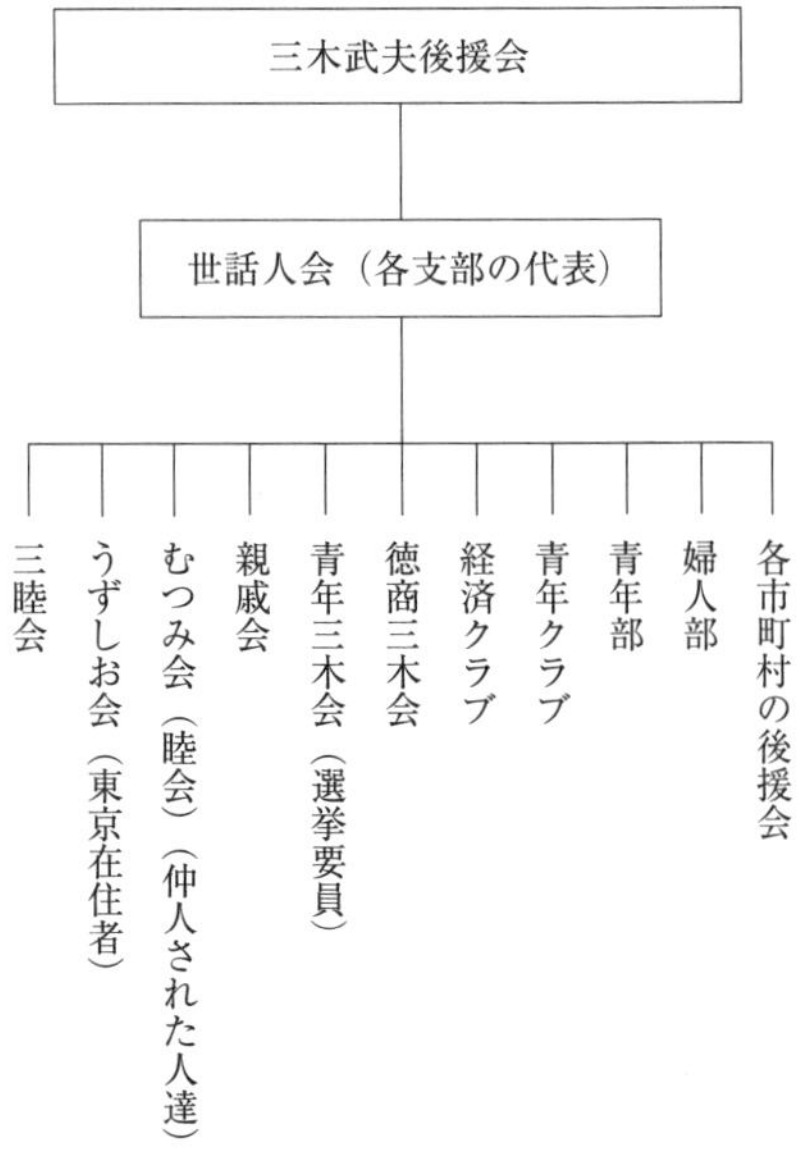

三木武夫の主な後援会組織〔著者作成〕

います。各町村に何人か核になる人が必要でしょう。そういうところから後援会の組織ができました。

―― 各市町村の後援会の中心になる人たちは、どういう人たちですか。

岩野　町村単位で世話人をおいて、後援会をつくってもらいます。世話人は選挙に熱心で人望があって世話好きな方です。町村会議員が割に多いですね。直系の町長がいるところは、町長が音頭をとります。その上に県会議員が乗っかります。

―― 三木陣営では、世話人より下にどういう支持者がいるかを把握していないということですか。

岩野　それは全部把握しています。一応後援会の名簿は全部持っています。選挙になれば幹部会を、全県から集めて開きます。

―― 幹部会は何人ぐらいですか。

岩野　市町村によって違います。他の候補者の地元に行けば、一人とか二人の場合があります。組織が強いところは多い。それだけ手足になる人が多いということになります。

―― 三木さん個人のつながりと、運動員の人のつながりがありますか。

岩野　それはそうですね。結局その地域の幹部は、同級生とか、親戚とか個人的なつながりができた幹部でしょう。そういうところから枝葉を伸ばしていきます。選挙になると親戚が多くなります。

――後援会にはどういった組織がありましたか。

岩野　最初にあったのは三木会と青年部です。それがだんだんと拡張して、いろいろな組織をつくりました。例えば、婦人部をつくったほうが女性に働きかけやすいとか、三木系の町村長を集めた三武会という会を作ることで町村長の結束をはかって三木の政治活動を支援しようとか、そういうことできめ細かく浸透をはかります。

――いろいろとつくったほうがいいという判断ですね。

岩野　そうですね。細かくいろいろな組織をつくればつくるほど、網を細かく張れるという意味ではね。ただ、大きな後援会組織だけですと、集まってくるのが年寄りとか、一家の主しか来ないでしょう。婦人部だと女の人が集まり、青年部といえば若い人だけが集められる。そういうふうに層が広がっていって、細かい活動ができます。会員の熱意と行動力ですね。

――その発想は総理大臣を辞めてからですか。

岩野　総理になる前からありました。三木の場合は、我々が行ったときに学生三木会とか青年三木会がありました。戦後からそういう後援会の組織づくりが始まっていました。特に本格的な組織づくりは、保守合同以降でしょう。

――徳商三木会はどういう集まりですか。

岩野　徳商出身者だけで集まった会ですね。徳商であれば、徳島市の出身が多いですから、だいたい徳島市の後援会に入っていますね。ただ、郡部のメンバーもそれぞれの地域で手広く商売やっていますから、それなりの力を持っていました。そのなかで徳商会としてだいたい年一回集まっていました。これも全体の後援会のなかに含まれます。

――徳商のつながりは、票になりましたか。

岩野　なっていますよ。きちっとした組織ができていない割には、徳島市内で二万ちょっとの票がありましたからね。市内では徳商の力が大きかったと思います。選挙のたびに徳商三木会には、稲原幸雄さんに言われて私は出席しました。稲原さんが仕切ってくれました。徳商に関しては稲原さんと、稲原さんの弟子で徳島新聞グループの大島茂治さんです。名前をつけていなかったかもしれません。

徳商同窓会で地域で要になっている人を集めます。だいたい、商店街に一人はいます。商店街は徳商出身者が核となり活動してくれますね。元町《もとまち》、西新町《にししんまち》、東新町《ひがししんまち》、籠屋町《かごやまち》という大きな通りには一人ずつ要の人がいました。その会に私が出席して情勢を説明して、協力をお願いします。頑張ろうと戦術を話してくれました。関東徳商同窓会にも必ず出席しました。

――徳商の力は、岩野さんが三木事務所に出入りされた頃から、活用されていたのでしょうか。

岩野　ありましたよ。活用というか、我々が挨拶に行った西新町商店街とか、東新町商店街といった商店街の要の人はほとんど徳商の出身者でした。徳商の会があって、選挙の前に会を開いてくれました。挨拶に行っていますよ。

――青年クラブはどういった会ですか。

岩野　これは若い人でつくる会です。これも全体の後援会のなかに入っています。入っていますけど、若い人だけが集まって活動したいということです。

――青年クラブをつくる意味は何ですか。

岩野　若い人だけで活動していこうということです。勉強会をやっているとか、若者にアプローチするに若者が良いということで、普段の親睦を深めていこうと。全体で行動するのは難しいですから。三木は旅行会を一切しませんでしたから。

――他の代議士がやっていた旅行会を、三木さんは行わなかったのですか。

岩野　一切やらなかったですね。ただ、新しい番町会館が落成したときに、徳島からバス二台で熱海に一泊してから上京したことはあります。しかし、その後三木は立候補していません。

――青年三木会というのがありましたか。これも後援会に入りますか。

岩野　後援会組織のひとつです。選挙のときのスタッフです。マイクを持ったり、個人演説会の会場の設営といった選挙組織の事務の担当責任者になります。結局選挙で働いてもらうということです。その時代によって名称が変わっています。

――青年三木会と青年部は別ですか。

岩野　青年三木会と言っていた人は、自分たちは三木の行動隊だという誇りを持っていました。時折親睦会を開いていました。地方でも青年は自営業からサラリーマンと働き出して選挙要員が集まりにくくなりましたので、広く呼びかけるようになりました。その当時の青年部は選挙になったときのスタッフです。そのときは青年部で青年三木会といっていたと思います。藤川忠義さんが三木事務所の責任者で、矢野茂文さんが中心でした。その後青年部ということで若い人を集めるようになりました。

――青年三木会は青年三木会としてあったわけですね。

岩野　そのまま名前としては残って、その当時のメンバーが選挙に備えて結束を図っていました。その当時の、昔の青年部の集まりで、藤川忠義さん時代の名称です。

――婦人部ができたのは、総理を辞めてからですか。

岩野　もう少し前です。七条広文さんの奥さんが初代会長だと思います。徳島県の婦人会長が三木の婦人部の会長になったことがあります。

――女性票の取り込みを狙ったわけですか。

岩野　だんだんと婦人会活動が増えてきましたからね。各町村でできました。婦人層に浸透していくためにも婦人部をつくったほうが良いだろうということで、晩年に婦人部をつくりました。

――婦人部ができる以前に女性に限って何か催すことはありましたか。

岩野　組織としてはなかなか。ただ、町村で後援会をやるときに、婦人が出て婦人部だと称してお茶を出す接待役を務めてくれました。組織としてはつくっていなかった。後援会の中の女の人という意味での婦人部。女の人たちが集まった活動はしていませんでした。いざとなると全県下の婦人を集めて決起集会を開くとか、そこまではいかなかったですね。組織としてつくっただけです。集まりを大々的にやったという記憶はないですね。

婦人の場合は、今のように活動できません。家庭に縛られて気軽に外出できなかった。三木の時代よりも紀世子さんの時代になると、選挙にも積極的に参加してくれるようになりました。そういう時代の差はあります。三木の時代は、名前があっても実際の活動はなかなか難しいですよ。ただ、池田町だけは橋本さんという元教員が女性を集めて活発に動いてくださいました。

――それでも働きかけの対象にはなりますね。

岩野　なります。婦人に対して働きかける。それと、男とは違った効果が出てきます。三木の時代は、婦人が自分で車を運転する時代ではないでしょう。今は女性が自分で車を運転して走り回りますから、相当活動の差があります。昔の場合は、婦人部と言っても車を運転できる男がついて回って活動する。

全然運動量が違います。組織の活動からすれば、その差は大きいでしょうね。

――婦人部は、選挙のときだけ動いていたのですか。

岩野　三木の場合、普通はそうですね。選挙のための組織ですから、日常活動はほとんどありません。政治家の後援会ではない市町村の婦人会があるでしょう。それだって実際にそれほど活動していなかったでしょう。しかし、その婦人会の幹部に三木の婦人部の役員をお願いしました。顔を利用して婦人に働きかけてもらい、票を増やそうということですよ。

――何人ぐらい入っていましたか。

岩野　一応名簿をつくりましたが、婦人部としては何百もいなかったですね。

――経済クラブ。これも後援会ですか。

岩野　そうです。県内の経営者の集まりです。徳島の経済人が集まって、政治活動をするための資金を出そうということでつくりました。徳島の規模は小さいですから、普段の活動資金は出してもらえません。選挙のときに多少寄付をしてもらった程度。企業、法人単位です。新しい集まりです。

――三睦会はいかがですか。

岩野　三睦会は粟飯原三郎さんが集めてくださった後援会の名前です。これらの会の代表や、市町村の後援会の代表を集めた世話人の会が、後援会長の下にあります。各地域の代表者が集まる会です。その会の代表者が集まって、行事などを打ち合わせていました。

――うずしお会は、三木さんが就職の世話をした在京の人の集まりですね。うずしお会の人も徳島で後援会の総会を行うことになると、徳島に帰ってきたのですか。

岩野　帰ってくる人もいますね。選挙のときは徳島に帰ってくれます。

――実働部隊になったのですか。

岩野　そうです。東京の人で、選挙の組織でつくりました。選挙のときに東京から徳島に帰ってくれる人もいますし、帰らなくても手紙を出したり電話をかけたり、そういうことをしてくれます。手紙も書き方によって違反になりません。手紙は投票依頼にならなければいいので、推薦していますということで親戚などに出します。はっきりと組織としてつくりました。

――親戚会は徳島ですか。

岩野　徳島で、親戚会です。三木洋一さんや大野利夫さんたちが中心になりました。

――明治大学の会はありませんね。

岩野　徳商は力になりましたが、明治大学は案外、選挙の力にはならなかった。私が地元を担当するようになって、何とか明治の校友会を後援会の組織として活動してもらいたいと一生懸命努力しました。岡野さんにお願いし、校友の若手を集めて勉強会を開きました。すると、「同窓会を選挙に利用するのか」と言ってきた人がいました。その当時、長尾家の長尾久さんが校友会の支部長でしたが、活動していませんでした。活性化させたいと、岡野さんの力を借りて、お年寄りを相手にしてもしようがないから、若手でつくり上げて活動するようにしました。それでもクレームが来ました。その方は県庁の指定の文具会社の経営者でした。

――最後のほうは少しは明治の校友会は動いたのですか。

岩野　そうですね。三木の晩年にはいろいろやってくれるようになりました。だけど、商売を自分でやっている人はなかなかね。校友会としてではなく、明治大学の卒業生として協力してくださる人はできました。しかし、徳商の人のようにはなってくれませんでしたね。

後援会の活動

――会の横のつながりはあったのでしょうか。

岩野　田舎は隣接していますから、そういう意味での人の交流はあります。ただ、全県的な大きな会は、その頃は開いていません。各郡単位の後援会を開いて、活動していました。県全体の三木後援会をつくったのは新しいと思います。県の後援会総会を開催するようになったのは、新しいですね。総会は、衆議院が解散になると決起大会を兼ねて開かれます。晩年は、新年会を一月に開くようになりました。全員が来るわけではありませんが、県下から集まります。

時代とともに候補者は組織的な活動をするようになりました。それだけの資金が必要となります。会報を出す、懇親会を開く、旅行会を催す、新年会を開くといったことをします。各議員が後援会の活性化に努めて選挙に備えました。議員によっては誕生会を党中央の幹部を招いて開催する人もいました。仙谷さんは誕生会を毎年大々的に催していました。

――郡単位の後援会の集まりは、どういうものですか。

岩野　町村単位で開くのは難しいですから、だいたい郡単位になってきます。町村単位でできるのは、板野郡ぐらいでしょうね。あとは、阿波郡なら阿波郡というように、郡単位で開催します。美馬郡になると川北と川南がありますから、脇町でやったり、穴吹か貞光でやったりとか、その地域を集めます。三好郡になると池田で集めるとか、そういうことで開きます。年に一回できればいいのですが、選挙と選挙の間に、郡単位の後援会総会と称して県内を一周できればいいほうです。なかなか難しいです。

――総理を辞任してからは、新年互礼会という集まりを開くようになっていますね。

板野郡における支援者を集めた時局講演会〔明治大学史資料センター所蔵〕

岩野　新年互礼会を行う前から、選挙の前に後援会総会や大会という形で、徳島市内に県下から支持者を集めたことはありました。後援会決起大会といった名前です。

新年互礼会は、晩年になって、新しい方法として始めました。全県下の支持者を徳島市内に集める。誰かがやっていたのでやろうということで始めました。それまでは、後援会全体の新年互礼会はありませんでした。その代わりに県会議員や町村長を集めて食事して、それぞれ地域を固めてもらうという方法でした。そういう意味では、やはり県会議員や町長は大事です。

選挙が近くなると、町村単位で後援会の総会と称して集まりをもって歩きます。各町村に回りきれませんから、準備ができたところへ行ったり。例えば複数の町村をひとつにまとめてとか、後援会総会とか世話人会とか、幹部会ということで開きます。そういうときは夜の集まりで必ず食事つきになるでしょう。会費を取って運営しますが、そこが選挙違反のひとつにつながるおそれがあります。誰かが会費を立て替え払いする場合があって、問題にされることもある。脇町はこのケースです。普段は、後援会の総会と称して演説会、国会報告会という形で行います。

――県内の他の国会議員も同じような方式だったのでしょうか。

岩野　議員によって違っていたのではないですか。国会議員によってはご本人がしょっちゅう地元へ帰っていますから、こまめにいろいろな会合を開けたと思います。森下さんは、旅行会を徳島で最初に始めたのではないですか。旅行先の宿泊所に森下さんが挨拶に行っていたそうです。

その当時の選挙法では、旅行会は全く問題がありません。今の選挙法では問題ですよ。皆さん、旅行会と称してだんだんと行うようになりました。比較的安く旅行できますから、後援者ではなくても誘われると参加します。徳島では新しいやり方ですから、評判が良かったようです。そういう旅行会をやれという声が後援会から三木のところにも来ました。

――後援会の中心メンバーだけで、定期的で集まっていたのでしょうか。

岩野　普段はありません。選挙が近くになると、後援会は、幹部会と称して郡単位や町村で集まって、会費制で会合を開きます。事務所のスタッフや県会議員が参加します。家族も参加する会合もあります。

――後援会の維持は大変ではないですか。

岩野　全県一区で選挙の後援会活動をきちっとやろうとすれば、相当の資金が必要になります。今は政党助成金で、支部という形でできるでしょう。中選挙区のときは個人の資金です。全県でやるのは大変です。

――それができた候補者はいましたか。

岩野　資金を持っていませんから、その当時はそれほど集まらなかったですね。

――それでも、後援会の規模としては、三木さんの後援会が徳島では一番大きかったのではないですか。

岩野　きちっとした組織とは言えませんでしたが、全県下にあったという意味ではそうかもしれない。

十分に活動したかは別問題としてね。

――秋田さんが、海部や那賀郡でしっかりとした後援会を持っていたかというとないですね。

岩野　持っていない。やはり美馬、三好、鳴門。南にはそれほど伸びなかったですね。秋田清さんの時代は徳島県の選挙区が二区制でしたから、南には勢力がそれほど及んでいません。

――森下さんは美馬、三好ではそうでもないですね。三木さんは全県でできていました。

岩野　それはそうです。秋田さんの場合は、後援会組織はなくても、郵政、同和関係の組織をうまく使っていたことは事実だと思います。そういう意味で後援会活動をしなくても票を集める足がかりがあったということです。しかし、徳島市になると秋田後援会がありました。原菊太郎さんや山本潤造さんという直系の市長がいましたから、市内にはありましたね。

――結果的に全県一区は、三木さんにとっては有利だったのでしょうか。

岩野　有利だったと思います。それほど地元へ帰れないし、本人はきめ細かな動きをしません。権力を直接票に結びつけようともしないでしょう。三木の中央での活躍が新聞、ラジオを通じて報道されましたので、徳島にも名前を浸透させることができます。選挙区は広ければ広いほど戦いやすかったですね。浮動票が取れるということでね。

――徳島という選挙区そのものが特殊だったのでしょうか。

岩野　特に徳島の南と北では気風も違います。

――中選挙区制の時代に、最後に全県的に強かったのは後藤田さんぐらいでしょうか。

岩野　そうですね。あの方ほど権力をフルに使った人はいません。権力の使い方がすごく上手です。久次米・後藤田の選挙で実証済みです。初めてでしたね。おそらく小選挙区はああいう選挙が繰り返されるのでしょうね。選挙区は狭くなることは、良い候補者が出にくいということではないですか。

——後援会の入会者からはお金は取らないのですか。

岩野　取りません。市町村別に名簿をつくって登録してもらうということですね。

——後援会報をつくっていたと思います。

岩野　徳島で一時出したことがありますが、続かなかった。定期的に出すのは、容易ではありませんでした。そういう意味でよく使ったのが、『自由新報』です。その個人版を出せたでしょう。これも活用しました。三木の場合は後援会報を出すよりも、三木が演説をするとそれをプリントしたり、『自由新報』の個人版をつくって後援会に配付しました。個人版が一時非常に流行りました。

参議院議員

——三木さんは直系の参議院議員を一人持っていましたね。三木さんの選挙にとって、紅露みつさん、久次米さんの存在も大きいのですか。

岩野　三木派でいましたから、選挙のときは一生懸命応援してもらいました。紅露さんは阿南市が地元です。阿南が地元というのは、三木にとって大変なプラスです。他の後援者の地元で強力な柱です。選挙になればマイクを持ってくれました。

——マイクを持つ意味は大きいのですか。

岩野　大きいですよ。参議院の場合、いろいろな人の票をもらって当選していますから。それと紅露さんなら紅露さんの支持者で、衆院選では特定の支持者を持たない人が相当いるでしょう。紅露さんが来てマイクを持っていれば、「あ、今日紅露さんが応援しているから、今度は三木さんに入れようか」

ということになります。紅露票で衆院選で浮動票になる票は相当ありますよ。

——紅露さんは三木さんの系統だとわかっているから、やりやすいでしょう。

岩野 紅露さんは三木だけの票では当選できません。三木以外の票を持っていますから、自由に動く票があります。そういう意味でマイクを持ってもらいます。紅露さんが応援しているから三木さんに投票しようとなります。

——紅露さんの存在は、三木さんにとって選挙地盤のひとつにはなりますか。

岩野 そうですね。特に阿南市と那賀郡ではそうです。大きな柱です。

——晩年三木申三知事になって、参議院が内藤健さんに替わって、後藤田さんが台頭してくると、選挙は苦しくなりましたか。

岩野 やはり厳しかったですよね。

——それはわかるものですか、だいぶ後藤田陣営に行ったなというのは。

岩野 そうですね。わかりますね。

県議会議員

——三木さんは徳島で多くの県会議員を直系にしています。どういう理由からでしょうか。

岩野 どうしても選挙の手足になる人が必要です。その点で各地域で自分の手足になる県会議員や市町村会議員、市町村長を誕生させることが、選挙の地盤固めになります。そういうことで、政治家として中央で活躍の場が増えれば増えるほど、選挙区内に広くそういう県議や市町村会議員、市町村長を立てて、自分の選挙の組織の体制固めをします。

特に三木の場合は小まめに地元へ帰れない。金帰火来《きんきからい》はできませんから、徳島にがっちりした組織が必要です。選挙になると三木の場合は個人演説会を、立会演説会周辺の市町村に一晩に五会場くらい設営しますので、弁士だけでも人数が必要です。弁士として県会議員、市町村会議員、市町村長は活躍していただけます。三木は最後の二日間だけ徳島に帰り、県下を一巡します。後は全国遊説です。小型機やヘリコプターをチャーターして、選挙期間中は同志の応援に全力投球しました。

選挙での自分の地盤固めに、そういう人が必要です。

――岩野さんが事務所に入られた段階で、三木派の議員が県会の三分の一を抑えていたのですか。

岩野　そのときはなっていたでしょう。

――戦後最初の県議選は、一九四七年に行われました。その段階で直系の県議はいましたか。

岩野　その当時は、板野郡の佐々木庄太郎《しょうたろう》さんや、阿波郡の平岡真澄《まさずみ》さんなどが三木の直系だったのでしょうが、それほど多くなかったと思います。

――佐々木庄太郎さんは三木さんの選挙事務長でした。

岩野　隣町の県会議員で、副議長にまでなられました。ただ、佐々木さんが事務長になるということは、まだ三木の勢力範囲が狭かったという解釈もできます。それほど直系の県会議員が少なかったと言えるかもしれない。終戦直後ですから、まだ全県的な人材を得られなかったのかもしれません。

――昭和二〇年代後半あたりから県議を傘下に収めていきますね。

岩野　増えていったのは、大臣になってからでしょうね。だんだんと増えていきました。各市郡に直系の県議が一人は必ずいるようになったと思います。

――岩野さんが学生時代にも三木派の県議はいましたか。

岩野　いました。ただ、そのときは県会議員もさりながら、柏原大五郎さんが実力者でいました。先ほども申し上げましたが、徳島商工会議所の会頭も務めた方で、実権を握っていました。その当時は、後援会のなかでは、県会議員はそれほど力を持っていませんでした。後援会の幹部として、柏原大五郎さんが力を持っていました。それから長尾新九郎さんがいました。

柏原さんが亡くなった後、ウェイトが県会議員のほうへ移って行きました。県下の市町村に県会議員や首長が誕生すると、今度は何としても知事を自分の陣営で取りたいとなります。そうなれば、選挙区に帰れなくても城代家老が選挙区を守り、中央政界に専念できます。より安泰になっていきます。選挙のための地盤固めのひとつです。常に選挙区に気を取られるようでは、政治家として成長できません。

――三木さんの直系の県議にはどういった人がいましたか。

岩野　私の記憶にある三木派の県議をあげていくと、三好郡ではなかなかできませんでした。三好郡は秋田さんの地元ですから。宮西良一さんが祖谷《いや》から出て、初めて直系の県会議員ができました。彼が落ちた後は、酒井茂さんという池田町の町会議員が直系で出ました。酒井組という建設会社。

美馬郡では穴吹町で佐藤章一《しょういち》さん。久次米健太郎さんの義理の兄弟で、妹さんが佐藤さんの奥さんです。脇町に佐藤正一さん。町長もしました。それから阿川利量さん。三人いました。阿川さんが出るまでは、佐藤章一と正一さん。阿川さんが出るようになってから、脇町の佐藤さんが落ちて、その後町長に回ったりしました。常に二人はいました。

麻植《おえ》郡もなかなかとれなかった。名西《みょうざい》と麻植は、生田和平さん、宏一さんが強い郡でしたからね。川真田郁夫さんも力を持っていて、なかなか県会議員を出せなかった。ようやく、農協の組合長だった河野《かわの》進さんが麻植郡で出てきました。

――麻植郡では岡本正一郎《おかもとしょういちろう》さんが実力者で、三木派でした。

岩野　そうですね。三木派でしたが、それほど全力投球ができるような立場ではなかったと思います。名西郡では阿部豊さんと中谷浩司《なかたにこうじ》さんがいました。

阿波郡で、原田武夫さん。県会のボスで、三木の城代家老の一人でしたね。

板野郡では、吉成俊二《しゅんじ》さんがいました。藍住《あいずみ》町では久次米健太郎さんがいて、近藤政雄さん。北島一さんもそうですね。町長も務めた堀江米太《よねた》さんが一期だけ県会をやりましたね。近藤政雄さんの前ですね。

板野町は、扶川文雄《ふかわふみお》さんが町長から県会議員。北島町で、中西タキノさん。息子はみんなお医者で全力投球してくれました。吉野町は佐々木庄太郎さん。上板町は七条広文さん。広文さんが亡くなって、七条明さんですね。土成町で古川丈夫《ますらお》さんがいました。

鳴門市は、亀井知一さん。同じ時期に矢野茂文さんが市議会議員から県会に代わりました。三木の晩年に亀井知一さんの息子の俊明さん。三木が亡くなってからは三木の秘書だった吉田忠志君ですね。

徳島市ですと、最初に直系の県会議員になったのが、中尾健蔵さん、米田久雄《よねだひさお》さん、藤川忠義さん。その次が、市会議員からあがってきた島谷敏男さん。最初は一生懸命でしたが、調子の良い人でした。新しくなって、黒川勉さん、四宮肇《しのみやはじめ》さん、小倉祐輔《おぐらゆうすけ》さんと、吉成俊二さんの息子の吉成専資さん。

小松島市は、佃尹鎮《つくだただしげ》さん。はっきりしませんでしたが、一応選挙のときなどに顔を出していました。それと井内光虎《いのうちてるとら》さんも中途半端でしたが、選挙とか何かに顔を出していた。小松島ですから、小笠公韶さんの絡みがあって、直系のような形ではなかったですね。のちに若手で西川政善《まさよし》さん。

阿南市は沢本義夫《さわもとよしお》さん。沢本さんは本当の三木直系です。

勝浦郡ですと唐渡昌二《からとしょうじ》さん。唐渡さんが亡くなって、中西文夫さんが出てきました。那賀郡は伊東董さん。相生町の山のほうの丹生谷地域ですね。明治大学出身。海部郡は森口幸男《ゆきお》さん。鈴木利市《りいち》さんもそうですね。森口さんの後、日和佐《ひわさ》町長だった鈴木利市さんが出てきました。森口さんが亡くなってから県会に代わりました。

名東郡《みょうどう》はいませんでしたが、あの郡は非常に小さいですからね。

そういうふうに、ほぼすべての選挙区に全部最終的には県会議員が揃っていました。県会議員があまりいないときには、割と直系の町村長がいました。那賀郡では、木沢《きさわ》村の東山正胤《ひがしやままさたね》さんが三木の直系でした。海部郡にも直系の町長が結構いました。県会議員になる前、鈴木さんが日和佐の町長でした。牟岐《むぎ》町の桝富政一《ますとみまさいち》さん、由岐《ゆき》町の喜多條瑞穂《きたじょうみずほ》さんも三木の直系です。宍喰《ししくい》町には三木の徳商の同級生だった元木国之亮《くにのすけ》さんがいました。海部町は森下さんの地元ですから、三木直系の町長はいませんでした。

――時期によって異なりますが、徳島市選出の県議の定員は一〇名ほどですね。その定数の割に、徳島市で三木さんの直系の県議があまりいなかったという印象があります。

岩野　多くはなかったですね。県議は、長い間中尾健蔵さんと米田久雄さんだけでしょう。板野郡とは状況が異なっていましたね。

――どういったところにその理由がありますか。

岩野　直系の議員が少なくても、徳商の同窓生が、商売人として地元に定着するでしょう。そういう方々が票を集めることができました。それで選挙ができたからではないですか。それほど無理をして選挙に立てて直系を出そうとしなくてもよかった。

三木が総理になる頃ですよ、吉成専資、小倉祐輔、四宮肇、黒川勉という直系が出てきたのは。吉成さんもしばらく三木事務所にいて、それから県会に出ました。私が選挙の陣中見舞いで徳島へ帰った途端に、小倉さんまでが「岩野は吉成の応援に帰って、私のところへ寄らない」とか言い出す。私は、空港からの道順で効率よく歩こうと考えていました。同じ仲間であってもそういう声が出てきます。小倉さんがそんなことを言うとは考えてもいなかった。信じられないようなことを言います。それが選挙です。ひとつの選挙区から複数の直系を持つというのは、それはそれで難しいことです。

――とりわけ徳島市は読みにくいところがありますね。

岩野　そういうことです。浮動票が多いですから、役職に就くと得票が特に伸びます。久次米さんまでそうでしたよね。前にお話ししたように、七条広文さんが落選中だったときに、息子の圭一郎さんが県会に出るときは反対していました。出るまでは「出たら親子の縁を切る」とか言っていましたが、立候補してしまうと、子のために一生懸命になりました。そういうものですよ、選挙は。

――内輪で少しトラブルになっているときに、三木さんに調停をお願いしないのですか。

岩野　そういうのは三木の耳には入れられません。陣中見舞いで帰っているのであって、誰のところへ肩入れに帰っているわけではありません。牽制ですよ。近藤鶴代《つるよ》さんが言った、「選挙と恋の恨みを一生忘れない」というのは、本当にそうですよ。県会議員や市町村長を抱えるのは大変です。

――ただ多ければ良いということではないわけですか。

岩野　そうです。森下さんは、ほとんど直系の県会議員を抱えなかった。そういう選挙の方法もある。ところが、三木の場合は、自分がほとんど徳島に帰れません。選挙では個人演説会でも県会議員を頭にしてやらないと開けません。三木以外の候補者は、自分が帰って各地域の個人演説会で回れますからね。

県会議員がいなくても、直接有権者に直結できます。それぞれの地域の実力者に手を打つとか、そういうことで票を集める方法もあります。

――三木さんが中央政界で力を得たがために、とらざるをえなかった方法だったわけですか。

岩野 そうです。

――三木さんが力をつけていくと、三木さんの元に県議のほうからだんだん集まってきたのでしょうか。

岩野 集まってきた人もいるし、三木が自分で立てていった人もいます。

――具体的に擁立していった県議には、どういう人がいますか。

岩野 擁立していったというのは、矢野茂文さんもその一人でしょうね。矢野さんは青年時代から三木のマイク持ちをやって、そういう意味で子飼いの一人です。本人が出たいということでね。それから古川丈夫さんという、土成町長から県会に出た人もいます。板野町の扶川文雄さんもその一人でしょう。中西文夫さんも唐渡昌二さんが亡くなった後です。地元の中田町長が三木に頼んできました。中西さんは役場の職員でした。そういう意味からいえば黒川勉さん、小倉祐輔さん、吉成専資さん、七条明さんもそうでしょう。池田の町会議員をしていた酒井茂さんもそうですね。小松島の西川政善さんも市会議員で武市さんの選挙運動を通して知り、県会に出しました。

――立てる場合は、三木さんのほうから、県議選に行けというのですか。

岩野 周囲からどうだと三木に持ち込んできて、三木がOKして出そうということになります。こちらからこの人をという形はとれない。それほど人を知らないからです。やはり、周囲からこういう人はどうだと話を持ち込んできます。というのは、地域の環境がよくわかりませんからね。県議選は中選挙区でしょう。一人区を別として、誰か必ずいます。

徳島市の場合、三木の直系で四人が出ていました。それぞれが、小倉さんから言わせれば「三木は吉成を応援してけしからん」と言うし、四宮さんから言わせれば「黒川を応援してけしからん」と、互いに似通った地盤だったらそういう苦情がくる。そういう難しさがあります。ある程度地元の空気がわかっていないとトップダウン式に持っていけない。中選挙区制ですから。周囲の人でこの人間を出そうという空気が出てきて、それを三木が「では出そう」という形。いきなり「お前、出ろ」という形は取りにくい。

――知事選で武市さんを出すときに、その形になりました。

岩野　一対一の選挙ですから、それはできます。阿川さんにしても、あそこにもう一人三木の直系の佐藤章一さんがいます。片方に脇町の町長から県会になった佐藤正一さんがいます。同じ選挙区ですからね。なかなか難しくなってくるわけです。

板野郡でもそうです。その地域で情勢ができないと。三木の本当の地元である御所村、土成町から県会議員を出さなかったのは、そこです。周辺に三木派の県会議員がいるでしょう。自分が生まれた御所から県会議員を出すわけに行かない。出たい人間がいても逆に抑える立場になる。

――三木さんが出馬を抑えることもあったのですか。

岩野　ありました。大野孔太郎《よしたろう》さんは出たかった。三木の身内にもなるし、土成町長も務めました。樋口政市さんもそうです。県会に出たいというのを抑えました。出ろとは言えない。隣の町から七条広文さんが出ているでしょう。土成から立てられない。共倒れになるか、七条さんを落とさないといけないでしょう。上板から二人は難しい。

古川さんの場合は、かつては阿波郡でしたが、それが合併で板野郡にきたから立てやすい。だから古川さんは出られたけど、一期だけで終わっています。そういう選挙区の事情で、地域的な問題もあってなかなか難しい。

鳴門の矢野さんの場合も亀井さんがいたから。それともうひとつ、矢野さんに早すぎると言ったのは、市会を一期だけですぐ県会に変わろうとしたでしょう。もう少し市会でいいのではないかと話しました。

――県議になりたい人から三木さんに、応援してほしいという働きかけはなかったのですか。

岩野　県会では、ありましたね。町長をやっていて出たいという人がありました。ただ、多くはありません。

――もともと三木派ではないけど、三木派の許可を取らないと議長などになれないので三木派に入ってくるという人もいたと聞いています。

岩野　それほど極端な人はいなかったと思います。選挙のいろいろな絡みで、衆議院でもそうですけど、「三木さんについていたほうが選挙に出やすい」と思って来た人もいると思います。そういう人もないとは言えない。だけど、議長になるために三木のほうに来たという人は、記憶にないですね。もしかしたら、北島一さんのことを言っているのかもしれない。だけど、北島一さんは業者ですから、選挙で三木のために全力投球しません。あるいは、川端正雄さんのことかもしれない。川端さんは鳴門で病院を経営していましたが、どちらかというと中立的な人でした。それから島谷敏男さんのことかもしれない。島谷さんは、一時は一生懸命に三木をやっていました。極端な人はいませんね。島谷さんは業者ですから、仕事をとるために議長というよりも業者としての立場のほうが強かったと思います。

直系の知事を持ったのは短いけど、言われてみれば、三木派の議長、副議長は確かに多いですね。

1976年12月の総選挙で徳島入りした際に原田武夫県議と握手する三木〔明治大学史資料センター所蔵〕

――三木派の県議にも世代があったかと思います。もともといた世代が第一世代。阿川さん、矢野さん、中西さんといった、若いときに青年団活動をしていて立候補した人は第二世代でしょうか。

岩野　そうですね。第一世代は佐々木庄太郎さん、原田武夫さん、鳴門の亀井知一さん、久次米健太郎さん、吉成俊二さん、阿部豊さん、岡本正一郎さんもそうですね。両佐藤「しょういち」もそうでしょうね。唐渡昌二さん、沢本義夫さん。藤川さんになると第二世代になってきます。

――三木派の県議を束ねていたのは、どなたですか。

岩野　原田武夫さんがずっと長く束ねていました。原田さんが辞めてから、七条広文さんがそれに代わって、七条さんが亡くなってから阿川利量さんです。

――三木さんが亡くなると、三木派の県

議を束ねる人がいなくなったのでしょうか。

岩野　当選回数からいって阿川さんが束ねていました。取りまとめ役になるべき人です。阿川さんは三木の後継者として衆議院選挙に出馬を希望しました。ところが三木夫人が認めず、知事選出馬を勧めたために関係が悪くなりました。それで阿川さんはまとめていく意欲をなくしました。結局、七条明さんが立候補しました。そういうことで、県会の三木派は崩壊しました。

きちっと後継者が決まっていればまとまったでしょうけど、後継者を衆議院に出しませんでした。紀世子さんが予定どおり立候補していれば、またまとまったかもしれません。参議院選挙に立候補したときは、自民党ではなく無所属で野党に推されて出馬しました。県会もますますバラバラになりました。あの参院選のときに、紀世子さんの中心になったのは、吉田忠志君です。黒川勉さんと久次米圭一郎さんは来ましたけれども、かつて野党だった県会議員が応援に、今まで野党だった社会党や公明党が応援に来ました。

――　三木さんがだんだんと新しい県議を出せなくなったのに対して、後藤田さんが自系統の県議グループを形成していくという形ですか。

岩野　後藤田さんの勢力が伸びてくるのは、第三世代ぐらいになってからですね。吉田君とか久次米圭一郎さん、亀井俊明さんの世代が出るようになってからです。

――　後藤田さんも三木さんと同じような形を作っていたのですか。

岩野　そうですよ。あの人が官房副長官になったときに、県会議員がついて行ったのではないですか。相当流れていったと思います。山口俊一さんにしても岩浅嘉仁《よしひと》さんにしても、後藤田さんになってから県会に出た人です。二人とも国会に行くのを後藤田さんに反対されて、それを押し切って出馬して当選しています。

――後藤田さんも、官房長官の頃などは徳島に戻れなかったでしょうから。

岩野　後藤田さんもそれほど徳島に帰っているほうではありません。

――子飼いの県会議員を作るといった、三木さんと同じようなことをしていたのですか。

岩野　そういうやり方ですよね。ただ違うのは、後藤田さんの場合は徳島に実兄がおられました。お兄さんが健在で、徳島の経済人の一人でした。その違いがあります。

後藤田さんが出るようになって、小笠さんについていた県議が流れたでしょう。糸林《いとはやし》寛行《かんこう》さん、岩《いわ》浅《さ》嘉門《かもん》さんなど、小笠系統だった県議が、後藤田さんに変わりました。古手の県会議員はそうではないですか。のちに岩浅さんは息子の嘉仁さんを、糸林さんは松浦孝治さんを後継者にしました。

市町村長・市議会議員

――県会議員を出せないところでも直系の市町村長がいたということですが、やはり三木さんが立てていったのでしょうか。

岩野　立てた人もいるし、先方からこちらに関係を持ってきた人もいます。いろいろです。町村長は、自分が町政を行うでしょう。どこに顔を出したほうが有利かと計算をして、出入りします。町村長で特定の議員の系統に入る人は、案外少ない。古くは勝浦町の朝桐《あさぎり》伊平《いへい》町長、貞光町の武市恭信町長が直系で、皆さん人格者です。そういう時代は町村会長自身がしょっちゅう東京に来ていました。しかし、町村会長にいろいろアプローチするということはありません。町村会の事務局には顔を出しませんでした。その後、井川町の仁尾一男町長、北島町の山田正一町長、松茂町の小川長利町長、宍喰町の元木国之亮町長と、徳商同窓生が町長だった時代が一時期ありましたが、三木一本で全力投球してくれる人は数えるほどしかいません。

だから、晩年に羽ノ浦の松崎一行町長が、三木の力が弱くなると、これではいけない、町村長の集まりを作って少し努力しないといけないということで三武会を結成してくれました。三木を応援する市町村長の会です。

松崎町長は、三木に全力投球してくれた一人です。羽ノ浦町は小笠さんや森下さんの地元でありながら全力投球してくれました。小松島には市会議員から上がった麻《お》植《え》豊《ゆたか》さんという市長がいました。麻植市長は市会議員時代から三木の直系でした。板野郡の藍住《あいずみ》町長だった徳元四郎さんは、三木の選挙事務長になっていただいたこともあります。

かといって、三木の地元でも、御所と土成が合併する前の土成村長は三木の直系ではありませんでした。土成村が阿波郡の時代です。吉野町は町長によっては全力投球できない人もいます。原田武夫さんの地元の阿波郡でもそうです。阿波の割石易《わりいしやす》治郎《じろう》町長は長い間三木の直系でしたが、市場町は他の系統の町長でした。そういう時代がありました。

あれだけ晩年一生懸命になってくれた鳴門の谷市長も、前半期は中立的な立場でした。晩年になって一生懸命やってくれるようになりました。それは大鳴門橋、鳴門教育大学の問題という、どうしても自分がやりたい事業があったからです。それまでは、三木と秋田さんを両股に掛けたような動きをしていました。鳴門選挙区の県会議員は、三木の直系が二人いるでしょう。それでもそうでした。市会議員で秋田系の有力者がいましたから。

――三木與吉郎さんではなくて、秋田さんですか。

岩野　結構秋田さんは鳴門に力を入れていました。秋田さんの二人の秘書が鳴門出身です。親の代からの強力な後援者がおりました。戦前は徳島二区で、三好と同じ選挙区ですからね。二区の選挙区では選挙に限れば、秋田さんのほうが三木より古いわけです。ただ、鳴門の森本教育長が與吉郎さんの信者でした。與吉郎さんの場合は参議院ですから。

――後援会名簿に名前があっても、熱心にやるわけではないということですか。

岩野　そういうこともあります。顔は三木を向いていても、自分の選挙のことが常に頭にある人はそれほど動きません。演説会や後援会をやったときに顔を出して挨拶をする人はいますが、票集めまで一生懸命になる人はなかなかいません。自分の選挙を考えます。反対派から、下手すると対抗馬を立てるぞというような牽制をされるでしょう。それが怖い。町村長も萎縮するわけです。結局、三木の選挙に全力投球してくれる市町村長は少なくて、本当に限られた人です。町村長を選挙でフルに使うのは難しい。

――後藤田さんが台頭するまでは、三木さんの力が絶大ですね。例えば陳情に行くにしても、一番力のある三木さんにつこうという市町村長は多くないのですか。

岩野　多くありません。それはいろいろな利害関係が絡んできますからね。それに、自分の地元の国会議員候補者には町村長は顔を向けないといけない。自分の選挙の都合があるでしょう。海部郡、那賀郡、阿南市になると、森下さんや小笠さんのほうへ、三好郡であれば秋田さんのほうへ顔は向きます。やはり町村長にしても、自分がかわいいですから、自分の選挙を考えます。そこで三木へ来るのは、大変な勇気が必要です。町長を辞めてから三木に全力投球をしてくれた元町村長もいました。

県会議員の場合は、一対一の選挙が少ないから、複数になってきます。鳴門市には、亀井さんと矢野さんが県会議員としていたときでも、矢野さんはずっと若いときから三木直系でしょう。亀井さんも三木派ではあるけれども、市長の絡みや、土建業だったことから、少し秋田さんに寄っているという感じの三木派でした。それがだんだんと三木へ傾いてきました。

―― 県議と一緒で、直系が欲しいわけですか。

岩野 欲しいですね。市町村長は、有権者に直結しているでしょう。本当に動いてくれると強い。その地域の選挙はやりやすくなります。積極的にやりました。例えば、小松島の麻植市長は三木の小松島市の後援会長で、選挙になると戸別訪問までしてくれました。市長が自分の足で市内を歩いてくれますから、票が集まります。町長にもそういう町長もおります。

―― 市町村長の場合は、手当てをしていましたか。

岩野 普段はしません。選挙のときはやはり動いてもらわないといけないものですから、選挙のときはします。だけど、それは県会議員ほどではありません。儀礼だから全部というわけにいかない。やはり、選別しないと。危なくてかないませんから。本当の、直系の、純粋な市町村長だけです。非常に限られます。それも普段はしないです。だいたい選挙のときだけです。盆暮れに必ず手当てをするのは、県会議員だけです。あとは、理由をつけて時々手当てをしていました。

―― 三木さんの直系の徳島市長は長尾新九郎さんだけでした。長尾市長の頃、三木さんの選挙で徳島市は安泰でしたか。

岩野 まあまあでした。新九郎さんは個性の強い方ですから。市長になってからどの程度選挙で役に立ったか、そのあたりは私もよくわかりません。原菊太郎さんは、はっきりと秋田さんという色を出しましたが、長尾さんは極端なことをしなかったのではないですか。

――豊田幸太郎市長とは、関係はどうでしたか。

岩野　豊田さんは原菊太郎さんが市長だったときの助役で、原さんの流れを組んでいます。原さんは、市長当時は秋田さん一本でした。原さんが知事になって、知事を辞める頃になって、三木事務所に足を運ぶようになりました。

――だから、徳島市長で本当に三木と良かったのは長尾さんだけです。その後に市長になった武市一夫さんも原さんの系統ですが、選挙では中立で三木とも悪くありません。

――武市一夫さんに好感を持っていた三木派の議員も多かったようです。

岩野　多かったですよね。一夫さんは原さんに取り立てられた方でしょう。非常に如才のない人で、こまめに三木事務所に顔は出しましたが、選挙で応援してくれる市長ではありませんでした。五〇年間で、本当に三木べったりという知事や徳島市長は、ほとんどいなかったですね。知事は武市恭信さん、市長は長尾新九郎さんだけでしょう。

――県会議員や市町村長を抱えているほうが強いわけですか。

岩野　強いです。できるだけ町村長とか県会議員をつくる。県会議員をつくると、その郡に足場ができてきますからね。町村長も、三木の中央での力が伸びるに従って、だんだんと色を出してきます。

――三木さんが中央で力があるときには三木さんのほうへ来ますか。

岩野　そう。だから後藤田さんが出てくると、後藤田色が増えていきます。町長は我が身がかわいいですから、どう動けば自分が有利になるかを考えます。そういう人もおります。

市長になると、なかなか鮮明にしたがらない。好意は持っていても、はっきりした、一本ということはない。町長のほうがまだ鮮明に出します。それでも、小松島の麻植豊市長や鳴門の谷光次市長は、三木一本でした。

——市町村議員については、特に三木さんのほうで糾合せず、議員から集まってくるのでしょうか。

岩野　後援会に入ります。特に直系の議員だからどうこうということはしない。選挙要員になる。議員のなかでも、選挙要員として選挙になると一生懸命働いてくれる人がいます。そういう人には、例えば東京へ来たときなどに少し手当てはしますが、盆暮れに必ず手当てをするわけではありません。直系の町村長ができれば自然と町会議員、村会議員ができていきます。

——直系の町村長がいないところでも何人かはいますか。

岩野　各町村にいましたよ。町会議員としての会はありませんでしたが、後援会を作るときにその人が核になってくれます。町長や町会議員が中心になって結成し、後援会の幹部として活動してくれます。

——板野郡や阿波郡では、多くの町村議員を抱えていたということですね。

岩野　そういうことです。鳴門もですね。

余談になりますけど、吉野町は佐々木庄太郎さんが事務長をやったお陰で、吉野町の通りは三木が帰ると人で埋め尽くされました。それほど熱狂的な地域です。道路が人で埋まって車が動かない。佐々木さんの功績だと思います。そういうムードが他に伝わります。吉野町に負けていられないと、近隣の町村が一生懸命になってくれます。一条町は他の地域とは違ったパワーがあったと思います。我々でも感動する場面がありました。

——昔の徳新の記事を見ていると、熱狂的な三木ファン、青年ファンが多いと書いてあります。純粋に三木さんを応援している人が多かったのでしょうか。

岩野　熱狂的な人が県下にいました。

――阿南はやはり小笠さんが地元で強いのですか。

岩野　小笠さんの地元ですからね。小笠さんは、那賀川町出身です。あの当時、阿南市の富岡町は割りに良かったのですが、那賀川町や上那賀町といった町では良くなかった。相生の山のほうへ行くと、伊東董さんの地元で木沢村は東山村長がいて良かったのですが、平地があまり良くなかったですね。羽ノ浦町には直系の松崎町長ができました。椿泊《つばきどまり》という漁港あたりにいくとまた良かった。橘あたりは岩石をとっている広浦工業が三木の系統です。

知事

――すでにお話しいただいたように、一九六五年に原菊太郎知事が病気で辞任すると、三木さんは代議士だった武市恭信さんを知事選に擁立しました。武市さんが三木さんの直系の知事となりましたが、武市さんを知事選に出させたのは、直系の知事が欲しかったことは間違いないですか。

岩野　そういうことです。武市さんが出るまでは直系の知事がいなかったですからね。

――直系の知事がいるのは大きいですか。

岩野　それはそうですよ。というのは、例えば県庁に出入りしている指定業者が徳島県だけでも何百とあります。それに対する知事の力は、はっきりいえば圧力は大変なものです。納品業者に対する圧力となります。ゼネコンをはじめ文房具店に至るまで、県に出入りできることは大変なことですから。

――三木さんの選挙という面でも大きいのですか。

岩野　武市さんからのいろいろな頼みごとが多いので、三木は逆に負担に感じていました。武市さんが甘えていた面があります。ただ、選挙だけを考えれば、武市知事の存在は非常に役に立って、非常にプラスになりました。だから、我々もさかんに知事の力を借りようと思って、選挙になると知事のところにこまめに訪ねます。

知事はやはり表向きは中立を保たないといけません。だから、自分は直接動きませんが、「この人はどうだ、どう動いているのか」と私に聞きます。自分の息のかかった人を、そういう形で暗示してくれる。「この人のところへ行け」とは直接は言いませんが、「そこへ行け」という指示だと解釈して、そこへ足を運びました。また、時には「知事から挨拶に行くよう言われたから来ました」と、逆に利用します（笑）。

――それは、原さんが知事のときは、秋田さんがやっていたわけですね。

岩野 原さんの場合は直接表に立ってやります。武市さんは選挙のときの苦労がありますからそれをやらなかった。それと知事になった以上、一期で辞めるわけにいかないですから。自分の選挙も考えます。原さんのように権力を行使しません。だから、久次米さんの選挙のときも表に出るのを嫌がりました。

――武市さんが三木直系というのは、皆さん、わかっているわけですよね。

岩野 わかっています。県民周知です。

――武市さんが「行ったか」と言っていたのは、どこになりますか。

岩野 その地域で事業をやっている人とか、町の世話役をやっている人です。武市さんの支持者のなかには、他の議員の後援会活動をしていない人もいます。

――三木さんの後援会には入っていない人ですか。

岩野 入っていません。知事直系で三木系以外の名前です。また、武市さんの選挙参謀の人に名簿を出してもらい、色のついていない知事の柱の名前を教えていただきました。

――武市さんが示唆したところは、三木陣営として情報を持っていなかったところですか。

岩野　持っていません。武市さんの選挙担当の寺谷さんという私設秘書が最初は一緒に歩いてくれますから、だいたい主だった柱はわかっています。しかし、知事の在任中に新しい柱が増えています。そういうところも知事は頭に入っていますから、どの程度寺谷さんが一緒について歩いているかがわかっており、それ以外で指示をしてくれます。「行け」とは言えないから、「行ったか」という形です。

――他の陣営の人が行く可能性もあるわけですか。

岩野　ありますよ。だけど、こちらは知事から言われてきたということで、こちらにつけることができる。知事も頭の中でここは行けば大丈夫というところがわかっています。知事は驚くほど人脈に詳しい方です。自分の支持者であっても、別の候補者の系統で行ってもダメだというところは出しません。

――柱の人を三木陣営につけると、柱の人についている人もだいたい入ってくるものですか。

岩野　結局働きかけてくれますからね。

――働きかけを確認しないのですか。

岩野　しません。選挙期間中にはそこまで手が回らない。信頼して頼む以外にない。相手も知事との関係がですから、それなりの対応をしてくれています。

後援会名簿

――どの国会議員もそうですが、名簿の管理が重要かと思います。

岩野　選挙の前に、各後援会で集めてもらう。ただ、それが一〇〇パーセント純粋な後援者かどうかはわかりません。集めてもらった名簿が、選挙のときに公職選挙法によるはがきの発送の名簿になります。

選挙のたびに名簿を集めます。それが重複しますから調整して、全県の後援会名簿ができあがります。ところがなかなかうまくいかない。今のようにコンピューターがないでしょう。管理は大変です。重複を消したり、亡くなった人を削除して名簿をチェックします。死んでいるのにいまだにはがきが来る、うちは二枚も来たとか、よく苦情が来ました。名簿の管理は、なかなか難しいですよ。

――名簿の管理はどこが中心で行っていましたか。

岩野　基本的には徳島事務所です。ただ、選挙中は、選挙事務所に集まっているスタッフがやります。普段は、事務所が調製します。

――事務所に名簿管理用のスタッフを置いていなかったのですか。

岩野　名簿管理専門のスタッフは置いていません。事務所自体にそれほど人がいませんでした。晩年にはたくさんいましたけど、事務所には一人か二人しかいませんでした。

後援会の幹部が三木事務所に来ると、その地区の名簿をチェックしてもらっていました。

――藤川さんや樋口さんが事務所長のときでも、それぐらいの規模ですか。

岩野　そうです、それぐらいです。今ほど車社会でないですからね。くるくる回れないでしょう。自転車で回ったり、バスで行ったり、そういう回り方でしたからね。そういう後援会の密な活動は、非常に難しく、年に一回ぐらい、郡単位で後援会の総会と称して集まりを開いたりしました。三木が役職に就任したときには、市郡単位で祝賀報告会を開催しました。そういうときも、皆さんに名簿を書いてもらいます。

だから、実際の名簿のチェックは難しい。何重にもいろいろな形で集まってくる名簿を、いちいち調製するのは非常に大変でした。思うような名簿の管理はなかなかできません。三木のところでも毎年盆暮れに五万通ぐらい、暑中見舞いや年賀状を東京から出しました。そのために、学生を集めます。秘書だけでは無理です。ただ、この暑中見舞いや年賀状も、名簿の調製という役割を果たしていました。

――東京から出していたということは、東京にも名簿の写しがあったわけですね。

岩野　昔のカーボンで複写を取って、名簿を作成します。一部は東京の事務所へ送って、一部を徳島で保管する、そういうことになります。複写でとります。コピー機もないですから。

徳島で調製できたとしても、それが東京に返ってこなければ、東京の名簿は古い状態のままで残ります。そういう意味では、他の国会議員の事務所でも、なかなかしっかりとした名簿を持つのは大変苦労したのではないですか。だから、得票よりも後援会名簿に記載されている人の数のほうが多くなります。

――名簿に記載されているのは、全員が三木さんの支持者ですか。

岩野　その地域の世話人がつくってきます。この人は三木を支持していると判断して持ってきますから、違う人も入っているかもしれません。たとえ支持者ではない人が暑中見舞いや年賀状をもらっても、返したりはしません。それが票につながるかどうかは別問題です。後援会がこれが名簿だと言って持ってくる、それを束ねていろいろな連絡網に使います。

――後援会入会のしおりがありますね。

岩野　あります。選挙のときに県下に配って、それに記入してもらって、それで選挙はがきを出します。そして、名簿になります。

――例えば、県内の企業に後援会に入るよう働きかけなかったのですか。

岩野　名簿を持ってきてくれる企業もあります。

――三木派の県議は各自で名簿をつくっていますね。

岩野　県会議員は議員の後援者名簿があります。議員は三木だけの票で当選できない。各派の後援者からも支持を受けます。議員は独自の名簿を持っています。

――それを出してもらうことはないのですか。

岩野　それはしません。こちらに出せる名簿だけしか出てきません。極端に言えば、知事や市町村長ですと、そういうのが強みになってきます。その意向で反対の票を三木へ動かせる可能性があります。

――後援会全体ではどれぐらいいましたか。

岩野　全県下の名簿としてはおそらく一〇万近くあったのではないですか。宗教団体や労組とは違って、しっかりした後援会名簿をつくれません。

相当な名簿があり、常に調製していました。戦後に後援会名簿をつくってから、紀世子さんの選挙までの分があって、本棚がひとつ埋まっていました。

――書き換えていくわけですね。

岩野　手書きで追加します。我々は、学生時代に、亡くなった人をいちいち新聞でチェックさせられました。町村別になっています。選挙ごとに追加していきます。

――わら半紙のようなのもあったのですか。

岩野　ありましたよ。極端に言えば、名簿は選挙から選挙の間に全部一度チェックしていきます。亡くなった方がいたら削ります。

――最後に残っていた名簿は、紀世子さんの頃の人の名前しかなかったのですか。

岩野　いえ、三木の時代のです。紀世子さんの後援会の場合は、三木の後援会名簿を中心にして活用していきました。それに他の系統が加わっていきます。ただ、紀世子さんの名簿は、三木の支持者以外も人が多かったですね。紀世子さんの時代は、パソコンで管理していました。

固定票と浮動票

――皆さん、選挙になると正確な票読みをしますね。これは確信があるのですか。

岩野　過去の選挙の空気と比較して出てくる。あのときの空気よりも良い、悪いと、だいたいの見当をつける。それはやっているうちにだんだんとわかってきます。歩くことで、その空気がどう変わっているかわかります。前回来たときと今度の空気が変わっていることがあります。そういうので自分なりに計算します。

――県議も同じようなことをしていますか。

岩野　自分の範囲内で空気を、前回と今度でこう違っていると推測しますし、選挙事務所にいる県会議員は、各地域の後援会事務所からの情報を取っています。

――選挙で動く人は、地区に限らず動くわけですか。

岩野　業界と地域と大きくあるでしょう。業界として動いてくれる人と、その地域で動いてくれる人がいる。業界として動いている人はその業界全体にアプローチをしてくれます。

――地域だと県会議員同士の争いもありますね。

岩野　それぞれに自分の後援会があり、皆さんが地区を責任を持って選挙対策をやります。それで動きを読みます。今年はちょっと厳しいよとか、もう少してこ入れしてくれとか、情報を持ちよります。

選挙事務所では中間と終盤に対策を検討します。

——柱の人でも説得しきれないのですか、自分の担当で。

岩野　田舎の人は大きくは変わらない。個人的な理由があった場合は別ですよ。それほど大きくは変わりません。しかし、昔と比べて地方でも若い人は勤めに出て行くでしょう。家業に従事している人は大きな狂いはありません。ところが、勤めに出だすと浮動票としてだんだん読みづらくなりました。

——選挙をするときに固定票の意識はあったのでしょうか。

岩野　ありますよ。だいたいこれぐらいは堅いというのは。固定票を五万と読むか、四万と読むかによって、浮動票をどう伸ばすかという問題があるでしょう。それは皆さん、持っているのではないですか。

——ジェラルド・カーチスさんの『代議士の誕生』では佐藤文生さんの選挙運動が詳述されています。佐藤さんは大分二区ですが、農村は固定票で、都市部の浮動票をどう掴むかということが重要でした。三木さんの選挙支持基盤も、佐藤文生さんとだいたい同じようなものだったという印象があります。

岩野　だいたいそういうことですね。徳島では三木だけではなくて、秋田さん、森下さんをみても、最後は徳島市の票の出方で当落が決まっています。浮動票をいかに集められるかで当落が決まります。

——農村部はどうですか。

岩野　だいたい地域で固定化されています。それぞれの出身地は固まっているでしょう。例えば、三木は板野郡や鳴門。秋田さんは三好郡。森下さんは海部郡。後藤田さんは阿南市と麻植郡、というような地盤になっていました。そこをがっちり固めて、あとは一番浮動票が多い徳島市でどう票を伸ばしていくかが最後の作戦です。

――選挙活動でも、徳島市とそれ以外で違うところはありますか。

岩野　だいたい同じような動きをしています。地道な後援会活動を、足でかせぐしかない。それにプラス、いろいろな組織をどう取り込むかという問題があります。三木の場合は、役職に就いたときと、役を離れたときで極端に票が動いています。二万ぐらい違っていたのではないですか。

――それが浮動票ですか。

岩野　そういうことです。役職に就いていたときは、それだけ浮動票が伸びてくる。それと、例えば運輸大臣になったときは、運輸関係の票が集まる場合があるでしょう。

極端に言えば、徳島の場合は、だいたい地域で候補者が固まってしまったでしょう。郡部に候補者がおり、徳島市を地盤とする候補者はいませんでした。そういう傾向がありました。

――浮動票を取りに働きかけをするわけですか。

岩野　そうです。徳島市で一万票を切ると落選と、徳島県ではよく言われました。一万を基礎票にして、いかに上積みしていくかという選挙戦略を練ります。それを一万五〇〇〇なり二万になるとその分だけ大きく票が伸びます。そういう作戦をひとつは立てる。徳島県で一番票を伸ばせるのは、徳島市しかありません。他の町村では、投票率を上げない限り、それほど大きな、極端な変化はありません。

――農村部だとある程度票を読めると思いますが、都市部では読めないのでしょうか。

岩野　読めないですね。後援会や、それぞれの地域の情勢を分析してもらって票読みをしていきます。徳島市では二万票を目標にして一生懸命です。特に三木は直系の徳島市の市会議員が少なく、三、四人しかいませんでした。

――それでもあれだけ取ってくるわけですね。

岩野 そういう意味では徳商の力や、長尾さんの系統の協力があったのでしょうね。

――直系の徳島市議はどういう方でしたか。

岩野 小倉祐輔さん、四宮肇さん、黒川勉さんですね。その人達が県会に移ってから、市会議員で本当に三木で一生懸命やった人は、北仁市《きたにいち》さんと枡田重雄さんです。数えるほどしかいない。北さんが市をまとめていました。定数四四名と、大勢の市会議員がいたにもかかわらずね。

――昭和三〇年代ですと秋田系が多かったのでしょうか。

岩野 多かったと思います。その当時はそれほど後援会の組織化がまだ進んでいなかったと思います。

――三木さんの場合には、三好や海部にもそれなりの後援会組織がありますね。

岩野 すべての市と郡で組織や後援会は作っていました。しかし、票の出方には違いがあります。三好郡は秋田さんの地元です。美馬郡になると県議が三人いたこともあって、ある程度票を伸ばせました。それぞれの出身の地元を固めていますからね。

――祖谷《いや》ですと宮西さんがいました。

岩野 昔からいました。宮西さんの親の代から。両祖谷については票がありましたね。

――直系の議員がいるところは、票を得られたわけですか。

岩野 熱心な人がいるところは、それなりにある程度の票が出ました。

――例えば板野郡ですと、他の候補者は三木さんの他の郡におけるほどの勢力は持っていませんね。

岩野 そうそう。ただ、秋田さんは同和関係に尽力されていましたから、町によってはある程度票を集める。三木の地元であってもね。それと秋田さんは二代にわたって郵政族を名乗っていたでしょう。それに清さんの時代からの支持者がいて、足がかりを持っていました。ただ、それほど三木を脅かすような票の伸びはありません。

――三木さんに限らず、徳島で意外な人物が落選するというのがあまりないと思います。

岩野　番狂わせはまずないですね。

――秋田さんが若い頃に何回か落選してはいます。

岩野　それは候補者の競合があるでしょう。美馬郡は、眞鍋勝さんが出たり、武市恭信さんが出たりと。それでお互いに票を減らして他の人が浮かんでくる。自民党の票もさることながらね。落選したときは、だいたい徳島市で大きく票が減っています。

――当時の徳新を見ていると、こういう後援会組織とは別に一定の、後援会には入っていない三木さんのファンがいたとあります。三木さんもこうした人たちを取り込むわけですか。

岩野　後援会に入っていれば定期的な印刷物を発送できます。個人、個人になるとなかなか把握できません。できるだけそういう人に後援会に入会してもらって、いろいろな活動があれば案内を送ることができるような体制をつくる努力はしていました。

――都市部だとファンの人は、後援会には入らないのですか。

岩野　入りませんね。だからそういう人は掴めません。選挙事務所に激励に来れば記帳していただけます。当然後援会名簿に記入します。

――数としては他の候補者よりは多かったのでしょうか。

岩野　そうでしょうね、だいたい二万ぐらい取っていましたから。そのなかで後援会に入っているのはごく一部です。

――党の三役とか大臣に就いているときは票が増える、就いていないときは減るというお話でしたが、減ったときの得票の多さが三木さんの選挙の強さとも言えますね。

岩野　それでも一位を保つだけの勢いを持っていたということですね。

――三木さんの支持基盤がそれだけしっかりしていたということですか。

岩野　そうだと思いますね。長いだけに組織が他の人と比べれば全体的にはしっかりしていたのかもしれない。それと期待感ということですね。

徳島県内の各団体との関係

――県内の各団体や企業からの支援について伺います。徳島県ですと、まずは農協でしょうか。久次米さんが農協のトップでしたから、三木さんが強かったのでしょうか。

岩野　久次米さんが参議院に出てからはね。参議院に出る前は、あの方は三木與吉郎さんとも近かったですからね。農協をそのまま三木につけるということはなかったですね。

――三木さんの衆院選のときもですか。

岩野　久次米さんは表に立って応援してくれても、農協全体を三木のために動かすことはありませんでした。農協の役員は県下から出ており、それぞれの国会議員に近い人がいますから、それを無理に締め付けてということはないですね。農協の組合長は、地域によります。地域によって違います。それもすべてがまとまっていたというわけではありません。会長としても、どこをどうすればいいかを頭に置いて動いていますからね。会長が全面的に三木に打ち込んでいるだけで、組織が全面的に三木に来ているわけではありません。全県一区の難しさですね。農協中央会の幹部は、三木の支援で久次米さんが再選できたという気持ちで対応してくれました。

――農協は、三木さんへの支援で一本化されていなかったのですか。

岩野　久次米会長時代でも全県下というのはありません。久次米さんの後援者でも、それぞれ皆さんが衆議院の候補者を地域としては持っています。南のほうは弱いです。三木の支持者には阿南市に沢本義夫さんという組合長がいました。県会議員になっています。そういう支持者が点々といました。

――他の候補者と比べると、農協からの支持を得ていたほうですか。

岩野　それはそうでしょう。久次米さんがいましたから。久次米さんが先頭に立ってマイクを持ってくれることによって、三木の支持者が増えます。それは事実ですよ。久次米さんにこういうところへ行けと、核になるところを教えてもらう。今まで行っていなかったところに頼みに行くことができます。農協には久次米さんを通じた対応でした。個々の農協回りはあまりしませんでした。だいたい、佐古です。農協中央会の建物が徳島市の佐古にあって、我々は「佐古へ行く」と言っていました。それぞれの担当がいますから、そういうところへ行って挨拶をしていました。役員はだいたい地域の農協の組合長を兼ねていますからね。三木を支持してくれた組合長は多かった。ただ、組合長だけであって、その下の理事になると違ってきます。地域の単位農協にはほとんど行きません。私が行くのは、市中心の農協理事でした。

――三木さんは行っていなかったのですか。

岩野　三木もほとんど農協会館には入らなかった。もともと農協は三木與吉郎さんの地盤です。その後、久次米さんが会長に就任しました。久次米さんも與吉郎系統ですから、そういう色が強い。三木與吉郎さんの系統が、農協では非常に強かったですね。

――衆院選のときは関係ないですね。

岩野　関係はないですけど、やはり與吉郎さんの意向を受けた指示が出ます。あの人はどちらかというと自由党系でしょう。與吉郎さんは、自分以外の選挙ではそれほど直接指示を出さなかったと思う。山野常雄さんや川真田郁夫さんという取り巻きの人がいて、そういう人は動きました。川真田、山野、久次米は三木與吉郎さんの三羽カラスですから、與吉郎さんの意向が働きます。

――久次米さんが県議の時代はどうでしたか。

岩野　久次米さんは、比重としては三木よりも與吉郎さんのほうが強かった。七条広文さんがいたでしょう。農協で、七条さんと久次米さんは、農協中央会会長を争ったライバル関係でした。だから、それほど動きません。

あの当時は原田武夫さん、阿部豊さん、伊東董さん。あまり動かなかったけど、中尾健蔵さん。そういう方が選挙では中心です。久次米さんは参議院議員になってから、三木に全力投球をしてくれるようになりました。

――伊東董さんとの参院選への出馬争いで、三木さんが裁定を下してからですか。

岩野　そう。選挙となると、久次米さんは三木のために働いてくれました。

――久次米さんが会長を辞めてからはどうなりましたか。

岩野　久次米さんが再選を果たしたときには、もう農協の内部が久次米さんから離れてしまっていきました。後継の山瀬博中央会長に取り入るのに苦労しました。坂東三郎副会長と私の親父が昵懇にしていたので、帰県するたびに「今年竹」で三木と会食をさせたりとか、そうしてこちらに引きつけておくことに苦労しました。久次米さんが力を持っているときは良かったのですが、会長が替わると押さえきれなくなってきました。

三木が倒れる前の晩に、徳島商工会議所会頭の志摩誠一さんに電話をかけたという話を前にしたでしょう。それほど選挙を思い詰めていたのです。それは農協という大きな全県組織が自分の選挙の力にならないと、本人もわかってきたからだと思います。その頃は後藤田さんの勢力が相当伸びていますから。

――漁業関連はいかがですか。

岩野　鳴門など県内の各地域に漁業組合がありますが、県の漁連会長は社会党に近い人でした。

――森口幸夫さんがいたときでもですか。

岩野　森口さんは海部の県会議員でしたが、福岡で生活していました。あまり影響力はなかったですね。しかし、由岐町は喜多條町長が三木をやってくれました。森口さんよりも町長を通じて選挙をやっていました。森口さんが選挙で表に立って一生懸命やってくれることはなかったです。しょっちゅう事務所に来て、我々もごちそうになったりしましたが、選挙で徳島に乗り込んでどうこうというのはありませんでした。それは森下さんに気を遣いますからね。ただ、紅露さんのときは、表に出て応援されたかもしれません。食事に招待されると、紅露さんの岡村秘書も常に同席しましたから。

――林業はいかがですか。

岩野　林業関係は森下さんのほうが強い。長尾産業も林業に携わっていましたが、弟の健次郎さんが林業担当で森下さんと近く、圧力をかけるのは不可能です。

――県の商工会議所はどうでしたか。

岩野　三木の場合、柏原大五郎さんが後援会長で、全体を仕切ってくれました。商工会議所の関係で、柏原さんは原菊太郎さんと非常に仲が悪かった。それで、三木と原さんとの関係も、個人的にはどうこうというのはなかったのですが、柏原さんが後援会長だった頃は近くはなかったですね。

―― 長尾産業の長尾義光さんはどうですか。

岩野 柏原さんの前の商工会議所の会頭でしたが、立場上それほど本人は三木のためには動けない。むしろ、和定さんです。あのときは和定さんという、長尾新九郎さんの跡取りがいました。長尾産業のなかでは、和定さんが中心で三木を応援してくれました。義光さんは好意を持ってくれていましたが、立場上それほど動けません。

―― 県の商工会議所は、三木さんの支持基盤でしたか。

岩野 そうではないですね。

―― 会頭との個人的な関係ですか。

岩野 そう。柏原さんが個人的に三木に一生懸命にやってくれたということで、組織をあげてということではないですね。

―― 医師会はどうですか。

岩野 医師会は、齋藤利勝さんが長い間県の医師会長をやっていました。どちらかというと、その系統の方は選挙になると民社系を応援していました。その当時、民社党からは坂東一男さんが候補者として出ていましたから。三木の陣営に引き入れるのに、私は苦労しました。坂東一男さんの選挙事務長だった多田至さん、神山町から県会議員になった中谷浩司さんという医者がいます。中谷さんは三木派の県議です。齋藤医師会長時代の徳島県医師会の主流です。齋藤さんの弟もそのグループでした。椎野さんという人もですね。椎野、多田、中谷、強力な助っ人が齋藤医師会長のもとにいました。齋藤医師会長は、表は三木に向いている。いざ選挙になると、そういう人達は民社に動く、民社の支持者です。民社から坂東一男さんが立候補しなくなって、最後に齋藤医師会長系は三木にまとまってきました。

医師会長の意向によって、県医師会を一人の候補者一本に絞って動くことはできません。各種業界団体は、自民党公認候補者全員を推薦します。医師会長や副会長が一生懸命動いてくれても、組織をあげて動いてくれるかどうか、わかりません。医師会長選挙は激しいですから、会長派、反会長派としてしこりが残ります。

――マイナスにはならないということですか。

岩野　そうですね。

――トップ云々というのは、他の団体でも結局は言えるわけですね。

岩野　そう、言えます。トップになった人によって密度が違ってきます。ただ、会長がこう言ったからといってすべての会員が動くわけではありません。商工会にしても、建設業界にしてもそうです。それぞれの系列がありますから、会長が言ったからどうということはない。実際はそれを牛耳っている専務理事の「ここへ行け」「あそこへ行け」という指示をもらわないと仕事になりません。

町村会議員のほうが色をはっきり出します。団体の会長になると難しいです。濃淡の差だけだと思います。なかには会長は他へ行っても副会長をこっちにつけるとか、分けた動きをする組織もあります。

――組織的には保険をかけることですね。

岩野　そういうことですね。中選挙区の全県一区の選挙では、全県下の団体を一人の候補にまとめるのは難しいですね。小選挙区であれば可能でしょうけど、全県一区では県下の組織を一人に一本化するのは難しいと思いますね。自民党の公認であれば、各種団体から推薦されます。それを組織あげて一人のために応援ということはありません。特に中選挙区の時代ですから、組織としても一人でも多くの自民党の議員を当選させたいというのがあるでしょう。

秋田さんの場合は親子二代郵政族だから、郵政関係は秋田さんの支持者が多いとは言える。三木にも郵便局長の支持者はいましたよ。それでも、全体から言えば郵便局長会などで秋田さんの支持者が多いとは言えるでしょう。

三木も逓信大臣をしましたが、やはり秋田さんの場合、二代にわたる郵政族ということです。同和関係と郵政が非常に大きな組織です。県下ではいつのまにかそうなっていました。

——三木さんの選挙で、団体が組織をあげてというのはありませんか。

岩野 大きな組織で、三木一人というのはないですね。

——各組織でそれなりの支援があったということですか。

岩野 地域、地域の支持者を中心に組織を拡大しました。例えば勝浦郡では、三木は郵便局を設置し、みかん農家に力を貸したというので、非常に三木信者が多かった。歴代の町長も三木の支持です。それはその地域のみかんのために尽力したということです。

——後藤田さんが台頭してくると、各団体も後藤田さんに主眼を置くようになったのですか。

岩野 そうですね、やはり権力に弱いですね。顔色をうかがいます。

徳島県内の企業との関係

——企業のほうはいかがでしょうか。大塚グループは選挙で支援してくれなかったのでしょうか。

岩野 正直言って、あまり会社を動かすことはなかった。いろいろな会には顔を出してくれたりはしますが、やはり商売中心ですから。それと大塚武三郎《ぶさぶろう》さんは、どちらかというと、三木よりも秋田さんに近かった。というのは、秋田さんは親の代からですから。鳴門からは伊藤皆次郎《みなじろう》さんや高島兵吉《ひょうきち》さんが立候補していましたが、割に秋田さんの系統が強い。二代目の正士さんになってから、三木の支持者になりました。二代目になってから、大塚を大きく伸ばすことに、相当三木が力を貸しています。正士さんは、三木の演説を聞いて感激の余り椅子に釘づけになったと話していました。

――三木さんの頃は、表だってすることはなかったのですか。

岩野　陰ではそれなりに声をかけてくれていたのかもしれませんが、表だってはしなかったと思います。工場内の挨拶回り、朝会での挨拶などで協力していただきました。

――倒れたときの選挙もですか。

岩野　そうですね。会社のなかでは力を入れてくれたかもしれない。我々も関係の会社に顔を出すことは許されました。グループへ顔を出すことができました。ただ、会社のなかで演説はしていません。企業によっては社員を集めて演説をさせてくれることがありますが、大塚さんはそういうことはありませんでした。選挙カーが工場内に入れませんから街頭挨拶です。

――徳島の他の会社はどうですか。

岩野　朝礼会などを催して挨拶をすることはあります。また、工場内を案内してくださる企業もありました。

――他に三木さんが強かった会社はありますか。

岩野　大きい企業はなかなかないですよ。あのときは大塚しかありません。大きな組織ですと、あとは四国電力ですが、電力は民社系の組合が強いですからね。何社かある大手の工場も、民社の労組です。

――言われてみると企業がないですね。

岩野　そうですよ。あっても組合のほうが強い。大きい企業になればなるほどやりにくい。そのなかで、三木の支持者を捕まえて挨拶周り。日清紡とかありましたよ。しかし、本社から三木さんを支持しろとか、そういうのは出せなかったと思う。どちらかというと民社系ですからね。組合は民社が強かったですね。坂東一男さんが民社党から立候補していました。

坂東さんの直系は、最後は三木を推してくれました。多田診療所や県の医師会長の齋藤さんは、みなさんそういうつながりです。どちらかというと民社に近かった。民社が候補者を立てなくなって、坂東さんも三木を応援してくださいました。そのときに、「民社は工員に話しても家族には通じない、家に行って奥さんに話さないとダメだ」と多田さんは嘆いていました。三木を応援してくれた多田さんは、坂東さんの選挙事務長でしたが、苦労していましたよ。社員に話してもダメ、本人だけで家族には通じない、そう言っていました。

確かに組合はそうだろうと思います。組織だから、動員力はあります。日曜にビラを配るから集まれというと、集められます。紀世子さんの選挙で、仙谷さんがいろいろやってくれたでしょう。それなりの要求がありました。そういう意味で後援会の運動員と全然違います。後援会は黙々と代償を求めずに動いてくれます。選挙のときに、多田至さんが言っていたことがよくわかりました。

――與吉郎さんの三木産業も、それほど大きな規模ではないのですか。

岩野　三木さんは旦那衆ですからね。徳島ではそれほど大きな人を抱えていません。

――阿波銀行はいかがですか。

岩野　銀行ですから、組織としては中立です。頭取とか役員で三木に好意を持っている人はいますが、組織としては中立ですよ。

――他にはどうでしょうか。

岩野　国策パルプがありましたけど、組合です。

――組合は、当選させるだけの力はないけども、まとまっていたということですか。

岩野　力があれば民社が悠々と当選しないといけません。それよりも、個人的な人気のある井上普方さんが当選していました。学生県議で鳴らして当選してきたでしょう。徳島の場合は、組織よりも個人の知名度のほうが強かったのではないですか。

トップ当選の要因

――三木さんがトップ当選を続けられた理由は何ですか。

岩野　期待度だと思います。中央で順調に活躍できたということですね。最後は徳島から総理という空気が出てきました。それと徳島県の大きなプロジェクトに尽力して完成させ、徳島の発展に貢献したこともあるでしょう。

――後藤田さんまでは他に強力な候補者がいなかったということですか。

岩野　秋田さんも強かったですよ。岡田勢一《せいいち》さんもサルベージ会社を経営して金を持っていましたし。森下さんが出てきてから選挙のやり方が変わって、それから生田宏一さんが出てきて、佐藤栄作さんの直系ということで選挙のやり方を変えていったということがあります。やはり後藤田さんが出てまたやり方が変わりましたね。選挙の変わり目があります。

――三木さんは地位がないときでもトップ当選するだけの票を取っていますね。

岩野　それはそうです。三木が年齢的に若く、他の候補者が足を運ばない山間部まで積極的に活動を展開したからでしょう。票の変動が一番大きいのは三木ではないですか。私の記憶だと、多いときで七万台。総理になるまで八万台が最高だったと思います。総理になって一〇万を取りました。

――全体の有効な票数の一割も取らないで当選する候補者もいますが、それを考えると多いですね。

岩野 組織よりも浮動票を取れたということだと思います。あれほど後援会から不満を言われた人はいませんよ。後援会で総会とか役員会を開くでしょう。県会議員までもが「三木さんは何も徳島のことをやらないと言われる」と、そういう言い方をする。我々は、「逆ではないですか。先生方が三木さんにお世話になっていると宣伝してくれないから、そう言われるのではないですか」と後援会で言ったことがあります。必ずそう言われる。最後まで言われました。

――後藤田さんが出る前からですか。

岩野 前からです。結局、個人に対するサービスがないことがそういうふうに変わったのだろうと思います。後援会を開くと、「地元のために何もしていない」と必ず出てきました。

逆に言えば、そういうサービスがないから、議員さんたちが自分の手柄にして三木の名前を出さないということもあります。そこが他の後援会との違いではないかと思います。他の後援会の人は、秋田先生にお世話になった、後藤田先生にお世話になったと言って有権者に宣伝しますが、三木の幹部はそれをしないということだと思います。「うちはお世話になっているけど、県全体ではこう言われています」と言う人が後援会で必ずいました。最後は腹立たしく思ったぐらいです。私たちが後援会に積極的に宣伝すれば良いのですが、私としては議員が県のために尽力するのは当然だと考えていました。

――選挙でばらまけるようなお金もなかったでしょうし。

岩野 そういうのはやりません。年に一回県下を回ることもできなかった。選挙の間に郡単位で一巡できれば良いほうです。行く途中に主だったところに顔を出していく。その程度しかできていません。

――昔の徳新を見ていると、三木さんの力で持って来たという事業が一面に載っていましたが、だんだん載らなくなっていますね。

岩野　だんだんとね。戦後最初は、国鉄鍛冶屋原《かじやばら》線の復活です。それから大きいのは、阿南市の新産都市の指定でしょうね。徳島にとって新産都市の指定は大きいですね。それでも全然宣伝はされなかった。後藤田さんが出るまでは、三木の手に関わっていない徳島の公共事業はありませんよ。

大平内閣で森山欽司さんが運輸大臣に就任され、JRの赤字路線廃止が発表されました。その当時、徳島県では牟岐線を延長して高知県と鉄道で結ぶ運動を展開していました。阿佐東《あさとう》線の建設です。三木は直ちに運輸省に森山大臣を訪ね、牟岐線を廃止対象から外し、阿佐東線を促進して黒字化を図るべきと大臣を説得しました。その結果、今では徳島の宍喰から高知県東洋町までが完成し、阿佐海岸鉄道として海部と甲浦《かんのうら》の間で営業しています。

――そうしたことをアピールしていないだけですか。

岩野　そうです。県会議員たちが地元で宣伝してくれないですからね。逆に言えば、「三木さんの地位であれば当然」という気持ちがあったのかもしれません。

地盤の継承

――支持基盤を譲る、引き継ぐという表現がありますね。三木さんの場合は、紀世子さんが継いだことになりますか。

岩野　いいえ、それはありません。紀世子さんは反自民から担ぎ出されました。仙谷さんと公明党の遠藤さんからです。

――紀世子さんは紀世子さんで後援会をつくったということになりますか。

岩野 三木の後援会を基盤にしてつくっていったわけですが、三木の後援会から推薦を受けて立候補したわけではありません。そういう人に推されて、三木の後援会をまとめに入ったということですね。

――仮に三木さんが亡くなった後の総選挙に出ていれば。

岩野 それは引き継いだことになる。しかし、高橋亘さんが病気で立候補を断念しました。

――一部は重なるのですか。

岩野 無論、一部重なりますね。三木武夫後援会が基礎になっていることは事実です。三木の後援会を固めて、その上にという形をとっています。紀世子さんのときは、自民党の現職で公認の松浦孝治さんがいますから、三木の後援会のなかでも紀世子さんのために動けなかった県会議員もいます。野党の県会議員がやってくれた（笑）。あのときに県会議員で堂々と事務所に入っていたのは、吉田君と久次米圭一郎さんだけです。ほかに県議を辞めた黒川勉さんもいました。あとは野党の県会議員、仙谷さんや遠藤和良さんの関係者、元参議院議員の乾晴美さん、山本潤造夫人、瀬戸内寂聴さんの熱心な信奉者が事務所で頑張ってくださいました。

――離れていった人もいるわけですか。

岩野 無論、いますよ。あのときは、松浦孝治さんが県会議員出身で、縁が深い人もいる。自民党公認で、元同僚ということで、三木の直系の県議であっても松浦さんに行かざるをえない人もいました。

†第9章　秘書の役割（一）　政治資金

政治資金集め

――三木さんの場合、番町の事務所だけではなく、徳島の事務所を運営しないといけないから、それなりにお金がいるわけですね。

岩野　いりますよ。相当かかります。それと現職でいる間は、盆暮れには県会議員などへ従来どおりの手当があるでしょう。国会議員の場合はきちんと政治献金として処理できます。選挙区ですから県会議員には政治献金できません。全部裏金になります。領収書を取るわけにいかないですからね。

――ただ三木さんに限らず、どの議員もやっているのではないですか。

岩野　それはやっていますよ。当然やっていて、表に出さないだけのことです。

――岩野さんは政治資金には関わっていないのでしょうか。

岩野　宇田耕一さんが健在のときは三木の資金源になり、資金を担当していました。宇田さんが亡くなって、松浦周太郎さんが担当し、そのときに松浦さんが、「お前、ついてこい」ということで、私は松浦周太郎さんが担当しているときは一緒について歩きました。五番町に三木事務所が移ってからは、竹内潔さんが担当しました。竹内さんが参議院議員の候補者になってからはできませんから、その後を私が引き継ぎました。引き継ぐ前も三木に指示されたところには行っておりました。

――派閥として資金を集めるのですか。

岩野　そうです。派閥の維持には金がかかりますから。

――宇田さんや松浦さんは会社を持っていますね。自分で三木派に資金を出していたのですか。

岩野　宇田さんは出していました。松浦さんの会社は、それほど大きな会社ではありません。

――その前ですと、徳島の岡田勢一さんがいました。

岩野　だけど、三木と同じ選挙区で戦っていた人ですから、全然そういう資金的な関係はありません。ただ、党に対してはわかりません。

――どのようにして集めるのですか。

岩野　支援してくださる会社がだいたい決まっていました。ただ、私だけで処理できる会社と、三木に直接話してもらわないとできないという会社を分けていました。秘書室長と話ができる会社と、三木が直接話してもらう分は、三木に電話をかけてもらって、私が行きます。旭化成は私から室長に頼めますが、三木との過去からの関係からいえば、三木から直接仁義を切ってもらったほうがいいわけです。三木と懇意だったものですから。片桐さんという創業当時の人がいました。そういう会社はあります。

――三木さんは三木さんで、個人で集めるわけですね。

岩野　そうです。派閥とは別の流れです。派閥は派閥としての政治団体を持ちますからね。三木に直接来る金もあります。我々に来ないで、直接三木に渡ります。例えば、鹿島建設や西武は、石川六郎さん、堤清二さんと必ず食事をして、話をしてもらいます。私は一切関与しない。「時期に来たから食事をしてくださいよ」ということでセットして、食事をしてもらう。この二人の場合には必ず。

あと何社かは、三木から直接電話を入れてもらって私が行くという形をとりました。

――三木さん本人に行った金に関しては、岩野さんはノータッチですか。

岩野　ノータッチ。だいたいいくら来ているという中身はわかりますけど。

――何に使われたかもわかっていましたか。

岩野　わからない。使途不明金と出てきたのは、政治資金のなかで不明金ということです。それ以外の、直接本人のところに来るのはわかりません。財界人で直接三木の家に行く人もいますから。政治団体から政治団体に寄付できます。今は政治資金の法律が変わって厳しくなっていますから、それほど政治団体を作りません。

――献金は百万単位が多かったのですか。

岩野　個人の政治団体に対しては、やはり百万単位でしょうね。派閥になればそれが少し増えて五〇〇万になったり、他の派閥になると一桁違ったりと。集める人の強引さでしょうね。

――田中角栄さんはどうだったのでしょうか。

岩野　結局、集めるというよりも、商売のほうでやっていたのではないですか。集めるのでは間に合わないでしょう。まあ、企業のほうも持ってきたでしょうけどね。集めるだけでは間に合わない金の使い方をしたのではないですか。

――三木さんは、利権がらみのことをしていなかったのでしょうか。

岩野　しなかったですね。概して三木はゼネコン関係とは深くお付き合いはしなかったですから、訪問してもお付き合い程度の協力しかしてくれません。徳島出身の副社長がいる企業にお願いしても、そういうところははっきりしています。

――佐藤派、田中派とは違っていましたか。

岩野 違います。その差は歴然としています。報告書の額でわかります。三木が総裁でも企業献金の枠がないから、党へ三木さんの分を出したから党から受け取ってくれという企業もありました。そうした献金はもらえるわけがありません。企業献金の枠で党へ収めた、そのなかに三木さんの分が入っているという企業もあったぐらいです。それほど付き合いがなかったですね。そういう会社が何社かありましたよ。党によこせとは言えませんからね。

――手段を選ばずに集めようと思えば集められましたか。

岩野 田中さんほどまでは行かなくても、集められたでしょう。あれだけのキャリアがありますから。いかにおとなしく企業に頼んでいたかということです。結局政治資金の改革という形で、自分で手足を縛ってしまったものだから、無理を言えなくなってしまった。

――それでもうまく運営していたわけですね。

岩野 何とかね。総理を辞めてからは大きな手当は、河本さんが持ってきてやっていましたね。

――届け出の金額はあくまでも届け出であって、実際の金はわからないのでしょうか。

岩野 そうですね。それは領収書を切った政治資金です。

――徳島の企業については、徳島市の事務所では集めておらず、全部東京の事務所で扱っていたのでしょうか。

岩野 三木は、徳島の企業からは集めていません。ただ、徳島で、経済クラブという会を作って企業に入会していただいて、会費を納めてもらうことはやっていました。

――経済クラブは、徳島事務所が管理していたのですか。

岩野　そうです。東京は全く関係していません。例えば、選挙のときに、いわゆる陣中見舞いなどで来ても、それは我々にはわからない。東京では一切関与していませんから。全部地元の事務所が管理しています。それは徳島事務所で、陣中見舞いとか何か来た場合は、事務所として領収書を発行しますが、東京と全く関係がありません。

――三木さんが総理を辞めた後も集めていますね。総理を辞めてからの三木さんに渡すメリットはありますか。

岩野　それほどないでしょう。急に集まりにくくなりました。付き合い程度になりました。

――付き合い程度でもあったわけですね。

岩野　派閥を持っていたでしょう。だから河本さんから持ってきて、派閥に配っていました。

――三木さん個人の献金も減っていったのですか。

岩野　そうですね。だけど、そのあたりになると、本当に自分の選挙を賄う、事務所を賄うだけの献金になりました。

――三木派は一九八〇年に解散していますね。解散にあたって派閥の資金はどうなるのですか。

岩野　もうその当時は河本さんが全部やっていましたから。派としての資金は残っていません。そういう派閥資金はありません。

――三木さん個人のところに来る献金と、中政研に対して来る献金ということになりますか。

岩野　そうですね。河本さん自身もすっきりしてなかったのではないですか。

――そもそも、派閥は政治団体ですか。

岩野　そうではありません。ただ三木派と呼んでいるだけで、そのほかに資金を集めるためにいろいろな政治団体を作りました。そういう意味では政治団体としては登録していません。

―― 新聞でよく何々派の政治資金、届け出何億と出ますね。

岩野 それはいろいろな政治団体をまとめた額です。三木の場合は、政策懇談会、三樹会、三睦会、青樹会といった政治団体がありました。

―― それをトータルした金額が何億ですか。

岩野 そうそう。政治団体の入金を総計した金額です。

―― 松浦周太郎さんの団体も三木派のトータルのなかに入っていたのですか。

岩野 松浦さんが資金を担当していた時代は、入れていました。派閥としての届け出はしていません。派閥名は政治団体にしていません。

―― そうすると、派閥解消というのはどういうことになりますか。

岩野 結局名前がなくなる、それだけのことです。三木の場合は、三木個人の事務所を派閥として利用していただけです。

―― 他の派閥も一時すべて解消していますね。かけ声だけですが。

岩野 結局それも名称をなくしたということだけでしょう。何何派という名前をなくして、研究会という名前に変わりました。政策研究グループであれば良かったのです。

―― 派閥解消といっても、何とか会を潰していかないと意味がないわけですか。

岩野 そうですよ。衣替えしただけで、実態は変わってなかったということです。だけど、そのときの政治資金規正法では、この法に基づいて届け出しなくてもよかった。今は法律が変わって届け出をしているでしょう。政治資金規正法自体が我々の時代とは違っています。要は、派閥はいけないが政策集団は良いと解釈しました。

――三木さんの場合はどうなりますか。

岩野　政策集団は認めるということになりますから、細川ビルに事務所をつくり「新政策研究会」という名前で自治省に届け出をしていました。

――それが三木派になるわけですね。

岩野　そうそう。三木派という団体で届け出はしていません。今と違いますからね。

――派閥を持たなくなると、集まる金額が減りますか。

岩野　やはり極端です。もうはっきりしています。同じ付き合いをしてくれても、額がだんだんと減っていきます。なかには付き合いがなくなる企業もあります。

――結局、派閥を維持するのにお金がかかるということですか。

岩野　そうです。

――集金力が衰えてしまうと、派閥の領袖の力もなくなっていくということでしょうか。

岩野　そういうことです。結局、集金力が衰えると、派閥を維持できなくなります。上り坂にある人は、どんどん政治資金が集まります。

――それに伴って、その人についていく政治家も増えますか。

岩野　そうです。というのは、派閥が大きくなるから、政治資金も集まってくるということですよね。逆のことも言えますよ。

――当選回数が単に多いだけでは、ある程度は政界において力を持てても、領袖クラスになるまでの力はないということですか。

岩野　それは当選回数ではないですね。リーダーとしての素質がなければなれません。
――現実問題として、その素質のひとつに集金力があるわけですか。
岩野　それはそうですね。しかし、その議員の将来が期待できるかどうかが一番大切です。
――三木さんは、なぜそこまで政治資金を集められたのですか。
岩野　やはり、それなりの地位に就いて、将来の日本の指導者として期待されていたということです。
――松村・三木派の時代に、松村さんは松村さんで集めてはいたのですか。
岩野　それはわかりません。松村さんについて行く人が松村派というグループを作って、その人に手当てをしていたかもしれません。世間では赤貧の政治家と言われていました。しかし、ちゃんと別荘まで持っていましたから、よくわかりません。ただ、派閥全体には配っていなかったことは事実です。虎ノ門にある桜田会館は、松村さんのでしょう。
――単純なことですが、集めた政治資金は次年度に繰り越せるのですか。
岩野　繰り越せますよ。極端に言えば、解散するでしょう。昔は解散登録をして、例えばいくら資金が残っても、それはそのまま解散届さえ提出すればその団体は存在しなくなります。そういういい加減な政治資金規正法でした。

中央政策研究所の活用

岩野　もうひとつは、中政研をフルに活用しました。その会費という形でいろいろとできました。そのメリットは非常に大きかった。
――中政研の資金も派閥活動に利用したのですか。

岩野　無論、派閥活動にも活用しました。というのは、木川田一隆さんの時代に、電力関係は政治献金をしないと決めたでしょう。そういう時代でも、東京電力は中政研の研究委託費という形で協力してくれました。そういうのは、中政研がフルに活用できました。政治資金とは一桁違う額が出ました。電力会社は、全部そういう形。先方も知っているから、お宅は中政研だから中政研の領収書を送ってこいと言いましたね。関西電力も中部電力も、そういう枠で献金をもらえました。そういう意味では、中政研は三木が総理を辞めてからの受け皿として非常に有効に活用できました。だから、地位がなくなれば離れます。協力してくれるのは、だいたい昔からの長い付き合いの財界人ぐらいです。献金する側も助かります。中政研に出す金は政治資金の枠外です。

そうすると今度、国会議員などが海外へ行くときに、中政研から調査を依頼したということで調査費を出すとか、そういうことでも使える。学者を呼ぶときも、お礼を中政研の講師代という形で出せました。だから、直接政治資金からでなくて、中政研を利用できますから、それはトータルとしては三木の政治活動の資金にも活用できます。

――もらって、帳尻を合わせるのも大変ですね。

岩野　そういうことですね。それは、中政研の領収書のものは中政研の口座に入れないといけませんからね。総務庁所管の社団法人ですから。毎年会計報告をします。

――三木さん本人は、これは中政研、これは政治資金というのはわかってないですよね。

岩野　それは全然わかっていません。それは事務がそういう形で処理せざるをえません。

ただ、関西電力や中部電力は、政治資金を出していました。トータルで幾らというのがあるものですから、先方から、「この分は中政研の領収書でくれ、これは団体で」と分けてくる。相手から領収書を指定されます。だから、実際は政治資金ですけど、中政研の領収書で切ります。企業側にも資金の枠がありますから、交際費とか他の名目で支出できます。

明治大学のつながり

――明治大学のつながりは、政治資金でも大きな武器のひとつになりますか。

岩野　大きかったですね。校友関係は秘書室長がすぐ社長のところへ通しますよ。そういう意味では非常にありがたかったですね。そういう明大の先輩もおりました。

同じ先輩でも、博報堂の瀬木博信《せきひろのぶ》さんや森永製菓の森永太平《たへい》さん、三和銀行の副頭取から丸善の社長になった宮森和夫さん、毎日新聞の山本光春さん、日本鋼管社長の渡辺政人《まさんど》さんなどが伯楽会という会をつくってくれました。全部仕切って、その下の事務をやっていたのが渡邊綱雄さんという明治大学出身の弁護士さん。その方が仕切って、明大の大物の財界人をとりまとめてくれて、そういう方たちが参加した会がありました。月一回、定期的に会合を開いていました。明大出身のその当時の超一流の財界人です。そういう人の力添えは大きかったと思いますよ。

他にも、例えば明治大学の先輩で日興電機の後藤太郎さん。子どもさんの仲人も三木がしている関係があります。蒲田に、それほど良いビルではありませんが自社ビルを構えています。業績は非常に良くて、献金を盆と暮れに協力していただいておりました。たまに三木と一緒に飯を食おうとか言って、「千代新」に呼ばれて三人で飯を食べたりしました。後藤社長は先輩、後輩という関係で気楽に金額の交渉ができました。そういう点は、明大の先輩はありがたいです。「選挙だから頼みますよ」などと言いますと、「しょうがないな」と言って相当な額を協力していただく。秘書室長が額に頭をひねったほどです。

私が行っても掛け合いで、今度はこれだけ協力していただきたいと交渉する。そういう人もいます。我々のような分際で伺っても聞いてくれました。鳥取出身で、鳥取の議員さんの面倒も見ていましたね。

政治資金の使途

――政治に金がかかるとよく言われますが、どういったことにかかりますか。

岩野　事務所の維持費もありますが、やはり国会議員です。いろいろなところに渡す金があるでしょう。例えば、明大出身の荒船清十郎さんは、その時期になると「三木さんに何か忘れていないか言っておいてくれよ」と電話をかけてくる、そういう言い方です。

派閥が違っても来ます。関係ないですよ。例えば、稲葉修さんはしょっちゅう私のところ来る。「岩野君、前を通ったからちょっとお茶をごちそうしてくれ」と来ます。そう言ったら、それが謎ですよね。三木に「稲葉先生がお茶飲みに来ましたよ」と言えば、「じゃあ、ちょっと使いに行ってくれ」ということで届ける。そういう形の、みなそれぞれの挨拶があります。

通産大臣のときは局長を通じて野党対策をしたことがあります。局長から「大臣の指示どおり致しました」と報告してほしいと伝えられました。

野党の議員でも。民社党の池田禎治さんは国対のプロでしょう。海部さんが三木さんに、「池田さんがちょっと国会の情勢報告をしたいと言っています。連れて行きますから」と。もうそれでわかっている。みんな、謎かけで来るわけです。与野党を問いません。派閥も関係ないです。そういうのは領収書をとれないですよ。だから三木内閣のときに衆議院の予算委員会で公明党と社会党から追及された使途不明の五億円というのは、そういうことで、お金が積もり積もった結果です。

——さすがに共産党はないですね。

岩野　共産党はありません。社会党はこちらから行きます。まず請求はないですけど、三木から「ここへちょっと行ってくれ」とかね。それは何かあったときに金を持って行きます。「土井さんのところへ行け」と言われて、土井たか子さんの部屋に伺いました。びっくりしました。こんな素晴らしい議員がいるのかと。それは見事な上下真っ白なパンタロンを着て、圧倒されましたよ。三木が外務大臣だった頃です。土井さんが外務大臣だった三木に質問をしました。それを三木が非常に評価した。土井たか子さんは、三木が亡くなった後、三木夫人と意気投合して親しく交流させていただきました。夫人が土井さんと女性党を結成して衆院選に立候補することを考えるほど意気投合していました。それから、三宅正一さん。三木の同期生です。何かの祝い事があるでしょう。そういうときのお祝いの使いに行く場合がある。民社の佐々木良作さんにも定期的に盆暮れに訪問していました。佐々木さんのご自宅は神楽坂を入ったところでした。

——村山富市さんはいかがでしたか。

岩野　ありません。社会党は、前にお話ししたように中沢茂一さんが吉祥寺時代に入り浸りでした。

——三木さんと村山さんの仲はどうでしたか。

岩野　三木のときは、普段の個人的な付き合いはなかった。三木が亡くなってから、夫人のところへ現れて、番町会館の一部屋を事務所にお貸ししました。

——北朝鮮問題などですか。

岩野　そう。夫人との関係です。三木とは関係がありませんでした。

――お互い名前を知っているぐらいですか。

岩野　村山さんは長い間社会党の国対委員をされていましたから、挨拶する程度でした。

――盆暮れには派閥の議員にも配るものを配るわけですね。

岩野　当然。夏は氷代、冬は餅代として配ります。派閥の議員に配るのは必ず領収書をとります。国会議員の場合はきちんと政治献金として処理できます。ただ、派閥以外のときには領収書が取れません。あとは地元で使う分があります。盆暮れには渡しますからね。そういうのも領収書をとれない。なかなか政治家を一皮むくと大変ですよ。

新聞記者にだって盆暮れには挨拶しますから。品物を贈っても送り返してくる人もいます。金を受け取らない人に品物を盆暮れに贈ります。ある四大紙の政治部長ですよ。いつものどおり挨拶に行きましたところ、「どうせいつものとおりだろう。田中角栄と一桁違うから持って帰ってくれ」と、持って帰ったことがあります。

また「年末にボーナスを落とした。来春子どもが小学校に入学するのにランドセルが買えない、金を貸してくれ」といってきた記者、「ワシントンＤＣで勉強会を開催している。資金を送金してほしい」と頼んできたワシントン特派の記者もいました。派閥記者に対して接待が悪い、マージャン部屋を作れ、記者専用電話を置けといった注文がついたりしました。記者クラブのような要求がありました。

今の新聞記者はそういうことはありません。三角大福が激しく争っていた時代です。

そういうことによって情報をとるし、こちらをうまく宣伝してもらうという意味もあります。ＮＨＫで司会をしていた唐島《からしま》基《き》智三《ちぞう》さんのところに、私は盆暮れに使いに行っていました。細川隆元《りゅうげん》さんだけは品物を持って行きました。藤原弘達《ひろたつ》さんにも挨拶に行っていましたよ。

――弘達さんは明治つながりで、親しかったのですね。
岩野　親しかったですね。その点岡野加穂留さんは綺麗です。一切そういうことをしませんでした。はっきり言って感心しました。

派閥の政治団体

――三木さんの関係で、政策懇談会や近代化研究会という団体があります。

岩野　近代化研究会は派閥です。政策懇談会は三木の個人の政治団体ですね。

――他にもあります。三睦会ですか。

岩野　三睦会は財界人との集まりで、関西電力の芦原義重《よししげ》会長が呼びかけて、東西財界人が三木を支援するために結成してくださった派閥関係の資金団体です。三睦会をやるときには、派閥の世話人議員が一緒に出席していました。

庸山会もそうですね。三木が総裁候補になったときに、財界が三木を育てるということで協力してくださり、三木の雅号の「庸山」を会の名称にしました。庸山会は関東の財界が音頭を取った会です。

――三樹会というのもあります。

岩野　最初は派閥の政治資金団体で、三木が総理を辞した後は三木個人の政治資金団体でした。

――何億も集めるということは、それだけかかっているということですね。

岩野　そうです、やはり必要ですよね。それでも他の派閥に比べたら少ないでしょう。

――いろいろと団体を作ったのはなぜですか。

岩野　一つの政治団体に対する枠が決まっていて、一五〇万円が上限になりました。たくさんの政治団体を作って分けないと、枠をオーバーします。そうでないと資金が集まらないでしょう。皆さん、いろいろと政治団体を作りだしました。そういうことで、入りを制限した分を数でこなそうとしました。昔は天井がなくて一つの政治団体で集められましたが、一団体一五〇万円に制限されましたから。

――会計するところは同じですか。

岩野　同じですよ。会計責任者は別人ですが、事務局は同じです。

――金を集めるのは大変ですが、これだけになると、その会計の遣り繰りも大変ではないですか。

岩野　そう。結局帳簿類での遣り繰りになります。

――三木派では、どなたがそれをなさっていましたか。

岩野　それぞれ担当者がいました。近代化の場合は、平川篤雄さんだったかな。三樹会や政策懇談会は三木事務所のほうでやっていました。井出さんや赤沢さんのところでやっていたのもあります。何人かで、そういう事務を分けてやる場合があります。

企業との関係

――先ほど徳島の企業からは集めないという話でしたが、大塚製薬もそうですか。

岩野　大塚は、東京本社ですからね。徳島の企業でも、こちらが頼まなくても持ってきてくれる人はいます。選挙のときに使ってくれと、献金してくれる企業はないとは言いません。こちらから頼んで集めてはいない、という意味です。

――大塚製薬は、大きな資金提供源でしたか。

岩野　いえ、普段はそれほどでもありません。大きな金額をお願いししません。私が知っているので大きな金額は、中政研の創立二〇周年のときに三木の『議会政治とともに』を出版したでしょう。出版記念会を開くので、ひとつ寄付を頼むと、三木と大塚正士社主と私の三人で食事しながら話をしようというので、フグ屋に招待を受けました。三木は大塚さんにいくらと切り出せず、話ばかりしていました。私が、「会長、五〇〇万ぐらい出してもらえませんか」とお願いしました。「いいよ」とOKをもらいました。ただし、「その分の本をよこせ。関係先に配るから」と、そういうきちっとした方です。それを全部、社主は自分の関係者に配りましたからね。そういう人ですよ。地元の企業ということがあるし、経済的なものよりも選挙のときに票をもらったほうがいいという頭があります。無理にお願いしません。

――特に三木さんが大塚さんに頼むことはなかったのでしょうか。

岩野　直接は言いません。私が一番大塚さんと親しくしていることを、三木もわかっていました。大塚さんは何かあると、割と私のところへ電話をかけてきました。大塚さんが本を出すときも、「原稿を書いたから読んでくれ」と言うので、全部下読みしたぐらいです。何か知らないけど、いろいろなことで電話がかかってきました。

そういうことで、三木も私が一番大塚さんに話しやすいだろうとわかっていますからね。大塚さんは、一緒に飯を食おうということになり、たびたびご自宅にも招待を受けました。

――大塚さんからは、普段はなかったのですか。

岩野　普段はそれほどありません。

――資金は別として、大塚さんとの関係は深いのですか。

岩野　非常に深いですよ。大塚製薬が大きくなったというのは、東京へ出て来てからでしょう。「東京へ出て、事務所が見つかるまで俺〔三木〕の所へ事務所を置いておけ。それで三木の事務所に大塚の東京事務所を置いた。持っている金を俺〔三木〕に貸せって取り上げられた」という話を大塚さんから聞きました。「事務所を探す金を三木さんに取り上げられた。その代わり置いてもらったけど」。そういう話をよく聞かされました。東京へ出て、三木が逓信大臣のときに逓信病院などに出入りできるようにしたのでしょう。そういう世話はしています。一時三木の書生をしていた御所村出身の前坂時男さんが、大塚製薬の東京事務所と三木事務所を兼務していた時代がありました。

――製薬関係の利益を上げたわけですね。

岩野　そうです。無論、大塚さん自身の努力もありますよ。昔、飛行機がない時代、汽車で上京するでしょう。大塚さんは汽車に乗っている間、車中でオロナイン軟膏の見本を配って歩いた経営者です。正士さんはそういう努力をした人です。三木が口利きをしたこともありますが。

――他の政治家は選挙区におけるサービスで使っていますが、三木さんは徳島ではお金を使っていないですね。

岩野　それほど使わないですね。ただ、晩年は使いました。どうしようもなかったですからね。

――徳島ではなく中央の活動に回していたのですか。

岩野　そうですね。徳島では柏原大五郎さんがいて、ある程度身銭を切ってくれたでしょう。そういう面があります。恵まれていると思います。

――企業ですと、日本冶金が多いですね。一九七一年ですと、六〇〇万です。日本ハムが割に多いですね。

岩野　日本ハムは、元は徳島ハムと言って、徳島に本社がありました。大社義規《おおこそよしのり》さんは香川の人です。徳島に本社がありました。そういう意味で非常に関係がありました。それで合併して、日本ハムになりました。大社さんとは非常に親しかった。もともと会社の出が徳島です。

――閨閥がありますね。これは資金に限らず、政治活動全般にとって大きかったのでしょうか。

岩野　大きい。夫人は意識的につくっていったのではないですか。高橋亘さんの弟を河本さんの娘と結婚させています。また、姪の千世さんを大橋武夫さんの長男の宗夫さんに、安西公子さんを住友銀行頭取の堀田庄三さんのご子息の健介さんに、安西八千代さんを武蔵野音大の福井直敬さんにと、夫人は積極的にそういう動きをしたと思いますよ。ただ、それが自分の思うようにならなかったこともあります。

――森家からはどうですか。

岩野　私が知っている限りは、お父さんの矗昶《のぶてる》さんが生きていた時代はもらっていたのでしょうが、戦後は逆になりました。助けていましたからね。森清さんが国会に出ているでしょう。千葉の選挙区は金権選挙ですから、金を食っています。会社としては、日本冶金には領収書をよく持って行きましたよ。そういうやり方です。

――夫人から回ってくるような可能性はないですか。

岩野　それはないですね。

――東洋製罐はどうですか。

岩野　小西甚右衛門《じんえもん》さんという高碕達之助さんの秘書がいて、秘書を辞めて日本臓器製薬の社長になりました。小西さんが高碕さんと三木の窓口です。東洋製罐の関係企業で、石高治夫さんという方が世話役で三木後援会を大阪につくってくれました。しかし、会に行っても集まってくる金は少ない。高碕達之助さんは河野一郎さんの関係でしょう。そのときはどうやったか知りません。高碕芳郎さんになってからは一切ない。小西さんが窓口になって、東洋製罐グループの出入り業者の会を作ってくれて、そこから会費をいただいていました。

小西さんも中曾根さんと非常に親しく、小西さんの息子が中曾根さんの秘書でした。達之助さんの関係で、河野派です。小西さんが三木の長男と高碕さんの娘さんを取り持ちました。

――財界との関係はどうでしたか。

岩野　総理になる前の段階では、財界人が音頭を取って庸山会などの後援会をつくってくださいました。

永野重雄さん、桜田武さんといったかつての財界人は自由党系でしたが、三木に対しても協力してくれました。ああいう財界人がいなくなりました。その次の世代になるとドライになってきました。あの当時の財界人は、政党支持だけではなく、政治家を育てようという気持ちがあったのではないですか。そういう違いを私は感じました。

関電の芦原義重会長。関電は催促しなくても時期がくれば内藤千百里《ちもり》副社長が何日に上京するから芦原のところに来るように、と連絡をくれました。同じ四国ということもあるのかもしれません。いくらほしいと頼んだことは、一切ありません。芦原さんがご健在の間は、きちっと盆暮れには決まった額を毎年いただいていました。こんなこともありました。「黒部の太陽」が映画化されるとき、三船敏郎さん、石原裕次郎さんから関電への協力依頼を受けましたが、芦原会長には大変ご尽力いただきましたね。

近鉄の佐伯勇さん、名鉄の土川元夫さんからもお世話になりました。企業によっては、常務や秘書室長が上京して協力いただきました。

晩年は堀田さんも、結局夫人が親戚関係をつくりあげたでしょう。先ほど申しましたように、堀田さんは安西正夫さんの娘を見合わせました。どんどん閨閥は広がっていきます。

徳島出身の財界人では原安三郎《やすさぶろう》さん、工藤昭四郎《しょうしろう》さん、堀江薫雄《しげお》さんと付き合っていましたけど、特別な頼み方はしませんでした。普通の企業に頼むような頼み方をして、オープンな献金は受けました。選挙が常に頭にあります。金よりも票をもらったほうがいいという気持ちがあります。

今だから言いますけど、赤坂事務所時代は、大映をはじめ何社かには、お金をもらうよりも領収書を持って行くほうが多かった。料亭へ払う金がないでしょう。請求書を持って行って払ってもらう。そういうのをやりました。そういう企業は方々にありました。

第10章　秘書の役割（二）　有権者へのサービスと陳情

有権者へのサービス

―― 有権者向けのサービスは、当然していますね。

岩野　それは普通にやっていました。当たり前ですね。我々が若いときは、東京駅まで出迎えに行ったり、宿の斡旋もしました。昔は上京するのに宿を取るのも大変でしたから。

―― 徳島から上京する人には会ったことがないわけですよね。

岩野　なじみ深い人のお迎えです。誰でもお迎えというわけではありません。顔はわかっています。場合によっては事前にホームに並んで席をとったりとか、人によってはやりました。

―― 三木さんの旅行会はなかったとのことでしたが、生田宏一さんはどうでしょうね。

岩野　生田さんのときには旅行会はなかった。旅行会の話を耳にするようになったのは森下さんからだと思う。生田さんのときは、大勢が東京に出てこられるような環境ではなかったでしょう。昭和三〇年代は特別な場合を除いて、旅行会社を利用することはありません。時代が全然違います。生田さんの時代は、幹部が出てくる程度だったと思います。

ただ、議員や皇居奉仕団、遺族会、高校の卒業旅行はありましたね。皇居奉仕団は長谷川峻さんが初めて行ったと言われているでしょう。皇居奉仕団を迎えて送って、ということをしました。全国的に広がりましたからね。

――後藤田さんはどうでしたか。

岩野 後藤田さんはどうですかね。聞かないですね。徳島では森下さんが非常に派手にやっていました。我々も地元まわりをしていると、三木の後援会の人でも誘われて参加したと聞きました。森下さんの後援会の人に誘われて、「旅行会にいきませんか」ということで参加しています。そういうのがどの程度効果があったのかはわかりません。

――そういうのをやって安心感を得るということですか。

岩野 おそらくそういうことだと思います。

――後援者の進学や就職の斡旋がひとつの大きな業務と、多くの秘書が書いています。実際いかがでしたか。

岩野 ありますよ。それは事実ですよ。人の一生の相談を受けます。仲人、命名、就職など、冠婚葬祭のすべてです。入試の結果の発表を見て知らせたりしました。その当時は、電報で結果を知った時代です。そういうのを事務所の人間が見に行って、それで知らせました。

それから、受験で東京に出て来たときに案内するとか、いろいろな面倒を見るとか、そういう世話はあります。合否を前もって教えてくれた大学もあります。発表前に知らせれば、それだけ効果がありますす。大学によっては、受験科目別の点数、何点以上が合格か、そして本人の成績までも教えてくれました。次の受験の参考になりますからね。

――三木さんが各大学に働きかけたことはありますか。

岩野　それはしません。働きかけることはしませんが、選挙民は当然のように頼んできますから、一方的に断るわけにはいかない。選挙民は、政治家の地元に対するサービスのひとつというような受け取り方をしていました。昭和三〇年頃までと社会は大きく変わりました。今でこそ、選挙民も変わってきましたが、選挙民に対するサービスのひとつという気持ちを当時の有権者は持っていました。就職でもそうです。断ると、選挙で世話しているのに私の子どもの面倒をみられないのかと、逆に怒鳴り込んできました。

――取りあえず依頼を受けて、断る場合もあるのですか。

岩野　例えば、ここの会社へ入れてくれと依頼がくるでしょう。成績や学校を見て難しいとは思っても、「これでは無理ですよ」と言うと怒ります。だから、無理だとわかっていても、選挙のことを考えると推薦せざるをえない。努力して、ダメだったという結果を出さないといけません。最初から断ると、「何で面倒をみてくれないの」などと言われて大変なことになります。それなりの誠意を尽くさないといけない。

――ましてや大物の政治家だからと思っているでしょうし。

岩野　そういうことですよ。有権者は自分だけは特別だと思っていますからね。

――頻繁にあるものですか。

岩野　あります。各事務所では業務のひとつです。地元は地元で、地元の就職問題。東京は東京で。両方でやります。今でもそれは仕事のひとつになっているのではないですか。頼まれていると思いますよ。それが採用されるかどうかは別として、推薦はせざるをえない。大学の就職課のようなものです。

――三木さんを支持してくれている企業に入れることもありますか。

岩野　ありますよ。当然そうですよ。そういうところは頼みやすいから、どうしてもそうなりますよね。だから、三木と関係ある日本冶金には、ずいぶん入っていました。

大塚製薬もそうですよね。今こそなかなか難しいですけど。社主にはご配慮いただきました。

――やはり大塚は多いですか。

岩野　多いですよ。一番頼みやすいですし。正士さんの時代に、私は直接お願いして毎年複数名を採用していただいていました。

――さすがに徳島県内の公務員として雇わせるのは難しいですか。

岩野　これは公務員試験に通らないといけない。ただ、臨時という形では頼みます。我々より県会議員のほうが顔が利きますから、臨時職員ということで。中央官庁でも臨時職員として頼みます。二年交替で切り替えです。そういうのはあります。

国家公務員試験に合格して、より良い役所に入省したいという依頼も受けます。東大の卒業生でも来ます。大蔵省で局長や長官になった人でも、私のところへ頼みに来ました。それで口を利いています。口を利いたから入省したのではなく、実力で採用されています。大蔵省への希望者でもそういう依頼は結構ありますよ。親が言ってくるわけです。うちの子が受けているから、ひとつ頼むということで。そう頼まれれば口を利かざるをえない。だから採用になったわけではないですよ。長官にもなっているし、局長にもなっていますからね。

――三木さんの力で自民党に入った人もいますか。

岩野　政調会長になったときに、高野千代喜さんを政調の職員に入れました。その当時は党の職員はみんな紐付きでしたから。公募でとり出したのは最近ですよ。それまでは紐付きです。

――自民党の場合、政調会は政調会で雇うのですか。

岩野　いえ。一応人事局がありますから。高野さんは、将来選挙に出たいという希望を持っていましたので、政策を勉強したほうがいいだろうということで、政調会へ入れました。

――三木さんが直接企業に頼むこともありましたか。

岩野　これはどうしても一流企業を希望したり、三木と特別な関係にある人の子どもなどは、三木に直接口を利いてもらうことはあります。依頼人との関係で三木本人から直接交渉させないといけない場合があります。それはやはり相手によりけりですよね。

自分の親戚をこの会社に入れろと頼んできた人もいます。頼んでもダメで、他へ入れてやるということで入れたことがあります。三木が直接頼んでも、これはダメだと思うととってもらえません。なかには、広告代理店へ入りたいという場合があるわけです。「どうしても入りたいと言っているから頼む」と頼まれました。我々が直接言っても効きません。何とかしないといけないと思って、私は大塚社主にお願いしました。そうしたら、とってくれました。大塚さん直々に頼んでくださいました。やはり、スポンサーが行くと強いです。そこまでもしますよ。それがご本人のためだったかはわかりませんが。

――三木さんにとって見返りがあるかどうか、未知数ですよね。

岩野　選挙で一生懸命やってくれていますからね。そこまでやっていても、徳島の地元では「三木さんは地元のことは何にもしない」と言われました。

――県内の場合は、他の議員さんにも同じ人が働きかけるようなことはあるのですか。

岩野　他の議員さんからも持ってきます。派閥の議員も持ってくるし、派閥外の人からも言ってくる人もいます。例えば大塚製薬になると、どうしてもこれを入れたいから頼んでくれないかとか、そういうのは他の議員からもよく来ますよ。

――冠婚葬祭はいかがですか。

岩野 冠婚葬祭、これはやはりひとつのね。重要な人は本人が出席しますし、夫人が行く。あとは新聞の死亡欄と誕生欄を見るのはひとつの仕事ですね。子どもが生まれたと徳島新聞に出る。関係者かどうかと、全部チェックします。そこまで、冠婚葬祭はチェックします。電報を打ったり、相手によってはお見舞いに行く。電報は、名の知れた人であれば三木の直系でなくても打ちます。披露されるでしょう。必ず打ちます。

――陣笠議員ですと、金帰火来で、週末に帰って選挙区内を回りますね。三木さんは、徳島に帰ることが稀でした。地元の秘書が県内を回っていたのでしょうか。

岩野 だいたい行きます。どうしても本人が伺うべき人であって、本人が公務の場合はとりあえず夫人が行く。そういうことにしていました。

――この人が結婚する、この人が亡くなったということは、事務所同士で連絡を取り合っていたわけですか。

岩野 そうです。冠婚葬祭の電報は、消印の関係で東京から打ったほうが効果があります。東京発と徳島発だと、東京から来たほうがありがたがられます。

――香典や祝儀は、三木武夫名義で包めたのですか。

岩野 結局、皆さんやっていました。今は変わりましたが、昔は選挙法に抵触しません。三木が総理のときの沖縄博で、「内閣総理大臣三木武夫」の花を飾るという話がありましたが、それは公職選挙法違反だとクレームがついたことがありました。徳島の人間が、沖縄博に行くだろうというクレームです。それほど厳しい解釈をしました。三木武夫の名前が出ていたらダメだ、内閣総理大臣だけにしろとか、そういう意見まで出ました。改正法ができた当時は、それほど厳しい解釈でしたね。今はそこまで厳しい解釈しないでしょう。肩書きが入っていれば、おそらく大目に見ているはずです。

――そういった場合、自治省との相談になりますか。

岩野　まあ、そういうことですよね。最初の頃は、そういう意見まで出たぐらいですからね。今でも時々告発されて新聞沙汰になっていますが、相当大ぴらに、その他大勢にやっているのでしょうね。

――やらないと、また票になりませんか。

岩野　そういうことです。日本の有権者、特に地方の有権者はまだそこまで純粋ではないと、私は思います。今でも、誰から来たのに、誰からは来なかったとか、そういうことが話題になります。それに、後援会の幹部になればなるほど自分は特別だと思っています。

予算編成

――予算編成について、県から説明はあるのですか。

岩野　いつ頃からやりだしましたかね。武市知事になってから朝食会を開くようになりました。自民党の部会の朝食会を真似たと思います。新年度の予算要求に入る前、だいたい一二月頃に県の重点を作って、県選出の国会議員を呼んで朝食会を開いて重点の説明をし、来年度の県の重点事項になるので、ひとつ力を貸してくれという依頼と、県政の予算要求の状況の説明を兼ねたのを毎年やります。

――その際に重点項目を作って配るわけですね。説明資料も一緒にありますか。

岩野　あります。箇条書きになって、ある程度の資料がついていたと思います。それを担当部長が説明します。

――説明を受けた後、議員はどう対応しますか。

岩野　質問をして、だいたい皆さんは政調の部会に出ていますから、これは難しそう、これは何とかなりそうだとわかっています。これは重点的に力を合わせてやらないといかんぞと意見交換をし、国会議員同士がやりとりします。それぞれにそれなりに役所に対するアプローチをします。

――三木さんは政調の部会に入っていましたか。派閥の領袖クラスは入っていないと思いますが。

岩野　入っていません。三木は、特に自分が電話をかけたほうが良いと思う問題については大臣に直接話をしたり、局長に話をします。だいたいそういうなかで、地元関係を皆さんがそれぞれ責任を持つような形に事実上なります。というのは、そのなかで県会議員がそれにつながっているでしょう。自分の所属する国会議員のところへ「これを頼みます」と陳情しますから。三木も直系の県会議員が「これを頼む」と来ますから、それに対しては一生懸命やります。自ずと国会議員がそれぞれ分担することになります。

――岩野さんもいろいろなところを回られるのですか。

岩野　地元の後援会幹部や町村長、各種団体の会長が来れば、その担当のところへ案内して行き、局長などに話をします。日常の陳情活動として、そういうことはしますよ。

――局長クラスに会われるのですか。

岩野　会います。事務次官は実質的な実務を持っていないですから、まず事務次官のところには行きません。だいたい局長です。局長止まりですね。個人的に親しい次官、例えば運輸省の住田正二さんや農林省の亀長友義さんのところにはよく行きました。

ちなみに、面会に来た人全員に名刺を配る局長は、いずれ必ず選挙に出ますね。一人残らず名刺を配ります。選挙に全然興味のない人は、一切名刺を出さない。机の前に自分の名刺を置いてありますよ。「あ、この人は選挙を考えているな」とすぐわかります。役所に行ってどういう人が選挙に出たがっているか、陳情に行ったときに調べます。課長級時代からそういう行動が出ます。

――獲得する予算が増えることもありますか。

岩野　それはあります。県としても、他の県との競合関係などでこれは危なそうだというのがわかります。例えば、新規事業はどこどこの県と競合しています、どちらかになるというような説明をする。私も何の件だったか忘れましたが、山形県と競合して、近藤鉄雄さんに話をして退いてもらったことがあります。

――予算については議員さんを集めて朝飯会を開いて、それを受けて議員が動いた後、県に情報を伝えるわけですか。

岩野　伝えますし、その県会議員に担当部長や課長が県からついてきますから、動きを県も掴んでいます。こういう動きをしてこうなっているという状況もわかっています。県も各省の担当者がいてパイプを持っていますから、そこから動きをつかむ。それが県の東京事務所の大きな仕事です。東京事務所は各々担当役所が決まっており、常に情報をとっています。そこから逐次情報が入って、これがあと一押しになっているから、この県会議員を通してやろうとか、そういうことが出てくる。それが後藤田さんの系統が良いと県が判断すれば、後藤田系統の県会議員に頼んで後藤田さんにアプローチをかけるといった動きをします。我々だったら武市さん時代は極力武市さんに連絡をとります。武市さんも直接三木のところへ持ってきました。直系の場合はそういうのが知事からストレートに来る。それが直系でないと全然違います。交付金等は直接知事に電話を入れました。

――来るというのは国会議員にとっては良いことですか。

岩野 良いことです。それがまた自分の選挙につながっていきます。知事が町村長に「三木さんにお世話になってできた」と話してくれます。知事から町村長まで、みな持ちつ持たれつです。

――県の役人との関係はどうでしたか。役人の場合はあまり色を出しませんか。

岩野 出しません。担当、担当で陳情に来ます。個人的な色は出しません。ただ、知事の直系の秘書課長などは別です。その系統の国会議員には、自然と好意を持ちます。前にもお話ししたように、原知事時代の岡本賢次さんは、秘書課長で、如才のない人ですから我々とも関係が良く、武市さんになっても同じように我々と接していたし、武市さんともうまくやっていました。そういう人もなかにはいます。

――秘書課長は知事が自分の子飼いを就けられるのですか。

岩野 自分の気に入った人をします。

――武市さんもですか。

岩野 そうですね。使いやすい人を持ってきます。

――武市知事のときに恵まれた人が三木申三さんになったときはどうなりますか。

岩野 冷遇されましたね。そういう人はいますよ。三木知事時代には、こういう人がと思う人が出世しています。彼はこんなに世渡りが巧かったかなと思うような人もいます。

――県の陳情についての資料は、事務所で残していなかったのですか。

岩野 三木事務所では県の陳情の資料を残していません。終われば我々でも県の資料は処分しました。

例えば北岸農業用水とか本四架橋などは、後の記念の出版物で残ります。

――当時の陳情のものは終わったら廃棄ですか。

岩野　廃棄します。そういうのは他の国会議員も残していないでしょう。一年で莫大な陳情書が集まりますから取っておけません。事務所でファイルしておいて、終われば全部廃棄処分します。陳情書は、年度ごとに新しくなっていきます。そうでないと処置しきれない。大変です。全役所に絡む資料が来ます。県と各市町村から来るでしょう。それと団体から来るでしょう。同じ書類でも三通、四通と来ます。継続事業は翌年に新しい陳情書が来ます。同じ案件が新しい陳情書として来ます。県が資料で使う費用は、莫大ではないですか。ひとつの県の陳情だと、地元の国会議員に対して渡し、担当役所に提出するでしょう。大臣、政務次官、事務次官と、担当者から課長、局長、その間に審議官、局次長とあるでしょう。そういうのを全部、陳情書を個別に作って渡します。その上に大蔵省にもひとつの問題に対して、上から下までずらっと陳情書を作成します。

――省庁に打診するときに、前の資料が必要となることはありませんか。

岩野　必要になった場合には、県に持って来させます。県は全部持っています。さっと持って来られますから、県から取り寄せればいい。こういうものに関する資料をと言えば持ってきます。

北岸農業用水

――徳島県に関する事柄で、大きな問題にはどういったことがありましたか。

岩野　徳島県のことで、三木が関係していないことはありませんが、北岸農業用水と鳴門教育大学と本四架橋については、私も関係しています。

北岸農業用水というのは、吉野川の北岸の阿波郡から板野、鳴門にかけてつくられた農業用水のことです。長年、香川県が毎年夏の渇水期に水不足で苦しんでいたため、徳島の早明浦《さめうら》ダムから香川県に分水のため香川用水を作ることになりました。その当時、徳島県も吉野川北岸の水田地帯が水不足で苦しんでおり、北岸農業用水をつくることになりました。北岸農業用水では、三木も戦前から動いていたようです。その後調査費などでも、何十年も手がついていませんでした。徳島県議会は、香川用水との同時通水を条件に香川県への分水を認めました。北岸農業用水の工事は三木内閣の前の段階で開始されましたが、遅々として進まず、遅れていました。一方で、三木内閣のときに香川用水への通水が始まりました。

北岸は我々の地元です。期成同盟会長が三木の選挙事務長の原田武夫県議で、何とか三木内閣でひとつ促進できるような手を打ってくれと、三木内閣のときに猛烈な陳情を受けました。そこで私は、何とか特別会計に入れて早く促進をしてくれと、大蔵省などに話しました。

窪田弘首相秘書官にも、「これを何とかして欲しい。今特別会計に入れてくれないと、いつ開通するか目処が立たない」とお願いしました。そのときに窪田さんからは、「岩野さん、あなたは三木さんに田中角栄の真似をさせるのか」と言われました。「とんでもありません。香川県に分水する条件として吉野川の北岸農業用水を同時通水する、そういう条件になっている。すでに香川県に水が流れているのに、徳島はまだ工事が進んでいない。だから特別会計に入れて促進してほしい」と説明して、やっと理解してもらい、窪田さんも動いてくれました。

その後特別会計に入れてもらうことになって、事業を促進できました。あまりにも工事が長くかかりすぎたものですからね。北岸農業用水が完成したときには米作の減反政策が始まり、農民は負担金に苦しむことになりました。完成したときには無用の長物で、結局無駄遣いだと言われるようになってしまいました。

鳴門教育大学の開校の経緯

岩野　鳴門教育大学は、谷光次市長から塩田跡地を活用したいと相談を受けたことが最初です。谷市長は鳴門を教育文化都市として発展させたいと構想していました。私は谷市長とは昵懇でしたし、良い環境で立派な教員を養成して全国に送り出すべきだと考えて、谷市長に協力しました。最初は、「私立大学を誘致してくれないか。分校でもいい」という話でした。「それはダメでしょう。私立大学の分校は経営的に成り立たないから、何とか国立を探してみましょう」ということでこの話は始まりました。

当時三木派担当で文教関係にも強い読売新聞の森記者に相談したところ、「新構想の教員養成大学をつくるというのが文教委員会で話題になっている」と教えていただきました。それで谷市長に「こういう話があるから、これを誘致したらどうですか。徳島は教育正常化の県ですし」と伝えました。三木與吉郎さんが教育正常化に非常に力を入れておられた。だから徳島は日教組が非常に弱い県です。三木與吉郎さん、森山欽司さんが一生懸命なさった。そういういい環境のもとで、いい先生を作ればいいのではないかということで、「市長、どうですか」と話すと、「是非それで行きましょう」と。

鳴門市の塩田が廃田になりました。塩田でなく工場で塩が作れるようになりましたから、塩田が必要ない。塩田を埋め立てして活用したい。「じゃあ、鳴門市は五万坪を先行投資で用意します。それで行きましょう」ということで。非常に行動が早い市長でした。そこから始まりました。新構想の教員養成大学は、最終的には兵庫教育大学、上越教育大学、鳴門教育大学ができますが、鳴門だけはなかなか苦労しました。

三木は田中内閣の副総理です。それで新構想の大学誘致に名乗りを挙げたのが、三木の鳴門、田中の長岡、二階堂の鹿屋でした。教員養成以外の大学構想もありましたからね。

―― 実力者のところですね。

岩野 そうです。一九七三年の一二月の予算編成の最中に、三木は石油特使で日本を留守にしてアラブに行きました。奥野誠亮《せいすけ》さんが文部大臣で、藤波孝生《たかお》さんが政務次官でした。奥野さんは真面目で「うん」と言ってくれませんでした。奥野さんはあまり関心がなかった。あの方は自治省時代から三木も親しかったのですが。

それで藤波さんが突きやすいし、藤波さんのところに毎日通って、「政務次官、三木は副総理として、石油特使として地元の予算編成を留守にしています。それに、田中総理と二階堂官房長官のところが採択されて、三木のところが不採用にされたら、選挙民はどう思いますか」と攻めたてたわけです（笑）。地元に対して三木の顔が立つようにお願いしますということです。「よくわかります」ということで非常に理解してくれました。元文部次官で参議院議員になられていた内藤誉三郎《たかさぶろう》さんも理解を示してくれまして、内藤先生の力も借りました。

大臣折衝の場まで鳴門市長を連れて行ってお願いするぐらい必死でした。それで調査をすることになりました。藤波さんは頭を下げて、「これで勘弁してくれ、精一杯の努力はしました」と。その当時の木田宏大学局長が鳴門に反対でした。というのは、「徳島は教員が余っている、そういうところで教員養成大学を作る必要はない」と。鹿屋は体育大学で、長岡は技術大学でしょう。教育は教員不足対策として兵庫と上越が採択になった。徳島だけ教員養成で、しかも教員が余っているではないかということでした。正直言って、木田さんの反対への対応が、一番の大きな問題でした。役人の力は強いですから、鳴門は差を付けられました。ここで差をつけられたら困る、徳島が外されると大変なことになる、と思い必死に対応しましたが、鳴門はなかなか採択されませんでした。

決着がついたのは、福田内閣のときです。そのときでも非常に抵抗がありました。当時の事務次官は、鳴門が誘致に動き出した当時の大学局長だった木田宏さんです。当然、反対するわけです。海部さんが文部大臣でした。海部さんから、「今日決着を付けてやるから立ち会え」という連絡をいただいて大臣室へ行くと、その席に海部さんが木田事務次官と井内《いない》慶次郎官房長を呼んでいました。そこへ私が加わった。海部大臣が、「田中内閣時代からの懸案がこれだけ長くかかっている。鳴門教育大学を今度の予算で決着をつけろ。建設費をつけてくれ」ということを話されました。すると、木田事務次官が、「どうしても大臣が採択しろというのでしたら、私は辞めます」と、そこまで言い切って反対しました。それで官房長が慌てて、「何とか私に預からせてくれませんか。両方の顔の立つようにしますから」ということで、官房長が引き取ってその場を収めました。

大臣に就任したばかりのところに事務次官に辞められたら、海部さんにとっても大変なことになります。そこまで徹底的に木田事務次官が反対した理由はわかりません。もしかしたら、最初のうちは三木與吉郎さんが教育正常化ということで、森山欽司さんと組んでさかんにやっていました。そのあたりの何かがあったのかどうか。担当課長などは皆さん理解してくれている。ところが、木田次官は絶対にうんと言わない。挨拶に行ってもずいぶん待たされて、面会するまでに時間かかりました。

ともかく、やっと建設するための調査費をつけるということで一歩を踏み出せることができました。だから長岡や鹿屋よりも遅れて鳴門教育大学は発足しました。

決まるまでの間にもいろいろとありました。戸井一喜《といかずよし》さんが通産省から徳島に出向して県の教育長だったと思います。そのときに徳島大学の歯学部の誘致が鳴門教育大学と重なりました。たまたま文部省へ鳴門の話で行くと、「今教育長が来て、鳴門よりも歯学部を優先したいと言っていましたよ」と聞き、教育長を呼んで「何ということをするんだ。両方よろしく頼むというならわかるけど、歯学部を優先したいと文部省に行って話すとは。知事も教育長も鳴門が大学誘致運動をしていることをご存じでしょう。けしからん」とさかんにクレームをつけました。戸井さんとしては、両方陳情してもものにならないと思ったからでしょう。歯学部は案外早く片づきましたけれども、鳴門教育大学はずいぶん時間がかかりました。

鳴門教育大学は、本当は三木内閣で決着すべきでしたが、正直言って永井道雄さんがあの構想自体に反対でした。永井さんが八ヶ岳構想というのを打ち出したでしょう。それで新構想の教育大学反対ということで力を貸してもらえなかった。それで三木内閣でできませんでした。そういう経緯があります。福田内閣で決着がつけられたということです。永井さんが八ヶ岳構想という旧帝大の復活のようなことを打ち出さなければ、三木内閣で決着がつきます。他の二つは先行して鳴門だけが残りました。

――三木さんも鳴門教育大学の設置を推進する方向だったのでしょうか。

岩野　そうです。三木は稲葉修さんが文部大臣のときに、こっそりと稲葉さんを呼び出して、会って話をしたことがあります。

――やはり鳴門につくりたいわけですね。

岩野　そう。それは国立大学でないと。経営が成り立たないから私立は無理です。今でも国立大学で良かったと思っています。

――鳴門教育大学の開校は一九八一年ですね。

岩野　そうです。初代の学長は、前田米蔵さんのご子息の前田嘉明さん。谷川和穂さんの岳父です。

大鳴門橋

――本州四国連絡橋では、三ルートのうち、どこを最初に架けるかで争っていました。河野一郎建設大臣のときにまず鳴門からと決まりかけましたが、三つあるとなかなか難しいですね。

岩野　そういうことです。やはり建設省が明石・鳴門に反対していましたからね。それと、本四公団もそれほど乗り気ではなかった。そのあたりに非常に問題があったわけです。結局、技術的には可能だけども、高松のほうが簡単だということですよね。島を飛び飛びで架けられますから。それで、結局最後まで押し切れなかった。結局最終的に三ルート同時ということで、妥協がなりました。

経済効果からいけば、明石・鳴門ルートが一番です。京阪神という大きな消費地に直結するわけですからね。橋が完成してからの徳島の経済状況を見たらそれが結果的に良かったかどうかは、別問題ですよ。その当時としては、大消費地に直結させることによる経済効果が大きいということで頑張りました。高松ルートは岡山へ出るから経済効果は小さい。いろいろな調査の結果も、そうでしょう。一番簡単に架けられるのは高松ルート。経済効果が一番大きいのは明石・鳴門だという調査結果が出ていました。

――橋を巡る争いを見ると、徳島の場合は、高知と兵庫と組んでいたわけですね。

岩野　そうです。高知も徳島が玄関になれば関西の経済圏に直結できますから。

――本四架橋は派閥を横断して県ごとの争いになるのですか。

岩野　県益となると、派閥を越えてまとまります。本四架橋を言い出したのは、大正時代の中川虎之《とらの》助《すけ》さんです。それに、神戸市の原口《はらぐち》忠《ちゅう》次郎《じろう》市長のような熱心な人がいました。原口市長は土木の専門家です。そして原健三郎さん。それに三木武夫。三木が運輸大臣のとき、杭打ちをしています。一番早く動き出して着手している。ただ、技術的に難しかったから遅くなったというだけのことです。しかし、逆に明石・鳴門ルートで日本の橋梁技術はずいぶん発達したのではないですか。

―― 三木さんが総理大臣になって、明石・鳴門ルートから着手することを決められなかったのでしょうか。

岩野 それは強引にはできなかった。鳴門教育大学にしてもそうですからね。三木内閣ではできなかった。ごり押しは難しい。特に三木内閣時代は政局が混乱しており、我田引水と思われることはできなかった。そういうことがあるから、総理といえども押し切れない。地元は三木内閣ができたということで、期待はしましたけど。

―― 陳情もそれで増えたのですか。

岩野 増えました。それよりも北岸農業用水のほうが強かったですね。

―― 橋の問題に関しては、県内の国会議員さんの間に、大きな考えの違いはなかったのですか。

岩野 昭和三〇年代ぐらいから、皆さんまとまっていて、全く問題なかったですね。ただ、最終段階で、鳴門大橋を単独橋で早く完成させるのか、遅れても併用橋にするのかという問題がありました。最終的に、道路橋か併用橋かということで最後まで揉めました。三木は、橋については終始併用橋です。単独橋という考えは全くなかった。三木以外の徳島県選出の国会議員は全員説得されて、やむなし、とにかく併用橋で遅れるよりも単独橋で早く完成させたほうがいいと賛成していました。

最後に、国土庁の事務次官だった下河《しもこう》辺《べ》淳《あつし》さんが三木の五番町の事務所に来て、「皆さん単独橋で賛成したから、三木さんもひとつ単独橋でご了解いただけませんか」と言うわけです。「みなが賛成と言えば三木さんも反対できないだろう」と思ったのでしょう。徳島の国会議員を全部回って、単独橋なら早く着工できますよ、併用橋なら遅くなりますよという話をしました。三木も悩んでいましたね。途中で二階から降りてきて、「道路橋で了解してくれと下河辺は言うが、どうだろうか」と、最後に私のところに話を持ってきたぐらいですから。

私は「絶対にそれは反対すべきです。また後でもう一本つくりますと役人が約束しても、おそらく不可能でしょう。大鳴門橋は、紀淡海峡に地下トンネルをつくる構想もあるし、絶対に併用橋にしておくべきです」ということで、最後までお尻をひっぱたきました。ダメでもともとですからね。そうしたら、三木もそれでいこうということで突っぱねた。結局併用橋になりました。

その当時、第二新幹線構想がまだありました。紀淡海峡問題が出て、調査も始めていました。特に淡路と和歌山をトンネルにして鳴門に持ってこようという話まであったわけです。どうしても大鳴門橋だけは併用橋でないといけない。大鳴門橋を併用橋にしておけば、明石が単独橋になっても、紀淡海峡からトンネルで列車を通せる。必要になったらもう一本つくればいいと言うけれども、それは不可能だから、絶対に妥協したらダメだと私は最後まで三木に反対させました。もし紀淡海峡のトンネル構想が出ていなければ、私もそこまで言わなかった。森下元晴さんも紀淡海峡のトンネル構想に努力されておられた。この構想は、当時はまだ非常に有望でした。

――併用橋にこだわった理由のひとつに、新幹線を通すことがあったわけですね。三木さんも四国新幹線をつくりたかったと思いますが、その場合はどういうルートを描いていたのですか。

岩野　あのときは明石から持ってくる、それで高松を通って九州に抜ける、最初はそういう構想だったでしょう。そのうちに、大分へ渡る構想が出てきました。

――それですと、徳島県は鳴門を通るだけになりますね。それでもいいという考えですか。

岩野　それはそうですよ。一本の線路で本州、四国、九州が結ばれるということはね。

――徳島市まで来なくても、とりあえず鳴門を通して、ということですか。

岩野　そういうことですね。

――鳴門大橋は一九八五年に開通しました。開通式には三木さんも出席していますね。

岩野　出席しましたが、三木は県からあまりいい待遇を受けませんでした。三木申三さんからは冷たくあしらわれました。そのときに、反三木申三派の皆さんは、「元総理をこういう扱いをするとは」と、ぷんぷん怒りました。後藤田さんの系統から、三木が併用橋を主張したために遅れたという逆宣伝をされたようです。反対に、最後の架橋委員長だった社会党の日下久次《くさかひさじ》さんという県会議員は、三木が併用橋で主張したことを非常に高く評価してくれました。自民党の県議からは、三木さんが単独橋に反対したから完成が遅れたと批判されました。日下委員長は非常に三木を評価した。三木さんのおかげで併用橋になりましたと、私まで感謝されました。

――申三さんは、何かよほどの恨みを持っていたのでしょうか。

岩野　やはり選挙でしょう。選挙のときの恨みは根強く残るものです。

前にも近藤鶴代さんのことを少しお話ししたでしょう。かつて近藤鶴代さんが参議院議員で岡山選挙区の近藤さんの改選期に、二人を当選させることができると、三木が稲垣平太郎さんを擁立したことがありました。あの選挙区は二人区ですから、二人を当選させる前提でした。ところが稲垣さんは、その当時高齢でしたから落選しました。近藤鶴代さんは当選して、科学技術庁長官に就任しました。そのときの記者会見で、「選挙と恋の恨みは一生忘れません」と発言されたのを今でも覚えています（笑）。それほど選挙の恨みというのはきついわけですよ。

――明石大橋のほうは道路橋になりました。

岩野　そういうことです。明石・鳴門大橋の併用橋は無理です。絶対不可能です。だから紀淡海峡のトンネルに期待するしかなかった。そういう思い出があります。私が自負しているのは、北岸農業用水と鳴門教育大学と本四架橋だけは、私は粘って良かったと思っています。

私は谷市長から市の功労者として表彰を受けています。そのとき武市知事から秘書の立場で辞退するように言われましたが、私はいただきました。矢野市長からも姉妹都市締結一〇周年式典で表彰を受け、記念品としてオメガの腕時計をいただきました。

三木と陳情

――他の事柄はいかがでしょうか。吉野川の開発もあったかと思います。これは、ダムをつくるということですか。

岩野　そうですね。これは第九堰の問題でしょう。もう老朽化しているということと、昔からずいぶんと、吉野川上流の堤防の決壊や、吉野川の水があふれ出たとか、そういう問題がありました。そういうのを三木も知っているでしょうからね。これは県、県議会あげての要望でした。第九堰の問題についても重視していました。

――池田にダムをつくるという構想もありました。

岩野　ありました。私の子ども時代は、吉野川は大雨が降ると沿岸町村で氾濫が起き、「四国三郎」

と言えば暴れ川で知られていました。どんどん、堤防が強化されて良くなっていきました。

――三木さんもつくるべきという考えだったのですか。

岩野 そうですね。そういう構想は県が作成して持ってきたものでダメだとは言えません。それに対しては推進の姿勢です。どの党の知事でも徳島県の発展のための事業には協力しました。

――吉野川の改修事業もあります。

岩野 積極的に取り込みました。徳島県は吉野川で分断されていますので、交通政策として橋の要求が多くありました。

――これは、建設業者が絡んできますか。

岩野 建設業者が絡むというよりも、徳島の場合は、その当時は民間の事業がないですから、結局公共事業しか建設業者の生きる道がないわけでしょう。だから、絡む、絡まないの問題でなくて、建設業者はそれしかないわけです。最近こそいろいろと民間の事業も出ていますが、その当時は公共事業だけで生業を立てていました。

――道路では四国の循環道。これも積極的な考えですか。

岩野 積極的に努力してきました。あの当時から、日本で高速道路がないのは四国だけだと言われていました。だから、高速道路に取り組みました。

――四国を八の字でつなげる構想ですね。

岩野 積極的に取り入れました。阿讃《あさん》線についても、鴨島《かもじま》側の国道への昇格を三木が一生懸命やりました。讃岐から三木の生まれた町を通る道路です。日本で一番短い国道とよく言われました（笑）。我々は子どものときの遠足で、鵜《う》の田尾《たお》峠を越えて香川県へ行きました。狭い山道でした。自動車の時代にふさわしいように改良して、国道にしたわけです。それでバスが通るようになりました。やはり四国の中心地は高松ですからね。中央の出先機関も全部高松にあります。だから、高松との交通の便が良くなることが、徳島県民にとっても必要です。

道路の整備のほか、港湾、河川、鉄道にも一生懸命になりました。無論、空港もそうです。そういうものに対しては一生懸命取り組みました。建設業者がどうとかではなくて、徳島が豊かになるためには、公共事業を全力投球する以外にありません。用水路にしても、治山治水事業を行うことによって、例えば畑で麦と芋とサトウキビしかできなかった三木の生まれた町でも、水田ができるようになりました。土地改良ができるようになりました。第一次産業に力を入れる以外に、徳島の発展はありません。四国と本土が直結することによって、徳島はより発展できます。第二次産業から第三次産業へと進められます。

――要するに、予算を取ってくるということですか。

岩野　そういうことです。運輸省の関係者とは結構私は親しくなりました。三木運輸大臣のときに、住田俊一さんが三木の秘書官でした。父親の住田正一さんが東京都の副知事をしていて、俊一さんの弟の正二さんも運輸省。兄弟揃って運輸省に入省していました。兄貴はモスクワで飛行機事故に遭いました。弟は事務次官になりました。そういう縁もあって、運輸省は非常につながりが深かったですね。徳島の関係もあるものですから、空港、鉄道、港、橋の問題などで、建設省と運輸省とは大蔵省同様に頻繁に話をする役所です。

運輸省はしょっちゅう出入りして住田兄弟とは親しいし、やはり運輸省出身で日本航空の社長になった山地進さんとも親しい。それから三木内閣のときに運輸省から総理府の人事局長になった秋富公正《あきとみきみまさ》さんとも、ずっと長い間付き合っていました。運輸省の付き合いは広いですよ。それほど運輸省と徳島との関わりは深いわけです。それから、港湾の問題があります。割に建設省は、徳島出身者やＯＢとの付き合いがあります。

――今おっしゃった方々と三木さん本人が会うこともありますか。

岩野　いや、三木はほとんど行かない。三木が自ら役所へ行ったのは、総理を辞めて、鳴門教育大学問題のときと、橋や牟岐線の問題のときぐらいです。党の政調会長のときは、大蔵大臣と各省大臣との大臣予算折衝には田中大蔵大臣に立ち会いました。あとは、事務所に担当者を呼びました。足を運ばずに担当者を呼びます。

――呼んで、こういう意向だと伝えていたのですか。

岩野　そういうことをしますよ。

――足を運ぶのは少なかったのですか。

岩野　そう。呼んで県の要望を伝えます。やはり、併用橋のときは、鉄建公団や本四公団を呼んで交渉しました。森山運輸大臣のときは橋の問題と、牟岐線の廃止と高知への延長問題、その両方を抱えていました。阿佐東線を促進し、四国循環鉄道にする計画を県が持っていましたから。

――徳島では林業がさかんですね。三木さんは力を入れていましたか。

岩野　力を入れていますよ。長尾さんが林業の部門を持っていましたから。長尾産業も山持ちですし。そういう関係もあって、いろいろとそういう話も聞かされています。

――長尾産業から直接ですか。

岩野　いえ、やはり県です。県や県会議員。林道整備の問題がありますから。徳島県産の杉を宮崎県に運び、宮崎杉になったと言われていました。また、日和佐茶葉は日東紅茶に、酒は灘に出荷されていると言われていました。

――林業はやはり森下さんが関わっていましたか。

岩野　森下さんは一生懸命やりましたね。直接自分に関係がありますから。中川一郎農林大臣のときに、森下さんから「飯食うから一緒に来ないか」と呼ばれて、森下先生と中川農林大臣と一緒に三人で飯を食ったこともあります。

――林業では具体的にどういった問題がありましたか。

岩野　林道の問題が一番大きかったと思います。例えば相生《あいおい》町から池田のほうへ抜ける道、徳島市からずっと抜けて剣山《つるぎさん》へ抜ける道、いろいろと山の道の整備があります。林道の整備が徳島の大きな問題でした。原知事が林業に関係が深く、林道には力を入れていました。

――三木さんは林道で陳情を受けなかったのですか。

岩野　祖谷《いや》方面からはよく頼まれました。宮西さんの関係と、西祖谷、東祖谷で三木系統の村長がいたものですから。本当に祖谷に入るための道は、でこぼこ道で大変でしたよ。今は舗装されて、最近祖谷に行くと隧道《すいどう》までできて、こんなにも変わったのかとびっくりしました。これが祖谷かと思うほど道路が整備されていました。祖谷の山奥の隅々まで舗装されてしまったでしょう。我々が足を運びだしたときは、車一台通るのがやっとというようなでこぼこ道です。隧道なんかないものですから、うねりくねった道を上って行きました。それが今隧道でさっと抜けられるようになっています。

祖谷に行くと、宮西さんの家に泊めてもらっていました。今は東祖谷で演説しても道路が整備されているから、その日に徳島市内へ帰れます。昔は祖谷へ入ると一泊しないといけなかった。少なくとも祖谷で泊まらなくても、池田で泊まるとかね。池田では清月旅館が三木の定宿でした。そこへ必ず泊まる。道路が悪かったですからね。

祖谷のほかにも、木頭《きとう》、木沢、上那賀《かみなか》からもよく陳情がありました。やはり三木系統の町村長です。

――地元にとって林道は大きいですか。

岩野　大きいですよ。過疎地域へ行くほど、道路は大切ですよ。

――漁業はどうでしたか。

岩野　漁業も鳴門に漁業者の多い北灘《きたなだ》町があります。それから阿南に椿泊という地域があります。島のような入り組んだところで、三木の非常に有力な支持者が多い漁業地帯です。漁業関係もずいぶん頼まれました。また、海部郡の牟岐、由岐、日和佐も漁業の町です。

――漁連は誰かを支援していましたか。

岩野　漁連会長は革新系でした。その後、後藤田さんの系統になったと思います。県漁連の田中会長は三木ではなかった。というのは、南のほうの力が強かった。単位組合の組合長には三木系もいました。例えば牟岐の漁業組合の大久保組合長は、三木の支持です。個々ではいますが、県の会長は違いました。

――違っている場合は、何か不都合があるのですか。

岩野　いえ、別に。個々の組合と結びついていれば。漁業全体の支持ということ自体が無理ですからね。単位組合で支持者が得られれば良いのですから。牟岐や由岐も三木が非常に強い地域ですしね。それから、その手前の日和佐も三木が結構強いところです。阿南でも椿泊はそうですし。部分的には漁業の町でも三木の支持者が強いところがありますね。

――港の改築にも力を入れたのですか。

岩野　当然力を入れました。漁港の整備、港湾整備。小松島港の国際港への整備なども努力しました。実際に予算を取ってきています。

――橘湾もですか。

岩野　橘湾の開発のときも一生懸命やりました。

――一九六三年に阿南市が新産都市に指定されました。徳島県で一つ指定されたのは、三木さんの力が大きかったのでしょうか。

岩野　そうですね。三木政調会長の時代です。

――池田さんと具体的にやりとりがあったのですか。

岩野　具体的に直接池田さんとやらなくても、三木が政調会長ですから、当然言うことを役所が聞いたと思いますよ。

――県内で阿南にしたのはなぜですか。

岩野　発電所や港の問題で、新産都市の立地条件として阿南が一番適しているということだったと思います。

――阿南市長から頼まれなかったのでしょうか。

岩野　無論、ありましたよ。あの当時は沢田紋《あや》さんが市長です。富岡町長から阿南市長になった、合併のときの市長です。初代の市長です。三木の系統でした。ただ、あのときに小笠さんが県議選に出ていたでしょう。小笠さんの地元ですから、先頭に立って陳情者一行を連れて三木事務所に来る人ではなかった。そういう人柄です。だけど、東京へ出てくれば寄っていろいろと話をして帰りました。頻繁に寄りましたから。町長時代から、阿南工専、新産都市、国立公園など、いろいろと陳情を受けていました。沢田さんは、非常に真面目で温厚な方でした。

企業誘致

——徳島への企業誘致を進めますね。

岩野 いろいろ努力しましたけど、なかなかやはりね。徳島は、現実問題として難しかったですね。

——いくつかアプローチはされたのですか。

岩野 方々へ話はしました。最後には大塚さんに、「他の県でつくるなら徳島にどんどんつくれ」と言ったぐらいです（笑）。大塚さんは、「配送の関係で徳島だけということは困難だ」と言っていました。それでも、川内町《かわうち》の工業団地を武市知事が造成したとき、知事から依頼を受けて、大塚製薬が千葉県の木更津市への進出を計画していたのを、三木が大塚さんを説得して徳島に工場を建設することに変更してもらいました。

——どういった企業に声をかけていたのですか。具体的な企業をご記憶ですか。

岩野 東洋紡によくアプローチしていたと思います。長尾さんの関係もあるでしょう。谷口豊三郎さんとは昵懇で、関西の経済界にアプローチしていました。どうしても東京よりも関西中心ですからね。関電の芦原さんにも、何かないかということで話をしていたと思います。それから、大阪ガスの西会長とも親しくしていました。

——三木さん本人が頼むのですか。

岩野 そう。会って、いろいろと声をかけます。国策パルプはその頃に来たのではなかったかな。南喜一さんとは、非常に親しかったですよ。水野成夫さんとも関係が深かったです。確か、国策パルプはそうだと思いましたね。日新製鋼もその頃ではないのかな。

――県からも企業誘致の陳情はありましたか。

岩野　ありました。特に武市さんが非常に熱心で、工場団地をつくりました。結局なかなか企業が来ない。朝日多光さんという、小松島出身で大阪で印刷会社を経営し、関西では大蔵省と関係深い方が、「徳島に工場をつくるよりも大阪近辺に工場を建設するほうが土地が安いし、交通の便が良いので安上がりだ」と常に話していました。結局、徳島に工場をつくるよりも、大阪近辺のほうが安い。確か、滋賀あたりで坪一万円のとき、徳島では五万円ぐらいかかったと思います。平地が少ないでしょう。山を崩して造成しないといけない。そうすると土地単価が高くついてしまう。なかなか採算が合わないので、企業が来なかった。そういう面がひとつあります。それに、大阪近郊のほうが交通の便も良い。当時は鳴門大橋もまだ開通していませんでしたから。そういうようなことで、土地の単価が高いことが企業誘致でひとつの大きなネックでした。

徳島市の八万《はちまん》につくった工業団地も造成地です。山本市長が誘致しようとした場所も造成地です。だから坪単価が高くなる。その点、阿南の場合は、平地ですから、誘致しやすいわけですよ。

あとは農地を潰すしかない。そういう矛盾点があります。そこに徳島の難しさがあります。松茂あたりの工業団地は、みな農地を潰したものです。それで工業団地をつくりました。農地を潰すか、塩田の廃田か、山を崩す以外にないわけです。

――実際に三木さんが誘致できた企業はないのでしょうか。

岩野　私は、国策パルプはそうだと思っています。

――いくつも持ってこられなかったのは、今おっしゃった理由からですか。

岩野　結局地元の企業を成長させて雇用をつくり出すのもひとつの方法ですね。かといって、大塚さんも、販売網の問題や流通網があるから、全国に工場をつくらないといけないでしょう。北海道へ行ったときに、大塚さんからうちの工場を見に来てくれと引っ張られて行き、工場を見学しました。何でここへつくるのかと（笑）。それだけ徳島では企業誘致で苦労している。ところが、企業からすれば、やはりそういうわけにはいかない。土地単価が高いことと、交通、輸送の問題が大きなネックです。橋ができた頃には、もう景気が逆に悪くなってしまった。なかなかうまくいきません。

それに加えて、徳島にある紡績や東亜合成といった大きな企業は、全部斜陽産業でしょう。どちらかというと、斜陽になっていったわけです。新しい電子産業などは徳島には来ない。阿南の日亜化学工業会社は、地元工場が大きくなった企業です。外からというのはない。そういう難しさがあります。

――地元の金融業界とも関係がありましたか。

岩野　そうですね。阿波銀行と徳島銀行です。両方とも親しいです。頭取とも親しい。

――阿波銀行や徳島銀行は、三木さんの選挙に関わることはあるのですか。

岩野　普通の企業と違って中立です。

――徳島へ帰れば、頭取とも会うのですか。

岩野　こちらから会いに行くよりも、先方から会いに来ますよ。そのほうが多いですね。

おわりに

――最後にいくつかお伺いします。三木さんはどういう人でしたか。

岩野　高邁な理想主義者であり、現実主義者だったと思います。常に理想を追い求めて、政局では現実的な対応をしました。それがひとつ、「バルカン政治家」と呼ばれた原因です。

本当に驚いたのは、常に子どものような夢を持っていました。一緒に車に乗っていても、「ユートピア」という言葉を使っていました。

それと常に周囲に目を向けていまして、「今のポスターはどうだった」と聞かれたこともあります。常に神経を集中していました。

事務所の人間に対しては男女関係なく厳しかった。いきり立っているときは、手の付けようのない厳しさがありました。厳しい姿勢で政治に臨んでいました。毎日が真剣勝負という感じです。

言葉に対する気の使い方も大変でした。新聞のインタビューを受けても一字一句手を加えます。インタビューも必ず手を加えるという条件でなければ受けなかった。原稿を頼まれて書いて、渡してそのまま遊説に出たことがあります。途中電話が掛かってきて、何行のこの言葉をこういうふうに変えてくれと言ってきました。それほど神経を使っていました。海外に行ったからといって油断できません。いつか、海外に行ったから、平澤さんからゴルフに誘われてプレーしていて、途中で事務所に連絡すると、三木から電話がかかって来ましたよと。

それから、耳学問が非常に好きでした。あれだけ役人や学者から話を聞いた政治家はいないのではないですか。いろいろな人の話を聞きましたね。教育問題では学芸附属の東巌夫さんなど小学校の先生を呼んだこともあります。あらゆる分野の人を呼んで勉強しました。

我々に対しても非常に神経を使ってくれました。例えば引っ越しすると、金が要るだろうからと、こちらから言わなくても引っ越し代を出してくれる、そういう細かな神経を使ってくれましたね。

——政治家の秘書業務とはどういうものでしたか。

岩野　それは代議士によって違います。一々指示を受けないと動けない立場の人もいるでしょう。人によっては全部任されて自分の判断で行動できる議員もいるでしょう。ただ、大枠で

著者と三木武夫

は非常に神経を使っています。我々は地元に関しては全く指示を受けていません。私は陳情を受けたらそれに従って動いていました。後で三木にこういう陳情を受けたという報告をしていました。

いろいろとミスもしました。事務所に入ってしばらく経って、三木から大阪の会社に行ってこいと言われました。何のために行くのか言われず、ただ行ってこいとだけ言われました。大阪のその会社に行くと、鞄を渡された。中身は、それまでに見たこともない額の金です。この金をどうやって東京へ安全

に持って帰るかということを考えて、銀行振込にしました。帰って三木から「金はどうした」と聞かれて、銀行振込にした旨を伝えると、三木は呆れかえって何も言いませんでした。こんなことをしてはいけなかったのですが、私としては、ともかく安全に確実にと思っての行動でした。何でこんなミスをしたのだろうと今でも思っています。そういう思い出もあります。

――一九八四年一月には、永年在職の国会議員秘書表彰を受けておられますね。

岩野　衆参の議員の秘書を二〇年務めれば議長表彰を受けます。公設秘書だけです。一九六三年に第二秘書になりましたから、一九八三年に資格を得まして、表彰式は一九八四年一月にありました。福永健司さんが議長のときで、賞状と置き時計を頂きました。

このときには、三木からも記念に懐中時計をもらいました。この頃三木はお祝い事があると、記念に時計を贈っていました。

秘書として当然のことをしただけのことですが、表彰を受けることができました。

――三木武夫さんの秘書を長くお務めになられたことを総括していかがですか。

岩野　三木には最後まで仕える腹づもりでした。他の政治家の方々から秘書になるようお誘いを受けましたが、全くその気はなく、三木が総理になるまでできるだけ手伝いたいと頑張りました。最後にその目的を果たせて、私自身も秘書として満足できる人生を送ることができました。

解　題

竹内　桂

本書は、三木武夫の秘書を四半世紀以上にわたって務めた岩野美代治氏のインタビュー記録を再編集したものである。

岩野美代治氏の経歴

岩野氏は、三木の政治活動を支えた有力な秘書の一人である。岩野氏は一九三四年、三木と同じ徳島県板野郡御所村（現在は阿波市土成町土成）に生まれた。幼少期から政治への関心が高かったことに加え、郷土から代議士となっていた三木武夫への憧れから、三木と同じ明治大学への進学を決意する。明治大学法学部に入学後すぐに、当時吉祥寺にあった三木の自宅に仲間と訪問した。このときは三木に会えなかったものの、三木睦子夫人から学生三木会の存在を知らされ、同会に参加する。その後三木事務所に出入りするようになり、手紙の宛名書きや贈り物の送り届けなどの用務をこなした。学生時代の後半は三木事務所に通う日々を送った。就職活動をしたいという思いを抱きつつも、一九五七年三月に明治大学を卒業すると三木の私設秘書となったのは自然な流れであろう。

一九六三年四月に公設第二秘書制度ができると、公設第二秘書に就任する。三木事務所における活動が評価されたのであろう。就任して間もなく、アメリカの大統領選挙を視察する機会を得、一九六四年七月からアメリカに滞在し、さらにヨーロッパも訪問した。帰国後、大統領選についてまとめた『アメリカ大統領選挙概説』を新日本社から上梓している。一九七二年一二月、前任の公設第一秘書が辞職すると、その後を継いで公設第一秘書となり、三木が一九八八年一一月一四日に亡くなるまで、その職にあり続けた。私設秘書時代から含めると、三木の秘書として勤務した期間は三一年以上の長きにわたる。この間、一九八四年一月には、永年在職の国会議員秘書表彰を受けている。

三木の公設第一秘書を辞してからも引き続き三木事務所に勤務するなかで、三木の長女の高橋紀世子が一九九八年の参院選に当選して参議院議員になると、政策秘書に就任した。二〇〇四年に高橋が一期で参議院議員から退くと、岩野氏も政策秘書を退職し、秘書生活を終えた。以上の経歴から、岩野氏の人生は三木武夫、三木家とともにあったと言っても過言ではなかろう。現在も三木が設立した中央政策研究所の監事を務めている。

三木武夫の秘書・秘書官と回顧録

岩野氏が三木の秘書として活動したのは、五〇年以上に及ぶ三木武夫の政治生活の中期から後期にあたる。岩野氏が三木事務所に出入りするようになった段階で、すでに三木のもとには村田桂子、林幸一という有力な秘書がいた。また、岩野氏が私設秘書となったのと同じ頃に竹内潔が、田中内閣から福田内閣期にかけては高橋亘も三木の側にあって三木を支えた。

村田は、戦中期から占領期にかけての秘書である。三木が社長を務めていた富士造機という会社の関係者で、三木の秘書を務めた。結婚を機に三木の秘書を辞している。

林は、徳島県板野郡瀬戸町（現在は鳴門市瀬戸町）に生まれた。学生時代に弁論活動を通じて三木と意気投合した。三木が一九三七年の総選挙で初当選を果たした直後に出版した『三十歳で代議士になった私の報告書　政戦前後の感激を叙す』にも、友人の一人として林の名前がある。戦争中に、大政翼賛会瀬戸町支部の常務委員や瀬戸町翼賛壮年団の副団長を務めた経歴から、戦後に公職追放となった。追放解除後、三木が運輸大臣に就任すると上京して秘書官となり、三木の運輸大臣辞任後には公設第一秘書に就任した。林は岩野氏の前任の公設第一秘書で、一九七二年一一月までその地位にあった。

竹内は、三木の学生時代の下宿先の一つだった竹内君枝の長男である。九州大学を卒業後、大日本機械工業株式会社への勤務を経て、一九五七年に三木の秘書となった（三木武夫「竹内君枝さんを偲ぶ」竹内君枝『真心』竹内潔、一九七九年再版）。秘書となってからは、三木が地方に行く際には三木に同行するとともに、政治資金を担当した。三木内閣が成立すると、首相秘書官に就任している。これは、参院選への出馬を見越した就任であった。その後、軍恩連盟全国連合会から推されて一九七七年の参院選に出馬して当選を果たした。当選後は三木派に所属し、一九八四年に死去した。

高橋は、高橋紀世子の夫で、母校の日本医科大学の医師であった。一九七二年の総裁選で三木が敗れると、三木総理の実現を目指して三木の政治活動を支えることを決意し、三木の私設秘書に転じた。三木内閣期には主に首相官邸で三木の側に仕えた。三木の総理辞任後もしばらく秘書の地位にあった。その後日本医科大学に復帰し、さらに一九八五年には下館市民病院長に赴任した。一九九二年、病により死去している。

これらの秘書・秘書官は、三木に関する著作や記録をほとんど残していない。わずかに、高橋亘が、中央政策研究所の機関誌である『政策研究』第六〇号（一九七八年九月）に、三木の東欧諸国歴訪に同行した際のルーマニアにおける見聞について「ルーマニアみたまま」を、三木の追悼文集である『無信

不立　三木武夫追悼文集』（中央政策研究所、一九八九年）に、一九七二年の訪中の状況を回想した「面映ゆさが消えたとき」と、三木の揮毫について「岳父と志」を発表している程度である。高橋によるこれらの文章は、のちに高橋亘『種々雑文』（高橋亘、一九九一年）に収録されている。

一方で、三木に関する著作を著した秘書、秘書官として、國弘正雄、荻野明己、中村慶一郎、樋口政市をあげることができる。

國弘は、三木が中央政策研究所の開設記念の講演にジョン・ガルブレイスを招聘した際に通訳を務めたのを契機として、三木との親交を深めた。三木が一九六六年一二月に外務大臣に就任すると政務の秘書官、三木が首相となると外務省参与に就任した。三木首相時代には日米首脳会談や先進国首脳会議で三木の通訳を務めている。國弘は、三木の伝記として著した『操守ある保守政治家三木武夫』（たちばな出版、二〇〇五年）のほか、自伝の『烈士暮年に、壮心已まず　國弘正雄の軌跡』（たちばな出版、二〇〇八年）でも三木について多く触れている。

荻野は、もともとはサンケイ新聞の記者で、三木の秘書となり、主にマスコミ対応にあたった。一九七三年の第四次中東戦争に端を発する石油ショックで、三木が中東諸国を訪問した際に三木に同行している。三木内閣期には、井出一太郎官房長官の秘書官を務め、三木内閣が総辞職すると、再び三木の私設秘書に戻った。一九九三年の総選挙で、出身地の兵庫五区から自民党公認で出馬したものの落選している。荻野は、三木番の記者の集まりである一七会が編集した『われは傍流にあらず　政治改革に生涯をかけた三木武夫の軌跡』（人間の科学社、一九九一年）に、河野謙三参議院議長の誕生までの過程（「河野謙三議長誕生の秘話」）と、三木内閣における三木首相と挙党体制確立協議会との対立の状況（「三木首相の一番長く暑い日」）を、またサンケイ新聞の政治部記者が著した楠田實編『産経新聞政治部秘史』

（講談社、二〇〇一年）に、やはり一九七一年の河野謙三参議院議長の擁立について、「三木武夫、打ち首覚悟の造反」を発表している。

中村は、読売新聞の政治部記者で、三木派を担当していた。三木が首相に就任すると渡邊恒雄の推薦により三木の秘書となり、のちに秘書官に就任した。三木首相の秘書、秘書官だった時期には、主に首相官邸で勤務した。一九七六年一二月に三木内閣が総辞職すると読売新聞に戻った。その後、官邸で勤務した際の見聞を回想記で明らかにしている。とりわけ、一九八一年に行研から出版した『三木政権・七四七日』は、三木内閣期における政治や自民党内の権力闘争に関する重要な記録である。

樋口は、徳島市にあった三木事務所の所長を務めた人物で、三木の親族と結婚し、三木とは縁戚関係にあった。樋口は一九九七年に私家版として刊行した『萬峰に風雨あり　三木武夫とその周辺』で、戦前から続いた三木との関係を回想している。

三木武夫や三木内閣期を中心とする戦後政治史を研究するにあたり、こうした回顧録、著作が重要なことは論を待たない。しかし、三木に接した密度では岩野氏のほうが彼らを凌駕している。これまで岩野氏は、前述の『アメリカ大統領選挙概説』の刊行や、鳴門市と西ドイツのリューネブルク市が姉妹都市を結ぶための橋渡しの役割を果たされた際に地元の『徳島新聞』の取材に応じたことはあるが、三木や秘書としての活動について言及したり、マスコミ報道に出ることはほとんどなかった。裏方に徹することを心がけていたからである。

インタビューの概要

岩野氏の「はしがき」にあるように、編者も参加した明治大学三木武夫研究会が三木武夫に関する研

鎌倉におけるインタビュー（2015 年 3 月）

究を進めるなかで、二〇〇八年七月二九日と二〇〇九年一月二八日に、岩野氏へのインタビューを行った。インタビューにおける岩野氏の証言内容が貴重であると判断した編者は、岩野氏に対して詳細なインタビューを行いたいと申し入れ、岩野氏の承諾を得た。インタビューは、二〇一〇年六月一七日の第一回を皮切りに、二〇一六年三月二四日まで全二二回にわたった。インタビューの場所は、岩野氏が居住する神奈川県鎌倉市が中心で、夏場のインタビューは岩野氏が避暑のために過ごす静岡県伊東市で実施した。

インタビューでは、①時々の政局に三木武夫がいかなる意図を持って、どのように対応したのか、②秘書として岩野氏がどのような役割を果たしたのか、を中心に質問した。

①はいわば「三木武夫と政局」と題する内容で、第1章から第7章までが該当する。三木の側で仕えた岩野氏は、重大な局面にも立ち会っていた。三木と話した内容や三木が漏らした言葉などをよく記憶しており、本書でも随所に三木の意向が明らかにされている。

他方、②は「秘書の仕事」という性格の質問で、本書では第8章から第10章にあたる。岩野氏は秘書として政治資金や陳情への対応を担当していた。選挙における当選を第一に考える政治家は当然に選挙区の動向に目を配っている。派閥の領袖だった三木といえども例外ではない。しかるに、政治家研究では中央政界における活動に分析が留まる傾向にある。インタビューでは三木と選挙ならびに選挙区という関心から秘書の業務について質問している。また、三木の政治資金についても尋ねた。

インタビューを重ねるなかで、編者が忌憚のない質問をすることもあったにもかかわらず、岩野氏は自らの経験や知る範囲のことを淡々と、しかし力強い口調で答えた。そうした口調から、自らの発言を有効に活用してほしいという岩野氏の思いを感じとった。

以下、岩野氏が一九七二年一二月に公設第一秘書になった時期以降を中心に、本書において特に重要と思われる事柄を見ていく。

石橋・岸内閣期

岩野氏がすでに三木事務所に深く関わっていた一九五六年一二月、自民党の総裁選が実施された。この総裁選には、岸信介、石橋湛山、石井光次郎の三名が立候補した。岸が優位とみられたなかで、石橋と石井は二位・三位連合を結んだ。この連合により、公選では石橋が当選する。

総裁に当選した石橋は三木を幹事長に据えた。閣僚人事では岸を副総理兼外相にした。後年岩野氏は三木から、石橋首相が昭和天皇に内奏した際に、天皇が岸の外相就任を憂慮している旨を石橋に漏らしたと伝えられたことを明らかにしている。

国民からの支持が高かった石橋首相であったが、病に倒れ、わずか二カ月で首相を挂冠した。辞職にあたり、石橋は三木幹事長と岸総理大臣臨時代理に宛てた書簡を発し、公表された。「石橋書簡」と呼ばれるこの書簡の原案は三木の作成によることが知られている。岩野氏は「石橋書簡」の原文作成に三木のブレーンだった平澤和重が関わっていると見る。現段階で「石橋書簡」の作成過程に関する史料は残されていないが、三木の原稿作成者という平澤が果たしてきた役割を知る岩野氏の推測は的を射ていると思われる。

石橋内閣の総辞職後、岸が後継の首相に就任した。岸内閣期の三木に関する事柄で重要なのは、一九五八年の三閣僚辞任と一九六〇年の安保改定である。

一九五八年六月に第二次岸内閣が成立した際、三木は経済企画庁長官に就任した。この年の秋に岸が警察官職務執行法の改正を目指すと自民党内の主流派と反主流派の対立が高まり、この年の暮れ、岸を批判する三木、池田勇人国務大臣、灘尾弘吉文部大臣の三閣僚が辞任した。この際、三木は辞任に先立って藤山愛一郎外務大臣に電話するよう岩野氏に命じた。岩野氏は電話に応対した藤山の秘書の対応が違っていれば、あるいは三閣僚辞任が違う方向へ行っていたかもしれないと回顧する。

他方、一九六〇年の安保改定について、岩野氏は三木が安保改定には反対ではなかったが、岸の国会運営に反発したこと、裁決後に議員辞職すると言ってきた河野一郎を三木が宥《なだ》めていたことを明らかにしている。

池田・佐藤内閣期

日米安保条約が改定されると岸内閣は退陣し、池田勇人内閣が成立した。当初三木派は主流派ではなかったが、一九六一年七月の内閣改造で三木が入閣すると、以後主流派として池田政権を支えていく。この池田内閣期に三木は自民党の組織調査会長に就任し、派閥解消や総裁公選のあり方について提言を行っている。これらはその後も三木が強い関心を抱いた事項である。一九六四年一月にはアメリカのライシャワー大使が殴打される事件が起きた。時の国家公安委員長は三木派の早川崇であり、辞任を渋る早川を三木が説得していたという。ここから三木派内の親佐藤・福田グループの動きが目立つようになり、七月の池田三選のときには三木派の議員を押さえつけるのに苦労した様が語られている。

池田三選後、岩野氏はアメリカのアジア財団の招待によりアメリカに五カ月間滞在した。前年に公設第二秘書に就任したばかりの岩野氏は、外国へ行くまたとない機会と捉え、三木の許可を得たうえで、アメリカ大統領選挙の視察を主目的として訪米した。

岩野氏が外遊している間、日本では首相が代わった。池田首相が病により内閣を総辞職し、三木幹事長と川島正次郎副総裁に後継の裁定が委ねられた。両者は総裁選で池田に次いで二位となった佐藤栄作を後継総裁に指名する。この経緯について、岩野氏は石橋から岸へと代わったときと同様に、スムースな政権移行が重要だったとする。岩野氏はまた、佐藤が指名された背景として、安西浩の存在をあげている。三木の義姉の安西満江が安西正夫の夫人で、安西正夫の兄である浩の次女が佐藤栄作の次男の信二と結婚している関係にあり、三木と佐藤が縁戚関係にある点を岩野氏は重視するのである。

佐藤政権期の前半、三木は幹事長に留任した後、通産大臣（一九六五年六月）、外務大臣（一九六六年一二月）と、重要閣僚ポストに就き、佐藤政権を支えた。この時期に関する岩野氏の証言としては、外相として沖縄返還交渉では三木が「核抜き本土並み」を早くから重視していたこと、佐藤首相の密使となった若泉敬とは三木もつながりがあったことが特に目立つ。

一九六八年一〇月、佐藤三選を阻止すべく、三木は外務大臣を辞して総裁選に出馬した。この総裁選で三木が獲得した一〇七票を岩野氏は「予想外の票」と評し、三木が結果に自信を持ち、財界の三木に対する見方も変わり、選挙区における三木への期待がいっそう高まった、などの効果が出たという。

二年後の一九七〇年一〇月、三木は再び総裁選に出馬して佐藤に挑み、一一一票を獲得した。この得票について、岩野氏は、佐藤の国民からの人気から、三木にもっと批判票が入っても良かったのではないかと、いささか期待はずれの結果に終わったとの感想を述べている。

総裁選出馬により非主流派に転じた三木は、佐藤体制の批判を強めていく。それが特に顕著に表れたのが一九七一年の参議院議長選挙である。この議長選では、当初は佐藤首相と同じ山口地方区の選出で、参議院で絶大な力を有していた重宗雄三が四選を目指した。これに対して河野謙三が三木や野党などからの支援を得て議長選に出馬した。重宗は自らが議長選に出馬しない代わりに木内四郎を出馬させ、自らの権勢の維持をはかった。投票の結果、河野が当選を果たした。岩野氏は、三木が河野を推した理由として，ポスト佐藤で参議院が福田赳夫でまとまることを阻止しようとしたと観察する。

同じ一九七一年から、三木は中華人民共和国との国交正常化に向けた動きを取り始めた。八月に松村謙三の葬儀のために来日した王国権を通じて訪中の意向を周恩来に伝え、一九七二年四月の訪中が実現する。岩野氏は三木の訪中に同行していない。三木睦子が言及する三木と周恩来との会談に関するメモについては、その存在に懐疑的な見方を示している。

田中内閣期

一九六四年一一月から政権の座にあった佐藤首相は、自らの政治生命を賭けた沖縄返還を実現させた後、退陣を表明した。ポスト佐藤には三木武夫、田中角栄、大平正芳、福田赳夫のいわゆる「三角大福」が名乗りをあげ、激しい総裁選を繰り広げた。自信を持って臨んだ総裁選であったが、三木が獲得した票は六九票で、四人の候補者で最下位に沈んだ。岩野氏は少なくとも三桁の票をとるとみていたため「大きなショック」だったと振り返る。田中と福田との間の決選投票では、事前に三木、田中、大平の間で結ばれていた三派協定に従い、田中に投票した。その結果、田中が当選し、総裁の座に就いた。この総裁選で敗れた影響は、三木の地元の徳島でも出た。すなわち、県内で三木は首相になれないのではないかとの声が出始め、有権者の反応も厳しかったという。

田中内閣で三木は副総理格の無任所大臣として入閣し、久方ぶりに主流派となった。八月には副総理となり、田中政権を支えていく。

三木が副総理として果たした役割に、一九七三年の中東諸国歴訪がある。同年一〇月に勃発した第四次中東戦争の際、アラブ諸国は石油戦略を発動した。輸出対象国を「友好国」「敵対国」「非友好国」に分類し、「友好国」以外に対する石油の供給量を毎月減産するというものである。日本は「非友好国」とされ、対応を迫られた。その一環として、三木副総理の中東歴訪が決まり、三木は一二月に八カ国を訪問した。岩野氏は三木から同行するように言われたが、予算編成の時期だったために国内に留まった。

こうしたなか、良好だった三木と田中との関係破綻をもたらしたのが「阿波戦争」である。一九七四年の参院選において、徳島地方区は全国からの注目を受けた。現職で再選を目指した三木直系の久次米健太郎と、田中角栄首相の直系の後藤田正晴による激しい選挙戦が展開されたからである。岩野氏によると、三木は、田中派に属し、明治大学雄弁部の先輩でもある木村武雄に後藤田を全国区から出馬させるよう勧めていた。しかし、後藤田は全国区からは出馬しなかった。そのため、自民党からの公認を得るべく、両陣営による激しい公認争いが展開された。

岩野氏の証言で、三木が田中と対立するようになったのは、田中が後藤田を徳島地方区から出馬させたことが理由ではないという点は重要である。岩野氏は、三木と徳島出身の内務官僚の三羽カラスと呼ばれた後藤田、平井学、海原治が昭和三〇年代から定期的に会合を持っていたこと、後藤田の秘書から地元徳島の有力企業である大塚製薬の大塚正士社主を紹介して欲しいと依頼されたことがあるとして、参院選以前の段階で三木と後藤田との関係が良好だったとする。しかるに、「同じ内閣にいて一言の挨拶もない。俺はそれを許さん」と岩野氏に漏らしたように、自らがないがしろにされたことに三木は激怒したのである。

久次米・後藤田両陣営による激しい公認争いは、一九七三年一〇月に後藤田が自民党の公認候補となることで決着した。非公認となった久次米は無所属での出馬を決意する。

翌一九七四年になると、公示前から両陣営は事前運動と解釈されかねないような激しい動きを展開する。そのなかで、山本潤造徳島市長の「蒸発」騒動が起こった。五月、久次米の決起集会に出席する予定だった山本が姿を現さず、そのために蒸発したと騒ぎとなった。実際には、中立の立場を取りたかった山本が集会への出席を避けたものであった。三木はこの騒動を捉え、高橋幹夫警察庁長官に政治活動の自由を保障するよう要望し、久次米を側面から支援している。六月には徳島県内の市町村で演説会を行った。

しかし、六月一四日に参院選が公示されて以降、三木が選挙期間中に徳島に入ることはなかった。三木自身は徳島で久次米を応援したい意向を有していた。井出一太郎や鯨岡兵輔などの側近が、三木を押しとどめたからである。三木が非公認候補を支援するならば選挙後の三木の政治活動に影響が出ると考慮したからであり、三木の代わりに三木派の議員が徳島へ行って久次米を応援した。

岩野氏は、選挙期間中は徳島に行き、自らが訪問すべきと判断した人物や企業、団体を回った。その状況を率直に「戸別訪問」と明かしている。

事前の予想は、後藤田が優位というものであった。しかし、こうした予想に反して、久次米が約四万

三〇〇〇票差をつけて当選した。この選挙について、岩野氏は後藤田に驕りがあったのではないかとし

つつも、この選挙で落選していなければその後の後藤田はなかったと見る。三木については、阿波戦争

は三木が自らの政治生命を賭した戦いだったと評価する。これは側近こその評価であろう。

椎名裁定

参院選後の七月一二日、三木は副総理を辞し、閣外に去った。自民党の近代化の実現を目指すという

のが表向きの理由であったものの、阿波戦争の影響による辞任であることは、誰の目にも明らかであっ

た。三木に続いて福田赳夫と保利茂も国務大臣を辞職した。以後、三木は福田との連携を深めていく。

この辞任劇の以前から、三木と福田との間を取り持とうとした人物が複数いるなかで、政界のフィク

サーと呼ばれた大谷貴義もいたことを岩野氏は明らかにしている。三木の人脈の広さがうかがえる。

参議院で自民党は議席数を伸ばせずに与野党伯仲となり、また三閣僚が辞任して、田中首相による政

権運営は内閣発足当初と比べると苦しいものとなっていた。そうしたなかで、田中に追い打ちをかけた

のが、一〇月に発売された『文藝春秋』である。この号には「田中角栄研究」という特集が組まれ、立

花隆が田中による金作りの実態を、児玉隆也が田中の金庫番だった佐藤昭を検証する論文を発表した。

同誌は大きな反響を呼び、田中金脈への批判が高まった。内閣支持率も低下するなかで、田中は内閣総

辞職を決意する。折しも、アメリカのフォード大統領が現職の大統領として初めて来日することとなっ

ていた。フォード来日後の一一月二六日、田中は退陣を表明した。

田中後継に向けた動きは、この退陣表明前からすでに水面下で存在していた。田中の退陣表明により、

自民党のみならず一部の野党をも巻き込んで、その動きは激しさを増していく。後継総裁について、後

継候補者の間では選定方法をめぐって見解が分かれていた。三木と福田が話し合いによる決着を主張したのに対して、大平は公選により選出すべきとの立場をとった。

後継総裁の指名は椎名悦三郎副総裁に託された。様々な思いを巡らせるなかで、椎名は一二月一日に「神に祈る気持ち」で三木を後継の総裁に指名した。裁定後、三木は「青天の霹靂《へきれき》」と述べて驚きを表現した。しかし、実際には裁定前日に自らに裁定が下る旨を知らされていた。各派閥が椎名裁定を受け入れ、三木は一二月四日に自民党総裁に就任し、九日には衆参両院で首班に指名された。

岩野氏は、田中政権の末期から田中の後任には三木しかいないという確信を抱いていた。田中首相が総辞職すると、岩野氏も情報収集に努め、情報を三木に伝える役割を果たした。こうして岩野氏にとっても念願だった三木首相誕生となる。実際に三木が椎名によって指名されると、岩野氏もその責任の重さを痛感したと語っている。

椎名裁定に至るまでの過程については、サンケイ新聞の記者で椎名との関係が深い藤田義郎がその内実を明かしている。岩野氏は藤田による叙述を概ね首肯しつつも、椎名による裁定文の策定過程については、椎名の秘書である岩瀬繁や女婿の堀川吉則の存在、三木自身の言葉へのこだわりから、三木が平澤和重と相談して文章を作成し、それを椎名に伝えたのではないかと推測する。ただし、実際にその過程を目の当たりにはしていない。

椎名が三木を指名した背景として、三木が自民党を脱党して野党とともに新党を結成するのを防ごうとしたのではないかと見る向きもあった。実際、民社党の委員長だった佐々木良作が後年になって、椎名裁定の際に三木に新党結成を持ちかけ、三木も前向きだったと公表している。しかし、岩野氏は三木が野党と接触していたことは認めつつも、三木が「新党なんてそう簡単にできるものではない」としばしば述べていたことから、三木には自民党離党、新党結成という考えはなかったと見る。

また、早くから佐藤栄作が椎名による三木指名を後押ししたと見られていた。岩野氏はこの説を否定せず、安西浩が佐藤を説得したと確信している。また、三木が自民党の幹事長として石橋から岸、池田から佐藤への政権移譲をスムースに取りまとめていたことから、岸も佐藤も三木への指名に反対しなかったと見ている。

三木政権の諸問題

自民党総裁となった三木は、組閣についての構想を練るためにホテルオークラに泊まり込んだ。岩野氏は高橋亘とともに三木に従い、オークラで寝食をともにした。岩野氏は三木がどのような組閣構想を抱き、どのように崩れていったかを三木の近くで観察している。とりわけ、三木派について、三木は海部俊樹を官房長官、西岡武夫を官房副長官、石田博英を労働大臣にそれぞれ起用する腹づもりだったが、井出一太郎と河本敏夫が入閣を求め、この両者が入閣することになった。

秘書官についても、最初に永井道雄、次いで内田健三に就任を打診して固辞されたこと、岩野氏を秘書官にする構想が周囲にあったものの、官庁側の反対で実現しなかったことを明らかにしている。

三木は自らの思惑どおりの組閣人事を実現できないまま内閣を船出させ、内政、外交における諸問題に取り組んでいく。

内政面では、自民党の総裁選規程の改正、公職選挙法と政治資金規正法の改正に着手する。当時強かった金権政治への批判に、三木は強い決意をもって対応しようとした。総裁選規程については、党員による予備選挙を導入し、その上位二名のなかから国会議員による本選挙で総裁を選出するというのが三木が提示した案であった。他方、公職選挙法では、衆議院の定数是正（二〇議席増）、政党による配布物の制限、選挙公営の拡大、連座制の強化などが、政治資金規正法では、政治資金の収支公開の強化、政治資金の授受の質的および量的制限、個人献金中心へ移行するための個人献金への課税上の優遇措置などが、主な改正の内容である。

これらの改正に対しては自民党内の反対も根強かった。総裁選規程では三木案への修正が、改正に慎重なグループから出された。結局、三木が総裁だったときに規程の改正は実現しなかった。公職選挙法と政治資金規正法の改正も難航した。両法案が参議院で採決されるときには岩野氏も国会で対策を講じた。採決の結果、両法案とも賛否同数で、河野謙三議長が賛成して可決した。岩野氏は、河野議長の誕生の良い効果だと実感している。

また、三木は公平公正という立場から独占禁止法の改正を図った。しかし、財界の強い圧力がかかり、党内からも改正への反発が出た。改正案は衆議院を通過したものの、参議院では廃案となり、三木が目指した改正は三木内閣では実現しなかった。

同年八月一五日、三木は現職の首相としては初めて終戦記念日に靖国神社に参拝した。事前に内閣法制局に参拝方法を照会したうえで、私的参拝として行った。岩野氏は三木が常々靖国神社や明治神宮に参拝しており、その延長線で普段どおり参拝したもので、この参拝を深く考える必要はないという見解に立っている。

また、一一月のスト権ストについては、三木は強い姿勢を有しており、スト権の付与には反対だったと見ている。

外交に関しては、三木内閣期には、日中平和友好条約の締結交渉、日ソ平和条約交渉、先進国首脳会談への日本の参加など、重要な外交案件が存在していた。岩野氏は、三木の外交についてはほとんど関与していない。ただ、一九七五年八月の三木首相の訪米には随員として同行している。この訪米について岩野氏は、平澤和重の役割を強調する。すなわち、平澤は三木より先に訪米してアメリカ側の関係者と事前の打ち合わせを行った。また、三木とフォードとの首脳会談について、八月五日の第一回会談の後に当初の予定にはなかった首脳同士の差しの会談が行われたのは、平澤が三木に提案したからではないかと見ている。

三木おろし

一九七六年二月四日、アメリカ上院外交委員会多国籍企業小委員会（チャーチ委員会）でロッキード社による各国での違法献金が明らかとなった。日本にも献金されていたことが判明し、以後日本政界にも影響を及ぼしていく。

ロッキード事件が発覚した数日後の早朝、岩野氏は首相公邸に三木を訪ね、打ち合わせを行った。そのなかで、岩野氏は「相手が若いから許さん」という三木の発言を鮮明に記憶している。岩野氏は、田中角栄前首相を指していると理解した。以後、三木は政敵となっていた田中の逮捕に向けて、事件の真相追求を目指していく。

この打ち合わせでは、岩野氏の「これが出なければ、予算を通して選挙ができましたね」という発言を三木が肯定している。三木は予算が成立した後の解散総選挙を意図していた。総選挙で勝利を収め、長期政権への足場を築こうとしていたのである。しかし、ロッキード事件が発覚すると、三木は同事件に対応しなければならず、早期の解散を断念せざるをえなかった。

政界はロッキード問題への対応を巡って与野党間のみならず、与党内で紛糾する。すでに三木内閣発足後、三木の政権運営に対する反発が自民党内に存在していた。三木はロッキード事件の真相究明に執念を見せるが、自民党内には三木に同調しない動きが現れる。五月に、三木を政権の座から降ろそうとする「三木おろし」の動きが表面化すると、三木と反三木との間の党内対立が激化する。六月には河野洋平、山口敏夫などが自民党を離党して新自由クラブを結成した。三木は事前に新自由クラブ結成の動きに関する情報を入手していたが、離党を思いとどまらせることをできなかった。

七月二七日、田中前首相が逮捕された。岩野氏は、三木が事前に田中の逮捕を予想しており、指揮権を発動させる考えもなかったと述べる。田中逮捕は自民党内の反三木の動きを更に強め、八月一九日、衆参合わせて二七七名の議員が参加する挙党体制確立協議会（挙党協）が結成された。これだけの議員が参加したことに、岩野氏も衝撃を受けたと明かしている。

以後、三木の退陣を求める挙党協と、事件の真相究明と政権の浮揚をはかる三木との間で激しい政争が展開される。そのクライマックスとなったのは、九月一〇日の臨時閣議である。解散総選挙を目指す三木に対して、反三木の閣僚が三木の意向に反対し、この閣議では五時間以上に及ぶ長い協議が繰り広げられた。三木には、反三木の一五閣僚を罷免して解散を断行するという選択肢もあった。しかし、結局三木は閣僚の罷免、解散に踏み切らなかった。岩野氏は、三木が反対する閣僚を罷免して解散すれば独裁者になるとして反対していたという。

この閣議後の九月一五日、三木は内閣改造と党役員人事を行った。内閣改造では三木の意向で早川崇と福田篤泰が入閣したという。また党役員では党内抗争のなかで三木を積極的に支えていた松野頼三を幹事長に据えようとしたものの、党内の反対で実現できず、松野を総務会長とし、幹事長には大平派の内田常雄を起用した。

こうして三木によって解散総選挙はなされず、一二月に任期満了による総選挙が行われた。選挙にあたり、ロッキード社から資金を受けた灰色高官を公認するべきではないという岩野氏の意見に対して、三木は党が割れるという理由から岩野氏の意見に反対している。選挙の結果、自民党の議席は二四九議席にとどまった。のちに無所属の候補者を追加公認して過半数を維持したが、選挙で敗北した責任を取り、三木は内閣総辞職を決意する。

首相辞任後の三木武夫

首相辞任後も、三木は引き続き派閥の領袖の座にあり、政界で重きをなした。三木の存在の大きさが現れたのは、自民党の党内抗争においてである。一九七九年一〇月の総選挙で自民党が前回の総選挙よりも一議席を減らす結果に終わると、三木は大平首相に責任を取るよう求めた。党内はまたも激しい党内抗争を繰り広げることになる。田中の支援を得て内閣の続投を目指す大平に対して、三木、福田、中曾根康弘は反主流派となって大平に首相辞任を求めた。両者の話し合いは平行線を辿り、一一月六日の首班指名では大平と福田がともに首班候補となるという異例の事態となった。首班指名選挙は一回目の投票で過半数を得た候補者がなく、決選投票で大平が福田を破って再選された。しかし、この対立はその後も続く。

翌一九八〇年五月、野党が内閣不信任決議案を提出した。その採決の際、三木派と福田派の議員が欠席したため、決議案は可決された。三木は大平が内閣総辞職を選択するとみていた。しかし、大平は衆議院の解散を選択し、前年に引き続いて総選挙が実施されることになった。この選挙戦のさなかに大平首相が死去したため、自民党にとって選挙戦は大平の弔い合戦の意味合いを持つようになり、自民党が二八四議席を獲得する勝利を収めた。

この総選挙後、三木にとって大きな出来事が起こる。三木派の解散、河本派の結成である。これまで河本派の結成については、三木から河本へスムースに派閥が継承されたとされてきた。岩野氏は、総選挙後の段階では三木が河本に派閥の領袖を譲る気持ちを有しておらず、河本の「クーデター」によって三木派が解散したという事実を明らかにしている。井出一太郎や丹羽兵助などの一部の議員を除いて、河本が極秘の内に三木派の議員に手を打っており、三木派解散、河本派結成は容易に決まったというのである。かつて河野一郎が死去すると河野派は中曾根派と森派に、佐藤栄作が首相を辞任すると佐藤派が田中派と福田派に分かれた。また一九八五年には竹下登が田中派から創政会を立ち上げ、竹下派の結成につなげた。派閥継承を巡る紛糾や分裂はしばしば起こったが、三木も不本意な形で派閥の領袖の座を追われたのである。

派閥の領袖の座を失うと、三木の政界における影響力は従前と比較して減少していき、自民党の最高顧問と、軍縮議連会長が拠り所となった。しかし、鈴木善幸首相が退陣を表明した後の総裁選びにおいて、首相経験のある最高顧問のなかで唯一協議に関与できず、また中曾根内閣期には大平内閣期や鈴木内閣期と比較して最高顧問が政策や人事に関わる度合いが低下した。そのため、総じて最高顧問として三木が影響力を発揮する場面は少なかった。

他方、三木は一九八三年に国際軍縮促進議員連盟会長に就任すると、アメリカ、東南アジア諸国、スウェーデンを歴訪して平和問題、軍縮問題に取り組む強い意欲を示した。ソ連への訪問も目指し、駐日ソ連大使とも会合を重ねたが、実現できなかった。首相辞任後、三木の体力は徐々に衰えており、三木自身が望むような活動ができなかった。

三木の死去

衆院選の公示直前の一九八六年六月、三木は倒れ、病院に搬送された。候補者が選挙運動をできないという選挙戦で、三木は二位で当選を果たす。

三木は、倒れてからしばらくは意識がはっきりしない状態だった。それでも一時体調が良くなり、話をしたり、改装中だった自らの事務所を見に行ったりしていたという。ただ、三木が再び表舞台に出ることはなかった。一九八七年四月、三木は尾崎行雄に次ぐ二人目の衆議院在職五〇年議員となり、衆議院からの表彰を受けることになった。表彰式に出席するべく準備したが、外出できるような体調ではなかった。

一九八八年一一月一四日、三木は現職の衆議院議員のまま、八一歳でその生涯を閉じた。三木の死去により、岩野氏の公設第一秘書としての職も終わった。その後、岩野氏は他の政治家から秘書となるよう打診されたものの、これを受けず、三木事務所に勤務した。その勤務時の出来事として、三木睦子の意向を受け、国会の正面玄関に三木の銅像を建立するよう衆議院側と折衝したが実現できなかったことを明らかにしている。

高橋紀世子の政策秘書に就任

三木の死後、三木家から後継者を出すかどうかが検討された。三木の長男啓史も次男の格も出馬する意向を有しておらず、長女の高橋紀世子が出馬することになった。出馬にあたり、三木と親交の深かった大塚製薬の大塚正士に後援会長となるよう依頼した。大塚は、ＮＨＫの経営委員を辞して後援会長となることを受諾した。しかし、夫の高橋亘の病気が判明し、高橋は看病に専念したいとして出馬の取りやめを表明した。

その後、一九九三年の徳島県知事選挙に高橋を擁立しようとする動きが現れた。三木睦子は高橋の知事選出馬に前向きだったのに対して、岩野氏は高橋が知事になっても傀儡政権になるとして出馬に強く反対した。高橋自身も知事選に出馬する意向がなかった。

一九九八年、高橋は参院選で徳島地方区から無所属で出馬した。民主党の仙谷由人や公明党の遠藤和良から高橋に働きかけがあり、これを受け入れた。したがって三木武夫とは異なる支持団体による選挙で、岩野氏も勝手が違う選挙運動を余儀なくされた。最も有力な対立候補は三選を目指した自民党の松浦孝治であった。岩野氏は、候補者の資質としては高橋よりも松浦のほうが勝っていたが、選挙期間中に橋本龍太郎総裁が応援で何度も徳島に来たため、高橋に同情が集まって候補者同士の争いではなくなり、そのために高橋が当選できたと観察している。

高橋が当選すると、高橋のもとには政策秘書として採用してほしいとの売り込みがあった。しかし、長年三木の秘書として勤務した岩野氏が政策秘書に就いたのは順当であろう。

こうして参議院議員となった高橋も、一期務めただけで政界から退いた。高橋自身は二期目を目指したものの、途中で病気になったこともあって支持が広がらなかった。その過程が岩野氏によって語られている。高橋の任期満了により、岩野氏の政策秘書としての任期も切れた。こうして長きにわたった岩野氏の秘書生活は終わったのであった。

三木武夫と選挙

三木は衆院選で落選したことがない、選挙に強い政治家であった。選挙に強かったのは、それだけの支持基盤を徳島で築いていたからであり、その支持基盤の柱となったのは、①地方政治家、②首長、③参議院議員、④後援会である。

第一の地方政治家とは、県議会議員、市町村議員を指す。県議会議員について、三木は各市郡から一人以上の直系議員を持つようにし、実際にこの目標をほぼ達成していた。その結果、徳島県議会の三分の一以上が三木武夫派の議員で占められるという状況が長く続いた。市町村議員のなかにも三木武夫系が存在しており、三木の選挙戦で中枢を担った議員もいた。

第二の首長は、知事と市町村長である。知事について、三木が直系の知事を持つことができたのは一九六五年である。知事選で支援した候補者が立て続けで敗れたうえ、一九五一年から知事になった原菊太郎が三選を果たすほどの実力者だったため、原に対抗しなかったからである。その原が一九六五年に病気で辞任すると、三木は一九六三年の衆院選で初当選を果たしたばかりだった武市恭信を知事選に出馬させた。以後、武市は四選を果たし、一九八一年まで知事を務めた。三木は武市からいろいろと頼まれごとが多く、重荷に感じていた。しかし、選挙で三木に利していたという。事実、岩野氏は武市知事から、知事が把握する三木系以外の支援者を仄めかされ、その人物の元を訪れて三木の票を得るべく切り崩しを図っている。

また、市町村長については、岩野氏によると三木だけを熱心に応援してくれる人物はそれほど多くなかったという。それでも後年、三武会という市町村長の会を結成し、直系の市町村長の引き締めを図った。こうした地方政治家は、各市町村にあった三木の後援会で中心的な役割を担った。

第三の柱の参議院議員については、紅露みつと久次米健太郎が三木の直系であった。紅露みつは戦前の代議士だった紅露昭の妻で、紅露が公職追放となると身代わりで一九四六年の衆院選に当選した。翌一九四七年の衆院選で落選したが、そのすぐ後に行われた参院選の補選で当選し、以後一九六八年まで参議院議員を務めた。参議院議員となってからは三木派に属した。三木が直系の参議院議員を持つ意味について、岩野氏は、紅露自身の支援者からの票の取り込みが見込めるという点をあげている。この点は参議院議員のみならず、直系の地方政治家や首長を持つメリットでもある。

他方、久次米は紅露の引退を受けて参議院議員となった。農協徳島県中央会の会長で、県議会議員からの転身であった。県議時代、久次米は三木武夫と三木與吉郎参議院議員の系統に属していた。参議院議員となってからは三木武夫への傾倒を深めた。岩野氏は久次米から農協の柱となる人物を教示されて、三木陣営への取り込みを図ったという。

三木の後援会は各市町村の後援会のほか、青年部、婦人部、徳商三木会、青年三木会など様々なグループによる個別の組織があり、これら全体を束ねる組織を三木武夫後援会と称するようになった。三木がこうした支持基盤を構築したのは、当時の中選挙区制という選挙制度、徳島が全県一区だった区割り、三木が派閥の領袖であったことが大きい。

中選挙区制の時代、候補者にとっては後援会活動や直系の地方政治家を持つことが重要であったと指摘されている。同じ政党の候補者同士による争いにおける得票争いは、後援会活動と地方政治家の取り込みを活発にした。三木は一部の町村で後援会組織を作れなかったものの、ほとんどの市町村で後援会をつくりあげた。岩野氏は三木武夫後援会の会員数は約一〇万人と見ている。この数がどこまで実際の三木の支援者数を反映していたかは不明だが、それでも他の候補者と比較するならば規模としては最も大きかったと思われる。三木の後援会は、戦後になって次第に形作られていったという。

その三木の後援会について、岩野氏は十分な後援会活動はできなかったとして高い評価を与えていない。通常の後援会活動が十分に行われず、後援会組織がない町村も存在していたからである。しかし、三木の後援会の規模は、県内の他の候補者と比較すれば大きいものであった。事実、三木は戦後の一七回の総選挙のうち一四回がトップ当選で、第二二回（一九四六年）から第三四回（一九七六年）までは一三回連続でトップ当選しているのである。

岩野氏は三木の得票は、国務大臣や党のポストに就いている場合は伸び、就いていない場合はそれほど伸びず、三木の票には浮動票が多かったと評価する。ただ、反対に言うならば、ポストに就いていない場合でもトップで当選できていたことが、三木の選挙における強さを示していよう。

また、中選挙区制のもとで徳島が全県一区だった点も、三木には有利だった。徳島県は東西が約一〇七キロ、南北が八〇キロで、面積の八割を山地が占めている。広大な行動範囲にもかかわらず、交通機関や道路網は現在ほど整備されていなかった。県内全域で幅広く後援会組織を作り上げて活動することは容易ではなく、三木以外の各候補者は自らの出身の市郡とその周辺の市郡を中心とする後援会組織をつくりあげ、さらに有権者が最も多かった徳島市における支援体制を固め、当選を目指した。

これに対して三木は、県内全域で可能な限り後援会組織をつくりあげている。後藤田正晴が徳島県における勢力を伸長させていくまで、県内全域にわたる後援会組織を構築していたのは三木だけであった。

さらに、三木が自民党の派閥の領袖だったことも重要である。三木は、中央政界における活動が中心で、徳島に帰るのは稀であった。衆院選でも他の候補者の支援のため全国を回っており、投票の数日前に徳島に入り、県内を一周して東京へ戻るという選挙戦を展開していた。政治活動の拠点、選挙戦における必要性からも県内各地における自らの支援体制をつくりあげる必要性があった。

こうして徳島における支援体制を築いた三木も、首相を辞任するとその勢力は次第に衰えていく。一九七四年の参院選で落選した後藤田正晴が一九七六年の衆院選で当選後、次第に台頭していったことも、三木の勢力が衰えた理由である。とりわけ、一九八一年の知事選で五選を目指した武市恭信知事が、後藤田などが推す三木申三に敗れると、徳島政界における勢力交替が加速していく。後藤田系統の地方政治家や首長が増えていったのに対して、三木系統は伸び悩んだ。加えて、三木自身の体力の衰えも年を追うごとに顕著になった。

三木にとって最後の衆院選となった一九八六年の総選挙について、岩野氏は、三木が倒れる以前の段階で、三木を徳島に帰さずに選挙を戦い、いかにして当選させるべきかという難題を抱えていたが、倒れたことで三木が当選できたと見ている。

それでも、晩年の衰えを考慮しても、三木の徳島県における支持基盤は強固なものであったといえよう。

政治資金

政治家が政治活動をしていくうえで、資金が必要なことは言うまでもない。政治と金をめぐる問題はたびたび起こっており、今なお解決されることのない問題である。

三木も派閥の領袖であった以上、資金との関わりは不可避であった。岩野氏は、三木個人と三木派の資金を担当している。松浦周太郎が三木派の政治資金を担当していた頃、松浦からの依頼で派閥の政治資金集めに関わり始めた。その後、それまで三木の政治資金全般を担当していた竹内潔が参院選に出馬すると、岩野氏が竹内に代わって担当するようになった。岩野氏は三木も裏金を扱っていたこと、三木が自らのシンクタンクとするべく一九六三年に設立した中央政策研究所が、三木への企業献金とは別枠で企業から資金提供を受けていたことなど、三木の政治資金に関する重要な証言を行っている。また、料亭政治が華やかなりし頃、料亭からの請求書を企業に持って行き、支払いを依頼していたことを明かしている点も興味深い。

政治資金の使途は、国会議員に対する支払いが最も多かった。三木派の議員はもちろん、他派閥の議員や野党の議員への手当に活用されていたという。もっとも、岩野氏の実感では、三木や三木派が受けていた政治資金は、他の派閥と比較するならば少なかったという。

本書における岩野氏の証言は、三木の「クリーン」さを検討していくうえでの一つの材料を提供している。

陳情への対応

政治家はさまざまな陳情を受ける。とりわけ選挙区からの陳情は、その後の自身の選挙にも影響するため、配慮しなければならない。三木も例外ではなく、岩野氏は三木が受けた徳島県関連の陳情について説明し、後藤田正晴が台頭するまで、徳島に関する大きな事業で三木が関わっていないものはないと断言する。にもかかわらず、三木が徳島のことを何もしないという批判が県内にあったことに憤りを感じていたという。

徳島県に関する陳情のなかで、岩野氏は自らも深く関わった事項として、北岸農業用水、鳴門教育大学の開校、大鳴門橋の併用橋化をあげている。

北岸農業用水は、吉野川北岸の用水工事が着工されないなかで、岩野氏は大蔵省から首相秘書官となっていた窪田弘に従来の経緯を話し、この農業用水を特別会計に計上してもらったと明らかにする。

鳴門教育大学の開校は、岩野氏が谷光次鳴門市長から大学誘致の希望を伝えられたことが発端である。谷市長の依頼を受け、岩野氏は国立大学を誘致できないかと調べ始めた。折しも、田中内閣期に新たな国立大学設置の構想があり、鳴門も名乗りをあげた。しかし、文部省の木田宏が徳島県内に教員養成大学を開校する必要性を認めずに反対していた。最終的に鳴門教育大学の問題は福田内閣の海部俊樹文相のもとで調査費が付き、一九八一年の開校に漕ぎ着けている。

鳴門大橋について、本州と四国を結ぶ橋の建設構想は大正期から存在し、長年にわたって三つのルートが工事着工を求めて争っていた。大鳴門橋については、道路のみの単独橋とするか、あるいは鉄道も含む併用橋とするかが焦点となり、三木以外の国会議員は国土庁の意向を受けて単独橋を諒承するなかで、三木のみが併用橋で譲らず、最終的に併用橋となった。岩野氏は三木から相談を受け、紀淡海峡トンネル構想もあったことから併用橋の必要性を三木に説いたというエピソードを明かしている。

以上、本書における岩野氏の証言で重要な事項を中心に述べた。岩野氏の証言からは、改めて秘書が果たしている役割の大きさを確認できる。ここで列挙した事柄以外にも、岩野氏へのインタビューをもとにする本書からは、多くの事実が明らかとなる。本書は戦後政治史研究、選挙研究などにおける重要な記録であり、その本書が持つ意味は大きいと評価できるだろう。

［付記］岩野氏以外の人物については、敬称を省略した。

家系図——三木家関係

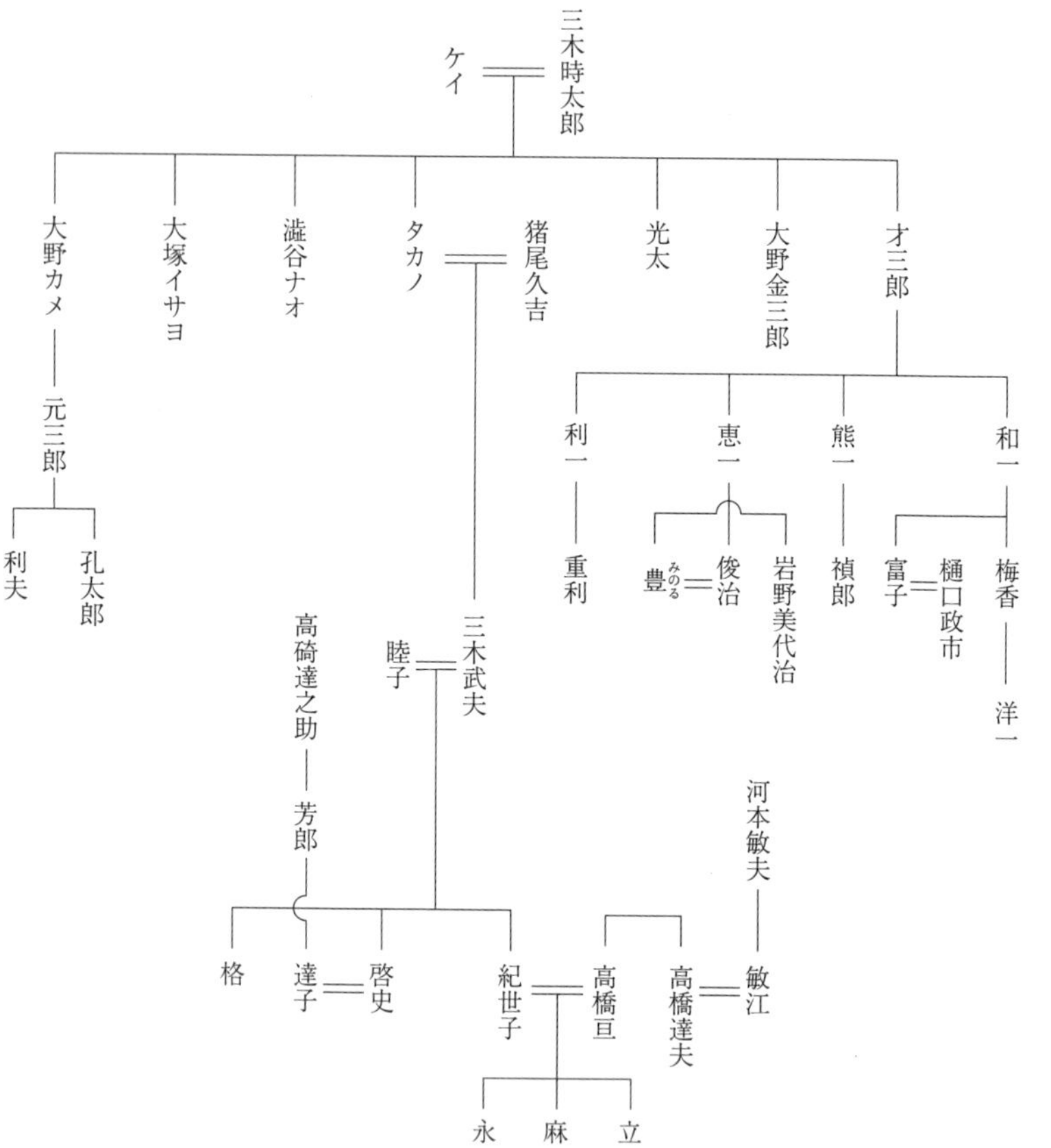
三木時太郎
ケイ
大野カメ
大塚イサヨ
澁谷ナオ
タカノ
猪尾久吉
光太
大野金三郎
才三郎
元三郎
利夫
孔太郎
利一
恵一
熊一
和一
重利
豊《みのる》
俊治
岩野美代治
禎郎
富子
樋口政市
梅香
洋一
三木武夫
睦子
高碕達之助
芳郎
河本敏夫
格
達子
啓史
紀世子
高橋亘
高橋達夫
敏江
永
麻
立

家系図――森家関係

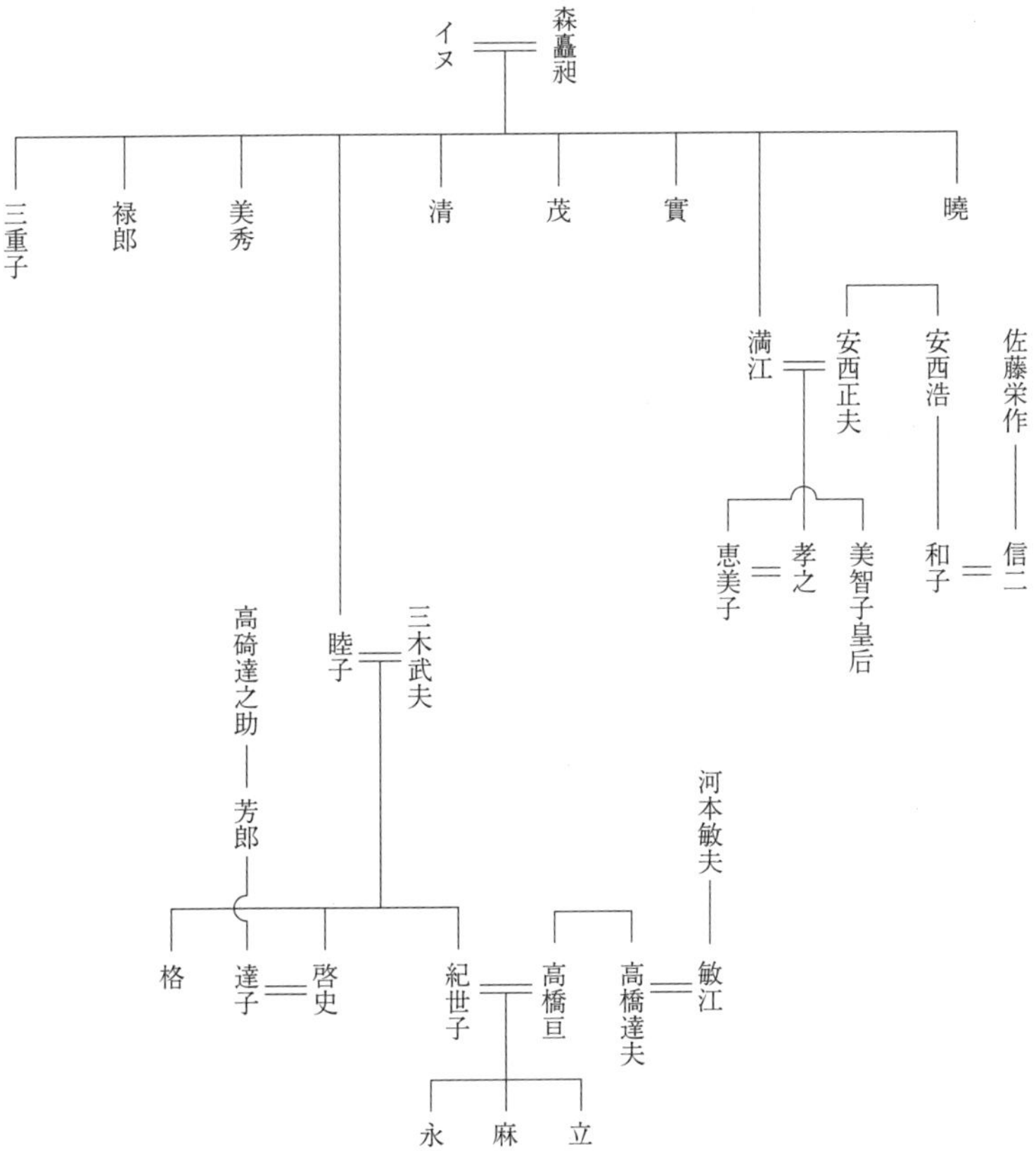

森矗昶
イヌ
三重子
禄郎
美秀
清
茂
實
曉
満江
安西正夫
安西浩
佐藤栄作
恵美子
孝之
美智子皇后
和子
信二
高碕達之助
睦子
三木武夫
芳郎
河本敏夫
格
達子
啓史
紀世子
高橋亘
高橋達夫
敏江
永
麻
立

地図1　1960年頃の徳島県行政区画

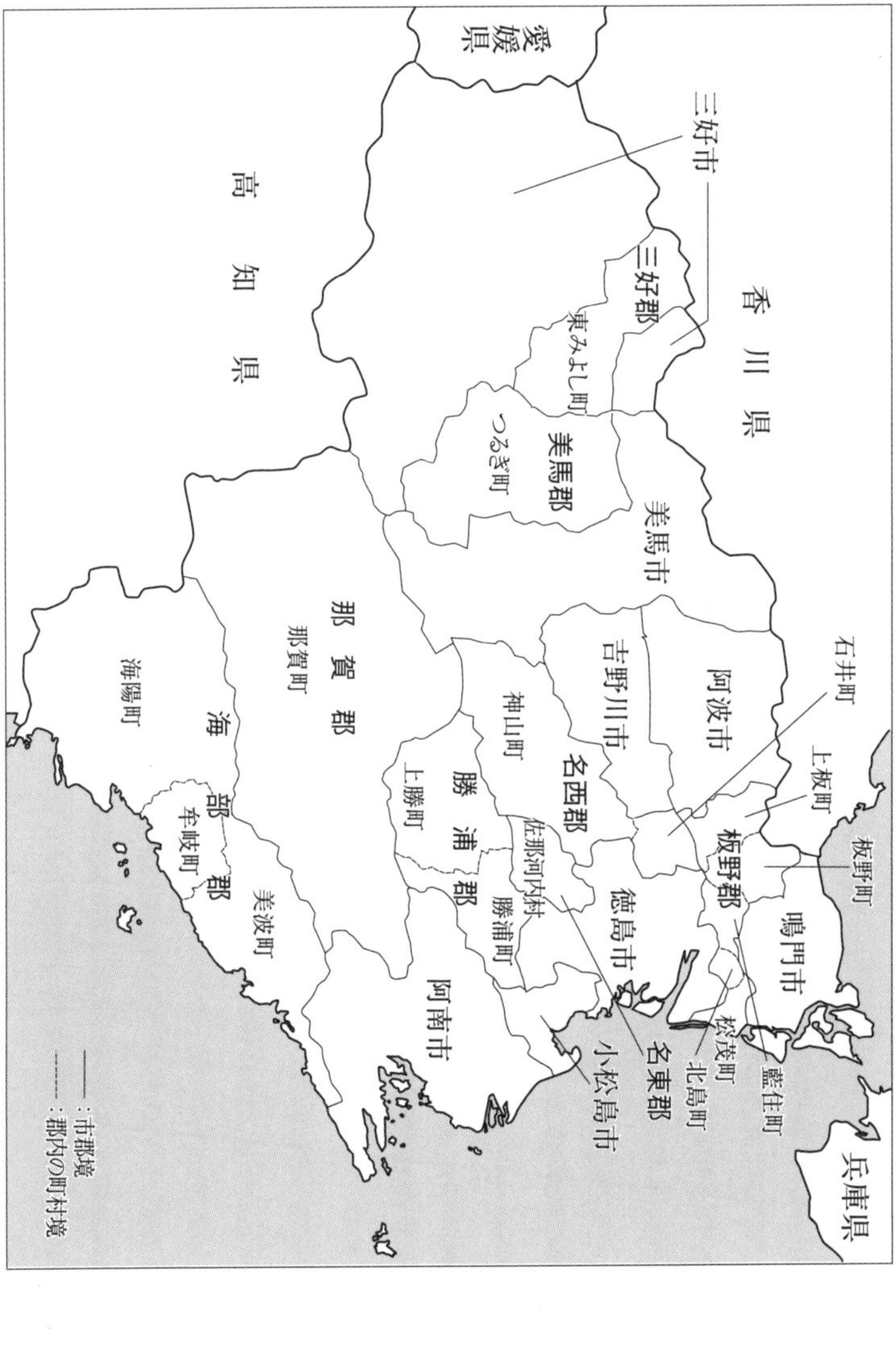

地図2　現在の徳島県行政区画

徳島県知事一覧

阿部五郎	1947年 4 月～1951年 4 月
阿部邦一	1951年 5 月～1955年 3 月
原菊太郎	1955年 4 月～1965年 9 月
武市恭信	1965年10月～1981年10月
三木申三	1981年10月～1993年10月
圓藤寿穂	1993年10月～2002年 4 月
大田正	2002年 4 月～2003年 3 月
飯泉嘉門	2003年 5 月～

徳島市長一覧

妹尾芳太郎	1947年4月～1948年7月
原菊太郎	1948年8月～1951年3月
長尾新九郎	1951年4月～1959年5月
豊田幸太郎	1959年5月～1967年5月
武市一夫	1967年5月～1973年1月
山本潤造	1973年3月～1985年3月
三木俊治	1985年3月～1993年3月
小池正勝	1993年3月～2004年3月
原秀樹	2004年4月～2016年4月

鳴門市長一覧

近藤尚之	1947年4月～1951年4月
槙田猶太郎	1951年4月～1955年5月
近藤尚之	1955年5月～1959年4月
谷光次	1959年4月～1987年4月
矢野茂文	1987年4月～1995年4月
山本幸男	1995年4月～1999年4月
亀井俊明	1999年4月～2007年4月
吉田忠志	2007年4月～2009年8月

小松島市長一覧

西岡喜平	1951年6月～1957年2月
酒井頙	1957年2月～1973年2月
麻植豊	1973年2月～1989年2月
西川政善	1989年2月～2005年2月

阿南市長一覧

澤田紋	1958年 5 月～1970年 5 月
渡辺浩之	1970年 5 月～1975年12月
吉原薫	1975年12月～1987年11月
野村靖	1987年11月～2003年11月
岩浅嘉仁	2003年11月～

＊本書に関係のある時期についてのみ掲載している。

岩野美代治関連年譜

年	経歴等	三木武夫関係
一九〇七（明治40）		3月17日　徳島県板野郡御所村で生まれる
一九二六（大正15）		4月　明治大学専門部商科入学
一九二九（昭和4）		4月　明治大学法学部入学 9月　長尾新九郎とともに欧米遊説
一九三一（昭和6）		9月　米国に留学
一九三四（昭和9）	8月16日　徳島県板野郡御所村で生まれる	
一九三五（昭和10）		9月　留学より帰国、明治大学復学
一九三七（昭和12）		3月　明治大学法学部卒業 4月　第二〇回衆議院議員総選挙で初当選
一九四〇（昭和15）		6月26日　森睦子と結婚
一九四二（昭和17）		4月30日　翼賛選挙において非推薦で当選
一九四七（昭和22）		3月　国民協同党書記長 6月　逓信大臣（片山内閣）
一九五三（昭和28）	3月　徳島県立阿波高等学校卒業 4月　明治大学法学部入学。在学中より、三木事務所に出入り	
一九五四（昭和29）		12月10日　運輸大臣（第一次鳩山内閣）
一九五六（昭和31）		12月21日　自由民主党総裁公選で石橋湛山を支援。石橋が当選。自由民主党幹事長

一九五七（昭和32）	3月　明治大学法学部卒業。衆議院議員三木武夫私設秘書	7月10日　自由民主党政調会長
一九五八（昭和33）		6月12日　経済企画庁・科学技術庁長官（第二次岸内閣）
		12月27日　警職法改正案審議への抗議として灘尾文部大臣、池田国務大臣とともに辞任
一九六一（昭和36）		7月18日　科学技術庁長官・原子力委員長（第二次池田内閣）
一九六二（昭和37）		8月4日　二五年永年勤続議員として表彰 10月2日　自由民主党組織調査会長
一九六三（昭和38）	4月1日　衆議院議員三木武夫公設第二秘書	4月30日　中央政策研究所設立 7月17日　自由民主党政調会長
		10月　党組織委員長として、党近代化を答申
一九六四（昭和39）	7月　米国の招待により米国大統領選挙視察研究	7月16日　自由民主党幹事長 10月　池田勇人総裁の後任を川島正次郎副総裁と選考。佐藤栄作を指名
	12月　欧州八ヵ国（英国・西独・イタリア・ベルギー・スイス・デンマーク・スウェーデン）歴訪	
一九六五（昭和40）		6月3日　通商産業大臣（第一次佐藤内閣）
一九六六（昭和41）		12月3日　外務大臣（第一次佐藤内閣）

一九六八（昭和43）		11月27日　自由民主党総裁選に出馬。一〇七票を獲得し、二位となる
一九七〇（昭和45）		10月29日　二度目の自由民主党総裁選出馬。一一一票を獲得
一九七二（昭和47）	12月10日　衆議院議員三木武夫公設第一秘書	4月15日　中国訪問。周恩来と会談 7月5日　三度目の総裁選。六九票で最下位となる 7月7日　国務大臣（第一次田中内閣） 8月29日　副総理（第一次田中内閣） 12月22日　副総理・環境庁長官（第二次田中内閣）
一九七三（昭和48）	4月　西独より政治経済視察研究の招待を受ける。鳴門市とリューネブルク市との姉妹都市締結に尽力。スイスならびに東欧五ヵ国（チェコスロヴァキア・ユーゴスラヴィア・ハンガリー・ブルガリア・ルーマニア）歴訪	12月　特使として中東八カ国を歴訪
一九七四（昭和49）		7月7日　参議院通常選挙徳島地方区で無所属の久次米健太郎が自民党公認の後藤田正晴を破って当選 7月12日　副総理・環境庁長官辞任 12月1日　椎名裁定。田中後継の総裁に指名される 12月9日　衆参両院で首班に指名される。第六六代内閣総理大臣

一九七五（昭和50）	8月　日米首脳会談に随行	7月4日　公職選挙法改正案、政治資金規正法改正案成立 8月5日　訪米。フォード大統領と会談 8月15日　靖国神社を参拝 11月15日　ランブイエサミットに出席
一九七六（昭和51）	6月　サンファンサミットに随行	2月4日　ロッキード事件が発覚 2月19日　記者会見でロッキード事件の徹底究明を表明 2月24日　フォード大統領あてに親書を送る 5月　三木おろしの動き表面化 6月27日　サンファンサミットに出席 7月27日　田中角栄前首相逮捕 9月15日　三木内閣改造 12月24日　内閣総辞職
一九八〇（昭和55）		2月1日　自由民主党最高顧問 6月27日　三木派解散、河本派結成
一九八三（昭和58）		9月20日　国際軍縮促進議員連盟会長に就任
一九八四（昭和59）	1月　永年在職の国会議員秘書表彰を受ける 8月　スウェーデンのパルメ首相の招待に随行	5月　東南アジア三国を訪問 8月　スウェーデン訪問。パルメ首相と会談
一九八六（昭和61）		6月4日　脳内出血で国立医療センターに入院
一九八七（昭和62）		4月14日　衆議院より在職五〇年の表彰を受ける

一九八八（昭和63）	2月　三木武夫・睦子二人展の打ち合わせのため訪中 5月　三木武夫・睦子二人展開催のため訪中	
	11月14日　衆議院議員三木武夫の死去により公設第一秘書退職	11月14日　死去（八一歳）
一九八九（平成元）	4月　シアトル市桜祭りに招待される。三木夫妻二人展と阿波踊り公演	
一九九〇（平成2）	6月　ポルトガル訪問	11月　衆議院名誉議員
一九九二（平成4）	9月　中華人民共和国建国記念式典への招待を受けて訪中。三木睦子『無信不立』中国版出版記念パーティー。人民大会堂にて八千代連の阿波踊りを披露	
一九九七（平成9）	10月　磯村尚徳館長の招待を受け、「日仏会館」新装オープン式典に参加	
一九九八（平成10）	7月　参議院議員高橋紀世子政策秘書	
二〇〇四（平成16）	7月　参議院議員高橋紀世子の任期満了により退職	

【や行】

【ら行】

【わ行】

【ま行】

【は行】

【な行】

【た行】

【さ行】

主要人名索引

【あ行】

著者
岩野 美代治（いわの・みよじ）
1934年徳島県生まれ。明治大学法学部卒。

三木武夫の私設秘書、公設第二秘書を経て、1972年に公設第一秘書に就任。1998年参議院議員高橋紀世子政策秘書。

著書に『アメリカ大統領選挙概説』（新日本社、1965年）がある。

編者、解題執筆者
竹内 桂（たけうち・けい）
1973年石川県生まれ。明治大学大学院政治経済学研究科博士後期課程修了。博士（政治学）。明治大学政治経済学部兼任講師。

おもな業績に、『戦後日本首相の外交思想』（共著、ミネルヴァ書房、2016年）、『三木武夫研究』（共著、日本経済評論社、2011年）、「明治大学時代の三木武夫」（『法政論叢』第53巻第1号、2017年）、「『阿波戦争』に関する一考察――第10回参議院選挙徳島地方区における保守系候補の対立を中心に」（『選挙研究』第32巻第1号、2016年）、「三木武夫と石橋湛山――石橋内閣期を中心に」（『自由思想』第141号、2016年）がある。

＊本書に掲載した写真は特記したものを除いて著者所蔵です。著作権不明のものが含まれています。お心当たりの方は吉田書店編集部までご連絡ください。

三木武夫秘書回顧録
三角大福中時代を語る

2017年11月14日　初版第1刷発行

著　者　岩野美代治
編　者　竹内　桂
発行者　吉田真也
発行所　合同会社 吉田書店
102-0072　東京都千代田区飯田橋2-9-6 東西館ビル本館32
TEL：03-6272-9172　FAX：03-6272-9173
http://www.yoshidapublishing.com/

装丁　安藤剛史
DTP　閏月社
印刷・製本　シナノ書籍印刷
定価はカバーに表示してあります。

ISBN978-4-905497-56-1